KB178319

프랑스를 만든 나날, 역사와 기억

1 로마령 갈리아에서 절대왕정 프랑스까지

프랑스를 만든 나날,
역사와 기억

● 한국프랑스사학회 기획 | 이용재 외 지음 ●

1 로마령 갈리아에서 절대왕정 프랑스까지

푸른역사

책머리에

분열과 통합의 프랑스사

유럽의 한복판 광활한 육각형 지형, 흔히 '엑자곤Hexagone'이라 불리는 이 땅은 아주 일찍부터 교류와 통상, 침략과 정복이 끊이지 않은 요충지였다. 이 땅은 지중해 문물과 대서양 문물, 그리고 남방의 라틴적 요소와 북방의 게르만적 요소가 뒤섞이는 문명의 교차로이기도 했다. 여러 족속과 집단이 뒤엉켜 패권을 겨루면서 지배세력이 교체되고 국가가 흥망을 거듭했다. 로마의 속령 갈리아의 부침과 게르만족 프랑크왕국의 탄생, 중세 샤를마뉴제국의 팽창과 근대 절대왕정의 성쇠에 이르기까지 장구한 역사의 파노라마를 거치면서 '프랑스 국가nation France'의 정체성이 조금씩 다듬어졌다.

프랑스는 실로 유구한 역사의 흐름 속에서 여러 요소와 다양한 가치들이 때로 부딪히고 때로 합쳐지면서 단일한 정체성을 일구어 냈다. 프랑스 역사의 역동성은 바로 이러한 다양성과 통일성의, 분열과 화합의 변주곡에서 나온다고 할 수 있을 것이다. 2,000년 프랑스 역사에는 지리적·종교적·정치적·사회적인 온갖 갈등과 분열의 장면들이 파노라마처럼 펼쳐져

있다. 군왕 대 제후, 가톨릭 대 프로테스탄트, 귀족 대 평민, 왕당파 대 공
화파, 좌파 대 우파, 본토인 대 이주민 등등, 이러한 대립 쌍의 길항작용은
프랑스 역사의 상수이다. 18세기 말 프랑스혁명은 '하나이며 나뉠 수 없는
공화국République une et indivisible'이라는 기치를 내걸고 현대 프랑스의 문
을 활짝 열었다. 프랑스의 단일성과 보편성을 과시하는 이러한 화려한 의
상의 내면에는 사실 국가공동체의 안과 밖에서 빚어진 끊임없는 갈등과
충돌의 지층이 켜켜이 쌓여있다. 흔히 '하나 그리고 여럿une et plusieurs'으
로 표현되는 프랑스(인)의 정체성은 이렇게 오랜 역사의 부침 속에서 다듬
어진 것이다.

프랑스 역사를 어떻게 쓸 것인가

프랑스의 정체성을 묻는 이러한 질문은 흔히 접할 수 있는 개설서들과는
다른 새로운 시각과 방법론에 대한 기대를 담고 있다. 분열과 화합을 거듭
한 프랑스 역사는 시대의 변화를 알리는 많은 변곡점들로 장식되어 있다.
국면 전환을 이끄는 여러 동력과 사건들은 그만큼 많은 충격과 갈등의 흔
적을 남긴다. 흔히 역사를 현재를 비추는 거울이라고 말한다. 지난날의 사
사건건이 세월이 지난 후에 오늘날의 관점에서 되새김되기 마련이라는 점
에서, 역사의 상像은 과거에 일어난 '역사'의 지층 위에 후대에 상기된 '기

억들'이 중첩되면서 구현된다고 할 수 있다.

프랑스(인)의 정체성이 형성되는 데 중요한 계기가 되는 것은 과거에 발생한 사건들, 그리고 후대인들이 그 사건에 대해 간직하고 있는 기억들이다. 2,000년 넘는 장구한 세월 속에 수많은 인물과 사건들이 프랑스 역사를 수놓았다. 프랑스를 만든 굵직한 역사 사건들의 의의와 비중을 제대로 평가하려면 사건의 실상에 대한 상세한 서술뿐만 아니라 그 사건이 남긴 후대의 기억에 대한 심층적인 분석이 필수적으로 요구된다. 프랑스 역사의 이정표가 된 중요 사건들을 당대의 역사와 후대의 기억이라는 두 층위로 분석하고 기술하고자 한 것은 바로 이런 까닭에서이다.

프랑스를 만든 나날

이 책은 프랑스사를 전공하는 동료 역사가들의 공동 저작이다. 한국프랑스사학회는 지난 몇 해 동안 '프랑스를 만든 나날les journées qui ont fait la France'이라는 기획으로 학술토론회를 열었다. 발표와 토론을 거친 일련의 결과물을 일정한 수정과 첨삭을 거쳐 책으로 묶었다. 이 책은《프랑스를 만든 나날, 역사와 기억》의 첫째 권으로 기원전 고대 갈리아 시대부터 18세기 절대왕정 시대까지의 주요 역사 사건들을 다루고 있다. 연이어 출판될 둘째 권은 프랑스혁명에서 20세기 말까지 현대 프랑스의 이정표를 찍은 핵심 사안들을 다룰 것이다. 부족한 역량이지만 학회 연구자들이 함께 쓴 저서를 가지게 되니 감회가 남다르다.

글쓴이들은 서양과 프랑스의 역사에 대한 학문적 흥미를 유발하고 지적 호기심을 자극할 수 있는 튼실하고 참신한 책을 만들어 보자는 데 뜻을 같이했다. 공감대는 우선 선별된 사건들, 새로운 접근 방식, 그리고 수월한 글쓰기에서 확인된다. 프랑스의 역사와 문화에 대한 관심과 소양을 지닌 교양 독자층이라면 누구나 이 책이 기존 개설서와는 차별화되는 구성과 내용을 담고 있음을 알게 될 것이다. 독자들은 고대−중세−근대의 시대순으로 배열된 프랑스 역사의 주요 국면과 사건들을 만날 수 있다. 기원전 52년 카이사르의 갈리아 정복부터 1763년 식민지 쟁탈 7년전쟁에 이르기까지 2,000년 유구한 역사의 흐름에서 골라낸 18개 역사 사건들이 나열되어 있다.

하지만 이 책은 인물들의 활약과 사건 전개의 줄거리를 연대기 형식으로 서술하는 단순한 스토리텔링식 역사와는 확연히 구별된다. 우선 선별된 주요 역사 사건들은 프랑스(인)의 정체성 형성에 큰 역할을 하고 중요한 계기가 된 것들이다. 선별된 사건들에 대해 당시의 상황과 역사적 파장을 집중적으로 분석한다. 그리고 앞에서 설명했듯이 이 사건들은 최근 역사학의 새로운 방법론을 반영하여, 요컨대 '기억−역사'의 관점에서 새롭게 분석되고 서술된다.

이 책이 출판되기까지 많은 분들의 도움을 받았다. 무리한 요청에도 흔쾌히 집필에 참여해 준 필자들에게 감사의 마음을 전한다. 긴 시간 편집교열 작업에 매달리면서 꼼꼼하게 원고를 읽고 정성들여 책을 만들어 준 푸른역사의 식구들에게도 큰 빚을 졌다. 아무쪼록 이 책이 일반 독자들이 프랑스의 역사와 문화뿐만 아니라 역사학 일반에 대한 관심과 흥미를 갖게 되는 작은 계기가 되었으면 하는 마음 간절하다.

2023년 12월

필자들을 대신해서

이용재

1
프랑스 이전의 프랑스

01
기원전 52년 9월:
알레지아, 카이사르가 만든 프랑스

전수연

프랑스 현대사와 고대사

기원전 52년 9월 27일, 알레시아Alesia에서 수주일간 농성하던 베르킨게토릭스Vercingetorix의 갈리아 군대가 카이사르의 로마군에 항복한 날이라고 한다. 이는 프랑스를 만든 나날 중 하나인가? 그것도 프랑스사의 시작을 알리는 표지판 같은 날로 여겨도 좋을까? 알레시아가 아니라 프랑스식으로 알레지아Alésia로, 베르킨게토릭스가 아니라 베르생제토릭스Vercingétorix로, 갈리아가 아니라 골Gaule로 표기해야 할 것인가?

골족이 '프랑스 국적을 취득'한 것은 18세기 말 즈음이다. 프랑스 학계의 시대구분에 의하면[1] 현대사의 출발점인 프랑스혁명기에 프랑스인들은 그들 나름의 고대사를 발굴해 냈다. 클로비스의 개종이라는 중세적·프랑크적·기독교적 기원을 넘어서는 프랑스의 기원이 필요했던 혁명가들은 고대 골에서 최초의 프랑스를 찾고자 했다.

이른바 '우리의 조상 골족nos ancêtres les Gaulois'은 19세기 프랑스 국민국가 형성에 유용한 도구가 되었다. 라인강 너머 게르마니아와도 피레네산맥 너머 히스파니아와도 다른 갈리아(골)는 독일과도 에스파냐와도 다른 프랑스라고 해석되었다. 이러한 골의 독자성과 동질성의 근거를 제공해 준 원사료가 다름 아닌 정복자 카이사르의 기록이다. 카이사르에 맞서기 위해 수많은 골 부족들을 하나로 규합했다는 베르생제토릭스는 프랑스 제1호 영웅으로 부족함이 없어 보였다. 뿐만 아니라 로마의 골 정복은 야만의 문명화를 내세운 프랑스 제2제국 그리고 제3공화국의 제국주의 정책을 정당화시켜 주기도 했다. 말하자면 프랑스 현대사는 고대사가 필요했던 것이다.

카이사르의 전쟁

알레지아에 대한 우리의 지식은 거의 전적으로 카이사르에 의존하고 있다. 패장 베르생제토릭스는 물론 골족 누구도 기록을 남기지 않았다. 베르생제토릭스를 비롯한 골 유력자들이 했다는 말, 그들의 선택이나 동기 모두 카이사르가 전해주는 바에 기댈 수밖에 없다. 카이사르는 자신이 승리한 전쟁의 사관 역할을 맡고 있다.

그런데 '사관' 카이사르에게는 결격 사유가 없지 않다. 무엇보다도 사건 당사자다. 객관성이 담보되기 어렵다. 카이사르가 겨냥한 독자는 당대의 로마인들이었기에 그의 글은 정치적일 수밖에 없다. 자신의 행동을 설명하려는 의도를 지닌 그의 기록은 때로는 과도하게 상세하지만 때로는 지나치게 모호하다. 장황한 서술 가운데 날짜라든가 정확한 지형적 묘사와 같은 결정적인 요소들을 뺀 경우가 허다하다. 3인칭 기술을 채택하여 객관성의 외양을 갖추려 했지만 자화자찬의 혐의에서 자유롭지 못하다. 자신의 승리를 과대 포장하다 보니 적의 능력과 위협 또한 부풀려졌을 수 있다.

《갈리아 전기》[2]에 의하면 갈리아전쟁은 기원전 58년에 시작된다. 그런데 이 전쟁은 언제 끝난 것일까? 카이사르에 의하면 기원전 52년에 종결된 것처럼 보인다. 그의 기록이 알레지아에서 멈추기 때문이다. 베르생제토 릭스의 항복으로 전쟁이 드디어 끝났다고 판단한 모양이다. 그러나 전쟁 은 곧 재개되었다. 기원전 51년 봄 벨로바키족과 그들의 동맹 부족들이 반 로마 전선을 구축했다. 카이사르를 곤경에 빠뜨렸던 그들의 저항은 수개 월간 지속되다가 대장 코레우스가 전사하고 나서야 손을 들었다. 여름에 는 세니안족 드라페스와 카두르키족 루테리우스가 제휴하여 욱셀로두눔 요새에서 사투를 벌였다. 로마군은 식수 공급원인 샘의 물줄기를 차단함 으로써 겨우 그들의 항복을 받아낼 수 있었다. 카이사르는 "그에게 무기를 겨눈 적들의 팔은 절단했다." "다른 부족이 반란을 일으킬 엄두를 내지 못 하게끔" 하기 위해서였다. 그러고서야 전쟁은 일단락되었다. 전쟁 8년째 의 이러한 정황을 기록한 것은 카이사르의 부관 아울루스 히르티우스Aulus Hirtius다(《갈리아 전기》 제8권).

카이사르는 왜 기원전 51년의 이런 사건들을 직접 기록하지 않았을까? 제7권의 마지막이 너무 멋지긴 하다. 카이사르는 "이해의 일이 카이사르가 보낸 편지로 로마에 알려지자 20일간의 감사제가 벌어졌다"는 문장으로 마 침표를 찍었다(제7권 90장). 20일간 감사제의 영광을 받을 정도로 놀라운 전 과를 올렸다는 이야기다. 그러나 20일간의 감사제는 카이사르의 군대가 라 인강을 넘어 게르마니아로, 바다 건너 브리타니아로 진격했던 기원전 55년 에도 있었다(제4권 38장). 그보다 앞서 기원전 57년에는 "지금까지 누구에게 도 주어지지 않았던 15일간의 감사제가 결의"되었는데, 이때 카이사르는 "전 갈리아"를 평정했다고 자부한 바 있다(제2권 35장). 그다음 해에도 "전 갈리아가 평정되었다"고 자평했다(제3권 28장). 제7권의 첫마디도 "갈리아 가 평정되었다"는 문구로 시작한다(제7권 1장). 그렇다면 여러 차례에 걸쳐 "전 갈리아"의 "갈리아인 전체"는 연합하여 로마에 저항했고 카이사르의 로마 군대는 이를 제압하는 패턴이 반복된 것으로 보인다.

  카이사르가 여러 차례 언급했음에도 불구하고 "전 갈리아"라는 실체는 없었다. 각 부족은 나름의 이해관계에 따라 친로마적이기도 하고 반로마적이기도 했다. 각 부족 내에도 친로마파와 반로마파로 나뉘어 때로는 친로마파가, 때로는 반로마파가 득세했다. 반로마파 부족들은 개별적으로 또는 연합하여 로마에 저항했다. 기원전 52년에는 심지어 "같은 피를 나눈 형제"와도 같다던(제1권 33장) 하이두이족과 친로마파인 베르생제토릭스의 숙부가 장악하고 있었던 아르베르니족까지 가담하여 그 어느 때보다도 광범위한 반로마 동맹이 결성되었던 것으로 보인다. 이를 이끄는 총사령관 베르생제토릭스 역시 3세기 초 로마의 역사가 디오 카시우스Dio Cassius에 의하면 한때 카이사르와 "우정"을 나누었던 인물이다. 디오 카시우스의 기록은 베르생제토릭스의 항복에 대한 드문 기록 중 하나로, 카이사르는 베르생제토릭스의 반란을 그의 "우정"에 대한 배신으로 간주해 더욱 가혹하게 처벌했다고 전한다. 카이사르가 밝히지 않아 알 수 없긴 하나, 어느 시점엔가 어떤 이유에선가 이 옛 친구는 반로마로 전향하여 카이사르에 맞서다가 알레지아에서 최종적으로 패배한 것이다.

  카이사르는 알레지아 승리 직후 《갈리아 전기》를 집필했다. 각 전투의 순간을 포착하여 생생한 소식을 전하는 종군기자의 기사 같은 스타일이지만, 전쟁의 전개에 따라 때맞추어 기록해 나간 것이 아니라, 기원전 52년 가을에서 겨울, 하이두이족의 요새 비브락테에서 휴식을 취하던 시점에 단숨에 써 내려갔으리라는 추정이 일반적으로 받아들여지고 있다. 《갈리아 전기》를 시작하면서 카이사르는 레누스(라인)강, 피레나이(피레네)산맥, 바다(대서양)라는 "갈리아 전체"의 지리적 경계를 명시했다(제1권 1장). 그가 정복한 땅을 갈리아(골)로 규정하고 집필했다는 느낌을 준다. 제6권, 즉 기원전 53년에 대한 기록에서 카이사르는 "여기까지 왔으므로 갈리아와 게르마니아의 풍습에 대해 그리고 이들 종족의 서로 다른 점에 대해 서술하는 것이 좋을 듯하다"며, 상세한 묘사로 두 지역 주민들 사이의 이질성과 각각의 동질성을 확인해 주었다(제6권 11~28장). 결국 골의 정체성은 프랑스에게 준 카이사르의 선물이라고 할 수 있다.

《갈리아 전기》 제7권은 연극 무대를 연상시킨다. 그 무대에서 베르생제토릭스는 주역을 맡았다. 주어가 없어도 동사로 미루어 보아 베르생제토릭스임이 분명한 경우는 고려에 넣지 않아도 그의 이름 자체가 거론된 것이 40번 이상이다. 그는 기원전 52년 초에 등장하여 같은 해 겨울이 오기 전에 무대에서 사라진다. 지난 6년간의 기록에서 단 한 번 언급조차 되지 않았다가 이 시점에 혜성처럼 등장한 그는 카이사르의 실수와 로마군의 어려움을 은폐해 주는 역할을 담당한 듯하다. 초토화 작전을 결정하는 베르생제토릭스의 첫 연설(제7권 14장)은 로마군이 입은 피해(제7권 16장)를 해명하고, 그럼에도 흔들림 없는 카이사르에 대한 병사들의 신뢰(제7권 17장)를 부각하기 위해 도입되었다. 비브락테에서 열린 "전 갈리아 회의"에서 "총지휘권"을 위임받은 베르생제토릭스는 게르고비아에서 로마군을 물리치는 전과를 올리는 등 로마군에 상당한 타격을 주었으나, 카이사르가 이끄는 로마군이 알레지아에서 농성 중인 8만 군대와 "전 갈리아"에서 몰려온 24만 지원군을 동시에 격파하는 데 성공한다는 서사로 구성되어 있다. 《갈리아 전기》에서 제7권의 비중은 압도적이다. 카이사르 입장에서는 감추어야 할 것도 설명해야 할 것도 많았던 게 아닐까? 그리고 51년의 사건들은 52년의 성공이 완전하지 않았음을 증명하고 있다.

그러고 보면 알레지아는 8년간의 전쟁과정에서 하나의 에피소드에 지나지 않을지 모른다. 그러나 카이사르의 기록이 알레지아에서 멈춘 덕분에 이곳은 기억의 장소가 되었다. 오늘날 누구도 욱셀로두눔은 기리지 않는다. 그곳에서 카이사르에 치열하게 저항했던 골족 전사들과 대장들도 잊혔다. 반면 카이사르의 자화자찬 성향의 미장센에서 그 배역의 중요성이

제고된 알레지아의 주인공 베르생제토릭스는 프랑스의 제1호 영웅이 될 터였다. 승리자 카이사르는 패배자 베르생제토릭스에게 불멸의 이름을 주었다. 카이사르가 프랑스에게 준 또 하나의 선물이다.

골족, 베르생제토릭스, 알레지아의 부활

알레지아에서의 승리는 카이사르의 도약을 위한 발판이 되었다. 알레지아와 《갈리아 전기》는 로마와 지중해 세계 전역에 그의 이름을 각인시키는 전기를 마련해 주었다. 카이사르는 8년간의 전쟁을 거치며 자기 군대가 된 병력을 이끌고 루비콘강을 건넜고 로마 내전에서 승리했다. 기원전 46년 개선식에서 감옥에 있던 베르생제토릭스를 끌어내어 전시한 다음 죽였다고 전해진다. 기원전 44년 카이사르 역시 죽임을 당했다. 그리고 베르생제토릭스는 잊혔다. 알레지아도 마찬가지다.

오랫동안 가사상태에 있던 카이사르의 '창조물'은 르네상스와 함께 기지개를 켜기 시작한다. 카이사르의 《갈리아 전기》가 재조명되면서 골족은 프랑스 역사 속으로 들어온다. 15~16세기 프랑스 인문주의자들에게 골족은 종래 프랑크 왕 클로비스를 넘어서지 않던 프랑스의 기원을 고대로 거슬러 올라가게 해주는 프랑스의 토착적 조상이었다. 그 과정에서 고대 골족과 중세 프랑크족은 충돌하지 않았다. 그러나 절대왕정기 프랑스 귀족은 귀족 특권의 근거를 제시하고자 스스로를 정복자 프랑크 전사로, 평민을 피정복자 골족과 동일시하려는 노력을 전개했다. 대표 주자라 할 수 있는 앙리 드 불랭빌리에Henri de Boulainvilliers 백작의 프랑스사는 프랑크족이 골 땅에 도래한 시점에서 시작되는 것이었다.

프랑스혁명과 함께 귀족 프랑크족에 대한 평민 골족의 반격이 본격화되었다. 시에예스를 비롯한 혁명기의 팸플릿 작가들은 정복자 후예임을 내세우는 귀족을 향해 외부 출신인 것이 그토록 자랑스러우면 고향의 숲으로 돌아가라고, 제3신분은 토착민 골족의 후손이니 이 땅의 주인이 되겠다고 외쳤다. 프랑크족 기원론은 당연히 왕조 중심이고 기독교적 색채를 띤 반면, 골족 기원론은 프랑스 영토와 그 구성원에 강조점을 두고 있다. 그러니 《갈리아 전기》 제1권과 제6권의 묘사가 프랑스 역사가들을 사로잡을 수밖에 없었다.

19세기에 이르러 알레지아가 논의의 핵심으로 부상했다. 프랑스인의 조상 골족에 대한 연구를 집대성한 아메데 티에리Amédée Thierry의 역작이 1828년에 발표되었고, 여기서 알레지아 농성과 베르생제토릭스의 항복도 깊이 조명되었다. 프랑스사를 "가장 오래된 시점부터" 다룬다는 앙리 마르탱Henri Martin의 《프랑스사》는 티에리의 연구를 거의 그대로 차용하여 골족에게 프랑스 고대사의 주역 자리를 부여했다.[3] 그러나 알레지아의 부활에 가장 큰 기여를 한 것은 카이사르에 대한 관심에서 비롯된 나폴레옹 3세(재위 1852~1870)의 발굴사업이었다. 공화정을 무력화하고 제정으로 체제를 전환시킨 그와 그의 삼촌은 프랑스판 카이사르들이 아니었던가. 나폴레옹 3세는 "카이사르, 샤를마뉴, 나폴레옹 같은 인물들"의 역할은 "인민들에게 따라야 할 길을 제시하는 것"임을 증명하고자 《쥘 세자르(율리우스 카이사르)의 역사》 집필을 기획했다. 이를 위해 그는 빅토르 뒤뤼Victor Duruy, 알프레드 모리Alfred Maury와 같은 고대사가들을 불러모았다. 더 나아가 그는 카이사르가 남긴 글을 뒷받침하고자 《갈리아 전기》에 언급된 요새들을 발굴했다.

나폴레옹 3세는 여러 요새 중에서도 특히 카이사르의 명성을 널리 떨치게 만든 알레지아 전투의 흔적을 확인하고자 했다. 그런데 기원전 1세기 중반 카이사르가 정복한 알레지아는 19세기 프랑스의 어디인가? 가장 유력한 후보지는 디종Dijon에서 북서쪽으로 70킬로미터 떨어진 곳에 있는 몽토수아Mont-Auxois와 그 남쪽 기슭 마을 알리즈생트렌Alise-Sainte-Reine 이었다. 《쥘 세자르의 역사》 출판을 서두르던 나폴레옹 3세는 구체적인 물적 증거를 내세워 알리즈가 카이사르의 알레지아임을 과학적으로 증명할 필요가 있었다. 1861년 4월 발굴이 시작되었고, 《갈리아 전기》 제7권에 묘사되어 있던 이중 보호벽이 그 위용을 드러냈다. 그 하나는 농성군의 공격으로부터 로마군을 보호하기 위한 안쪽 보호벽이며, 다른 하나는 "전 갈리아"에서 소집되어 알레지아로 오는 지원군으로부터 로마군을 보호하기 위한 바깥쪽 벽이었다. 그리고 수많은 무기, 도구, 동전, 보석 등이 발굴되어 1,900년 동안 파묻혀 있던 알레지아의 생생한 실체가 눈앞에 펼쳐졌다. 기록이 유물에 의해 증명되는 순간이었다.

　알레지아와 더불어 게르고비아와 비브락테로 추정되는 지역도 발굴되었다. 하지만 나폴레옹 3세는 "전 갈리아 회의"가 열려 베르생제토릭스를 총사령관으로 추대했다는 비브락테에 큰 관심을 보이지 않았다. 대의제도에 대해 극히 회의적이었던 '프랑스판 카이사르'로서는 비브락테의 의미를 강조할 수는 없었으리라.[4] 베르생제토릭스의 군대가 카이사르의 로마군을 상대로 중요한 승리를 거둔 게르고비아라면 자랑스러운 유적으로 전면에 부각시킬 수 있었을 터지만, 나폴레옹 3세의 생각은 달랐다. 카이사르주의자인 그에게는 로마와 카이사르의 승리가 더 중요했다. 클레르몽페랑Clermont-Ferrand 근처의 메르도뉴 마을은 게르고비아 유적지임을 내세우며 이름까지 제르고비Gergovie로 변경했고, 베르생제토릭스의 승리를 기념하는 조각상을 세우자는 청원을 반복했지만 이루어지지 않았다.

　나폴레옹 3세가 염두에 둔 베르생제토릭스 동상 자리는 처음부터 알레지아였다. 그가 기념하고자 했던 것은 베르생제토릭스의 승리가 아니라 패배였기 때문이다. 1862년 그는 조각가 에메 밀레Aimé Millet에게 베르생제토릭스의 동상을 의뢰했다. 밀레는 두 가지 초안을 만들었다. 하나는 칼을 뽑아 든 역동적이고 전투적인 자세, 다른 하나는 생각에 잠긴 듯한 정적인 자세였다. 황제가 선택한 것은 후자였다. 1865년 8월 27일 몽토수아 서쪽 자락에 세워진 거대한 동상 베르생제토릭스는 칼을 지팡이 삼아 몸을 기댄 채 저 멀리 지평선을 응시하고 있다. 지원군을 기다리고 있는 것일까? 패배를 받아들이고 사후처리에 대해 고민하고 있는 것일까? 나폴레옹 3세가 기념하기로 한 베르생제토릭스는 전의에 불타는 장수가 아니라, 최선을 다했으나 더 강한 상대에게 굴복할 수밖에 없게 된 패배자다.

카이사르 승리의 장소를 찾아나선 나폴레옹 3세였지만 막상 그곳에 정복자 카이사르의 동상을 세울 수는 없었을 것이다. 기원전 1세기 로마 시대가 아니라 민족주의가 만개한 19세기였으니까. 19세기 프랑스의 민족주의와 나폴레옹 자신의 카이사르주의를 동시에 만족시키기 위해 그 인물이 그 장소에 그런 자세로 서있어야 했던 것이다. 동상 받침돌에 새겨진 문구도 시선을 끈다. "하나의 민족을 형성하고 동일한 정신으로 고무되는 통합된 골은 전 세계에 맞설 수 있다." 카이사르가 《갈리아 전기》에서 전하는 베르생제토릭스의 연설을 인용했다고 한다. 하지만 《갈리아 전기》의 문구는 사뭇 다르다. "지금까지 우리에게 협조하지 않았던 부족도 내 노력으로 참가시켜 전 세계도 대항할 수 없는 갈리아 전체의 결속을 만들어 내겠다"(제7권 29장). 나폴레옹 3세는 《갈리아 전기》의 몇몇 단어를 재조합하고 새로운 표현을 가미하여 19세기 프랑스의 시공간에 공명할 만한 민족주의 슬로건을 만들어 낸 것이다.

카이사르의 승리의 장소에 민족적 통합을 촉구하는 메시지를 담은 패배자의 동상을 세운 후 1865년 12월에 알레지아 발굴작업은 일단락되고, 알레지아를 비롯한 고대 유적지에서 발굴된 성과물을 보관, 전시하기 위해 갈로-로마 고대문명박물관을 만들었다. 나폴레옹 3세의 진정한 메시지는

[그림 1-1, 1-2]
베르생제토릭스 동상.
나폴레옹 3세의 의뢰로 에메 밀레가 만든 베르생제토릭스 동상의 자세와 표정을 보면 패배를 받아들인 듯하
다. 밀레가 채택한 콧수염은 기원전 1세기 중반의 골족과는 무관하다는 학계의 주장에도 불구하고 끈질긴 생
명력을 유지하고 있다. 만화 《아스테릭스》에서 콧수염은 골족을 로마인과 구별해 주는 표식으로 기능하고 있
다. * 출처: 위키피디아.

그의 책 속에서 발견된다. 《쥘 세자르의 역사》에서 나폴레옹 3세는 말한다. 이 패배를 슬퍼해서는 안 된다고. "우리의 문명은 로마 군대의 승리 덕분임을 잊지 말아야 한다"고. "우리의 제도, 관습, 언어 이 모든 것이 [로마의] 정복으로 인해 우리에게 왔다"고. 정복에 의한 문명화, 이것은 19세기 프랑스의 제국주의를 위한 슬로건이기도 했다. 1865년 5월 5일 알제Alger를 방문한 나폴레옹 3세는 로마와 하나가 된 고대 골을 언급했다.

패배한 골족은 승리한 로마인에 동화되었다. 그리고 서로 맞섰던 두 문명의 대조적인 덕성들 사이의 부득이한 결합이 이루어졌다. 그리고 시간이 흘러 이제 이 프랑스 민족이 전 세계에 그 사상을 전파하게 되었다.

알레지아 패배와 로마화가 골의 운명이었듯 프랑스화가 알제리의 운명이라고 암시할 당시, 그는 몰랐을 것이다. 겨우 몇 년 후 그에게 스당Sedan 패배[5]가 닥쳐올 줄은. '최선을 다했으나 더 강한 상대에게 굴복할 수밖에 없게 된 패배자'가 될 줄은. 호사가들에 의하면 조각가 밀레는 베르생제토릭스 동상의 얼굴에 의뢰인의 생김새를 투영했다고 한다. 카이사르를 찾아 나선 프랑스판 카이사르는 알레지아에서 베르생제토릭스를 발견했고, 결국 그의 운명과 겹쳐지는 운명을 맞이했던 것이다.

'제2차 알레지아 전투'

카이사르와 베르생제토릭스 사이의 일대 격전이 벌어진 알레지아 전투가 기원전 52년에 있었다면, 19세기 중반에는 알레지아의 소재지를 둘러싼 기나긴 논쟁이 시작되었고, 조엘 르 갈Joël Le Gall은 이를 '제2차 알레지아 전투'라 명명했다. 두 번째 알레지아 전투도 치열했다.

건축가 알퐁스 들라크루아Alphonse Delacroix가 포문을 열었다. 1855년 11월 10일 브장송Besançon의 한 모임에서 그는 알리즈가 알레지아라는 9세기 이래의 통설에 도전장을 던지며, 브장송에서 남쪽으로 25킬로미터 떨어진 마을 알레즈Alaise야말로 알레지아라고 주장했다. 알레즈 주변의 풍경이 《갈리아 전기》에서 카이사르가 묘사한 알레지아에 정확하게 부합하며, 대규모 전투의 존재를 증명하는 수많은 무기가 발견되었다고 했다. 그리고 13세기까지 알레즈는 알레지아라는 이름을 그대로 고수하고 있었다고 주장했다. 들라크루아의 주장에 역사가 쥘 키슈라Jules Quicherat, 지리학자 에르네스트 데자르댕Ernest Desjardins이 힘을 보탰다. 알레즈파의 이러한 공세에 맞서 고고학자 알렉상드르 베르트랑Alexandre Bertrand, 펠릭스 드 소시Félix de Saulcy와 같은 알리즈파도 반격에 나섰다. 심지어 런던에 망명 중이던 오말Aumale 공작도 1858년 알리즈가 알레지아라고 논증하는 글을 기고했다.

1856년 빅토르 르비유Victor Revillout가 알리즈도 알레즈도 알레지아일 수 없다는 주장을 개진하자, 또 다른 알레지아들이 등장하기 시작했다. 1862년에는 이제르노르Izernore, 1866년에는 노발레즈Novalaise가 알레지아라는 주장이 나왔다. 나폴레옹 3세의 발굴사업의 성과도 이 논쟁을 종식시키지 못한 것이다. 쿠데타로 황제가 되었다는 원죄로 인해 그가 주도한 사업의 순수성도 의심받은 것일까. 펠릭스 드 소시와 알렉상드르 베르트랑은 황제의 측근이었고, 황제에 의해 고위직에 임명된 인물들이다. 그러니 이들에게 관변학자라는 혐의를 씌울 수 있을지도 모른다. 하지만 2월혁명으로 쫓겨난 루이 필리프 왕의 아들 오말 공작을 두고 제2제국 추종자라 할 수는 없다.

알레지아를 차지하려는 이 쟁탈전은 19세기 전반 지방 곳곳에 만개한 각종 학회의 애향심과 무관하지 않다. 건축가이자 지질학에 관심이 많았던 알퐁스 들라크루아가 알리즈에 도전장을 던진 모임도 그런 학회 중 하나다. 지방 유지들이 학구적인 모임을 형성하여 그들의 도시와 지방에 대해 연구하고 토론하며 때로는 학회지나 단행본을 발행하는 학회들이 수많은 지방 도시에 형성되어 있었다. 이런 학회의 구성원들이 《갈리아 전기》를 손에 들고 그럼직한 들판과 언덕을 누비며 알레지아의 가능성을 모색했던 것이다.

다른 후보지 지지자들이 알리즈의 신빙성에 의문을 제기하며 나설 수 있었던 이유는 카이사르의 기록에 모호한 측면이 없지 않고 결정적인 정보가 누락된 경우가 많았기 때문이다. 훗날의 평가보다는 그의 정적과 추종자들을 향한 정치적 의도가 우선했기에 과장과 은폐의 기술을 발휘했던 카이사르다. 알리즈가 알레지아일 수 없다고 주장하는 이들의 핵심 쟁점 중 하나가 몽토수아 요새의 크기다. 카이사르가 언급한 8만에 달하는 병력(제7권 71장, 77장)이 농성하기에는 몽토수아가 너무 협소하다는 것이었다. 몽토수아 요새가 너무 좁다기보다는 카이사르가 숫자를 너무 부풀린 것이 아닐까? 오말 공작은 8만 규모의 군대는 없었다고 확신했다.[6] 그렇다면 두 번째 알레지아 전투도 결국 카이사르를 둘러싼 전투인 셈이다. 무서운 기록의 힘이다. 이중 보호벽, 무기, 심지어 베르생제토릭스의 이름이 새겨진 동전까지 발견되었지만 이런 물적 증거의 소리 없는 외침보다 지면에 각인된 구절에 더 큰 신뢰를 보내는 이들에 의해 두 번째 알레지아 전투가 끈질기게 계속된 것이다.

알레지아 쟁탈전은 계속된다. 알레지아 전투 2000주년을 맞이하여 또다시 알레즈파의 화력이 불을 뿜었다. 1950년 오랜 세월 알레즈파의 대변인이었던 조르주 콜롱Georges Colomb의 새로운 저서가 출판되었다. 논쟁이 재점화되자 뤼시앵 페브르Lucien Febvre까지 나서서 알레즈를 본격적으로 발굴할 필요가 있다고 제안했다. 1952~1953년 알레즈 발굴이 진행되었지만 알레지아임을 증명할 유물은 발견되지 않았다. 알레즈는 기본적으로 중세의 주거지였음이 밝혀졌을 따름이다. 거의 한 세기에 걸친 알레즈 소동은 이로써 막을 내렸다. 조엘 르 갈이 알리즈파―알레즈파 대결을 '제2차 알레지아 전투'라 명명하며 알레지아 전투 2000주년 기념을 계기로 소재지 쟁탈전이 끝났음을 알린 것도 이때였다. 그러나 조엘 르 갈의 선언을 무시하듯 알레즈가 무대에서 퇴장하자마자 또 다른 후보지들이 등장하여 유사한 논쟁을 이어나갔다.

 1991~1997년 프랑스와 독일 고고학자들이 알리즈를 다시 발굴했다. 나폴레옹 3세의 발굴이 관변학자들에 의한 조작이기는커녕 19세기 중반으로서는 매우 체계적이고 과학적이었음을 입증하는 두터운 발굴보고서가 출판되었지만, 반대파의 주장을 잠재울 수는 없었다. 반알리즈파의 맹주 다니엘 포르트Danielle Porte는 나폴레옹 3세 이래 고고학으로 승부하려는 부르고뉴 지방의 공식적인 알레지아(알리즈)에 맞서 카이사르의 기록 탐구에 근거를 둔 쥐라Jura 지방의 비공식적인 알레지아가 존재한다고 했다. 전자가 "영향력에 휘둘리는 고고학"의 산물인 반면, 후자는 "상식과 정직한 연구"의 산물이라고 주장했다. 다니엘 포르트의 알레지아는 쇼데크로트네Chaux-des-Crotenay다. 19세기 중반에 시작된 두 번째 알레지아 전투는 알리즈의 대결 상대 지명이 바뀌었을 뿐 21세기 오늘날에도 계속되고 있다.

함께하는 고통과 애도

애향심이 알레지아 쟁탈전을 촉발하고 지속시켰다고는 하지만, 패배의 장소에 지나지 않는 알레지아를 왜 이처럼 집요하게 자기 고장으로 '유치'하

[그림 1-3]

카이사르에게 항복하는 베르생제토릭스의 삽화.

초등학교용 프랑스사 《프티 라비스》의 6쪽에는 카이사르에게 항복하는 베르생제토릭스의 삽화가 등장한다. 그가 탄 말의 역동적인 움직임 그리고 오른손에 든 칼이 시선을 끈다. 밀레가 조각한 동상과는 달리, 패장임에도 호전성이 감지되는 그림이다. "베르생제토릭스는 카이사르 앞에 무기를 던진다"라는 설명이 곁들여 있다.

* 출처: 프랑스국립디지털박물관(https://gallica.bnf.fr/ark:/12148/bpt6k648847/f13.item).

[그림 1-4]

로마에 정복된 후 번영을 누리고 있는 골.

바로 옆 페이지(7쪽)는 로마에 정복된 후 번영을 누리고 있는 골을 보여주고 있다. "로마 시대 골의 어느 도시"라는 설명과 더불어, 본문(8쪽)에는 "아이들은 학교에 갑니다"라는 그림 설명이 있다.

* 출처: 프랑스국립디지털박물관(https://gallica.bnf.fr/ark:/12148/bpt6k648847/f14.item).

고자 했을까? 독일이 토이토부르크Teutoburg 숲을 기념하는 것은 납득할 만한 일이다. 게르마니아의 영웅 아르미니우스Arminius가 바루스Varus의 로마 군단을 궤멸시켰다는 9년 9월의 토이토부르크 숲 전투는 민족 서사의 첫 장을 장식하기에 모자람이 없다. 토이토부르크 숲의 정확한 위치를 놓고 수백 개의 후보지가 등장하는 상황은 이해하기 어렵지 않다. 토이토부르크 숲과는 대조적으로 알레지아는 카이사르의 묘사대로라면 "갈리아 전체의 일치된 마음"(제7권 76장)으로 힘을 모았으나 결국 더 강한 외부세력에 패배하고 그 일부가 되어버린 굴욕의 상징적 장소가 아닌가. 그런 장소를 차지하려고 치열한 논쟁을 벌이고 있는 이유는 뭘까?

패배에도 등급이 있을까? 카이사르 정도의 상대에 맞서 수주일 또는 수개월 버텨냈다면 명예롭다는 수식어로 패배의 수치를 가릴 수 있다고 여기는지도 모른다. 로마군이 알레지아 승리를 위해 동원한 전쟁 수단의 엄청난 규모를 보라. 카이사르가 자신을 위해 상대를 추켜세웠다면, 마찬가지 논리로 골, 그리고 그 후손임을 자처하고 나선 프랑스 측도 로마의 탁월함에 박수를 보낼 수 있다. 게다가 패배이긴 하나 그것은 야만에서 문명으로 가는 길목에 있었던 경계석이었다고 해석되기도 한다. 나폴레옹 3세의 논점이 그랬고, 카이사르주의와는 거리가 멀었던 오말 공작도 로마화와 문명화 등식에는 이의를 제기하지 않았다. "근대 프랑스가 그것[로마의 정복]에 빚지고 있음을 인정한다"고 했다. 제3공화국도 알레지아를 활용한 민족주의와 문명화 테마를 소중한 자산으로 삼았다. 제3공화국 시기 대표적 역사가 에르네스트 라비스Ernest Lavisse의 초등학교용 프랑스사 《프티 라비스Le Petit Lavisse》에는 베르생제토릭스의 항복(6쪽)과 문명화된 골(7쪽)을 묘사하는 삽화가 나란히 실려있다.

그러나 나폴레옹 3세와는 달리 오말 공작이나 라비스에게 알레지아의 주인공은 카이사르가 아니다. 오말 공작은 베르생제토릭스를 잔 다르크의 선구자로 보았다. 알레지아의 젊은 영웅 베르생제토릭스는 루앙Rouen의 화형대에서 산화한 소녀 못지않은 애국적 순교자이며, 비록 성공하지는 못했으나 "우리 민족의 독립"을 구현하고자 한 첫 인물로 "최초의 프랑스인"이라는 것이다. 베르생제토릭스와 그의 동지들이 프랑스인의 조상으로 간주됨에 따라 프랑스사는 고대사를 확보하게 되었다. 자국의 역사를 최대한 먼 과거로 소급하고자 하는 본능을 만족시키는 쾌거라 하겠다. 《프티 라비스》의 제1권 1장 첫 문장을 보자. "옛날 옛적에 우리나라 이름은 골이었고, 그곳에 사는 사람들은 골족이라 불렸습니다"(1쪽). 패배자에게 후광이 드리워지고, 기원전 1세기를 프랑스사의 출발점으로 만든 역사적 장면이 펼쳐진 알레지아라면 토이토부르크 숲에 비할 만한 기념의 장소가 될 수 있다. 어쩌면 에르네스트 르낭Ernest Renan의 지적대로 민족적인 추억이라는 점에서는 승리보다는 애도가 더 나을지 모른다. 함께하는 고통은 기쁨보다 훨씬 더 사람을 단결시키기에.

르낭이 1882년 강연에서 언급한 "함께하는 고통"과 "애도"는 프랑스-프로이센 전쟁 결과 초래된 것이다. 1870~1871년 전쟁과 패배를 함께 겪으며 느낀 고통과 애도는 기원전 52년 알레지아 전투의 패배에 대한 애도에 접목되었다. 파리는 알레지아였고, 항복한 나폴레옹 3세와는 달리 결사항전을 외친 정치 신인 레옹 강베타Léon Gambetta는 젊은 장군 베르생제토릭스였다. 카이저는 당연 카이사르에 겹쳐졌다. 카이사르가 게르만족을 동원했다는 사실(《갈리아 전기》 제7권 80장)도 강조되었다. 패배의 상처를 딛고 일어나야 했던 제3공화국 프랑스는 1,900년 전의 패배를 도덕적 승리로 승화시키는 작업을 통해 재건을 준비했다. 그리하여 패배자에게 순교의 명예를 부여했다. 대조적으로 승리자에게는 냉담하고 잔인하다는 수식어가 뒤따랐다. 1877년에 출판된 《두 어린이의 프랑스 일주》에 등장하는 문답을 보자.

"어린이 여러분, 잘 생각해 보세요. 이 투쟁에서 두 사람 중 누가 더 위대합니까? 두 사람 중 누구를 여러분 속에 간직하고 싶은가요? 여러분의 조상의 수호자인 골족 젊은이의 영웅적인 영혼인가요? 아니면 야심찬 정복자 로마인의 냉담한 영혼인가요?"

"난 주저하지 않겠어. 세자르처럼 잔인한 사람이 되느니, 베르생제토릭스가 받은 고통을 모두 겪는 편을 택할 거야."

브뤼노G. Bruno라는 필명으로 활동한 오귀스틴 푸이예Augustine Fouillée가 집필한 《두 어린이의 프랑스 일주》는 초판이 발행된 지 10년 만에 약 300만 부의 판매 실적을 올렸으며, 제1차 세계대전 시기까지 매년 수십만 부가 팔린, 제3공화국 시기 누구나 읽었다는, 그래서 '그 책'이라 불렸다는 책이다. 읽고 쓰기를 배우는 어린 학생들의 교재용으로 만들어졌으나 학생뿐 아니라 학부모에 이르기까지 다양한 연령층의 애독서가 되었다. 위 문답은 기원전 52년 알레지아 전투와 패배의 이야기를 1870~1871년의 상황과 직접 연결시켜 들려준 후, 이야기책 저자가 질문하고 꼬마 주인공 쥘리앵이 답하는 장면이다. 7세 소년 쥘리앵은 프랑스-프로이센 전쟁 패배로 인해 프랑스가 독일에게 양도해야 했던 로렌 지방 출신이다.

30년 후 루이 마트뤼쇼Louis Matruchot의 헌사 역시 꼬마 쥘리앵의 맹세와 다르지 않다. "패배한 전사여, 너는 너를 이긴 자보다 위대하다." 마트뤼쇼는 제3공화국이 가동한 교육체계의 세례를 받으며 성장한 식물학자이자 월간지 《프로 알레지아Pro Alesia》를 창간하여 편집을 맡았던 인물이다. 그는 "알레지아 순례자들", 즉 600여 명의 학생 단체 방문객들에게 베르생제토릭스 동상의 의미를 설명하며 저 위대한 켈트인의 목소리에 귀를 기울이라고 한다. "노력하라, 투쟁하라 그리고 네 나라를 위해 목숨을 바치라!"는. 그리하여 카이사르의 승리의 장소가 아니라 베르생제토릭스의 희생과 헌신의 장소로 변신한 알레지아는 고통의 기억을 공유하며 응집력을 다지고, 복수와 승리를 다짐하는 민족적 성지로 자리매김하게 되었다.

'아스테릭스 현상'–골족의 변신

19세기에 민족 영웅으로 등극한 베르생제토릭스는 20세기의 두 세계대전을 겪으면서 탈신화 과정을 밟는다. 역사 연구 방향도 변화되어 종족적인 기원보다는 국가의 형성에 초점을 맞춘 프랑스사들이 저술되었다. 골족은 역사서와 학교 교육에서 옛 입지를 상실한 것처럼 보인다. 하지만 그들의

[그림 1-5]
만화 《아스테릭스》에 등장하는 베르생제토릭스. 《프티 라비스》 6쪽 삽화의 설명에서 "던진다"라는 동사가 사용되었듯이, 만화 《아스테릭스》에 등장하는 베르생제토릭스도 무기를 던지고 있다. "철커덩!" 소리도 요란하다. 카이사르에게는 "에그머니나!"라는 말풍선을 주었다. * 출처: 르네 고시니·알베르 우데르조, 오영주·성기완 옮김, 《골족의 영웅 아스테릭스》, 문학과지성사, 2001, 9쪽.

[그림 1-6]
1998년 프랑스 월드컵 마스코트 푸틱스.
* 출처: 위키피디아.

지명도는 과거 어느 때보다 높아졌다. 골족은 활동 무대를 만화라는 매체로 옮겨 프랑스 어린이(그리고 성인)들의 감수성 속으로 침투해 들어갔다. 그 대표 주자인 아스테릭스 Astérix는 1959년에 첫 선을 보인 후 2021년 39번째 이야기가 나왔으며, 수억 부가 판매된 프랑스 최고의 만화 주인공이다. 만화의 성공은 영화로 넘쳐흘렀으며, 놀이공원 아스테릭스가 생기고, 우주에 쏘아 올린 위성에도 그 이름이 장착되었다.

이러한 '아스테릭스 현상'은 적어도 부분적으로는 베르생제토릭스 신화에 의해 설명될 수 있다. 1920년대에 태어난 작가 르네 고시니René Goscinny와 화가 알베르 우데르조Albert Uderzo는 제3공화국 시절에 다듬어진 역사교육을 받았고, 역사적 사실과 꾸며낸 이야기를 적당히 섞자면 실존 인물보다는 가공의 인물을 만들어내는 편이 나으리라는 판단 아래 아스테릭스를 창조했다. 하지만 베르생제토릭스의 항복 장면과 함께 이야기가 시작되는 사실에서 알 수 있듯이 그들은 성공한 알레지아와 베르생제토릭스를 상정한 것이었다. 프랑스-프로이센 전쟁의 군사적 패배를 도덕적 승리로 승화시킬 필요에서 베르생제토릭스가 강조되었던 것과 마찬가지로, 나머지 골 전부가 로마에 점령되었음에도 불구하고 카이사르와 로마군에 결코 굴하지 않는 작은 마을의 레지스탕스들은 제2차 세계대전의 '이상한 패배'와 나치 부역의 상처를 지닌 프랑스인들을 어루만져 줄 필요에서 등장한 것이 아닐까. 고시니에 의하면 아스테릭스의 마술 물약은 샤를 드골이라고 한다. 그렇다면 아스테릭스가 상대하는 로마는 세계대전 후의 새로운 세계질서가 된다.

1998년 프랑스 월드컵용 마스코트의 이름을 공모했을 때 압도적 지지를 받아 푸틱스Footix가 선정되었다. 19세기가 발굴해 낸 기원전 1세기의 실존 인물 베르생제토릭스가 20세기 후반 프랑스를 사로잡은 아스테릭스라는 캐릭터를 낳고, 이 둘의 협조로 푸틱스가 탄생한 모양새다. 골의 수탉(갈루스 갈루스) 푸틱스![8] 여기에는 프랑스의 고대사를 만들어 낸 프랑스 현대사가 그대로 녹아있다.

2012년 3월 뮈제오파르크 알레지아Muséoparc Alésia가 문을 열었다. 제2제국 시기 알리즈가 발굴되고 베르생제토릭스 동상이 세워진 이래 "순례자들"의 발길이 이어졌던 바다. 이제 역사문화를 주제로 하는 테마파크가 개장하자 학생들의 단체 견학이 줄을 이었다. 학생들뿐 아니라 일반 관광객들도 이곳을 찾아 고대 골과 로마의 대결 양상을 체험하고 이해하는 체험장으로 각광받게 되었다. 지역 경제에 적잖은 도움이 될 터이니 제2차 알레지아 전투의 열기를 한층 고조시키는 요소가 생겨난 셈이다. 일단락된 알레지아 소재지 논쟁이 특히 여름 휴가철에 지방 신문들의 지면을 반복적으로 장식하는 상황도 이와 무관하지 않을 것이다.[9]

알리즈의 뮈제오파르크는 해석의 장소임을 천명하고 있다. 그렇다면 알레지아와 고대 골은 프랑스의 독점물이 아니라 켈트 유럽의 기억의 장소로 해석될 수도 있을 것이다. 고대 용법으로 켈트와 골은 사실상 동의어였던 것을 카이사르가 골에 특별한 의미를 부여했고, 그것을 민족주의적 역사학이 프랑스와 동의어로 만들어 버린 것이니까. 두 차례 세계대전의 참혹함을 겪으며 가라앉았던 배타적 민족주의 열기가 경제 위기와 테러, 전염병과 전쟁이라는 불안한 토양에서 되살아나고 있는 지금 알레지아는 어떻게 해석될 것인가?

02
496년 12월(?):
'정통성'의 기원, 클로비스의 세례와 개종

홍용진

클로비스와 프랑스

통속적으로 프랑스의 역사서술은 대부분 클로비스Clovis(재위 481~511)[1]로부터 시작된다. 클로비스를 초대 왕으로 하는 프랑크왕국을 프랑스 역사의 기원으로 보는 만큼 어쩌면 이는 당연해 보인다. 프랑크족과 프랑크왕국을 프랑스 정체성의 기원으로 삼는 이유로는 다음과 같은 점들을 제시할 수 있다.

먼저 '프랑스'라는 나라의 이름 자체가 프랑크족의 땅을 뜻하는 라틴어 '프랑키아Francia'에서 유래되었다는 점이다. 즉 프랑크족의 역사는 프랑스 정체성에서 특권적 지위를 지니는 근거가 된다. 또한 프랑키아라는 지명은 로마가 붙인 지역명인 갈리아, 게르마니아, 브리타니아, 이탈리아 등의 명칭과 달리 종족적 기원을 확고히 표명하고 있는 지명이기도 하다. 히스파니아 지역의 서고트왕국이나 이탈리아 지역의 동고트왕국, 아프리카(현재의 마그레브)의 반달왕국 또한 프랑크왕국 등장 이전부터 강력한 세력을 형성했지만, 현재 아무도 이 지역들을 이들 종족명에서 파생한 왕국의 명칭으로 부르지 않는다. 현대의 입장에서 보면 프랑스의 국가정체성과 프랑크족의 관계는 일견 자명해 보인다.

두 번째로 클로비스와 프랑크왕국이 프랑스의 정체성과 연결되는 지점은 바로 수도 파리이다. 5세기 중반 메로베우스 왕조의 초기 정착지가 지금의 벨기에 지역이긴 했지만 프랑크족이 왕국의 형태를 갖추기 시작한 것은 갈리아 북부 지역을 정복하면서였다. 이때 클로비스가 권력의 중심지로 삼은 곳이 바로 로마 문명의 유산을 온전히 보전하고 있던 루테티아Lutetia, 즉 파리였다.

마지막으로 클로비스가 일찍부터 프랑스라는 국가정체성을 상징하는 인물로 자리 잡았다는 사실이다. 이는 그에 대한 기억이 현재의 프랑스 지역에 보다 풍성하게 남아있었기 때문이기도 하다. 클로비스에 대한 가장 가까운 기록을 남기고 있는 투르 대주교 그레고리우스Gregorius의 《프랑크인들의 역사Historia Francorum》(6세기 말), 《프레데가리우스Fredegarius 연대기》(8세기 말) 등은 이미 13세기부터 왕조의 연속성을 확보하기 위한 프랑스 왕들의 역사서에 편입되기 시작했으며 14세기 내내 왕권의 영속성과 맞물려 메로베우스-카롤루스-카페로 이어지는 프랑스 왕위 및 왕조의 연속성이 왕권에 의해 강조되었다.

이와 같은 세 요소가 클로비스라는 인물과 프랑크족, 프랑크왕국을 프랑스 역사의 기원으로, 또 프랑스라는 국가의 정체성으로 만들고 있다. 하지만 과연 이러한 동일시는 자명한 것일까? 먼저 '프랑키아'라는 명칭을 독점했다고 해도 프랑크족의 메로베우스 및 카롤루스 왕조가 정복한 영역은 현재의 프랑스 지역을 벗어나 독일 지역에까지 이른다. 프랑크족의 역사는 프랑스만의 역사는 아니며 많은 부분이 독일의 역사, 나아가서는 일정 부분 중세 이탈리아의 역사이기도 하다. 다음으로 클로비스가 자신의 치세에 파리를 가장 중요한 거점으로 삼았다 할지라도 사실 카페 왕조가 들어서기 이전까지 파리가 프랑스 전체에 걸친 정치적 중심지로 기능했던 것은 아니었다. 클로비스 이후 프랑크왕국은 그의 아들들과 자손들에 의해 분열을 거듭하였으며 파리는 기껏해야 그 분열된 왕국들의 중심지들 중 하나에 불과했다. 클로비스의 선택이 무색하게 500여 년 동안 파리가 다른 도시들보다 우월한 중심지 역할을 한 것은 아니었다.

이상의 두 요소가 사실관계의 문제라면 마지막 요소는 해석의 전통과 관계되는 문제다. 즉 역사적 기념 또는 기억 및 역사서술의 전통에서 프랑스는 클로비스와 프랑크왕국을 자신의 기원으로 설정해 왔고 이를 자연스러운 것으로 정당화해 왔다. 이러한 차원에서 이 글은 5세기 클로비스가 만든 '프랑스'가 무엇인지, 또한 프랑스가 만든 '클로비스'는 누구인지를 일별해 보고자 한다. 당연하게도 클로비스가 만든 '프랑스'는 오늘날 프랑스의 수많은 기원 중의 하나로 자리 잡는다. 그리고 프랑스의 역사와 역사서술들이 만들어 온 '클로비스'들은 프랑스 정체성의 허구적 기원을 만든다.

클로비스와 그의 시대: 5~6세기 갈리아와 프랑크족

프랑스사는 물론이거니와 서양사를 서술하는 데 있어 5세기는 항상 거대한 지층 단절의 시기로 묘사된다. 그리고 이러한 정형화된 서술에서 그 단절 면의 양쪽에는 로마제국의 쇠락과 게르만족의 대이동(또는 '야만족들의 침입')이 설정된다. 로마제국이 쇠약해진 틈을 타서 훈족에 쫓긴 게르만족이 로마제국의 경계선을 넘어 밀려 들어왔고 결국 서로마제국을 몰락에 이르게 했다는 내용이다. 하지만 과연 그럴까?

사실 게르만족이 4세기 말에 이르러서 갑자기 로마의 역사에 등장한 것은 아니었다. 로마의 역사가 타키투스가 《게르마니아》를 집필한 이래로 '게르마니아'에 살고 있던, 그래서 '게르만'이라는 통칭으로 불린 여러 부족은 무려 3세기에 걸쳐 로마제국의 역사에 깊이 연루되었기 때문이다. 이들은 오늘날의 시각에서 보면 매우 이질적이고도 혼합적인 부족들로 구성되었으며 300여 년 동안 로마와의 다양한 투쟁은 물론 부족들 간의 투쟁으로 수많은 부족이 이름을 바꿔가며 흥망을 거듭했다. 게르만 부족은 끊임없이 변화하는 유동적인 집단으로 혈통이나 종족보다는 공통의 가치나 신념에 의해 그 정체성을 확립하였다.

이러한 게르만 사회의 형성과 변동과정에 로마는 지대한 영향을 미쳤다. 1세기부터 로마의 다양한 물품들, 특히 고가의 사치품과 무기들이 유입되었고 이는 화폐경제로의 이행을 가능하게 했다. 빈부의 격차 및 사회의 위계화, 지도자의 권위 및 권력 상승이 이루어졌고 지도자들은 이를 유지, 강화하기 위한 방안으로 로마의 위정자들과 정치적 관계들을 맺었다. 로마는 이들 부족을 종속화하고 통제하기 위해 이이제이 및 토사구팽식의 정책을 펼쳤고 그 결과 로마 국경 밖에서 게르만 부족들 사이의 투쟁이 격화되기도 하였다. 때로는 반로마적 게르만 부족들이 결합하여 로마와 전쟁을 펼치기도 했다. 일례로 황제 마르쿠스 아우렐리우스(재위 161~180)와 코모두스(재위 177~192) 치세에 걸쳐 전개되었던 마르코만니 전쟁Guerres marcomanniques(166~188)은 로마와 게르만 부족사회에 커다란 충격을 주었다.

다른 게르만 부족들과 마찬가지로 프랑크족 또한 일찍부터 로마와 깊은 관계를 맺었다. 5세기에 등장하기 시작한 다른 부족들처럼 프랑크족 또한 마르코만니 전쟁 이후의 격변기 속에서 형성되었다. 3세기 말부터 로마 문헌에 등장하기 시작한 프랑크족은 다른 부족들에 비해 세력도 보잘것없고 나름대로의 정체성도 강하지 않은 부족이었다. 하지만 이러한 약점은 프랑크족으로 하여금 로마에 대한 의존도를 더욱 높이고 로마의 영향력에 깊이 연루되게 만들었다. 알력이 없진 않았지만 지금의 저지대에 자리 잡은 프랑크족은 제국의 군대에 대거 복무하면서 로마와 긴밀한 관계를 구축했다. 이렇게 해서 프랑크족은 로마로부터 군사·사회·문화적인 측면에서 지대한 영향을 받았다. 다뉴브강 가에서 발견된 비문의 한 구절은 이러한 프랑크족의 정체성을 대표적으로 보여준다(〈그림 2-1〉).

물론 프랑크족이 지닌 로마에 대한 충성심은 '공적인 정치체Res publica'로서의 로마가 아니라 권력을 사유화하고 있던 개별 권력자들이었다는 점을 주목해야 한다. 실로 제국은 내부에서 벌어지고 있던 권력과 토지의 사유화, 지방분권화로 인해 부식되어 가고 있었고 이러한 거대한 흐름 속에 프랑크족과 여타의 게르만족들은 긴밀한 인적 네트워크를 통해 주로 군사력을 위한 인적자원을 로마 권력자들에게 조달하고 있었다.

4세기 말 로마제국에서 활동한 프랑크족 출신 로마 장군들의 면면을 보면 이들이 단순무식한 '야만인'이 아니라 이미 상당 부분 로마 사회에 깊숙이 연루된 '이방인'이었다는 점을 알 수 있다. 예를 들어 테우토메르와

[그림 2-1]
다뉴브강 가에서 발견된 프랑크족 군인의 비문.
"나는 프랑크 시민이면서 무기를 든 로마 군인이다.
뛰어난 용기에 힘입어 나는 항상 (무기를 든) 내 오른손으로 전쟁을 치렀다
FRANCUS EGO CIVES ROMANUS MILES IN ARMIS
EGREGIA VIRTUTE TULI BELLO MEA DEXTERA SEM[P]ER."
* 출처: 부다페스트박물관.

메로바우데스는 황제 율리아누스(재위 355~363)의 측근이었다. 테우토메르의 아들인 리코메레스와 조카인 바우토는 384년과 385년에 각각 집정관을 역임하기도 했으며 리바니우스, 심마쿠스, 아우구스티누스와 같은 당대의 지식인들과도 교우관계를 맺었다. 리코메레스의 조카인 아르보가스트 또한 로마 장군으로서 밀라노 주교 암브로시우스와도 친교를 맺었다. 물론 프랑크족 출신의 몇몇 장군의 이러한 모습이 프랑크족 전체의 일반적인 모습은 아니겠지만 적어도 프랑크족 엘리트들은 로마 사회와 문화를 충분히 이해하고 소화하고 있었다고 평가할 수 있다.

다른 한편 투르의 그레고리우스가 남긴 기록에 의하면 리코메레스의 아들 테오도메르Theodomer는 '프랑크족의 왕'으로 처음 등장한다. 그의 치세 이후 그의 아들인 장발왕 클로디우스Clodius(재위 430?~450?)와 손자 메로베우스Meroveus(재위 448~457)가 '프랑크족의 왕'이라는 직위를 이어받았다. 사실 프랑크족에 대한 기록은 4세기 말보다 5세기 전반기의 것들이 더 불확실하고 불분명하다. 4세기까지 로마제국이 그나마 제국으로서의 틀을 유지하고 있었다면 5세기에는 연속되는 암살과 찬탈로 황위는 불안해지고 권력과 토지의 사유화가 크게 진전되어 공권력이 극도로 취약해졌기 때문이었다. 그에 따라 프랑크족의 역사를 기술하고 있는 그레고리우스의 초보적인 기술을 제외하고는 메로베우스 왕조의 명칭상의 기원을 이루는 메로베우스와 그의 뒤를 이은 킬데리크Childéric(재위 457~481)에 대해 정확히 알려진 바가 없으며 실질적인 프랑크왕국의 창건자라고 하는 클로비스의 생애 연대표 또한 정확하게 구성할 수 없는 상황이다.

어쨌든 이 '왕'들이 프랑크족을 이끌고 있던 시기에 프랑크족은 다른 게르만 부족들처럼 로마제국과 '동맹'관계를 맺었던 것으로 보인다. 한 지역에 대한 거주권과 자치권을 대가로 로마에 대한 군사적 조력을 골자로 하는 이 관계는 이미 4세기 말부터 로마제국과 서고트족 사이에 맺어진 바

[그림 2-2]
481/482년 경 서유럽의 왕국들.
476년 서로마제국이 소멸할 당시 프랑크왕국은 로마제국 영역 바깥에 위
치하고 있었다. 서로마제국의 영역은 로마 장군 시아그리우스의 세력권,
부르군드왕국, 서고트왕국 및 동고트왕국 등으로 분할되었다.

있었다. 게르만 '동맹자'의 자격을 얻은 프랑크족은 실제로 451년 아틸라가 이끄는 훈족이 갈리아 지역을 침입했을 당시 로마의 장군 아이티우스의 지휘 아래 혁혁한 공을 세웠다. 이 당시 훈족에 대한 대승에 일조했던 프랑크족의 수장(왕)이 메로베우스였다는 사실은 그의 정확한 행적을 알 수 없는데도 불구하고 그의 이름이 이후 왕조 명으로 굳어지게 된 이유를 설명해 준다.

460~470년대의 20여 년 동안 킬데리크는 지금의 투르네를 중심으로 한 지역에서 본격적인 영토 확장에 들어갔다. 프랑크족 중에서도 살리족의 '왕'이었던 그는 동쪽으로는 라인강을 넘어 이곳의 다른 프랑크족들을 통합하는 한편 라인강과 뫼즈강을 따라 남쪽으로 영토를 확장해 나갔다. 476년 서로마제국 황위가 종말을 고하던 시기에 서유럽 지역은 다양한 세력들에 의해 영역이 구분되어 있었다. 일단 이베리아반도와 갈리아 서남쪽을 차지한 서고트왕국, 이탈리아 전역과 일리리쿰을 차지하며 동로마제국의 경쟁자로 떠오르던 동고트왕국, 중부의 부르군드왕국, 그리고 로마 장군 출신의 시아그리우스Syagrius가 통치하던 북부 갈리아의 '로마 왕국'들이 프랑크왕국과 대등하거나 보다 강력한 세력을 형성하고 있었다. 그 밖에 브리타니아섬에서는 앵글로족과 작센족이 브리타니아 켈트인들과 영토를 두고 싸우고 있었고 프랑크왕국의 동쪽으로는 투린, 알라만, 바바리아, 롬바르드와 같은 무시할 수 없는 부족들이 포진하고 있었다(〈그림 2-2〉). 바로 이러한 때에 킬데리크의 아들 클로비스가 왕으로 즉위하였다.

481년 또는 482년에 즉위한 클로비스에게 당면한 과제는 여러 세력으로 분할된 갈리아 지역을 복속시키고 이곳에 자신의 통치력을 공고히 하는 것이었다. 이러한 창업과 수성의 이중과제를 떠맡은 클로비스의 업적은 두 가지로 요약할 수 있다. 그 하나는 수많은 전쟁을 통해 갈리아 지역 전체를 장악해 나간 영토 확장사업이었고, 다른 하나는 콘스탄티누스 황제가 개최

[그림 2-3]
클로비스의 영토 확장.
5세기 말부터 프랑크왕국은 로마 장군 시아그리우스가 장악한 지역
과 부르군드왕국, 서고트왕국을 정복하면서 영토를 팽창해 나갔다.

한 니케아 공의회 이후로 정통으로 인정받은 아타나시우스파 기독교로 개종한 일이었다. 이렇게 해서 전자의 차원에서 클로비스는 이민자 정복자가 되고 후자의 차원에서는 서유럽 세계에서 로마제국의 계승자가 된다.

먼저 영토 팽창(《그림 2-3》)과 관련해서 첫 번째로 클로비스의 희생양이 된 것은 바로 갈리아 북부를 차지하고 있던 로마제국 출신 장군 시아그리우스였다. 486년 수아송 전투에서 시아그리우스를 격파한 클로비스는 솜강과 센강 사이의 영토를 획득할 수 있었는데 센강 너머 루아르강까지 영향력을 확대하는 데에는 성공하지 못했다. 이후 491~492년 동안 클로비스는 게르마니아로 눈을 돌려 투린족을 제압하였다. 또한 라인강 유역의 리푸아리 프랑크족과도 결혼동맹을 맺어 살리-리푸아리 프랑크족의 통합을 확고히 하였다. 곧 클로비스는 동남부에 위치한 부르군드왕국 및 동고트왕국과의 경계를 안정시키기 위해 일련의 결혼동맹을 맺었다. 492년 그는 자신의 누이를 동고트 왕 테오도리쿠스에게 시집보냈고, 493년에는 리푸아리족 왕비와의 결혼을 무효로 하고 부르군드 왕의 질녀인 클로틸드와 '공식적으로' 결혼했다. 498년에는 서고트왕국으로 원정을 감행했으나 동고트왕국의 개입으로 성공하지 못했다. 500년에 들어와 먼 동쪽에서는 알라만족이 서쪽으로 진출하면서 동부 경계를 위협하기 시작했다. 이에 클로비스는 506년 톨비악 전투에서의 승리를 통해 알라만족을 철저하게 복속시킬 수 있었다. 동부 지역이 안정되자 클로비스는 본격적으로 갈리아 지역을 장악하기 위한 원정을 준비했다. 이는 과거 시아그리우스가 장악했던 센강에서 루아르강까지의 지역은 물론 서고트왕국이 장악한 루아르강 이남 지역을 아우르는 광대한 영토였다. 507년 부이예Vouillé 전투에서 서고트군에 대승을 거둔 클로비스는 509년에 이르기까지 갈리아 남서부 지역 대부분을 장악하게 되었다.

영토 확장 이후 안정적인 왕권을 확보하는 것은 단지 군사적 정복으로만

[그림 2-4]
톨비악 전투.
496년 톨비악 전투에서 클로비스는 동쪽에
서 팽창하던 알라만족에 승리를 거두었다.
아리 세페르 작, 1836, 베르사유.

은 되지 않는 일이었다. 그것은 정복당한 지역 사람들, 즉 지역 엘리트층부터 일반 평민까지 아우르는 인민들에 대한 정치적 정당성 획득을 요구했다. 클로비스가 아타나시우스파 기독교로 개종하고 세례를 받은 사건은 바로 이러한 맥락에서 이해해야 할 것이다. 카이사르에 의해 일찍부터 로마제국에 편입되었던 갈리아 지역에는 로마식의 행정제도와 문화, 생활방식이 뿌리 깊이 남아있는 상황이었고 각 지방의 토호들과 권력자들은 로마제국 당시 엘리트들의 후손으로 여전히 스스로를 로마의 귀족으로 여기고 있었다. 다른 한편 공식적으로 로마 황제를 필두로 하는 중앙행정체계가 사라진 상황에서 교회는 교구체계를 통해 로마식의 행정체계를 유지하고 있는 유일한 제도였고 당대 고위 성직자들은 대부분 로마제국 출신 귀족들이 차지하고 있었다. 또한 교회 문화는 바로 로마 문화로 여겨지고 있었다. 이러한 상황에서 정복 지역에 대한 통치를 위해서 클로비스가 기독교로 개종한 것은 당연한 일이었으며 교회와 고위 성직자들의 조언을 경청한다는 것은 바로 로마 출신 토착 권력자들의 도움으로 왕국을 이끌어나가겠다는 의미를 지녔다.

클로비스의 세례, 그 현실과 영향

클로비스가 다른 게르만 부족 출신 왕들과 비교되는 중요한 차이점은 바로 다른 게르만 부족들이 폭넓게 받아들이고 있던 아리우스파 기독교가 아닌 아타나시우스파 기독교를 받아들였다는 사실이다. 잘 알려져 있다시피 양자의 중요한 차이점은 이른바 '삼위일체'에 대한 수용 여부이며 325년 콘스탄티누스 황제의 주재로 개최된 니케아 공의회를 통해 삼위일체를 주장하는 후자가 정통 교리로 인정을 받았다. 하지만 복잡한 철학적 개념과 형이상학 및 논리학적 작업을 통해서만 이해할 수 있는 삼위일체라는 교리는 일반인들에게는 유일하고 절대적인 신과 그 외의 피조물들을 명확히 구분하는 아리우스주의에 비해 이해하기 힘든 논의였다. 그리하여 제도권 교회는 아타나시우스파를 교리로 삼고 있었지만 서고트, 동고트, 부르군드왕국의 왕실은 모두 아리우스파를 신봉하고 있었다. 클로비스가 삼위일체를 이해했는지는 알 수 없지만 그레고리우스에 따르면 클로비스는 새로 맞은 아내 클로틸드의 영향으로 아타나시우스파의 '정통' 기독교를 수용하고 랭스 대주교 레미Remi의 세례를 받았다.

  그런데 클로비스의 개종과 세례는 과연 언제 이루어졌을까? 이러한 문제가 제기되는 이유는 당대의 연대기들이 클로비스 세례 연도는 기록하지 않고 단지 성탄절에 거행되었다는 사실만을 강조하고 있기 때문이다. 그레고리우스의 연대기를 포함하여 중세 초의 기록들이 전하는 클로비스 관련 이야기는 모두 일관되게 클로틸드와의 결혼, 톨비악 전투(《그림 2-4》), 클로비스의 개종과 세례, 부이예 전투와 서고트에 대한 승리의 순서로 이어지고 있다. 클로비스의 개종과 관련한 사건으로는 동부 알라만족과의 처절한 전투였던 톨비악 전투가 언급된다. 클로비스는 톨비악 전투에서 수세에 몰렸는데, 이때 왕비 클로틸드가 신에게 전투를 승리로 이끌어 주면 개종하겠다고 맹세했다고 한다. 이후 클로비스는 톨비악 전투에서 승리하게 되고 맹세에 따라 세례를 받고 아타나시우스파 기독교로 개종을 했다. 기독교 덕택에 클로비스는 서고트왕국과 치른 부이예 전투에서도 승리를 거두고 결정적으로 갈리아 지역 대부분을 석권하게 되었다. 이러한 서사 구조는 분명히 콘스탄티누스 황제의 개종 이야기를 모방하는 듯 보이는데 그럼에도 지금까지 많은 역사가가 이야기 순서 자체를 문제 삼지는 않고 있다.

  전통적으로 20세기 초까지 클로비스의 개종은 496년에 일어난 사건으로 여겨졌다. 이에 따르면 클로비스와 부르군드 왕의 조카인 클로틸드의 결혼은 493년에, 톨비악 전투는 496년에 발생했다. 하지만 클로비스의 결혼이 화해의 의미를 지니는 외교적 성격을 지닌다면 그것은 부르군드와의 전쟁이 발생한 500~501년 이후의 사건이어야 한다. 특히 동고트 왕 테오도리쿠스가 톨비악 전투에서의 승리를 축하하는 편지를 506년 말에 보낸 것으로 밝혀지면서 최근의 많은 역사가는 톨비악 전투와 개종을 506년 이후의 사건으로 보고 있다. 심지어 영국 중세사가 이언 우드Ian S. Wood는 클로비스의 개종 시기를 부이예 전투에서 승리를 거둔 508년 이후로까지 끌어내리고 있다. 506~508년 사이에 클로비스의 기독교 개종이 이루어졌다는 견해는 정복 후 내치의 필요성 때문에 개종하게 되었다는 현실 논리를 반영하고 있다. 어쨌든 여전히 확실한 개종 연도는 새로운 사료가 발굴되지 않는 한 여전히 오리무중일 수밖에 없다. 그럼에도 대다수 연구자의 결론들 중 하나는 클로비스의 세례와 개종이 이루어진 해는 496년이 아니라는 점이다.

클로비스의 개종과 세례식은 이후 프랑스의 역사에 지대한 영향을 미쳤다. 그레고리우스는 클로비스에 대한 전기에서 그의 개종을 제2의 콘스탄티누스의 개종처럼 서술했고, 이는 기독교의 섭리론적 역사관에 입각해 클로비스의 개종에 신적 필연성을 부과하였다. 중세 내내 이어진 이러한 관점에 따르면 기독교 개종 덕분에 클로비스는 신의 가호를 받아 프랑크 왕국을 성공적으로 건립했으며 역으로 클로비스 덕분에 정통 기독교, 또는 가톨릭은 서유럽이라는 현실 세계에서 확고한 기반을 차지할 수 있었다. 클로비스가 게르만 왕들 중 가장 처음으로 아타나시우스파 기독교로 개종했으며 다른 게르만 왕국들과 달리 계속 왕국이 유지되었다는 사실은 이후 프랑스 왕들을 '가장 기독교적인 왕'으로 또 프랑스 왕국을 '교회의 맏딸'로 선전하는 이데올로기적 원천이 되었다.

511년 클로비스가 사망하자 그의 왕국은 네 아들(테오도리쿠스 1세, 킬데베르투스 1세, 클로타리우스 1세, 클로도미르)에게 분할, 상속되었다. 이 네 왕국은 때로는 서로의 왕위계승권에 개입하며 피비린내 나는 전쟁을 치르기도 하고 때로는 협력하여 부르고뉴왕국을 몰락시키기도 했다. 이후로도 프랑크왕국은 카롤루스제국 말기인 9세기까지 분열과 통합을 거듭하며 헐겁긴 하지만 결코 완전히 떨어지지 않는 모습을 보여주었다. 이는 사실 강력한 외부세력의 침략에 매우 취약한 상황을 만들었지만 프랑크왕국은 실제로 그 어느 외부세력의 침략도 받지 않았다. 운 좋게도 프랑크왕국 주변의 위협세력이 일찍이 몰락하거나 약화되었기 때문이었다.

프랑크왕국에 직접적인 위협이 되는 동고트왕국은 553년 지중해 원정에 나선 동로마 황제 유스티니아누스(재위 527~565)에 의해 멸망했고 서고트왕국 또한 유스티니아누스의 공격으로 큰 타격을 받은 이후 7세기에 이베리아반도만을 주 무대로 삼다 711년 이슬람 세력에 의해 멸망하고 말았다. 지중해를 재탈환하려 했던 유스티니아누스에게 프랑크왕국은 직접적인 원정 대상이 되지 못했고 이후 국력을 소진한 동로마제국은 이슬람과의 투쟁을 거치며 서유럽에 대해 실질적으로 개입할 여력을 상실하고 말았다. 이러한 상황은 또한 우연치 않게 아타나시우스파 기독교가 프랑크왕국을 중심으로 서유럽에 계속해서 살아남을 수 있었던 조건이 되었다. 특히 프랑크 왕들과 로마 총대주교(교황) 간에 이루어진 밀접한 관계는 로마가톨릭이라는 정신적·문화적 가치관이 프랑크왕국(메로베우스-카롤루스 왕조)이라는 현실적 경계와 결합하여 토착화되어 가는 배경이 되었다.

중세 시대 전체에 걸쳐 이러한 관계는 클로비스를 전사이자 동시에 신성한 존재가 되도록 만들었다. 또한 서유럽에서 로마를 계승했다고 하는 프랑크왕국의 성공과 클로비스의 개종 및 세례, 그리고 이를 집전한 랭스 대주교 성 레미 사이에도 일종의 '신성한' 관계가 설정되었다. 여기에 결정적인 역할을 한 사람이 바로 카롤루스제국 당시 랭스 대주교였던 앵크마르Hincmar(재위 845~882)였다.

그는 878년 《성 레미 전Vie de Saint Rémi; Vita Remigii》을 저술하면서 한 마리 비둘기가 성유를 하늘에서 물어다 전해주었다는 전설을 '창조'해 냈다. 즉 그에 따르면 클로비스는 개종을 의미하는 세례뿐만 아니라 구약에 나오는 왕들처럼 도유塗油를 받았다.[2] 왕권을 신성화하면서 랭스 대주교좌의 특권적 위치를 강조하는 앵크마르의 작업은 향후 프랑스 왕권과 관련하여 매우 중요한 몇 가지 요소들을 창출해 냈다.

먼저 앵크마르는 카롤루스제국의 유일 황제였던 루도비쿠스 경건제 Ludovicus Pius(재위 814~840) 사후 제국이 분할되자 서프랑키아의 샤를 대머리왕Charels II le Chauve(재위 843~877)을 지지했다. 이는 랭스 대주교와 서프랑키아 왕 사이의 관계를 보다 긴밀하게 만들었으며 그가 주장하는 성유병 전설이 이후 동프랑키아나 이탈리아가 아니라 프랑스에 정착하도록 만들었다. 이렇게 해서 앵크마르는 서프랑키아와 프랑스 왕의 '신성한 성격'을 클로비스와 레미 사이의 관계로 소급하면서 정당화하는 동시에 클로비스의 세례식을 자신이 집전한 도유식Onction[3]의 기원으로 삼았다. 물론 레미가 집전한 세례가 개종의 의미를 지니고 있었다면 앵크마르가 집전한 도유는 왕의 자격을 결정하는 축성식의 일환이었다.

결과적으로 앵크마르의 작업은 프랑크왕국 전체의 왕인 클로비스가 정통 기독교로 개종한 사건을 서프랑키아(프랑스) 왕권의 신성화로 연결시켰다. 특히 서프랑키아의 카롤루스 왕조 단절 이후 정치적 정당성과 권력에 있어서 취약하기 그지없던 카페 왕조는 어떻게든 카롤루스 왕조와 혈연관계였다는 사실을 적극적으로 선전함으로써 클로비스가 받았다는 도유식을 프랑스 왕권의 신성함의 기원으로 만들어 놓았다. 비슷한 시기에 동프랑키아의 카롤루스 왕조를 대신하여 등장한 오토 가문은 애초에 강력한

[그림 2-5]

클로비스와 프랑스 왕권 이데올로기.

성 아우구스티누스 저, 《신국론》(프랑스 마콩 시립도서관 ms. 001). 14세기 후반 라울 드 프렐의 프랑스어 번역을 바탕으로 1480년 경에 제작한 수서본의 권두화다. 14세기 후반 프랑스 왕 샤를 5세가 체계화한 신성한 왕권 이데올로기가 한 화면에 정리되어 있다. 위는 숲속 은수자가 불패를 의미하는 백합 문양 방패를 천사에게 받아 왕비 클로틸드에게 전달하는 장면, 왼쪽은 하늘에서 비둘기가 가져온 성유로 랭스 대성당에서 도유식을 치르는 클로비스 모습, 중앙 아래는 성유로 도유식을 치른 '신성한 프랑스 왕' 클로비스가 연주창을 치료하는 모습, 오른쪽은 승리와 영광을 상징하는 '오리플람Oriflamme'(붉은색 왕기)을 든 프랑스 군대.

제후로서 충분한 정치적 정당성을 갖고 선출되었기 때문에 이러한 혈연적 정당화가 필요 없었다.

클로비스를 활용한 카페 왕조의 정치 이데올로기는 11세기부터 15세기까지의 장기적인 과정 속에서 다양하게 변형되고 확장되어 나갔다. 특히 경건왕 로베르 2세Robert II le Pieux(재위 996~1031)부터 절대 마르지 않는다는 신성한 기름으로 도유식을 치른 프랑스 왕은 신으로부터 연주창 치료라는 신성한 능력을 부여받는다는 믿음이 등장하였다. 이와 함께 도유식을 집전하는 랭스 대주교와 그 기름을 보관하는 랭스 노트르담 성당은 "가장 기독교적인 왕rex christianissimus"이라는 이데올로기의 핵심적인 위치를 차지하기 시작했다. 이와 더불어 로베르 2세와 루이 7세(재위 1137~1180) 치세 사이에는 백합 문양과 붉은색 왕기oriflamme가 왕권의 상징물로 등장하였다. 14세기에 들어와 전설은 더 부풀려지기 시작했다. 이 또한 카페 왕조 방계인 발루아 가문이 왕위를 계승하면서 그 정치적 정당성이 취약할 때였다. 특히 샤를 5세(재위 1364~1380)는 '왕의 연주창 치료 능력', '성유병', '백합 문양', '붉은색 왕기'를 신성한 왕권 이데올로기를 긴밀하게 구성하는 주요한 네 가지 요소로 체계화하고 이를 적극 선전하였다(《그림 2-5》). 이후로도 클로비스는 수많은 전설과 이야기의 주인공이 되었고 심지어 성자와 같은 숭배의 대상이 되기까지 했다. 또한 그는 샤를 7세(재위 1422~1461)의 부르주칙령(1438)과 더불어 프랑스 교회주의가 본격적으로 시작되자 그 원천이자 수호자로 자리매김되기도 했다.

이상과 같이 클로비스는 앵크마르 이후 600년 기간 동안 프랑스 왕국의 모든 특성을 종합적으로 대변하는 원천으로 주조되었다. 클로비스와 메로베우스 왕조는 프랑스와 독일 공통의 원천이지만, 베르됭조약(843) 이후 클로비스는 독일보다는 프랑스에서 왕조적 정통성을 확보하기 위한 역사적·이데올로기적 대상으로 많이 활용되었다. 랭스 대주교 앵크마르가 서 프랑키아의 샤를 2세를 지지한 사실, 왕위 찬탈이라는 오명에 시달린 초기 카페 왕조가 취약한 왕권을 정당화하기 위해 클로비스의 권위에 기댄 점, 그리고 백년전쟁과 국가 만들기 과정에서 클로비스가 프랑스 왕권의 신성함의 준거점이 된 과정 등은 클로비스라는 인물을 중세 말부터 가시화된 프랑스 정체성 형성과정에 보다 밀접하게 엮어놓는 계기들이 되었다.

클로비스, 프랑스의 기원?

17~18세기에 들어와서 클로비스는 프랑스 역사의 기원으로 확고히 자리 매김되었다. 하지만 이러한 과정에서 미묘한 변형이 없었던 것은 아니었다. 중세에 클로비스라는 인물이 지닌 의미는 신이 선택한 왕으로 최초의 정통 기독교 왕국을 건립한 데에 있었다. 즉 이는 클로비스의 정치적 정당성을 종교적 기준에 기대어 확보한다는 것을 뜻한다. 하지만 현실적으로 근대국가가 무르익어 가는 동시에 이론적으로도 국가를 탈종교적인 기원으로 설명하려는 이 시기에 클로비스는 중세의 종교적 성격을 탈각하고 국가를 정초한 입법자의 모습으로 그려지기 시작했다. 즉 그는 몇몇 역사책에서 살리 프랑크법을 통해 프랑스 왕국의 기본법을 정초한 입법자—왕으로서 그 역사적 의미를 부여받기도 했다. 또 이러한 해석에서 클로비스의 세례는 종교적 차원의 신성함보다 프랑크족과 갈리아인들의 결합을 통한 프랑스 민족nation의 탄생이라는 의미를 지니게 된다.

　프랑스대혁명 이후 왕정과 종교에 대한 비판은 클로비스를 단순한 역사적 인물로 환원시켰다. 하지만 1815년에 이루어진 왕정복고와 더불어 클로비스는 다시 정치 이데올로기적 의미를 획득하게 되었다. 게다가 이 시기는 낭만주의가 본격적으로 시작된 때였다. 지나간 과거의 유적들과 역사에 대한 심미적 태도를 그 하나의 특징으로 하는 낭만주의 운동에서 클로비스는 되살아난 과거의 인물로 큰 관심을 받게 되었다.

특히 1824년에 즉위한 샤를 10세(재위 1824~1830)는 축성식을 부활시켜 1825년 5월 29일에 이를 거행하고 예전의 연주창 치료 의식을 다시 재개하면서 자신의 왕권이 클로비스로부터 유래한다는 점을 강조하였다. 샤를 10세의 축성식은 일부 대중들 사이에서 클로비스의 세례와 축성식의 역사에 대한 관심을 촉발시켰다. 실제로 1825년에 축성식을 주제로 출간된 서적들과 '클로비스의 세례'를 주제로 한 회화작품, 그리고 샤를 10세 축성식에 대한 찬가들은 왕당파와 교권주의를 지지하는 대중들의 관심을 반영한 것이었다. 하지만 이러한 대중적인 관심들은 전혀 전면적인 것이 아니었다. 또 다른 편에서는 이미 철 지난 낡은 유물이 되어버린 축성식과 연주창 치유 의식에 대한 비판과 냉소, 무관심 또한 팽배했기 때문이다.

실제로 왕당파의 소란스러운 정치쇼와 허망한 시도들은 7월혁명(1830)과 함께 사라졌고 축성식과 결부된 클로비스에 대한 관심은 곧 차분한 학문적 담론들에 자리를 내주었다. 왕정과 혁명의 유산을 모두 계승하고 싶어했던 시민왕 루이 필리프의 치세에 프랑수아 기조나 오귀스탱 티에리와 같은 역사가들은 양자를 아우르는 프랑스의 국민적 정체성을 역사적으로 확보하려고 노력하였다. 그리고 이는 당대의 화가 프랑수아 루이 드쥔느의 그림에 명확히 반영되고 있다(〈그림 2-6〉).[4] 클로비스는 이제 교권주의나 왕당파의 분파적 정체성의 기원이 아니라 프랑스의 정체성을 구성하는 중요한 역사적 요소들 중의 하나로 평가되었다. 그리고 이러한 작업은 제3공화정에서도 그대로 이어졌다. 특히 프로이센과의 전쟁 이후 상처받은 민족적 자부심에 대한 반대급부로 클로비스가 승리로 이끈 톨비악 전투와 부이예 전투가 강조되었다.

그럼에도 공화정에 반항적인 왕당파와 교권주의자들은 제3공화정 시대에도 여전히 가시적인 세력을 형성하면서 클로비스를 자신들의 입장을 정당화하는 데 이용하였다. 즉 이들이 볼 때 프랑스라는 나라의 시작은 바로 클로비스가 세례를 받은 '496년'이며 프랑스의 본질은 왕권과 교권의 긴밀한 연대에 있었다. 이에 대해 제3공화정은 프랑스의 기원을 베르생제토릭스라고 응수하면서 프랑스 왕정과 기독교를 중심으로 하는 왕당파 및 교회세력의 이데올로기에 맞서고자 했다.

하지만 1873년 5월 왕당파와 보수적인 교회세력의 지지를 받은 파트리스 드 막마옹Patrice de Mac Mahon이 제3공화정의 대통령으로 선출되자 프랑스의 왕과 성자들을 기념하는 공공기념물이 다시 건립되기 시작했다. 이러한 사업의 일환으로 1873년 7월부터 팡테옹 돔에 십자가가 다시 세워졌고 프랑스의 세 왕조를 대표하는 세 명의 왕(클로비스와 샤를마뉴, 루이 9세)과 각 왕조에 대응하는 세 명의 성인(성 디오니시오스, 성 주느비에브, 잔다르크)을 주제로 한 그림이 그려졌다(〈그림 2-6〉). 막마옹 대통령이 퇴임한 이후에도 왕당파와 교권주의자들은 1896년에 자신들끼리 클로비스 세례 1400주년 기념행사를 거행하기도 했다. 이 당시 랭스 대주교이자 추기경이었던 랑제니외Langénieux는 프랑크인이 '선민'임을 확신했다. 그러나 샤를 10세의 축성식과 달리 이들의 행사는 긍정적이건 부정적이건 큰 반향을 일으키지 못했다.

대중의 관심에서 사라진 것처럼 보였던 클로비스 숭배는 1996년 또다시 등장했다. 당시 프랑스 대통령 자크 시라크 주도 아래 '프랑스 기원 기념 사업회'가 구성되어 클로비스 세례 1500주년과 투르의 성 마르티누스 순교 1600주년 기념사업을 준비하기 시작했기 때문이었다. 기념사업회는 5월 10일과 11일에 '프랑스, 교회, 15세기'라는 주제의 콜로키엄을 조직하였고 9월 22일에는 교황 요하네스 파울루스(요한 바오로) 2세의 랭스 노트르담 대성당 방문을 추진하였다.

[그림 2-6]
〈클로비스의 세례〉,
프랑수아 루이 드쥔느 작,
1837, 베르사유.

1996년에 이루어진 이 기념사업은 1896년과 달리 프랑스를 매우 떠들썩하게 만들었다. 1896년의 행사가 오로지 왕당파 및 교권주의자들만의 행사였던 데 반해 1996년의 행사는 프랑스공화국 대통령이 공식적으로 국가를 대표하는 위원회를 조직하여 행사를 진행했기 때문이었다. 이는 무엇보다도 정교분리를 원칙으로 하는 프랑스공화국의 정신에 크게 위반되는 것이었다. 게다가 학술적인 차원에서도 클로비스가 세례를 받았던 해가 496년이라는 점이 더 이상 명확한 사실은 아니었다. 또한 클로비스의 세례라는 사건이 왜 프랑스의 '기원'이 되어야 하는지에 대한 공감대가 형성되지 않은 상황이었다. 하지만 '가톨릭 프랑스'를 프랑스적 정체성의 핵심으로 생각하는 자들에게는 클로비스의 세례가 프랑스 역사의 기원이어야 하고 세례는 '전통적인' 견해에 따라 '496년'에 이루어진 것이었다. 토착 갈리아 로마인과 게르만 프랑크인을 통합하여 하나의 '민족'을 만들었다고 여겨진 클로비스는 역설적으로 20세기에 들어와서는 "두 프랑스의 전쟁"을 일으킨 장본인이 되고 말았다. 특히 가톨릭 측의 우려와 경고에도 불구하고 클로비스가 상징하는 '가톨릭 프랑스'는 이를 민족정체성의 정수로 여기는 우파와 극우파의 프로파간다로 기능하였다. 이에 대해 '공화국 프랑스'를 강조하는 이들은 교황이 랭스 대성당을 방문하는 9월 22일이 1792년에 제1공화국이 탄생한 날이라는 점을 상기시켰다.

이후 클로비스는 '프랑스 민족정체성'을 규정하려고 하는 우파와 극우파의 이데올로기 담론에서 핵심적인 인물이 되었다. 이슬람계 이민자에 대한 배제정책에서 클로비스는 가톨릭 프랑스와 국민 통합이라는 이데올로기의 역사적 준거점이 되었기 때문이다. 2011년 교황 요하네스 파울루스 2세 사망 당시 사르코지 정부는 피용 총리를 조문객으로 바티칸에 파견하기로 결정했다. 정교분리의 원칙을 내세운 여러 비판에 대해 정부 대변인인 프랑수아 바루앙은 총리의 로마 방문을 "프랑스는 교회의 맏딸이다"

라는 말로 정당화했다. 이 케케묵은 중세식 프로파간다의 역사적 원천들 중 하나가 바로 클로비스인데 이 문구가 21세기에도 반복되었다는 것은 충격이 아닐 수 없다.

클로비스의 현대적 의미:
이질적 문화들 간의 공존과 접변

로마제국의 군대로 활약했던 프랑크족의 후손으로 지금의 프랑스 지역을 정복하고 가톨릭을 수용했던 클로비스. 그는 중세 시대부터 가톨릭 프랑스의 초대 왕으로 다양한 이야기들과 함께 신화화되었다. 그리고 근대 이후에 들어와 그는 프랑스 민족(국민)의 통합자로 내세워졌다. 하지만 프랑스대혁명 이후 현재까지 그가 대변하는 가톨릭 프랑스의 정체성은 19세기에는 왕당파와 교권주의자, 현재는 보수 우파의 프로파간다가 되어버렸다. 이렇게 해서 그는 "프랑스 정신분열"의 한 요소가 되고 말았다. 하지만 클로비스가 이러한 보수 우파의 민족정체성 이데올로기에 이용당하는 것을 어쩔 수 없는 현상으로 내버려 두어야 할까? 클로비스가 살았던 시대와 그의 행적을 단순히 '가톨릭'과 '통합'이라는 결과물에 매몰되도록 두어야 할까?

만약 클로비스와 그의 시대를 보다 적극적으로 또 긍정적으로 해석한다면 우리는 가톨릭 이전에 타 문화에 대한 수용과 존중을, 통합 이전에 서로 다른 사람들 간의 공존을 지적해야 할 것이다. 클로비스가 여전히 현대에 의미가 있다면 바로 이러한 가치들을 대변하는 역사적 인물로서가 아닐까? 게다가 패트릭 J. 기어리가 지적하듯이 그와 그의 왕국은 프랑스와 독일 모두의 원천을 이룬다. 이는 그가 대표하는 가치들이 어느 한 국가나 국

민에 의해 독점되기보다는 여러 사람들과 함께 공유되어야 할 것을 요구
한다.

03
732년 10월:
푸아티에 전투, 기독교와 이슬람의 문명충돌?

이용재

기독교 유럽을 지켜낸 위대한 전투?

732년 늦가을 프랑스 중서부의 거점도시 푸아티에와 투르 사이에 위치한 어느 평원에서 남쪽 이베리아반도에서 올라온 사라센군과 북쪽에서 내려온 프랑크군 사이에 한판 승부가 벌어졌다. 오늘날 흔히 '푸아티에 전투'라고 불리는, 아득히 먼 중세 초기의 한 전투에서 프랑크왕국의 샤를 마르텔이 이끄는 프랑크군이 이슬람 왕국 알안달루스의 총독 압둘 라흐만이 이끄는 사라센군을 물리쳤다. 프랑크왕국은 아키타니아를 포함한 갈리아 남부에 대한 지배를 더욱 굳힐 수 있게 된 반면, 갈리아 북부 더 나아가 유럽의 중심부로 향한 사라센의 공세는 한풀 꺾였다.

　푸아티에 전투는 사실상 로마제국의 붕괴와 게르만족의 대이동에 따른 중세 초의 혼란기에 벌어진 허다한 정복과 침탈 중 하나일 뿐이었다. 하지만 먼 옛날의 어느 이름 없는 한 전투가 그 후 세월의 변화와 시대의 부침 속에서 내용이 덧붙여지고 의미가 확대되면서 오늘날 우리가 알고 있는 푸아티에 전투로 거듭나게 되었다. 이른바 '푸아티에 전투'는 프랑스 역사뿐만 아니라 세계 역사를 결정지은 가장 중요한 사건 중 하나로 손꼽힌다.

[그림 3-1]
〈푸아티에 전투〉, 샤를 스튀벵Ch. Steuben 작, 1834, 베르사유박물관. 십자가 석비 쪽 창검을 높이 든 프랑크군의 위용과 무질서한 사라센군의 저항이 대조된다. 기독교-서양과 이슬람-동양 사이의 대비가 뚜렷하게 나타난다.

  푸아티에 전투가 프랑스인들의 집단기억 속에 깊숙이 각인된 것은 국가가 국민의식을 계도하고 민족사를 선양하는 작업에 공식적으로 뛰어들기 시작한 19세기 중엽부터였을 것이다. 프랑스인들에게 친숙한 샤를 스튀방의 그림에 잘 나타나듯이, 푸아티에 전투는 '민족 영웅 샤를 마르텔이 이슬람 침략군을 무찌르고 프랑스와 기독교 세계를 구한 위대한 승리'라는 전형이 확립되었다. 19세기 말에 공화주의 공교육이 확립된 이후 20세기에 들어서도 샤를의 승리는 유구한 민족사를 수놓은 주요 장면 중 하나로 늘 프랑스 역사교과서의 한 페이지를 장식했다. 푸아티에 전투는 어느새 프랑스인들의 이른바 '기억의 장소' 중 하나로 자리 잡은 것이다.

  푸아티에 전투는 또한 프랑스 역사의 경계를 넘어 세계사 또는 문명사의 주요 장면으로 기억되기도 한다. 역사가들은 푸아티에 전투를 프랑스 영토를 넘어 기독교 세계와 이슬람 세계 사이의 갈등과 충돌의 첫 장면으로 부각시키곤 했다. 요컨대 서구 사회에서 푸아티에 전투는 이슬람의 유럽 침공과 기독교 유럽의 성공적 방어라는 역사 프레임으로 전수되어 온 것이다. 오늘날 이슬람권과 기독교권 사이에 알력과 대립이 거듭될 때마다 어느새 푸아티에 전투가 여론과 심지어 정치권의 틈새에서 해묵은 논쟁을 지피며 등장하는 것은 바로 이 때문이다. 중세 초기 유럽 변방에서 벌어졌던 어느 한 전투가 천 년 세월이 훌쩍 지난 오늘날 기독교 세계와 이슬람 세계의 단층선에서 발생하는 이른바 '문명의 충돌'의 첫 장면으로까지 새삼 부각되고 있는 것이다.

갈리아, '프랑스 이전의 프랑스'

아키타니아의 풍운

로마제국이 몰락한 후 게르만 부족들의 각축장으로 변한 서유럽에서 일약 강자로 부상한 것은 프랑크족이었다. 메로베우스 왕조의 클로비스는 496년에 로마가톨릭으로 개종한 이후 갈리아의 주요 지역을 석권하고 프랑크 왕국의 기반을 다졌다. 하지만 프랑크왕국은 거듭된 전쟁과 분열 속에 혼돈에 빠져들었다. 7세기에 왕국은 아우스트라시아Austrasia, 네우스트리아Neustria, 부르군드Burgund 등 사실상 별개의 세 왕국으로 분리되어 서로 충돌했다. 왕들은 실권을 잃고 수도원에 유폐되곤 했으며, 족벌귀족의 수장이 왕국의 궁재major domus로 등장해서 실질적으로 왕권을 행사했다.

8세기 초반 갈리아 지역 서남부를 차지하고 있던 것은 프랑크왕국의 통치권 아래서 독자적인 세력을 형성한 아키타니아Aquitania공국이었다. 옛 로마제국의 유산을 담뿍 지니고 있으며 한때 서고트왕국의 지배를 받기도 했던 아키타니아는 메로베우스 왕조 말기의 혼란과 분열을 틈타서 독자세력으로 성장했다. 아키타니아의 외드Eudes(Odo) 대공은 클로비스의 후손들과 마찬가지로 로마가톨릭교를 받아들이기는 했지만, 지역의 패권을 놓고 때로는 북쪽의 프랑크 세력과 때로는 남쪽의 사라센 세력과 충돌하기도 하고 제휴하기도 했다.

7세기 초 아라비아반도에서 탄생한 이슬람교는 놀라운 속도로 확장해 나갔다. 종교적 열정과 군사적 역량을 겸비한 이슬람 제국은 단 한 세기만에 페르시아에서 마그레브까지 오리엔트 전역을 석권하고 지중해 세계의 패권을 장악했다. 8세기 초 지브롤터 해협을 건너온 아랍족과 베르베르족 등 무슬림 전사들은 서고트왕국을 붕괴시키고 이슬람 왕국 알안달루스Al-Andalus를 건설했다.

이베리아반도를 장악한 이슬람 세력이 피레네산맥을 넘어 갈리아 지방으로 침투한 것은 8세기 초반부터였다. 718년, 코르도바 총독 알사므흐 빈 말리크 알카울라니Al-Samh ibn Malik al-Khawlani가 이끄는 무슬림 혼성군은 프랑크왕국의 속령 셉티마니아Septimania를 장악한 데 이어서 721년, 아키타니아 정벌에 나섰다. 알사므흐의 공격은 아키타니아의 수도 툴루즈에 집중되었는데, 만일 툴루즈가 함락된다면 가론강 이남의 남부 지방 전역이 이슬람 세력권에 들어갈 것이었다. 아키타니아 공국은 어쩔 수 없이 어제의 적성국 아우스트라시아에 지원을 요청했다. 외드 대공의 간청에도 불구하고 샤를 마르텔은 출정을 미루었지만, 툴루즈는 3개월에 걸친 무슬림의 포위공격을 버텨냈다. 마침내 외드 대공이 이끄는 중무장 기병은 기습공격을 감행해서 무슬림 보병부대를 무찌르는 데 성공했다. 외드의 승리는 당시 이슬람의 공세에 밀려 전전긍긍하던 기독교 세계로서는 아주 값진 희소식이었으며, 로마 교황은 '기독교의 방패' 외드에게 찬사와 축복을 아끼지 않았다. 721년 툴루즈 전투는 갈리아 지방에서 기독교 왕국이 이슬람 침략군에 맞서 거둔 첫 승리였으며, 외드 대공은 무슬림 세력을 물리치는 데 성공한 최초의 기독교인 통치자였던 셈이다.

하지만 이슬람은 공세를 멈추지 않았다. 나르본을 전초기지로 삼은 무슬림 병력은 부르군드 지방을 북상해서 리옹을 지나 부르주를 약탈하고 오툉까지 다다랐다. 8세기 말 《프레데가리우스 연대기》의 작가는 이슬람군의 가공할 질주에 떨며 기록을 남겼다. "피레네산맥으로부터 이스마엘의 강력한 부족이 다시 나타났다. 그들은 이제 사라센이라는 기묘한 이름으로 알려져 있다."[1] '사라센'이 갈리아 남부 전역을 휩쓸고 다닌 것이다.

로마교황청과 기독교 수도사들이 볼 때, 툴루즈 전투는 사라센의 거센 파고로부터 기독교 세계를 지켜낸 성전일 수 있었지만, 아키타니아 대공으로서는 자신의 영유권을 침범하는 외부 침략자에 대한 성공적인 방어에

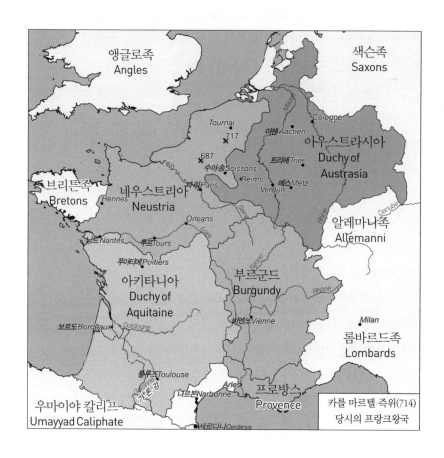

[그림 3-2]

8세기 초 갈리아 지방.

프랑크왕국은 아우스트라시아, 네우스트리아, 부르군드 등 사실상 별개의 세 왕국으로 분열되어 있었다. 이베리아반도의 이슬람 우마이야 칼리프는 피레네산맥을 넘어 줄곧 아키타니아와 부르군드 지역을 침공했다.

다름 아니었다. 아키타니아의 갈로로만족은 알안달루스의 이슬람 세력에 정복당하는 것만큼이나 프랑크족의 왕국에 합병되는 것도 원치 않았다. 따라서 아키타니아를 지키기 위해서 외드 대공이 사라센 세력과 동맹을 추진한다는 것은 사실 충분히 가능한 선택이었다.

알안달루스 이슬람 왕국의 버팀목인 아랍족과 베르베르족 사이에는 함께 전투에 나설 때 외에는 불화가 끊이지 않았다. 특히 오늘날 카탈루냐 지방에 해당하는 피레네 고산지대 세르다냐Cerdanya의 베르베르인 지사 무누자Munusa는 코르도바의 총독에게 자주 반기를 들곤 했다. 730년 외드 대공은 자신의 딸 람페기아를 무누자에게 시집보내면서 이슬람 측과 평화 협정을 맺었다. 이렇게 기독교와 이슬람 사이의 정략적 연대는 아키타니아로서는 프랑크족, 세르다냐로서는 아랍족의 일방적인 강압에 맞서기 위한 외통수였으며, 당연히 아우스트라시아와 코르도바의 분노를 샀다.

731년 봄, 아우스트라시아의 궁재 샤를 마르텔은 사라센과 동맹을 맺은 외드를 응징한다는 구실로 루아르강을 건너 아키타니아 전역을 돌며 약탈전을 감행했다. 기대했던 세르다냐의 지원군을 얻지 못한 아키타니아의 평야는 물밀듯이 밀려오는 프랑크족 병사들로 쑥대밭이 되었으며, 외드 대공은 샤를 마르텔 앞에서 무릎을 꿇고 아우스트라시아의 지배를 받아들이겠다고 서약했다. 731년 겨울, 알안달루스의 새 총독 압둘 라흐만 알가피끼Abd al-Rahman al-Ghafiqi는 변절한 지사 무누자를 응징하기 위해 약 1만 5천 병력을 이끌고 세르다냐로 향했다. 외드 대공이 샤를 마르텔에게 굴복한 바로 그 무렵에 무누자는 압둘 라흐만에게 쫓겨 도망치다 스스로 목숨을 끊었다.

732년 늦은 봄, 압둘 라흐만이 이끄는 3만여 명에 달하는 엄청난 병력이 아키타니아 평원지대로 물밀듯이 밀려들었다. 10년 전 툴루즈 전투에서 극적으로 전세를 뒤집는 데 성공했을 때와는 달리, 외드 대공의 갈로로만군은 두 배나 많은 사라센 병력을 막아내기에 역부족이었다. 사라센군은 가론강 하구에서 아키타니아 방어군을 깨뜨렸고 보르도를 피로 물들였다. 외드 대공은 약탈당하는 도시를 뒤로하고 멀리 루아르강을 건너 네우스트리아로 도망쳤다. 사라센군은 아무런 저항도 받지 않고 우마이야 왕조의 흰 깃발을 휘날리며 북쪽 푸아티에로 향했다.

푸아티에는 4세기에 힐라리우스Hilarius 주교가 이교도들에게 복음을 전파한 기독교 성지였다. 사라센군은 힐라리우스 주교가 잠들어 있는 외곽 성당을 약탈하고 불사른 후, 북쪽으로 약 100킬로미터 떨어져 있는 투르로 향했다. 투르는 4세기 갈리아의 가장 위대한 성인 마르티누스Martinus의 안식처이자 6세기 말에 《프랑크인들의 역사Historia Francorum》를 쓴 성인 그레고리우스가 주교로 있던 기독교의 성지라는 점에서 "갈리아 땅의 로마"라고 불릴 만했다. 기독교 세계의 지도자들이 볼 때, 투르가 함락되고 마르티누스 성당이 약탈당한다는 것은 묵시록의 재앙이 닥쳐오는 것과 다름없었다.

사라센이 아키타니아를 침공했다는 소식을 들었을 때, 샤를 마르텔은 멀리 도나우강 변에서 다른 게르만 부족들과 접전 중이었다. 외드 대공의 절박한 구원 요청을 받은 프랑크족의 지도자는 아키타니아로 지배권을 확대할 좋은 구실을 잡은 셈이었다. 바바리아족, 알라만족, 부르군드족 병사들이 대다수 프랑크족 병사들과 합류한, 샤를 마르텔의 1만여 병력은 속속 투르로 집결했으며 거기서 외드 대공이 이끄는 나머지 3천여 갈로로만 병력과 합류했다. 마르티누스 성당에서 그리스도에게 출정예배를 바친 프랑크족과 갈로로만족 전사들은 북상하는 사라센 전사들과의 결전을 위해 남쪽으로 향했다. 마침내 '십자가'와 '초승달'의 역사적인 대결, 이른바 '푸아티에 전투'가 벌어질 것이었다.

전투의 재구성

'푸아티에 전투'는 존재했는가? 오늘날 우리가 '푸아티에 전투'라고 부르는, 사라센과 기독교의 접전은 정확하게 언제 그리고 어디서 벌어졌는가? 흥미로운 사실은 프랑스를 만든 역사적 대사건 중 하나로 손꼽히는 이 전투가 실은 양측의 교전 병력 규모는 물론이고 교전이 벌어진 시기도, 장소도 확실하지 않다는 점이다. 고고학적 조사와 문헌학적 고증을 통해 뒤늦게 재구성된 전투의 면모에 대해서는 여전히 논란이 분분하다. 고증작업이 더디고 논란이 뒤따르는 것은 전투가 갖는 역사적 중요성이 후대에 지나치게 과장되고 확대된 까닭에 정작 전투의 실상이 관심의 뒷전으로 밀린 탓도 있겠지만, 무엇보다 당시를 밝혀주는 사료들이 매우 드문 데다가 그 내용도 불충분하고 서로 엇갈리기 때문일 것이다.

8세기 말 파울루스 디아코누스Paulus Diaconus가 쓴 《랑고바르드족의 역사Historia Langobardorum》로 대표되는 당시 교회 연대기나 《로슈 연대표 Annales laureshamenses》와 《무아삭 연대기Chronicon Moissiacense》 등 9세기 초 프랑크왕국이 남긴 연대기들에는 대개 푸아티에 전투가 '732년'에, 또는 '어느 토요일 날'에, 또는 '10월'에 벌어졌다는 기록이 나온다. 이러한 기록은 '순교자의 전투'가 '헤지라 114년, 라마단 초기'에 일어났다고 서술한 빈 알아티르Ibn al-Athîr나 빈 이다리Ibn Idhari 등 13세기 아랍 측 연대기의 기록과 일치한다. 이를 근거로 역사가들은 푸아티에 전투가 732년 10월 25일(토요일)에 벌어진 것으로 추정한다. 반면에 이집트 출신 무슬림 작가 빈 압둘하캄Ibn Abd al-Hakam은 《마그레브와 안달루스 정복기Futûh Ifrîqiya wa' l'Andalus》(871)에 "헤지라 115년[733년 3월~734년 2월]"에 "그[압둘 라흐만]는 모든 동료들과 함께 순교했다"라는 기록을 남겼다. 압둘하캄의 기록에 근거해 라마단 첫날을 추산하면 결전일은 733년 10월 17일(토요일)이된다. 이렇게 733년 10월 무렵에 전투가 벌어졌을 것이라는 주장은 사라센군의 병력 규모와 이동 속도 그리고 원거리 원정에 따른 보급 문제 따위를 고려할 때, 사라센의 침입이 한 해를 넘겨 이어졌을 것이라는 《프레데가리우스 연대기》의 기록에 의해서도 뒷받침된다.

그렇다면 732년인가, 733년인가? 퓌스텔 드 쿨랑주F. de Coulange로부터 미슐레와 라비스를 거쳐 앙리 피렌에 이르기까지 19세기 중엽 이후 역사가들의 대다수 전문 역사책들은 프랑스의 옛 연대기들의 기록을 존중해 732년에 전투가 벌어졌다는 고전적인 주장을 고집한다. 그리고 최근의 연구들도 프랑크 측의 자료가 아랍 측 자료보다 시간적으로나 공간적으로 사건에 더 가깝다는 이유에서 732년을 더 신뢰하는 경향이 있다. 하지만 연대 논쟁의 불을 지핀 드비오스J. Deviosse와 로이J.-H. Roy를 비롯해서 733년이라는 주장도 만만치 않은 지지자를 모으고 있다. 고고학적 조사뿐만 아니라 아랍권 자료에 대한 더욱 세밀한 해석이 늘어남에 따라, 두 연대 중 어느 하나가 더 정확하다고 단언하기 어려운 실정이다.

북상하는 사라센군과 남하하는 프랑크군 사이의 결전은 푸아티에와 투르 사이의 어느 지점에서 벌어졌을 것이다. 프랑크의 연대기에도 아랍의 연대기에도 교전 장소에 대한 정확한 정보는 담겨있지 않다. 다만 아랍의 연대기들이 '순교자 가도의 전투ma'rakat balât al-shuhadâ'라고 언급하는 것으로 미루어볼 때 옛 로마 가도가 뻗쳐있는 지역 주변이었을 것으로 추정된다. 그렇다면 오늘날 푸아티에에서 샤텔로Châtellerault로 향하는 간선로가 비엔느Vienne강의 지류와 만나는 경사진 평원지대 인근일 것이다.

끈질긴 문헌 고증과 고고학 탐사를 거듭한 끝에 대부분의 학자들은 푸아티에에서 북쪽으로 25킬로미터 떨어져 있는 어느 한적한 마을을 지적한다. 오늘날 무세라바타유Moussais-la-bataille라는 새 이름을 얻은 이곳이 약 1,300년 전에 벌어진 전투의 현장과 가장 닮았다는 것이다. 무세라바타유에는 여기가 바로 격전지였다고 확증이라도 하려는 듯이 푸아티에 전투 기념관이 들어서 있다. 하지만 아직도 논란이 분분하다. 고고학 발굴로 메로베우스 시대의 투구와 창검이 발견된 유적지들, 요컨대 무세라바타유에서 북쪽으로 10킬로미터 떨어져 있는 세농쉬르비엔Cenon-sur-Vienne이나 북동쪽으로 40킬로미터 떨어져 있는 프뢰이쉬르클레즈Preuilly-sur-Claise가 격전지로 거론되기도 한다. 특히 최근에는 약탈을 노리는 사라센 기병이 잘 닦여진 옛 로마 가도를 따라 훨씬 빨리 북상했다는 문헌 증거와 지형 조건 등으로 볼 때 투르에 인접한 발랑미레Ballan-Miré가 실제 격전지였다는 주장이 설득력을 얻기도 한다.[2]

강을 넘나들며 일주일가량 산발적으로 이어지던 교전은 마침내 최후의 결전에 이르렀다. 압둘 라흐만이 이끄는 사라센 기병부대가 나타나자 샤를은 프랑크족 병사들을 언덕 위쪽에 집결시켰다. 화살 세례를 퍼부으며 일제히 돌격하는 사라센 기병과 밀집대형으로 철벽 방책을 쌓은 프랑크 보병이 뒤엉켜 엄청난 살육전이 벌어지는 가운데 외드 대공이 이끄는 갈로로만군은 사라센군의 후방을 공략했다. 전투에 대해《프레데가리우스 연대기》는 "그리스도의 도움으로 그[샤를 마르텔]는 그들[사라센군]의 막사를 넘어뜨리고 뒤쫓아 가서 마구 살육했다. 그리고 압둘 라흐만이 전사하자……그들의 군대를 파괴하고……모든 적들에 맞서 승리했다"라는 짤막한 기록을 남겼다. 반면에 당시 이슬람 지배하의 코르도바에 살던 어느 기독교인이 754년에 쓴 것으로 보이는 연대기에는 전황이 비교적 상세하게 기술되어 있다.

7일 동안 격렬한 전투를 치른 후, 양쪽 진영은 서로 정탐하며 결전을 기다렸다. 그들은 격렬하게 싸웠는데, 이들 북쪽 사람들은 마치 장벽처럼 우뚝 서 있었으며 추운 땅의 빙하처럼 서로 꽉 달라붙어 있었다. 눈 깜짝할 사이에 그들은 아랍인들을 칼로 난도질했다. 수적으로 우세하고 훨씬 잘 무장한 아

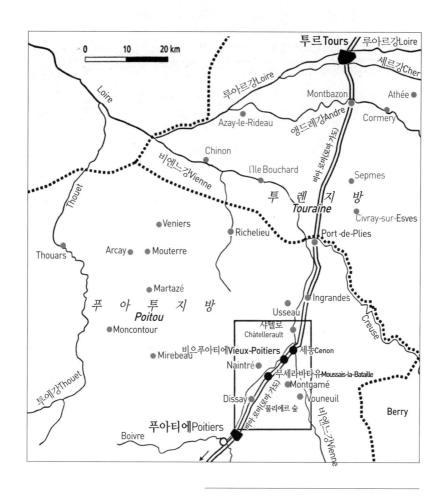

[그림 3-3]
무세라바타유 위치.
푸아티에에서 북쪽으로 25킬로미터 떨어져 있는 어느 한적한 마을이 격전지로 밝혀졌다. 무세라바타유라는 새 이름을 얻은 이 마을에 푸아티에 전투 기념관이 들어섰다.

우스트라시아인들은 그들의 왕 압둘 라흐만을 발견하고 가슴을 찔러 죽여 버렸다. 하지만 엄청나게 많은 아랍인들의 막사를 보고도 프랑크 병사들은 밤이 되자 아무렇지도 않은 듯이 무기를 팽개치고 쉬었다. 날이 밝자 유럽인들은 아랍인들의 막사가 전날처럼 늘어서 있는 것을 보았다. 막사가 텅 빈지 모르고 사라센 병사들이 있다고 생각하고는, 그들은 척후병을 보내고 서야 이스마엘의 병사들이 다 떠나고 없다는 것을 알았다.[3]

화살을 퍼부으며 돌진하는 사라센 기병대는 마치 '얼음 장벽처럼 꽉 달라붙은' 프랑크 보병의 철벽 방어를 뚫지 못했다. '북쪽 사람들', '유럽인들'이 '아랍인들', '사라센'을 물리쳤다. 지휘관을 잃은 사라센군은 멀찌감치 나르본까지 퇴각했다. 푸아티에에서 프랑크군이 승리했다는 소식은 곧 사라센의 침입으로 공포에 떨던 기독교 세계에 퍼져나갔다. 교황과 함께 승전보를 전해 들은 이탈리아의 수도사 파울루스 디아코누스가 푸아티에에서 무려 35만 내지 37만 5천 명의 사라센이 도살된 데 반해 기독교도 사상자는 1,500명에 불과하다는 기록을 남길 정도로, 기독교 성직자들이 보기에 승리는 주님이 베푸신 기적에 가까웠다(《랑고바르드족의 역사》).

하지만 교회에서 울려 퍼진 환호와는 달리, 푸아티에의 승리로 판세가 결정된 것은 아니었으며 사라센의 침공이 멈춘 것도 아니었다. 코르도바의 총독들은 아키타니아뿐만 아니라 프로방스 지방으로 계속 공세를 펼쳤다. 735년 사라센군은 아비뇽과 아를을 점령한 데 이어서 론강을 따라 북상하며 발랑스를 공략했다. 737년 샤를은 이복동생 힐데브란트 대공과 함께 군대를 이끌고 다시 내려와 아비뇽을 공략하고 아키타니아 지방을 완전히 장악했다. 결국 사라센군의 거듭된 침공은 아우스트라시아가 아키타니아로 세력 팽창을 꾀하는 좋은 빌미를 제공했으며, 735년에 외드 대공이 죽은 후 아키타니아공국은 프랑크왕국에 완전히 편입되었다. 그렇다면 압둘 라흐만에 이어 외드 대공도 푸아티에 전투로 인한 패배자가 된 셈이다.

연이어 샤를은 론강 유역과 프로방스 지방으로 진출해서 이슬람 세력은 물론 현지의 크고 작은 독립적인 기독교 공국들을 침공했으며 교회 재산을 약탈하고 파괴했다. 기독교 소국들은 이슬람 세력과 동맹을 맺고 프랑크 정복군에 대항하는 형국이었다. 샤를은 놀라운 용맹으로 '마르텔(쇠망치)'이라는 별명을 얻었으며, 어느새 그에게는 기독교 세계의 구원자라는 어울리지 않는 명성이 따라다녔다. 739년 프랑크군은 이탈리아 북부를 장악하고 있는 또 다른 게르만 분파 롬바르드족과 동맹을 맺고 프로방스 지방에서 사라센을 축출했다. 하지만 이슬람 세력이 갈리아 지방에서 완전히 물러나기 위해서는 샤를의 뒤를 이은 카롤루스 왕조의 첫 왕 피피누스 3세Pepin le Bref(단신왕)가 마침내 무슬림의 전초기지 나르본을 점령한 759년을 기다려야 했다.

'상상의 전투', 역사에서 신화로

'푸아티에 전투' 만들기

중세 초 갈리아 평원에서 벌어진 여느 전투들과는 달리, 732년 전투는 오랜 세월이 지난 후에도 유구한 프랑스 역사를 빛낸 결정적 사건으로 기억 속에 남았다. 지난 천여 년 동안 프랑스가 발전하고 변화하는 국면마다 732년 전투는 당대인들의 역사 인식 속에 다시금 반추되면서 새롭게 채색되곤 한 것이다. '푸아티에 전투'는 후대인들의 상상력 속에서 시대와 사회가 요구하는 관점에 따라 덧칠되면서 조금씩 만들어졌다고 할 수 있을 것이다.

세월 속에 잊혀가던 푸아티에 전투가 프랑스인의 연대기 속에서 되살아난 것은 아마도 10세기 이후 프랑스에서 카페 왕조가 탄생하고 십자군 원정이 시작되면서부터였을 것이다. 성지 탈환을 명분으로 유럽 기독교 세계가 마침내 동방 이슬람 세력에 반격을 시도하면서 기독교와 이슬람 사이의 충돌이 절정에 이르게 되자, 500여 년 전 사라센의 침략을 격퇴한 한 전투가 새삼 조명되기 시작한 것이다. 그리고 카페 왕조는 메로베우스 왕조에서 카롤루스 왕조로 이어지는 왕권의 정통성을 강조하는 방편으로 메로베우스의 궁재 샤를을 적통 군주로 조심스럽게 부각시켰다.

왕실의 후원 아래 13세기 중엽부터 편찬된 《프랑스 대연대기*Grandes Chroniques de France*》는 역대 국왕들의 치적을 기록한 최초의 왕조실록이라 할 만하다. 15세기 중엽까지 여러 차례 증보된 《프랑스 대연대기》에서 샤를은 프랑크왕국의 비조 클로비스나 유럽의 건설자 샤를마뉴 대제와 견줄 만한 명군으로 묘사된다. 십자군 원정이나 백년전쟁 초기의 전승들만큼은 못하지만 푸아티에 전투 역시 채색 삽화의 주제가 된다. 특기할 만한 점은 프랑스와 유럽을 지킨 샤를의 위대한 업적을 강조하기 위해 사라센군의 침공이 단순한 재물 약탈을 노린 원정을 넘어 갈리아 땅을 차지하고 지배하기 위한 정복전쟁으로 묘사된다는 사실이다. 하지만 사라센과 프랑크의 충돌이 초승달과 십자가의 대립을 연상할 만한 종교적인 색채로 묘사되지는 않는다. 사라센은 프랑크족이 맞싸워야 했던 여느 이교도 게르만족들과 다르지 않은 침략자일 뿐이다. 《프랑스 대연대기》에 등장하는 샤를은 기독교의 수호신이라기보다 프랑크왕국의 수호자이다.

왕조사를 넘어 민족사로서의 프랑스사가 쓰이기 시작한 것은 16세기 르네상스 시대에 접어들면서부터이다. '프랑스'라는 민족적 정체성이 싹트기 시작한 르네상스 시대에 인문주의자나 가톨릭 성직자가 쓴 '프랑스' 역사들이 쏟아져 나왔다. 오스만 튀르크의 동유럽 공략으로 유럽 전역에 이슬람에 대한 공포와 경계심이 번진 시기에 나온 역사책들은 샤를 마르텔

[그림 3-4]
푸아티에 전투 채색 삽화, 《프랑스 대연대기》.
14세기 중 BL ms. Royal 16 GVI, folio117.

[그림 3-5]
푸아티에 전투 채색 삽화, 《프랑스 대연대기》.
15세기 말 BNF ms. français 2610, folio89.
사라센군과 프랑크군의 충돌은 '무슬림'과 '기독교'의 대립이라는 종교적 색채로
묘사되지 않는다.

과 푸아티에 전투의 기억을 다시 들추어 냈다.

베로나 출신 프랑스 휴머니스트 폴 에밀P. Emile은 국왕 프랑수아 1세의 요청을 받아 《프랑크족의 무훈담De rebus gestis Francorum》(1516)을 썼다. 저자의 송시로 포장된 샤를은 조국의 수호자이자 종교의 수호자로 등장하며 그의 승리는 기독교 프랑스의 승리를 뜻했다. 푸아티에 전투에서의 승리는 이슬람교에 대한 기독교의 승리라는 공식이 뚜렷하게 드러나기 시작했다. 태양왕 루이 14세의 사료편찬관 프랑수아 메즈레François Mézeray가 쓴 《프랑스 역사Histoire de France depuis Faramond jusqu'à maintenant》(1643~1651)는 당시 가장 널리 읽힌 공인 역사책이었다. 여기서 메즈레는 심지어 푸아티에의 승리자들을 '사탄의 세력에 맞선 인류의 해방자'라고 묘사하기도 했다.

과학적 사고와 문명의 보편적 발전을 신뢰하는 18세기 계몽주의 시대에 접어들면서 푸아티에 전투는 어느 정도 종교적 편견에서 벗어나기는 했지만 신화적인 색채는 오히려 더욱 짙어졌다. 물론 18세기 말에도 가톨릭 저술가들은 푸아티에 전투를 하늘의 계시와 천사의 합창이 울려 퍼지는 기적의 순간으로 묘사하기를 그치지 않았다. 예컨대 가톨릭 사제 폴 프랑수아 벨리Paul F. Velly가 쓴 《프랑스 역사Histoire de France depuis l'établissement de la monarchie jusqu'à Louis XIV》(1770)에서 샤를과 푸아티에는 '아랍과 이슬람 세력의 퇴치', '프랑스의 발전', '유럽과 기독교 세계의 구원'이라는 삼각 구도 속에 마치 신화의 장면처럼 나타난다. 반면에 종교적 맹신에서 자유로웠던 볼테르는 비록 "샤를 마르텔이 없었더라면 프랑스는 무함마드의 땅이 되었을 것"이라며 은연중에 이슬람에 대한 거부감을 드러내기는 했지만 "옛 로마인들의 천재성을 닮은 아랍인들이 지난 3세기 동안 이룩한 업적"을 높이 평가하는 여유를 지녔다.[4]

계몽사조에 충실한 역사가들은 한편으로 이슬람 문명이 유럽 문명 못지

않게 인류의 발전에 기여했다는 사실을 인정하는 데 인색하지는 않았으나, 다른 한편으로 유럽 기독교 문명의 발전에서 푸아티에 전투가 가지는 중요성을 더욱 강조했다. 영국 역사가 에드워드 기번은 그의 유명한《로마 제국 쇠망사》(1776~1788)에서 푸아티에에서 프랑크족이 패배했을 경우 있을 법한 결과에 대해 이렇게 썼다.

사라센군의 승리 행진은 지브롤터 기둥에서 루아르강 기슭에 이르는 수천 마일까지 이어져 있었는데, 이 정도 길이의 행진이 그대로 다시 한번 이어졌다면 사라센인들은 폴란드 국경과 스코틀랜드 고지대까지 도달했을 것이다. 라인강은 나일강이나 유프라테스강보다 건너기 어려운 곳이 아니었으므로, 아랍 함대는 해전을 겪지 않고도 템즈강 하구까지 항해할 수 있었을 것이다. 그랬다면 옥스퍼드대학에서 쿠란의 해석으로 학위시험을 치르고, 이 대학 설교단에서는 할례받은 사람들에게 마호메트가 계시한 신성한 진리를 논증하게 되었을지도 모른다.[5]

이제 기번과 함께, 푸아티에 전투가 유럽의 이슬람화를 막은 문명사적인 중요 사건이라는 인식이 온전히 자리를 잡았다. 19세기 초 프랑스 가톨릭 사상가 샤토브리앙은 기번의 주장을 본떠 "사라센이 승리했다면 이 세상은 무함마드 족속의 세상이 되었을 것이다"라고 서슴없이 말할 수 있었다.[6] 샤를 마르텔은 이슬람의 침략을 격퇴하고 유럽 기독교 세계를 지킨 수호신으로 등장한 것이다.

'문명의 충돌'과 정체성 정치

19세기에 들어서면서 푸아티에 전투는 가톨릭 성직자나 사상가들의 담론이나 전문 역사가들의 지적 성찰의 울타리를 넘어 일반 대중에게까지 침투하기 시작했다. 대혁명을 겪은 후 프랑스는 대내적으로 자본주의 산업 경제를 견인하는 한편 대외적으로 해외팽창과 식민지 정복에 나섰다. 산업경제의 발전과 해외팽창의 기운과 맞물려 푸아티에 전투는 뜻밖에도 프랑스의 영광과 발전을 담보하는 일종의 신화 구실을 했다.

1830년 프랑스는 지중해를 건너 알제리로 군사 원정을 도모했다. 북아프리카 이슬람의 요충지 알제리의 정복과 지배는 머나먼 옛날 이베리아반도를 석권하고 피레네산맥을 넘어 프랑스 본토까지 진출했던 아랍-이슬람 세력에 대한 역공을 뜻했다. 프랑스인들은 알제리 정복이라는 거울을 통해 732년 전투의 기억을 되살려 냈다.

알제리 원정이 한창이던 1833년 조각가 테오도르 게흐터Th. Gechter가 프랑스 정부의 주문을 받아 샤를 마르텔의 청동상을 만든 데 이어서, 샤를 스튀방이 국왕 루이 필리프의 주문을 받아 유명한 〈푸아티에 전투〉를 그려 베르사유 궁전을 장식했다. 중앙 정부의 홍보시책에 호응해서 푸아티에시 당국도 퓌비 드 샤반P. de Chavannes이 그린 웅장한 벽화로 시 청사를 장식했다. 이렇게 푸아티에 전투는 아랍-이슬람을 정복한 프랑스의 우월성의 상징으로 부각되었다. 푸아티에의 승자 샤를이 무슬림을 무찌르는 쇠망치를 들고 국민 앞에 나선 것이다.

1871년 독일과의 전쟁에서 패한 후 프랑스에는 반독일 애국주의가 만연하고 민족주의 이념이 힘을 얻었다. 제3공화정 성립 이후 역사학은 민족의 번영과 부활을 노래하는 장엄한 민족 서사시로 화려하게 꽃피웠다. 물론 푸아티에 전투는 유구한 민족사의 기반이 된 중요한 사건으로서 손색이 없었다. 정치인이자 역사가인 프랑수아 기조는 만년에 민족사의 영광을 기리며 자라는 세대를 위해 방대한 《프랑스 역사》를 썼다. "그것은 실로 동양과 서양, 남부와 북부, 아시아와 유럽, 성경과 쿠란 사이의 투쟁이었는데⋯⋯오늘날 우리는 세계의 문명이 바로 그것에 달려있다고 말할 수

[그림 3-6]
압둘 라흐만을 격퇴하는 샤를 마르텔.
테오도르 게흐터 작, 1833.

[그림 3-7]
샤를 마르텔, 사라센을 막다.
퓌비 드 샤반 작, 1874, 푸아티에 시청.

19세기에 프랑스 정부는 푸아티에 전
투를 아랍-이슬람을 무찌른 프랑스의
우월성의 상징으로 부각시켰다. 샤를
마르텔의 용맹을 기리는 조각상과 벽
화, 화보 등이 널리 제작·유포되었다.

있다."[7] 푸아티에 전투는 프랑스와 유럽의 지평을 넘어 문명의 성쇠를 가늠하는 세계사적 전환점으로 묘사되었다.

20세기에 접어들어 공화주의 공교육은 자라는 세대에게 유구한 민족사를 가르쳤다. 학교에서 배우는 역사는 국난을 타개하고 조국의 영광을 드높인 위인과 영웅 중심의 연대기이자 무훈시였으며, 이를 통해 프랑스인으로서의 긍지를 북돋우고 정체성을 함양했다. 물론 이러한 민족 서사에서 샤를이 프랑크왕국의 창건자 클로비스, 유럽의 건설자 샤를마뉴, 가톨릭 성인 군주 루이 9세, 또는 프랑스를 구한 성녀 잔 다르크와 어깨를 나란히하기는 힘들었을 것이다. 하지만 푸아티에의 승리자는 때로는 '기독교 세계의 구원자'로, 특히 '아랍-이슬람을 물리친 승리자'의 후광을 안고 등장했다.

20세기 초반의 고티에-데샹의 《화보로 본 프랑스 역사》에서 20세기 중반의 보니파시오-마레샬의 《프랑스 역사》에 이르기까지, 당시 소위 '국민교과서' 구실을 한 초(중)등용 역사책들은 어김없이 샤를이 쇠망치를 휘두르며 사라센을 격퇴하는 장면 아래 이슬람의 침략과 푸아티에 승리가 갖는 역사적 의의를 설명하곤 했다.[8]

이제 푸아티에 전투는 이민족 또는 이교도의 침략에 맞서 조국과 기독교 세계를 구한 영광의 순간으로 프랑스인들의 역사 기억 속에 각인되었다. 이렇게 기억의 광주리 안에 응고되어 있는 '과거'는 시대의 변화에 따라 특히 '현재'의 정치 논리와 맞물리면서 새로운 색채로 단장하고서 등장하곤 한다. 지난 과거가 현재의 이해관계를 위해 동원되면서 역사는 어느새 비판적 성찰을 잊은 채 신화의 영역으로 들어서 버린다. 현재의 필요에 따라 '푸아티에 전투'가 만들어진 것이다.

LES MAIRES DU PALAIS

Charles Martel vainqueur des Arabes à Poitiers

8. Les Arabes ont pénétré dans la Gaule. Vont-ils faire la conquête de notre beau pays comme autrefois les Romains? Non, non! Regardez le vaillant Charles Martel, à la tête de guerriers francs. Il terrasse l'ennemi à Poitiers; il frappe dur, se servant de sa bonne hache comme un forgeron de son marteau. Les Arabes n'y peuvent tenir; ils s'enfuient. La Gaule resta aux Francs!

Charles Martel

le vainqueur des Arabes

9. Charles Martel était un officier ou maire du Palais. C'est en souvenir des rudes coups de hache portés sur les Arabes, à Poitiers, qu'il reçut le nom de « Martel ».

Pauvres rois fainéants!

10. Les maires du Palais étaient les maîtres du pays. Les rois, qu'on appelait « rois fainéants », privés de leur pouvoir, devenaient malades. On les promenait lentement, dans des lits traînés par des bœufs.

Pépin le Bref

fils de Charles Martel

11. Le vainqueur de Poitiers, Charles Martel, ne fut pas roi. Mais son fils, Pépin le Bref, détrôna le descendant de Clovis et prit pour lui-même la couronne royale.

2. Charles Martel à Poitiers

Les premiers successeurs de Clovis, ses fils et ses petits-fils, font, comme lui, beaucoup de guerres. Ils conquièrent encore d'autres pays en Gaule et en Germanie. Mais, plus tard, les rois francs deviennent moins actifs, c'est-à-dire qu'ils ne font presque plus rien. Ils laissent leur principal serviteur, le *maire du palais*, gouverner le royaume à leur place. Aussi les a-t-on surnommés les *rois fainéants*.

En 732, la Gaule est attaquée par de nouveaux envahisseurs, les **Arabes**. Ils arrivent d'un lointain pays d'Asie, l'*Arabie*. Ils ont déjà conquis presque toute l'Afrique du Nord et l'Espagne. Comme autrefois les Romains et les Germains, les Arabes trouvent que la Gaule est un beau pays. Ils veulent s'y établir.

Le maire du palais *Charles* rassemble toute l'armée des Francs pour défendre la Gaule contre les Arabes. Il s'avance avec elle au-devant des envahisseurs. La bataille s'engage au sud de la Loire, près de la ville de **Poitiers**. Charles combat bravement à la tête de ses soldats. Regardez-le : il se prépare à frapper un chef arabe avec son arme, une sorte de lourd *marteau* garni de clous de fer.

Grâce au maire du palais **Charles Martel**, les Arabes sont vaincus à Poitiers. Ils doivent s'enfuir en hâte. Ils retournent de l'autre côté des Pyrénées, en Espagne.

EXERCICES • Observez l'image. *1. Montrez Charles Martel. Quelles sont ses armes? Que tient-il dans la main droite? Que va-t-il faire? 2. Comment se défend son ennemi? Avec quelle arme attaque-t-il?* - • Lisez la leçon. *1. D'où venaient les Arabes? 2. Où Charles Martel les a-t-il vaincus? 3. Que faisaient pendant ce temps-là les rois francs, successeurs de Clovis? Qui commandait à leur place dans leurs royaumes?* - • Dessinez les armes et le bouclier des Francs.

RÉSUMÉ **Les maires du palais gouvernent le royaume franc à la place des successeurs de Clovis, les rois fainéants. Le maire du palais Charles Martel est vainqueur des Arabes à Poitiers en 732. Il les force à retourner en Espagne.**

Ornement arabe

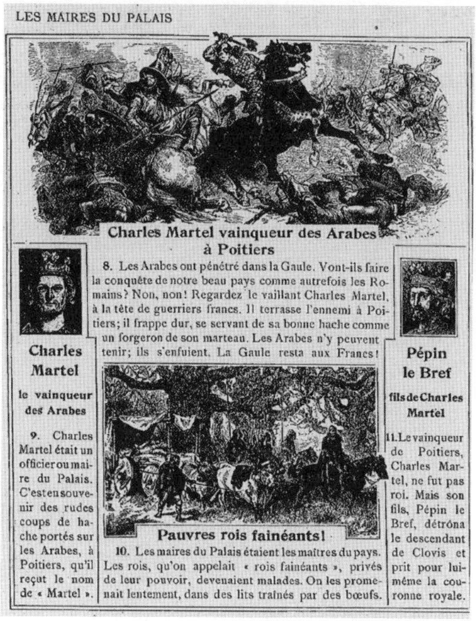

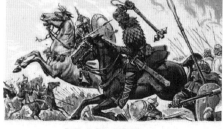

[그림 3-8]

고티에-데샹, 《화보로 본 프랑스 역사》

아쉐트출판사, 1907.

[그림 3-9]

보니파시오-마레샬, 《프랑스 역사》

아쉐트출판사, 1956.

20세기 학교에서 배우는 공교육 역사교과서는 조국의 영광을 드높인 위인과 영웅 중심의 연대기였다. 이슬람을 무찌른 샤를 마르텔의 무용담은 늘 역사교과서의 한 페이지를 장식했다.

현대 극우 정치의 선봉에 선 샤를 마르텔

샤를 마르텔과 푸아티에 전투가 역사책을 벗어나서 현실 정치무대에 등장하기 시작한 것은 프랑스와 유럽이 무슬림 이주민의 유입과 다문화 문제로 몸살을 앓던 2000년대에 접어들면서였을 것이다. 지난 세기말부터 마그레브 출신 이주자들이 대폭 늘면서 특히 프랑스에서는 이슬람 문화의 확장에 대한 불안과 반감이 부쩍 늘었으며, 그만큼 이주민 제한과 자민족 중심주의를 외치는 극우 정치가 힘을 얻었다.

1972년 창당한 군소정당 국민전선Front national은 '프랑스인 우선Les Français d'abord'이라는 슬로건으로 이주민 유입에 따른 사회 저변의 불안 의식에 편승해서 급성장했다. 애초에 국민전선이 당의 간판으로 즐겨 내세운 역사 인물은 가톨릭으로 처음 개종한 국왕 클로비스나 애국의 화신 잔 다르크였다. 해마다 5월 1일 노동절에 국민전선이 주관하는 잔 다르크 축제가 곳곳에서 성대하게 열렸으며, 전당대회가 열릴 때면 클로비스의 개종을 상징하는 걸개그림이 무대를 장식했다(1972년부터 2006년까지 국민전선은 잔 다르크 기념제를 36회, 클로비스 기념제를 25회 개최했다). 하지만 이주민의 증대에 따른 불안감 속에 이주민은 곧 아랍인으로, 더 나아가 무슬림으로 동일시되면서 이슬람에 대한 경계심이 커지자, '이슬람을 타도한 푸아티에의 승리자' 샤를이 극우 정치의 초대를 받았다.

2001년 9월 11일 뉴욕 테러를 시작으로 2004년 3월 마드리드 열차 테러와 2005년 7월 런던 지하철 테러로 이어진 2000년대에 유럽과 특히 프랑스에는 무슬림 이주민 물결에 대한 불안과 공포 그리고 이슬람 혐오 감정이 사회 저변에 만연했다. 2002년 대선을 겨냥해 국민전선은 '마르텔 732년, 르펜 2002년'이라는 현수막을 내걸었다. 당수 장마리 르펜J.-M. Le Pen이 사회당 후보 리오넬 조스팽L. Jospin을 제치고 2차 결선투표에 올랐던 2002년 대선을 통해 국민전선은 유권자들의 광범위한 지지를 받는 수권

정당으로 발돋움했다. 이슬람 혐오의 물결을 부추기면서 푸아티에의 승리
자 샤를이 극우 정객 르펜의 득세를 예고하는 선지자로 등장한 것이다.

2012년 11월, 프랑스판 '뉴라이트' 계열의 극우 집단 '정체성 세대
Génération identitaire' 행동대원들이 푸아티에에 건설 중인 이슬람 사원을 점
거하고 농성을 벌였다. "유럽 외부에서 오는 이주민도 프랑스 땅에 짓는 이
슬람 사원도 더 이상 원치 않는다"라는 슬로건을 내건 푸아티에의 농성자
들은 취재 경쟁에 열중하는 매스컴 앞에서 "732년을 기억하자!"라고 외치
는 것을 잊지 않았다. 푸아티에의 승리자는 무슬림 이주 물결을 막고 프랑
스인의 정체성을 되찾자는 극우파 행동대원들의 선봉장으로 나선 셈이다.

2015년 1월 풍자주간지 《샤를리 엡도Charlie Hebdo》에 대한 이슬람 극단
파의 테러 사건은 프랑스를 충격에 빠트렸다. 많은 지식인과 시민들이 이
슬람의 테러를 규탄하면서도 표현의 자유를 존중하자는 뜻에서 저마다
"내가 바로 샤를리다Je suis Charlie"라고 외쳤다. 반면에 출당 후에도 여전
히 국민전선의 선봉으로 통하는 장마리 르펜은 '내가 바로 샤를리 마르텔
이다'라고 외치며 이슬람 세력에 대한 강경대처를 주문했다. 이렇게 샤를
마르텔은 극우 정치세력의 '멘토'로 등장했다. 기독교 세계와 무슬림 세계
사이의 충돌과 알력이 커지면 커질수록, 푸아티에 전투의 신화는 더욱 광
채를 발휘할 것이다.

다시, '푸아티에 전투'는 존재했는가?

푸아티에 전투는 중세 초의 혼란기에 갈리아 남부 지방에서 북쪽에서 내
려온 프랑크 병력, 남쪽에서 올라온 사라센 병력, 그리고 현지의 갈로로만
병력이 서로 일진일퇴를 거듭하던 크고 작은 전투 중 하나였다. 아마도 그

것은 사라센군에 맞서 기독교 왕국이 거둔 당시로는 가장 큰 승리라고 할 수 있겠지만, 그렇다고 사라센군의 예봉이 완전히 꺾인 것도 아랍 무슬림 세력의 갈리아 진출이 멈춘 것도 아니었다.

당시 사라센군이 피레네산맥을 넘어 갈리아 남부로 침입한 것은 유럽 땅을 정복하고 알라의 영광을 실현하려는 원대한 기획에서 비롯된 것이 아니라, 교회의 값비싼 성유물들은 물론 도시를 약탈하기 위해서였다. 푸아티에 성문 앞에 있는 대성당을 약탈한 사라센군이 다음으로 향한 곳은 바로 '갈리아의 로마' 투르에 있는 마르티누스 성당이었다. 요컨대 사라센의 군사 원정은 한 세기 후 유럽 전역을 휩쓴 바이킹족의 침탈과 마찬가지로, 영토 정복이라는 정치적 동기보다는 약탈을 통한 물자 조달이라는 경제적 동기가 더 강하게 작용했다고 할 수 있다.

물론 엄밀한 실증을 중요시하는 비판적 역사가들은 푸아티에 전투가 사실은 당시 갈리아의 판세를 결정한 중요한 전투가 아니었으며 더구나 기독교와 이슬람 두 문명 사이의 충돌로 보기도 힘들다고 역설한다. 샤를 마르텔의 프랑크군에게 사라센군은 알라만족이나 작센족 등 여느 '이교도' 게르만족들과 마찬가지로 영토와 패권을 노리는 침입자일 뿐이었다. 아키타니아의 기독교 군주 외드 대공이 프랑크군의 침탈을 막기 위해 무슬림 세르다냐왕국과 동맹을 맺기도 했으며, 사라센 격퇴를 명분으로 프로방스를 침공한 샤를 마르텔이 기독교 소공국을 침탈하고 교회를 불사르고 성유물을 약탈하기도 했다. 더구나 기독교 세계든 무슬림 세계든 신의 이름으로 살인을 정당화하는 이른바 '성전guerre sainte, djihad'의 개념은 8세기 갈리아의 현실과는 거리가 멀었다.

하지만 중세 초의 어느 한 전투는 근대에 접어들어 서구와 기독교의 발흥과 더불어 프랑스와 유럽, 그리고 기독교의 관점에서 줄곧 덧칠되면서 오늘날의 '푸아티에 전투'가 되었다. '프랑스'가 탄생하기 훨씬 이전에 있었던 한 전투는 프랑스 역사의 '원천' 중 하나로 승급되었으며, 유럽의 이슬람화를 막고 기독교 세계를 지켜낸 최초의 승리로 거듭났다. '파괴의 망치' 샤를은 이슬람을 무찌르는 '신의 망치'로 기독교의 전당에 올랐다. 19세기 이후 프랑스가 중동과 아프리카로 제국주의적 팽창을 시작하면서, 샤를의 신화는 이슬람 세계에 대한 기독교 유럽의 선진성과 우월성의 상징이 되었다.

오늘날 아랍계 이주민의 증대와 이슬람 극단주의의 테러로 프랑스 사회에서 이슬람 혐오 감정과 긴장이 고조되면서, 푸아티에 전투는 가상의 적 무슬림을 무찌르는 '상상의 전투'로까지 비화되는 실정이다. 유럽에서 기독교 문화와 이슬람 문화가 마주치며 긴장이 고조될 때마다, 푸아티에 전투의 기억은 계속 현실 정치의 무대로 소환될 것이다. 중세 초에 벌어진 어느 한 전투가 21세기의 벽두에 이주민과 프랑스인의 대립 구도로 여전히 계속되고 있는 것이다.

04
800년 12월:
'유럽의 아버지' 샤를마뉴의 즉위

성백용

임종을 앞두고 샤를마뉴는 힐데가르트에게서 난 자식 중 유일하게 생존한 아키텐 왕 루이(경건왕 루이 1세)를 면전에 불러들였다. 때마침 왕국 전역에서 프랑크족 지도자들의 회의가 소집되었다. 모든 참석자들의 동의 아래 샤를마뉴는 루이에게 왕권의 절반을 주고 그를 제위의 상속자로 삼았다.⋯⋯아헨에서 겨울을 보내고 있던 1월 어느 날에 그는 심한 열병으로 몸져누웠다.⋯⋯병석에 누운 지 7일째 되는 날 그는 성체를 배령하고, 1월 28일 오전 9시에 숨을 거두었다. 일기 72세, 즉위한 지 47년째였다(아인하르트, 《샤를마뉴의 생애》).

샤를마뉴Charlemagne(라틴어 표기로는 카롤루스 마그누스Karolus Magnus(?~814)가 죽은 뒤 아인하르트Einhard는 풀다 수도원의 어린 수도사였던 자신을 양아버지처럼 보살펴 준 은인의 영전에 그의 전기(《샤를마뉴의 생애Vita Karoli Magni》)를 지어 바쳤다.[1] 이 기록에 따르면 샤를마뉴는 814년에 사망했다. 하지만 72세를 일기로 사망했다는 아인하르트의 기록에는 고개를 갸우뚱하는 이들도 있다. 이 기록이 맞는다면 샤를마뉴의 생년은 742년이 되는데, 그의 부모가 혼인한 해가 744년으로 되어있으니 그는 사생아로 태어났다는 이야기가 되기 때문이다. 출생 연도와 마찬가지로 그의 출생지 또한 확실치 않다. 여러 도시가 서로 그 영광을 다투지만 하나같이 그럴 듯한 추측일 뿐이다. 중세 유럽인 가운데 가장 유명한 인물의 출생이 이렇듯 베일에 싸인 것은 그 시대의 기록문화 수준을 가늠하게 하는 한 방증일 수도 있다.

하지만 그의 사망 연도가 814년인 것은 확실한 것 같다. 50년에 가까운 그의 치세가 끝난 해가 유럽의 역사에 하나의 획을 그었다는 것 또한 확실하다. 이는 샤를마뉴의 치세가 단순히 하나의 제국을 이룩한 정복과 위대한 통치의 시대였기 때문이 아니라 오랜 진통 끝에 유럽이라는 하나의 문명이 탄생한 시대였기 때문일 것이다.

제국의 건설

유럽의 탄생은 흔히 샤를마뉴제국으로 일컬어지는 프랑크제국의 건설에서 시작되었다. 여느 제국과 마찬가지로 이 제국 또한 칼로써 일으킨 정복의 결과였다. 그는 '새로운 다윗'이라는 찬사에 손색이 없는 '무적의 전사'였고 서양의 광개토대왕이라 부를 만한 '유럽의 정복자'였다.

아인하르트의 전기는 샤를마뉴가 마치 말안장 위에서 평생을 보낸 듯한 착각을 불러일으킨다. 사실 그는 프랑크 왕으로 즉위한 768년부터 30여 년 동안 수많은 군사 원정에 나섰다. 즉위한 이듬해 아키텐과 가스코뉴의 반란이 첫 시험대였다. 그와 공동으로 즉위한 동생 카를로만Carloman은 원정을 거부하여 형제가 불화하는 계기가 되었다. 3년 뒤 스물을 갓 넘긴 카를로만은 돌연한 죽음을 맞았고 무슨 영문인지 그의 처자식은 롬바르디아 왕의 궁정으로 황급히 피신했으며, 이로써 샤를마뉴는 아버지 단신왕(페팽

Pépin le Bref, 피피누스 3세Piplnus)이 형제에게 물려준 왕위를 독차지하게 되었다. 여하튼 프랑스 남서부의 반항은 철퇴를 맞았다. 한편 778년 바스크 원정에 나선 샤를마뉴는 롱스보Roncevaux 전투에서 충복 롤랑Roland을 잃고 고배를 마셨으나, 차후 에스파냐 변경령Marca Hispanica을 설치하는 데 성공하여 피레네 지방을 지배하에 두었다.

그의 제국 건설에서 결정적인 사건은 이탈리아 원정이었다. 6세기 후반 이탈리아 북부에 침입해 왕국을 세운 롬바르디아족은 8세기 초부터 로마를 위협할 정도로 세력을 확장했다. 754년 단신왕 피피누스는 롬바르디아족을 격퇴하고 라벤나 일대의 로마냐와 펜타폴리스 등 중부 지역을 '성 베드로의 재산Patrimonium Sancti Petri'으로 로마교황청에 기증한 바 있었다. 20년 뒤 그의 아들 대에 와서 롬바르디아의 왕 데시데리우스Desiderius에게 위협을 받은 교황이 프랑크 왕에게 원조를 호소하는 같은 상황이 재현되었다. 다른 점이 있다면, 이번에는 두 왕 사이에 개인적인 원한까지 있었다는 것이다. 샤를마뉴는 교황청의 반대를 무릅쓰고 데시데리우스의 딸을 아내로 맞고 채 1년도 안 되어 친정인 파비아의 궁정으로 돌려보낸 직후 그에게 장차 9명의 자녀를 낳아줄 바이에른 귀족의 어린 딸(힐데가르트)과 재혼했다. 마침내 교황청의 요청에 응해 773년 제네바에서 소집한 군대를 이끌고 알프스를 넘은 샤를마뉴는 9개월의 포위 끝에 데시데리우스를 붙잡아 코르비 수도원에 유폐하고, 자신의 왕위에 롬바르디아 왕위를 합쳐 이제 '프랑크인들과 롬바르디아인들의 왕rex Francorum et Lombardorum'이 되었다.

이에 못지않게 역사적 의의가 큰 사건은 샤를마뉴의 동방 원정이었다. 그는 그리스도교 세계 밖에 머물러 있던 이교도 종족들, 특히 작센족을 개종하는 일에 사도적인 열정을 쏟았다. 문제는 그 열정을 피로써 성취하여 '작센의 사도'이자 '작센의 학살자'라는 영욕을 떠안게 되었다는 것이다. 무려 18차례나 거듭된 작센 원정은 '30년전쟁'이라고 불릴 정도로 집요했다. 그는 정복 지역을 여러 선교 구역으로 나누고 개종사업을 독려했으며, "악마 숭배에 물든" 작센인이 개종을 거부할 경우 사형에 처하는 법령을 포고했다. 실제로 작센인 지도자 비두킨트Widukind의 반란이 일어났을 때 베르뎅에서 단 하루 만에 4,500명의 가담자를 처형하기도 했다. '베르뎅의 학살'로 알려진 이 폭거 외에도 그는 엘베강 유역에 사는 1만여 명의 작센인들을 여러 곳으로 뿔뿔이 흩뜨려 놓았다고 한다.

봉신으로서의 신의를 저버린 채 아바르족Avars과 손잡고 반란을 꾀했다고 기록된 바이에른 공작 타실로Tassilo 또한 샤를마뉴의 대군 앞에 무릎을 꿇고 용서를 빌었다. 데시데리우스 왕의 사위였던 그는 장인처럼 수도원에 유폐되었고, 바이에른은 작센과 마찬가지로 프랑크왕국의 백작령들로 분할되었다. 작센과 바이에른의 정복으로 오늘날 독일 땅의 대부분이 프랑크왕국 안으로 들어오게 되었을 뿐만 아니라 이를 배후기지로 삼아 그 동쪽의 이민족들, 즉 아바르족을 비롯하여 폴란드, 보헤미아와 모라비아, 판노니아, 크로아티아와 세르비아 등지의 슬라브족들을 예속시킬 수 있었다. 제국 서쪽 끝의 브르타뉴와 이탈리아 남부의 베네벤토 지역도 샤를마뉴에게 공물을 바쳤다.

이렇게 칼로써 일으킨 그의 제국은 오늘날의 유럽 지도에서 프랑스 전역과 에스파냐의 피레네 지방, 벨기에와 네덜란드, 엘베강 유역까지의 독일, 스위스, 오스트리아, 이탈리아 북부와 중부, 보헤미아와 헝가리 일부, 슬로베니아 등에 걸쳐있었다. 북해에서 지중해까지, 대서양에서 엘베강까지, 피레네에서 알프스 끝자락 카린티아에 이르는 대제국이 등장한 것이다.

'로마제국의 부활'

로마인들이 교황 레오(3세)의 눈을 뽑고 혀를 자르려는 등 폭행을 저지르자 교황은 왕에게 도움을 요청했다. 그리하여 샤를은 로마로 가서, 큰 혼란에 휩싸여 있던 교회의 문제를 바로잡고 겨우내 그곳에 머물렀다. 그가 황제 Caesar et Augustus 칭호를 부여받은 것은 바로 이때였다. 그는 이런 칭호들을 몹시 꺼렸던지라, 비록 대축일이었음에도 불구하고 교황의 계획을 미리 알았더라면, 그날 성당에 발을 들이지도 않았을 것이라고 단언했다. 그는 자신이 이런 칭호를 취하는 것에 대해 [동]로마 황제들이 드러내 보인 시기를 아주 끈기 있게 견뎌내야만 했다(아인하르트, 《샤를마뉴의 생애》).

그리스인들의 국가에서는 이제 황제라는 명칭이 사용되지 않을 뿐 아니라 나약한 여자가 제위에 있기 때문에, 교황 레오와 로마 종교회의에 참석한 모든 사람은 고대 황제들이 거처로 삼았던 로마를 포함하여 이탈리아, 갈리아, 게르마니아 등 여타 지역들을 차지하고 있는 프랑크인들의 왕을 황제로 추대해야 마땅하다고 생각했다.……샤를왕은 그들의 요청을 거절하고 싶지 않았다. 그리하여 주님의 탄신일에 하느님과 모든 사제들과 신도의 요청에 따라서 교황 레오는 대관식을 거행하여 그에게 황제의 칭호를 부여했으며, 그는 이를 겸허하게 수락하였다(《로슈 연대표》).

서기 800년 12월 25일 성탄절 미사에서 샤를마뉴는 '로마인들의 카이사르요 아우구스투스'로 등극했다. 샤를이 자신의 대관식 계획을 사전에 알았는지에 대해 위의 두 기록은 상반되게 증언하고 있는데, 과연 누가, 무슨 의도로 그런 계획을 꾸몄는지는 역사가들 사이에 의견이 분분하다.

하지만 일견 즉흥적으로 보이는 이 해프닝은 실은 3대에 걸친 관계 발전의 산물이었다. 메로베우스 왕조하에서 궁재 직책을 세습하며 실권을 쥔 피피누스 가문의 서자였던 그의 조부 샤를 마르텔은 일찍이 732년에 프랑스 중부 루아르강 부근까지 북상한 무슬림 군대를 격퇴하여 교황청에 새로운 보호자 역할을 해줄 실력자로 눈도장을 받았다. 그의 아들은 아버지와 달리 이름뿐인 왕을 내치고 새 왕조를 열고자 했고 여기에 교황청의 관심을 적극적으로 이용했다. 751년 피피누스는 교황의 승인 아래 궁정 쿠데타를 일으켜 스스로 왕위를 차지했다. 754년 피피누스에게서 군사적 보호를 약속받은 교황 스테파누스 2세는 파리로 행차하여 피피누스와 그의 두 아들을 손수 도유하는 것으로 화답했고, 그리하여 앞서 말했듯이 교황국가의 토대가 된 '피피누스의 기증'이 이루어졌다.

　요컨대, 프랑크왕국과 교황청 사이에 왕조의 정통성과 군사적 보호를 서로 주고받는 윈윈전략에 따라 밀월관계가 시작된 것이다. 샤를마뉴는 교황청에게 이미 '새로운 콘스탄티누스'로 불렸으며, 800년 그의 로마 입성 때 교황 레오 3세는 황제를 맞는 예법을 갑절로 하여 몸소 50리 밖까지 나가 그를 영접했다.

　프랑크인 통치자에 대한 교황청의 의존은 사실 전통적으로 교회의 수장인 로마 황제, 즉 비잔티움(동로마)의 '바실레우스basileus'가 교회의 보호자로서 본연의 역할을 다하지 못하게 된 상황과 맞물려 있었다. 교황이 피피누스와 샤를마뉴에게 부여한 '로마인들의 보호자patricius Romanorum'라는 칭호는 본래 바실레우스가 이탈리아를 관할하는 총독에게 내리는 칭호였다. 그들이 롬바르디아족에게서 탈환하여 교황청에 바친 영토도 법적으로는 비잔티움제국의 영역이었고, 그래서 원래 주인으로서는 피피누스의 처분이 당연히 못마땅한 일이었다. 전통적으로 게르만족 지도자들에게 '콘술consul'이나 '왕rex' 같은 칭호를 내리는 것 또한 그 황제의 권한이었다. 하물며 그의 신하에 불과한 로마 주교가 일개 야만족의 우두머리를 '로마인

[그림 4-1]
샤를마뉴의 초상을 새긴
9세기 초의 은화와 서명("지극히 영광스러운
왕 카롤루스의 사인").

[그림 4-2]
알브레히트 뒤러의 〈카롤루스 마그누스〉.
프랑스 국왕의 백합 문장과 독일 황제의 독수
리 문장이 황제의 제관을 호위하고 있다.
1512년 경, 뉘른베르크 게르만박물관.

들의 황제'로 추대한 것은, 비록 그 지배 영역이 사실상 동로마에 국한되었을지언정 여전히 엄연한 로마 황제인 콘스탄티노플의 바실레우스에게는 중대한 도발이자 치욕일 수밖에 없었다. 하지만 로마 교회의 지도자들이 실질적으로 보호를 기대하고 의지한 상대는 정복자로서 명성이 자자한 프랑크족의 왕이었다. 800년에 그에게 성지 수호자라는 칭호와 함께 성묘聖廟의 열쇠를 보낸 예루살렘 총대주교의 행동이 이를 단적으로 보여준다. 교황 또한 이미 주화의 바실레우스 초상을 자신의 초상으로 바꾸고, 공문서에 그의 재위 연도 대신 자신과 샤를마뉴의 재위 연도를 나란히 기입했다.

게다가 동·서 로마와 마찬가지로 그 교회들 사이의 관계 역시 점점 더 멀어지고 있었다. 로마의 교황으로서는 고압적인 데다가 더 이상 라틴어를 쓰지 않는 비잔티움 황제보다는 비록 야만족 출신이기는 하나 라틴어와 라틴 문화, 로마 교회를 우러르는 프랑크인 권력자와 소통하기가 더 편했을 것이다.

두 교회가 멀어지게 된 좀 더 직접적인 계기는 성스러운 이미지, 즉 이콘 icon을 둘러싼 파란이었다. 그것은 아나톨리아의 총독으로 쿠데타를 일으켜 새 왕조를 세운 레온 3세가 726년 성상聖像 파괴령을 반포하면서 시작되었다. 본디 신의 형상은 유대교와 마니교, 이슬람과 단성론 교회 등의 철저한 일신교에서는 배격하는 것이었지만, 로마제국에 그리스도가 전파된 초창기의 시대 상황과 맞물려 오랫동안 용인되고 심지어 권장되어 왔으며, 그 결과 일반 대중에게는 신령한 기운과 능력을 지닌 것으로 숭배 대상이 되어있었다.

그런데다 공교롭게도 샤를마뉴가 황제의 관을 썼을 당시 비잔티움의 제위는 열성적인 성상 옹호자인 여황후basilissa, 즉 황제인 친아들을 감금하고 눈을 도려낸 비정한 여황제 이레네Irene의 수중에 있었다. 앞에서 인용한 연대기가 주장하듯이, 로마 황제가 법적으로 공위상태라는 것은 스스로 제국을 이룩한 프랑크의 실력자에게로 제위를 옮기기에 절호의 기회였을 것이다. 여하튼 이로부터 빚어진 정통성 다툼은 비잔티움 황제가 샤를마뉴를 '로마인들의 황제'가 아닌 그냥 '황제'로 인정하고, 샤를마뉴 또한 '로마인들의 황제'라는 간명한 명칭 대신 '하느님에 의해 대관한 아우구스투스, 로마제국을 다스리는 위대하고 화평케 하는 황제 폐하 카롤루스'[2]라는 에두른 표현을 쓰는 것으로 일단락되었다.

그러나 로마제국은 단지 제관과 타이틀로만 부활한 것이 아니다. 로마제국을 모방하려는 노력이 실제로 상당한 결실을 보았다. 샤를마뉴는 21개의 대주교좌와 200여 개의 주교구와 수도원령, 그 두 배가 넘는 백작령, 수천에 이르는 관리를 두어 광대한 제국을 통치했으며, 로마의 법률과 행정을 본받아서 많은 법령을 제정하고 수많은 문서를 생산했다. 무엇보다도 그는 로마의 문화와 지식이 보존되기를 바랐고, 문예 보호자로서의 이런 바람이 '카롤루스 르네상스'라고 불리는 유럽 최초의 르네상스로 결실을 맺었다.

그는 '학자들의 벗'이요 '학교와 아카데미의 창시자'였다. 그의 사위로 호메로스라고 불린 안길베르트Angilbert와 아인하르트 같은 프랑크인은 물론이고 롬바르디아의 역사가 파울루스 디아코누스Paulus Diaconus, 피사 출신의 문법학자 페트루스Petrus Pisanus, 호라티우스로 불린 영국 요크 출신의 알퀸Alcuin, 에스파냐 출신의 테오델푸스Theodelphus 등 유럽 각지에서 초빙된 명망 있는 학자들이 아헨(엑스라샤펠)의 궁정을 아테네의 아카데미처럼 만들었다.

일종의 무상 공교육안에 해당하는 789년의 유명한 칙령은 아동들에게 읽기와 쓰기, 산수 등 기초 교양교육을 실시하기 위해 주교구와 수도원마다 학교를 설치하도록 지시한다. 샤를마뉴가 설치한 아헨의 궁정학교는 장래의 관리와 주교, 수도원장을 길러내는 온상이었다. 그가 자녀교육에

쏟은 열의와 그 자신의 학구열 또한 남달랐다. 810년 일식에 대한 그의 질문에 답하는 아일랜드 출신의 천문학자 던갈Dungal의 서한이 그의 지적 호기심을 증언한다.

이 같은 문예 보호사업은 장차 유럽의 지적 부흥을 위한 길을 닦았다. 비록 규모와 범위 면에서 14, 15세기 이탈리아의 르네상스에 비할 바는 못된다고 해도, 유럽 지성사의 관점에서 '카롤루스 르네상스'의 역사적 의의는 그에 못지않다. 서로마제국의 멸망 이후 점점 더 희미해져 꺼질 수도 있었던 고전문화가 이를 통해서 기사회생한 것이다. 현존하는 고전 라틴어 문헌의 상당수가 이 시대에 필사된 것이며, 만약 이렇게 보존된 텍스트들이 없었다면 고전을 재발견한 근대 르네상스의 학구열도 기대하기 어려웠을 것이다.

기록문화 또한 기사회생했으니, 카롤리나carolina 서체라는 지금의 소문자체와 이 서체로 쓰인 많은 문헌이 그 증거로 남아있다. 무엇보다도 아헨의 궁정학교에서 잔뼈가 굵은 아인하르트가 로마제국의 역사가인 수에토니우스Suetonius의《황제열전》을 본떠 지은《샤를마뉴의 생애》가 가장 또렷한 증거일 것이다. 자신과 같은 동시대 지식인들의 붓으로 문화 영웅의 이미지까지 얻게 되었으니 샤를마뉴는 자신이 일으킨 르네상스의 최대 수혜자인 셈이다.

'최초' 또는 '새로운' 유럽

하지만 '제국의 모방imitatio imperii'을 위한 노력이 과거의 로마제국을 실제로 재현한 것은 아니었다. 그는 로마제국의 계승자라기보다는 오히려 새로운 유럽의 창시자라고 하는 편이 더 적절할 것이다. '유럽의 아버지

Pater Europae', '유럽의 등대Pharus Europae', 그를 칭송하는 이런 표현들이 후세에 나온 것이 아니라 바로 동시대 사람들의 펜과 입에서 나왔다는 것 자체가 의미심장한 사실이다.[3] 어쩌면 그 시대 지식인들의 뇌리에 있던 유럽이라는 관념의 정체를 알려주는 단서가 될 수 있기 때문이다.

잘 알다시피 유럽인들이 그린 세계지도에는 세 대륙, 즉 아시아와 아프리카(리비아), 그리고 페니키아 공주의 이름이었다는 에우로파가 있었고, 여기서 에우로파는 지브롤터 해협에서 흑해에 이르는 공간을 가리켰다. 로마제국은 그 자체가 하나의 세계였고, 따라서 유럽이라는 관념은 로마제국에 가려서 거의 잊힌 듯했다. 로마는 자신이 지배하는 세계를 동방의 그리스 문화권과 서방의 라틴 문화권으로 나누었으니, 제국 말기에 단행된 동·서 로마의 분할은 기존의 문화적인 경계를 정치적 경계로 제도화한 것이었다.

5세기 이후 서로마 영역은 야만인으로 취급되어 온 게르만족의 왕국들로 분열되었다. 게다가 7세기 초에 등장한 이슬람이 아랍 지역은 물론 한 세기 만에 아프리카 북부를 석권하고 유럽의 서쪽 끝 이베리아반도에 상륙함으로써 로마제국은 하나의 지리적 범주로서 더 이상 효력을 가질 수 없었다. 과거 로마제국의 영역은 이제 프랑크제국의 영역과 대체로 겹치는 축소된 유럽과, 잔존한 로마제국이되 점점 더 그리스화하는 비잔티움제국, 그리고 이베리아반도에서 인더스강 유역까지 활 모양의 벨트를 형성한 이슬람 제국으로 분할되었다. 바꿔 말하면, 하나의 세계였던 로마제국이 서쪽의 로마가톨릭 문명권과 동쪽의 그리스정교회 문명권, 그리고 남쪽의 이슬람 문명권으로 3분할된 것이다.

샤를마뉴 시대의 양피지에 적힌 '유럽'은 이렇게 갈라진 세계에서 다른 문명에 대해 상대적으로 규정되는 공간이었다. 예컨대, 8세기 중엽에 코르도바에서 씌어진 한 연대기는 732년 푸아티에 전투에서 '아랍인들'에 맞섰던 샤를마뉴의 조부 샤를 마르텔의 군사를 '유럽인들Europenses'로 지칭하며, 이슬람의 물결을 저지한 이 승리를 프랑크 궁재의 지도 아래 단합한 '유럽인들'의 승리로 찬양한다.[4] 이 유럽은 샤를마뉴의 대관식과 더불어 부활한 로마제국을 자처했으나 그것은 옛 제국과는 사뭇 다른 새로운 유럽이었다. 먼저 그것은 고대 그리스인들이 규정한 범위보다 훨씬 더 작은 유럽, 그리고 로마의 호수였던 지중해로부터 알프스 너머 북서쪽 라인강 일대로 중심이 이동한 유럽이었다. 아프리카, 아시아와 활발히 교류했던 고대 지중해 세계에서 멀어짐과 동시에, 그리스어로 말하고 기도하는 비잔티움제국-교회와의 관계 또한 점점 더 멀어졌다. 심지어 샤를마뉴의 유럽은 코르도바의 우마이야조 칼리프와 비잔티움제국을 견제할 목적으로, 아주 멀리 떨어져 있어서 위협이 되지 않는 바그다드(압바스조)의 칼리프와 교류했다. 《천일야화》의 등장인물이기도 한 칼리프 하룬 알라쉬드Harun al-Rashid가 샤를마뉴 황제에게 선물로 보낸 아불 압바스Abul Abbas라는 이름의 코끼리가 이 세 제국 사이의 미묘한 관계를 보여준다.[5]

하지만 새로운 유럽의 가장 중요한 특징은, 유럽을 단순한 지리 개념에서 하나의 문명 개념으로 격상시키고 다양한 종족과 왕국들을 다른 두 지역에 비해 더 동질적인 문명으로 이끌어 준 그리스도교 또는 로마가톨릭 신앙이었다. 사실 중세 내내 유럽이라는 말보다 훨씬 더 자주 쓰인 것은 그리스도가 지배하는 나라, 즉 '그리스도 세계Christendom'라는 말이었다. 자크 르고프의 말을 빌리면, "중세 유럽에서 가톨릭교로 개종하는 것은 한 민족이 하나의 국가가 되고 문명화된다는 표시"였으며 "오늘날로 치면 국제연합UN에 가입하는 것"과 같았다.[6] 샤를마뉴의 이상이자 지상과업은 바로 그의 제국을 하나의 '그리스도교 제국'으로 만드는 일이었다. 교황에게 보낸 서한에서 스스로 자임하듯이, 밖으로는 이교도와 배교자들로부터 신성한 교회를 지켜내고, 안으로는 가톨릭 신앙을 더욱 철저히 하는 것이 바로 그의 사명이었다. 그는 '새로운 다윗'이었고, 그가 다스리는 '새로운 이스라엘'의 수도 아헨은 '새로운 예루살렘'이었으며, 그 궁정의 소박한 옥좌는 동쪽 예루살렘을 향한 제단 맞은편에 있었다.

따라서 그에게 정치와 종교, 속권과 교권은 서로 다른 것이 아니었다. 종교를 바로잡는 것은 곧 사회의 기틀을 다잡는 것이었다. 그는 그리스도의 대리인으로서 제국 교회의 수장 역할을 한 콘스탄티누스 대제처럼 주교와 수도원장을 임명하고, 그들을 종교회의에 소집하고 자신의 이름으로 그 결정을 포고했으며, 이단을 응징했다. 콘스탄티누스 대제와 마찬가지로 그 역시 제국 교회와 신앙의 통일성을 유지하는 데 진력했다. 로마 황제로서 그는 당연히 최고의 사도좌인 로마 교회의 전례典禮와 관행, 신조와 규율을 좇아서 그것을 통일하고자 했다. 그가 라틴어 교육과 성직자 양성에 각별한 관심을 쏟은 이유도 신에 대한 경배와 봉사가 어디서나 정확한 언어와 정확한 격식에 따라 이루어지기를 원했기 때문이었다.

샤를마뉴의 유산: 왕국의 아버지에서 유럽의 아버지로

노트커Notker는 전사—왕인 다윗이 죽자 그의 권세에 눌렸던 주변의 족속들이 평화의 왕인 솔로몬에게 공물을 바쳤듯이, 사나운 노르만족도 샤를마뉴 황제의 후계자인 경건왕 루이에게 머리를 조아리며 공물을 바쳤다고 적었다.[7] 하지만 황제와 사별한 제국은 분열과 혼란의 늪으로 빠져들었고, 그가 대변했던 조화와 질서, 통일성은 아득히 멀어져 갔다. 마침내 911년과 987년에는 제국의 후신인 동·서 프랑크왕국에서 카롤루스 왕조의 명맥마저 끊어지고 말았다. 그러나 이 단절된 가문의 기억은 그 이후 오히려 더 생생하게 되살아났고, 그것도 라인강 서쪽 카페 왕조의 왕국, 그 이름부터

가 '프랑크족의 땅Francia'인 '프랑스' 왕국에서 특히 더 그러했다. 그 기억은 주로 십자군의 이상, 국왕권의 부활, 이웃 제국(독일)과의 경쟁, 그리고 기사문학의 발달과 더불어 그 땅에 뿌리를 내리며 뻗어나갔다.

먼저, 11세기 말 이래로 유럽 봉건사회를 풍미한 십자군과 기사도의 이상은 샤를마뉴를 수많은 문학작품, 특히 프랑스에서 번성한 무훈시의 인기스타로 떠오르게 했다. 성지 순례-원정이 군주의 도의적 의무로 여겨졌던 시대에 그 전사-왕은 십자군 전사의 선구자였다. 《롤랑의 노래》에서 샤를마뉴의 바스크 원정은 '사라센'에 대한 십자군으로 묘사되고, 《위僞튀르팽의 연대기》는 한술 더 떠서 그 원정을 황제에게 환영으로 나타난 성 야고보의 요청으로 그의 유해가 묻힌 성지(산티아고 데 콤포스텔라)를 탈환하기 위한 성전으로 꾸며댄다.[8]

오랫동안 경쟁관계에 있던 카롤루스 가문을 따돌리고 왕위를 세습한 카페 왕조는 왕위 찬탈 의혹을 불식하고 봉건 제후들을 제압하기 위해 직전 왕조의 가장 위대한 군주를 정통성의 원천으로 내세웠다. 1214년 부빈의 전장에서 '승리하는 국왕'으로 개선한 존엄왕 필리프 2세는 '제2의 샤를마뉴'로 칭송받았으며, 이때부터 카페 왕조는 그 황제와의 혈통적 유대, 이른바 '샤를마뉴 혈통으로의 복귀Reditus Regni ad Stirpem Karoli Magni'를 선전하기 시작했다. 더 나아가 그의 손자인 성왕 루이 9세는 생드니 수도원에 조성된 메로베우스·카롤루스·카페 왕조 국왕들의 묘역을 재정비하여 이 세 왕조의 연속성을 가시화했다.

같은 뿌리에서 갈라져 나온 이웃 나라와의 경쟁의식 또한 샤를마뉴 숭배를 조장했다. 936년 아헨에서 즉위한 작센 왕조의 오토 1세는 962년 로마에서 황제로 즉위하여 샤를마뉴의 뒤를 잇는 '대제'가 되었다. '제국의 부활'과 더불어 아헨은 생드니와 경쟁하는 황제 숭배의 중심지로 떠올랐다.[9] 1000년 아헨을 순례한 오토 3세는 옛 황제의 무덤을 개봉하고 그를 성인으로 추대하려는 뜻을 내비쳤다. 하지만 이 계획이 실현된 것은 제국에 대한 찬양이 고조되었던 호엔슈타우펜 왕조의 프리드리히 바르바로사(재위 1152~1190) 때였다. 오래전 이탈리아를 정복하고 교황을 구원한 샤를마뉴는 황제의 보편적 지배권을 정당화하는 확실한 선례였다. 교황도, 동로마 황제도, 하물며 프랑스 국왕도 감히 이 첫 '게르만 황제'의 권위를 넘볼 수는 없지 않겠는가? 그는 황제의 출생지로 알려진 잉겔하임의 고궁을 복원하고, 1165년 말 아헨의 궁정에서 성 샤를마뉴의 유해를 거양함으로써 자신이 이 '성인-황제'의 유일한 계승자임을 과시했다.[10]

하지만 이 시성諡聖은 프리드리히가 정당하게 선출된 교황(알렉산데르 3세)에 맞서 세운 대립교황(파스칼 3세)에 의해 이루어졌기 때문에 공식 인정을 받지 못했다. 게다가 '신성로마제국'의 허울 아래 정치적 분열이 고착화되고 있던 독일에서 그 제국의 시조는 진정한 통합의 표상으로 구실하지도 못했다. 반면, 왕조 이데올로기가 신민의 통합을 견인한 프랑스 왕국에서 그의 표상은 한층 더 표표하게 피어났다. 13세기 중엽부터 생드니 수도원에서 펴낸《프랑스 대연대기》는 샤를마뉴를 프랑스 민족사의 공식 기억 속에 새겨넣었다. 그는 프랑스 언어와 의복과 관습을 말하고, 입고, 따른 전형적인 프랑스 왕일 뿐 아니라, 멀리 트로이의 후예로 거슬러 올라가는 왕국의 역사에서 신기원을 연 진정한 기초자였다. 그의 영광은 곧 프랑스 왕국의 영광이었다. 특히 그 치세의 문예부흥은 이른바 '학문의 이전 translatio studii', 즉 아테네의 학문이 로마를 거쳐 파리로 이전되었다는 주장을 뒷받침해 주었다.[11] 문화의 상속자인 프랑스는 비록 제관을 썼지만 여전히 야만의 티를 벗지 못한 독일보다 우월하며, 사도좌를 계승한 로마에도 뒤질 것이 없었다.

샤를마뉴 시대에 버금가는 '태평성대'인 성왕 루이(재위 1226~1270)의 치세를 거치면서, 저울추는 귀족계급에서 국왕 쪽으로, 독일제국에서 프랑스 왕국 쪽으로 확연히 기울게 되었다. 그 표상은 이제 승리하는 왕권을 정당화할 뿐 아니라, 독일 황제와 교황에 대한 프랑스 국왕의 독립성, 더 나아가 제관에 대한 권리 주장의 근거로 떠올랐다. 실제로 교황권에 맞서 싸운 미남왕 필리프 4세는 "왕국에서의 황제"를 자처하며 로마 황제가 사실상 교회의 수장이었던 초기 기독교의 전통을 되살리고자 했다.

카페 왕조의 방계인 발루아 왕조의 국왕들은 취약한 정통성을 덧대기 위해서라도 성왕 루이와 아울러 그 황제의 표상을 떠받들 수밖에 없었다. 보좌, 왕홀, 정의의 손, 보검, 박차 등 여러 국왕 상징물들이 모두 그에게서 유래한 것으로 선전되었고, 1364년부터 1461년까지 거의 한 세기 동안 황제와 같은 이름의 세 국왕들(샤를 5세·6세·7세)이 보위를 이었다. 샤를마뉴처럼 지식과 지혜의 왕이었던 '현명왕' 샤를 5세는 아헨의 예를 좇아 자신의 예배당에서 1월 28일을 성 샤를마뉴의 축일로 기렸고, 루이 11세는 1475년부터 이날을 공식 축일로 지정했다.[12] 이 무렵 왕궁 대회의실에 그려진 '십자가형Crucifixion'은 삼위일체를 중심으로 화면 양끝에 샤를마뉴와 성왕 루이를 배치하여 왕조의 연속성을 표현하고, 그리스도 뒤에는 예루살렘의 풍경을, 그 양편 배경에는 센강과 루브르성, 몽마르트와 왕궁을 그려넣어 프랑스가 새로운 선민의 나라임을 웅변했다. 자신의 잘린 목을 들고 있는 순교자 성 드니Saint Denis 곁에서 정면을 응시하는 수염이 성성한 황제는 프랑스 왕실의 상징인 백합 문양을 수놓은 망토를 흉갑 위에 걸치고 양손에는 정의를 상징하는 칼과 통일을 상징하는 글로브를 들고 있다.

근대 절대왕정기에 샤를마뉴는 루이 14세와 더불어 절정에 이른 프랑스 군주정의 영광에 후광을 보탰다. '학문을 사랑하는 마르스'가 다스리는 문화 강국 프랑스는 또한 '개선하는 황제'의 대국을 지향했다. 프랑스는 먼 옛날의 황제가 정복한 모든 땅으로 팽창하고 어디에든 개입할 권리가 있었다. 하지만 태양왕의 치세는 프랑스 군주정의 마지막 절정이었을 따름

[그림 4-3]
왕궁 대회의실(고등법원)의 제단장식화 〈십자가형〉.
성모와 막달라 마리아, 성 요한 등이 중앙의 수난상
을 둘러싸고, 왼편에는 세례자 요한과 성왕 루이가,
오른편에는 성 드니와 샤를마뉴가 서있다. 1454년
경, 루브르박물관.

이다. 게다가 '위대한 세기'는
눈부신 광채만큼이나 그 이면에
짙은 그림자를 드리운 고통과 불
만의 시대이기도 했다.

절대권력자의 죽음은 그 권력
에 대한 회의와 주권의 형태에
관한 사색을 북돋는 계기가 되었으며, 이러한 회의와 사색 속에서 샤를마
뉴는 새로운 조명을 받게 되었다. 즉 절대군주로 표상되던 그가 거꾸로 절
대왕권에 도전하고 새로운 정치체제를 꿈꾸는 사유의 디딤돌이 되어 프랑
스혁명 때까지 이어질 '헌정 논쟁'에 휩쓸리게 되었다. 입헌군주정 아래서
의 '귀족공화국'을 추구한 사람들에게 그는 모든 신분의 권리, 특히 귀족

신분의 특권과 의견을 존중하는 법치군주였는가 하면, 그를 야만적인 전 제군주로 본 볼테르와 달리 일부 개혁사상가들에게는 계몽군주의 모델이 기도 했으며, 그가 소집했다고 하는 자유민들의 전체회의에서 인민주권의 기원을 찾는 이들도 있었다.

하지만 혁명의 소용돌이를 거치며 샤를마뉴는 나폴레옹에 의해 프랑스 황제로 부활했다. 새로운 카리스마의 총아로 등장한 나폴레옹은 혁명으로 타도된 왕조를 건너뛰어 멀리 천 년 전의 황제에게서 정통성을 찾고자 했 다. 1804년 5월 상원에서 프랑스 황제 나폴레옹 1세로 선포된 그는 넉 달 뒤 아헨을 방문하여 그 정통성을 과시했고, 마침내 합스부르크가의 신성 로마제국을 밀어내고 옛 서로마제국의 계승자가 되었다. 늙은 황제는 젊 은 황제의 모델이 되었다.

나폴레옹은 1806년 로마 대사에게 보낸 친서에서 "나는 샤를마뉴다"라 고 공언한 바 있었고, 3년 뒤 교황령을 제국에 통합하면서 "교황에게 속권 을 준 이는 샤를마뉴지만, 그의 계승자인 나는 (교황의 영적 직무에 방해가 되 는) 그 권력을 거둬들이고자 한다"고 말하기도 했다. 심지어 그는 작센 왕에 게 수여한 메달에 자신과 샤를마뉴의 초상을 새기고, 뒷면에는 이 황제에 게 복속당한 작센족 수장 비두킨트와 작센 왕의 초상을 나란히 새겨넣기도 했다.[13]

이렇듯 샤를마뉴는 비록 체구는 작아졌지만 한층 더 위대해진 프랑스의 황제이자 서유럽의 아우구스투스로 부활한 나폴레옹의 유럽 패권에 대한 야망을 정당화해 주었다. 그러나 두 영웅의 행복한 동거는 오래가지 못했 다. 프랑스대혁명에서 파급된 여러 근대 이데올로기들의 경연장이기도 했 던 19세기에, 황제의 광채는 그의 충복인 롤랑의 인기에 가릴 정도로 점점 더 퇴색해 갔다. 더구나 자유주의 정신의 세례를 받은 역사학은 황제의 신 화에 대해 점점 더 거리를 두기 시작했고, 특히 대혁명으로부터 공화주의

[그림 4-4]
다비드의 〈생베르나르 고개를 넘는 나폴레옹〉. 왼쪽 아래 바위에 세 영웅('보나파르트', '한니발', '카롤루스 마그누스')의 이름이 새겨져 있다. 1801. 말메종박물관.

적 비전을 물려받은 미슐레와 티에리 같은 자유주의 역사가들은 볼테르의
뒤를 이어 그 신화를 탈신비화하는 데 앞장섰다.

이와 함께 샤를마뉴를 '게르만의 숲'으로 돌려보내려는 움직임이 뚜렷
해졌다. 자유와 미덕의 화신이든, 아니면 야만과 폭정의 화신이든 간에 그
가 게르만 땅에서 나고 그 언어와 문화 속에서 살았음은 부인할 수 없었
다. 게다가 19세기 프랑스의 민족주의는 골족에게서 민족의 뿌리와 정신
을 찾는 이른바 '골족의 신화'에 마음이 쏠렸던 반면, 나폴레옹의 침략으
로 각성된 독일의 민족주의자들 사이에서는 그 '베르됭의 학살자'를 비난
하는 목소리와 나란히 '게르만의 숲'에서 민족정체성을 찾고 그 제국의 건
설자를 독일사의 시초에 자리매김하려는 움직임이 일고 있었다. 19세기
초부터 《게르만 사적 집성MGH》의 편찬사업이 진행된 것도 이러한 움직임
과 무관하지 않았다. 어쨌든 샤를마뉴는 더 이상 프랑스의, 더욱이 프랑스
만의 국민적 표상이 될 수는 없었다.

그럼에도 당파적 대립에서 그의 상징성은 여전히 효력이 있었다. 19세
기 후반에 가톨릭교회와 반反교권주의자들 사이의 대립이 격화되면서, 그
는 또다시 갈등의 소용돌이에 휘말리게 되었다. 오늘날 파리 노트르담 광
장의 그늘진 구석에 서있는 샤를마뉴 동상은 이러한 대립의 결말을 증언
한다. 제2제정기의 조각가 루이 로셰L. Rochet는 1867년 만국박람회에 황
제의 사라고사 입성 장면을 표현한 석고상을 전시하여 찬사를 받았다. 그
가 숨진 뒤 이번에는 동생 샤를이 이 작품을 청동상으로 제작하여 1878년
만국박람회에 전시했으나, 끝내 구매자를 찾지 못하고 파리시에 동상의
영구 설치를 청원하여 시의회에서 격론이 벌어졌다. 파리시는 1896년에야
동상을 헐값에 매입했지만, 그때껏 기단은 착공조차 되지 않았다.[14]

이 동상의 내력에서 알 수 있듯이, 1870년의 패전과 제3공화국의 출범
은 샤를마뉴의 표상이 공화국의 반대편으로, 그리고 라인강 저편으로 기

[그림 4–5]
샤를마뉴의 동상.
노트르담 성당 광장의 센강 변쪽 구석에 서있는 이 동상은 나뭇
가지에 가려 눈에 잘 띄지 않는다. 황제와 두 종자의 콧수염이 골
족의 모습을 떠올리게 한다. 동상의 구입 및 설치를 청원한 측은
이 동상이 골족화한 프랑크 영웅 샤를마뉴와 그의 충신인 롤랑과
올리비에를 형상화한 국민적 작품이라는 설명을 덧붙였다.

우는 기억의 분기점이었다. 대혁명을 새로운 기원으로 삼은 공화국은 그 영웅에게서 역사적 정통성을 찾을 이유가 사라진 데다 불편하게도 그 기억은 이웃의 숙적에까지 걸쳐있었다. 하지만 그 표상의 정략적 가치가 소진된 것은 아니었다. 공화국의 학교는 미래의 시민들에게 건전한 공민정신을 불어넣고 공화국의 미덕을 선전하기 위해 황제의 신화들을 교과서에 다시 불러들였다. 초등학교 교과서에서 샤를마뉴는 검소한 옷차림에, 자신의 농장과 마름들을 깐깐히 관리하며 경영하는 성실한 지주이기도 하고, 힘있는 자들에게는 엄하고 힘없는 자들에게는 너그러운 공정한 정치가이기도 하며, 비록 무력을 앞세우긴 했지만 이민족들에게 기독교와 문명의 혜택을 베풀어 준 식민 사업가이기도 했다.

특히 1880년대 초부터 초등교육의 무상·의무·세속화 문제를 둘러싸고 빚어진 이른바 '학교 전쟁'의 시기에 샤를마뉴는 공화국 학교의 선구자로 선전되었다. 황제의 학교 방문이라는 유명한 전설은 바로 이때부터 국민 상식이 되었다. 어느 날 궁정의 학교를 방문한 황제가 공부를 게을리하는 귀족 자제들을 나무라고, 열심히 공부하는 가난한 학생들을 쓰다듬는 장면은 교과서 삽화로도 실렸다.[15] 그리고 이 인기 있는 이미지가 17세기 초부터 그 전설적인 설립자의 축일Carlomagnalia을 기려온 파리대학의 전통과 맞물려서 1960년대까지 학생들의 '성 샤를마뉴 축제'로 이어졌고, 아이들을 공부 지옥으로 몰아넣었다는 이유로 이 학교 창시자를 원망하는 프랑스 갈France Gall의 노래 〈거룩하신 샤를마뉴〉를 낳기도 했다.[16]

황제의 표상은 제2차 세계대전을 거치면서 또 한 번 굴절을 겪었다. 샤를마뉴 탄생 1200주년인 1942년에 이르러, 그가 세운 제국은 히틀러가 표방한 새로운 유럽, 즉 국가사회주의 아래 통합된 유럽의 밑그림이 될 듯했다. 게다가 '샤를마뉴'는 1944년 동부전선에 투입된 프랑스인 친위대SS 사단의 이름으로 붙여져 난데없이 나치 부역자의 오명을 쓰기도 했다.[17]

하지만 이것은 샤를마뉴와 그의 제국에 대한 기억이 유럽 패권 야욕에 이용된 마지막 에피소드였다. 전쟁이 할퀴고 지나간 상처는 너무도 깊었고, 그런 만큼 유럽의 평화와 회생에 대한 갈망은 컸다. 유럽의 평화와 통합에 대한 갈망과 더불어 황제와 그의 제국에 대한 기억 또한 새

[그림 4-6]
학교를 시찰하는 샤를마뉴. 이 '장학관'의 학교 방문은 초등학교 교과서 삽화의 인기 소재였다. 꾸중 듣는 학생들과 칭찬 받는 학생들의 대조적인 옷차림은 공화국의 학교가 기회의 균등을 보장한다고 외치는 듯하다.

로운 모습으로, 다시 말해 신비화된 권력이나 조국 이데올로기에 봉사하는 도구가 아니라 국민들 사이의 우애와 협력을 북돋는 가교로 탈바꿈하기 시작했다. 하나가 되려는 유럽은 하나였던 과거의 기억이 절실했고, 바로 카롤루스제국을 그러한 기억으로 보듬고자 했다. 그리하여 샤를마뉴는 그의 동시대인들이 붙여준 별명대로 다시 '유럽의 아버지'가 되었고, 그가

이룩한 제국은 라틴 문명과 게르만 문명이 어우러진 '최초의 유럽'이 되었다. 말하자면, 그가 국민정체성을 벼려낸 것이 아니라 변화하는 국민정체성이 그를 다양한 형상으로 빚어냈던 것처럼, 유럽적 정체성에 대한 새로운 비전이 그를 유럽의 기초자로 부활시킨 것이다.

현대의 샤를마뉴는 더 이상 국적을 논할 수 없는 유럽의 영웅으로 자리를 굳힌 듯하다. 매년 아헨에서는 유럽의 통합에 이바지한 지도자를 선정하여 '샤를마뉴 상'을 수여한다. 유럽합중국의 전단계로 프랑스·독일을 포함한 6개국의 '샤를마뉴 연합'을 제창했던 칼레르기R. Coudenhove Kalergi 백작에게 1950년 첫 번째 수상의 영예가 돌아갔고, 2002년에는 유로EURO화가 수상자로 선정되었다. 1992년 '유럽의 창설'을 경축하기 위해 프랑스 조폐국이 기념주화에 새긴 이미지 역시 샤를마뉴의 초상이었다.

샤를마뉴와 유럽연합

샤를마뉴의 제국과 더불어 출현한 새로운 유럽은 고대 로마의 라틴 문화와 로마가톨릭 신앙을 토대로 다양한 종족과 언어와 왕국들을 초월하여 어떤 문화적 정체성을 공유하는 하나의 문명으로 발전했다. '아시아 문명'이나 '아메리카 문명'과 같은 말은 의미가 막연한 데 비해, '유럽 문명'이라는 말은 분명 어떤 실체적 의미를 갖고 있는 것으로 보인다. '아시아연합'이나 '아메리카연합' 같은 것은 여전히 생각하기 어려운 반면에, '유럽연합'은 어쨌든 하나의 현실로 나타났다. 그 이유는 무엇일까? 물론 매우 다양하고 복잡한 이유가 있을 것이다. 하지만 유럽인들에게 '유럽 문명'이라는 것이 실재하며, '하나의 유럽'이 가능하다는 의식이 전혀 존재하지 않았다면 '유럽연합'은 필시 공상에 그치고 말았을 것이다.

물론 샤를마뉴 시대에 등장한 최초의 유럽으로부터 오늘날의 유럽연합이 나왔다고 말하려는 것은 아니다. 샤를마뉴의 제국에 관한 기억은 유럽의 분열과 전쟁을 부추길 수도 있었다. 이를테면 그것은 민족주의적 선동에 동원될 수도 있었고, 현대의 샤를마뉴가 되고자 스스로 황제의 관을 쓴 나폴레옹이나 심지어 히틀러의 야욕을 정당화하는 데 이용될 수도 있었다. 또한 오늘날의 유럽연합은 지리적 범위는 물론이고 그 정체성 면에서 샤를마뉴의 좁은 유럽과 충돌할 소지도 없지 않다.

그럼에도 불구하고 샤를마뉴의 강압에 굴복하여 그리스도교로 개종하고 비로소 유럽의 일원이 된 작센인들이 훗날 그 정복자를 자신들의 사도로 찬양하고 그 제국의 상속자를 자처하면서 유럽사의 한 주역이 되었듯이, 그리고 샤를마뉴의 영광을 서로 다투면서 오랫동안 반목해 온 프랑스와 독일이 공동의 역사적 운명을 상기하며 서로 화해하고 마침내 유럽연합을 견인하는 파트너가 되었듯이, 샤를마뉴는 분명 민족과 민족국가의 경계를 넘어 유럽 역사와 문명의 차원에서 사유하고 미래를 상상하도록 이끈 기억의 유산이었다. 샤를마뉴 자신의 의도와는 무관하게 1,200여 년에 걸친 후세의 역사가 그를 '유럽의 아버지'로 자리매김한 것이다. 아닌 게 아니라 오늘날 유럽연합의 본부와 의회가 자리 잡고 있는 브뤼셀과 스트라스부르 일대가 바로 샤를마뉴의 본향이었다.

2
기사도와 봉건제 시대

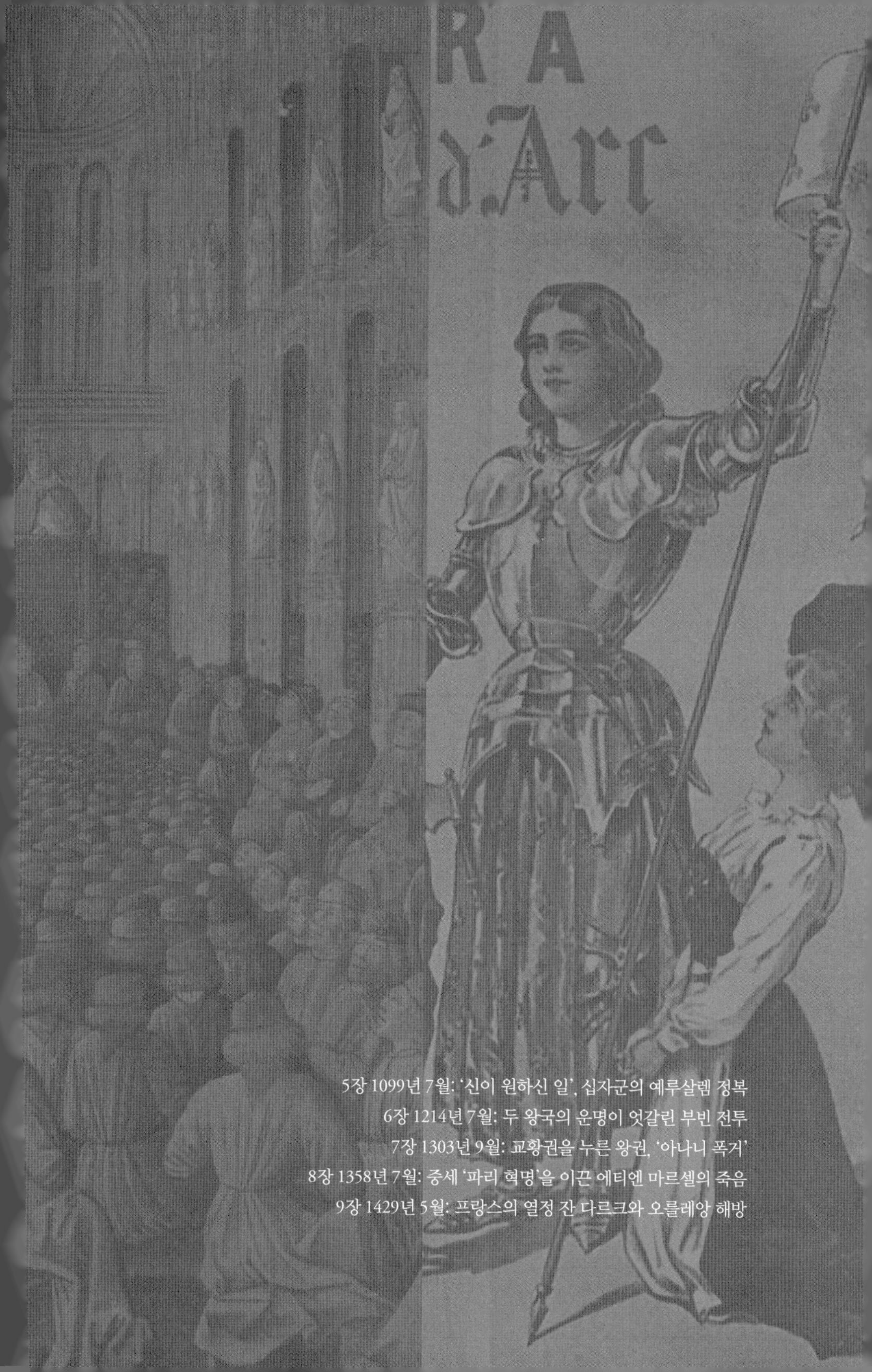
R A
d'Arc

05

1099년 7월:
‘신이 원하신 일’, 십자군의 예루살렘 정복

박용진

'신이 원하신다'

"신이 원하신다Deus vult 또는 Deus le volt."[1]

이는 십자군의 슬로건이었다. 익명의 작가가 쓴 《십자군의 업적Gesta Francorum》에 따르면, 1096년 보에몽Bohemond[2]이 아말피에서 십자군 출정을 선언했을 때 그의 군대가 한목소리로 이 문구를 외쳤고, 그 이후 십자군이 안티오크를 점령하기 위해 공격할 때 부르짖던 구호였다고도 한다. 랭스 출신 수도사 로베르Robert le Moine는 《십자군의 업적》을 기반으로 클레르몽페랑 공의회에서 자신이 겪은 경험담을 더하여 《예루살렘의 역사Historia Hierosolymitana》를 썼는데, 이에 따르면 1095년 교황 우르바누스 2세가 클레르몽페랑 공의회에서 십자군을 제창하는 연설을 했을 때부터 이미 참가자들이 이 슬로건을 외쳤다고 한다. 보에몽의 연설은 1096년이고 우르바누스 2세의 연설은 1095년이지만, 익명의 기록은 1100년 또는 1101년에 작성되었고 로베르의 문헌은 1120년에 작성되었으므로 어느 기록이 앞선다고 말하기 힘들다. 어쨌든 십자군 초기부터 "신이 원하신다"라는 문구가 십자군의 슬로건이었음은 확실하다.

신이 원하는 일은 성지 회복, 즉 예루살렘 정복—가톨릭의 입장에서 보면 탈환—이었다. 우르바누스의 호소에 따라 결성된 군대는 3년 원정 끝에 1099년 7월 15일 마침내 "신이 원하신 일"을 이루었다. 예루살렘을 중심으로 세워진 이 기독교 왕국은 1187년 예루살렘이 살라딘의 수중에 넘어감으로써 실질적으로 종말을 고했다. 그러나 예루살렘이 무슬림 수중에 넘어간 이후에도 왕국의 영지였던 아크레는 계속 기독교도의 수중에 있었으며, 1291년에 가서야 무슬림에 의해 정복되었다. 그 이후 16세기에 이르기까지 십자군 시도는 여러 차례 간헐적으로 있었다. 물론 그 이후 오늘날까지도 '십자군'이라는 말은 정치와 선동의 영역에서 여전히 사용되고 있다.

십자군 당시 무슬림들이 기독교인들을 '프랑크인'이라고 불렀다는 사실에서 짐작할 수 있듯이 십자군에서 프랑스의 역할은 매우 중요했다. 십자군을 제창했던 우르바누스 2세가 프랑스의 귀족가문 출신이었고, 그가 공의회를 소집한 곳도 프랑스 중부 지방인 클레르몽페랑이었다. 우르바누스 2세가 성지 회복에 동원하려고 했던 전사들 역시 남부 프랑스 귀족들이었다고 한다. 물론 우르바누스의 예상과는 달리 남부 프랑스를 비롯하여 플랑드르, 샹파뉴, 노르망디 지방의 기사들이 십자군에 참여했다. 이 지역들은 대부분 오늘날 프랑스에 속한다. 그러므로 십자군의 주력부대는 프랑스 기사들이었다고 할 수 있다.

제1차 십자군의 지도자들을 살펴보면 이러한 구성을 좀 더 뚜렷이 알 수 있다. 제1차 십자군의 지도자로서 예루살렘 왕으로 선출된 '성묘의 수호자' 고드프루아는 플랑드르에 소재한 부용Bouillon의 영주이자 로렌 공작이었고, 에데사를 점령한 그의 동생 보두앵은 프랑스 북부 불로뉴 백작이었다. 예루살렘 왕으로 추대되었으나 거절한 레몽 드 생질은 툴루즈 백작이며 안티오키아 공작령의 섭정이었던 탕크레드는 노르망디의 오트빌 출신이다. 안티오키아 공작 보에몽 드 타란트는 남부 이탈리아 타란토의 공작이었지만 그의 아버지는 노르망디 출신이었다. 이렇듯 십자군 지도자의 대부분은 오늘날 프랑스에 속하는 지방의 영주였다. 이들이 자신들의 휘하에 있던 기사들을 데리고 십자군에 참여했으므로 십자군에 참여한 기사들도 대부분 프랑스 출신이었다고 할 수 있다. 제1차 십자군보다 먼저 원정을 떠났던 농민 십자군을 이끈 피에르 레르미트Pierre l'Ermite가 북부 프랑스 아미앵 출신으로 북부 프랑스와 플랑드르 지방을 돌아다니며 십자군 참여를 호소했으므로, 농민 십자군의 주력 역시 북부 프랑스 사람들이었을 것으로 생각된다.

이처럼 십자군의 출발에 프랑스인들이 중요한 역할을 했으므로, 당연하게도 십자군에 관한 기록을 남긴 것도 프랑스인들이었다. 직접 참전하여 기록을 남긴 경우도 있지만, 나중에 다른 사람의 기록을 참조하여 재구성한 기록도 많았다. 무엇보다 성배聖杯처럼 십자군과 관련된 소재가 사람들의 상상력을 자극하여 여러 가지 이야기를 만들어 냄으로써 중세 프랑스 문화를 풍부하게 했다. 이러한 점을 고려하면 십자군은 성지 회복에 그치지 않고 프랑스에 남아있던 사람들에게도 종교적 영감과 먼 나라에 대한 상상력을 불어넣었던 것으로 보인다. 십자군의 종결도 프랑스에 의해 이루어졌다. 마지막 십자군으로 간주되는 제8차 십자군은 1270년 프랑스 국왕 성왕 루이에 의해 주도되었다. 그러나 그 십자군은 성왕 루이가 튀니지에서 사망함으로써 끝났고, 그의 사망 이후 십자군은 거의 자취를 감추었다. 이렇듯 십자군은 프랑스에 의해 주도되었고, 원정에 참여하지 않은 프랑스인들에게도 종교적 영감을 불어넣었다. 중세 전성기라고 할 수 있는 11세기 말부터 13세기 말까지 이루어진 십자군은 단지 군사적 원정에 그치지 않고 프랑스에 중세 기독교 문화를 꽃피우는 동력으로 작용했던 것이다.

십자군 개요

다양한 출신성분

십자군은 11세기 말부터 시작되어 200년 동안 지속된 기독교의 성지 회복을 위한 전쟁을 지칭한다. 그러나 넓은 의미에서는 기독교의 팽창운동 전체를 일컫는다. 그리하여 10세기부터 본격적으로 에스파냐에서 기독교 세력이 이슬람 세력을 축출하기 위해 벌인 재정복운동reconquista이나 프로이센에서 독일인들이 벌인 정복과 포교 활동 역시 십자군이라는 명칭을 가지고 있다.

8세기 초 이슬람은 오늘날 에스파냐에 있던 기독교 왕국인 서고트왕국을 정복했다. 그 결과 이베리아반도는 한동안 이슬람의 지배하에 있었다. 이 지역을 기독교화하려던 샤를마뉴 대제의 시도조차 이슬람에게 격퇴당했다. 그러나 10세기부터 이 지역의 기독교도들이 반격을 시작하여 조금씩 영역을 넓혀 나가더니, 12세기 중반에는 이베리아반도의 절반 정도를 기독교 세력이 정복했고, 마침내 1492년 이슬람 세력을 이베리아반도에서 완전히 몰아냈다. 이러한 재정복운동 역시 기독교와 이슬람의 투쟁이라는 점에서 십자군으로 간주되고 있다.

심지어 12~13세기에 남부 프랑스의 알비Albi를 중심으로 그 일대에 널리 퍼져있던 기독교의 이단 카타르Cathares파를 교황과 프랑스 국왕이 탄압한 것 역시 '십자군'이라는 이름을 가지고 있다. 카타르파는 육신을 더러운 것으로, 정신만을 깨끗한 것으로 간주했다. 따라서 육신을 깨끗하게 정화(cathare라는 말이 여기서 나왔다)해야 한다고 주장했다. 이에 따라 모든 물질적인 것을 배격하고 청빈한 삶을 살아야 한다고 생각했다. 그러나 모든 기독교도가 그와 같이 생활할 필요는 없었다. 오직 사제만이 그러한 생활을 해야 했으며, 평신도들은 자유롭게 생활할 수 있었다. 이들의 이러한 이분법적인 교리는 정통 교리에 어긋나는 것이어서 문제가 되었다. 그러나 교리보다 더 문제가 된 것은 이들이 기존의 정통 교회를 악의 교회로 규정했다는 점이다. 카타르파 사제들이 금욕적인 생활을 했던 반면, 가톨릭 사제들은 대체로 안락한 삶을 누렸고 종종 부패하고 타락했다고 본 것이다. 로마가톨릭 교회로서는 카타르파의 이러한 입장을 용납할 수 없었다.

여기에 더하여 정치적 요인까지 작용함으로써 무력에 의한 카타르파 탄압이 이루어졌다. 당시 프랑스 국왕 필리프 2세는 자신의 정치적 영향력을 남부 프랑스로 확대하기를 원하고 있었는데, 남부 프랑스의 귀족들까지도 카타르파를 믿는 경우가 많았으므로, 필리프 2세에게 십자군은 절호의 기회였다. 즉 같은 기독교도인 카타르파에 대해 교황과 프랑스 국왕의 이해관계가 일치했기 때문에 십자군이 일어난 것이다. 이 십자군의 진압 방식은 잔혹하기 그지없었다. 한마디로 '알비 십자군'은 십자군이라는 용어를 내걸고 있기는 하지만, 이슬람 세력과의 전쟁이 아니라 기독교 세계 내부에서 기존 권위에 도전하는 세력을 척결하는 무력 진압을 나타내는 것이었다.

이렇듯 십자군은 10세기부터 13세기에 걸친 유럽의 팽창운동을 통틀어 일컫는 것이라고 할 수 있다. 그것은 반드시 종교적인 성격만을 갖는 것이 아니라 유럽의 사회적 힘이 외부 혹은 그 이전까지는 힘이 미치지 않았던 곳으로 팽창하는 현상이라고 봐야 할 것이다. 그럼에도 이러한 내적인 동력이 외부로 팽창하는 것을 전형적으로 보여주는 것은 예루살렘 성지에 대한 십자군이었다. 이 십자군이야말로 가장 오랜 기간에 걸쳐 유럽 사회에 큰 영향을 미친 십자군이었다.

십자군의 기원과 전개

십자군의 원인은 일차적으로 이슬람 세력의 팽창에 두려움을 느낀 비잔티움 황제가 로마 교황에게 도움을 요청한 데 있었다. 1071년 비잔티움제국은 만치케르트Manzikert 전투에서 셀주크 튀르크에게 패배하여 황제가 포로로 잡히고 아시아에 있던 영토의 대부분을 잃었다. 그 이후에도 여전히 곤경에 처해 있던 비잔티움 황제 알렉시오스 콤네노스Alexios Comnenos는 1094년 교황 우르바누스 2세에게 튀르크족을 공격하는 데 도움을 달라고 요청했다.

사실 이러한 요청은 매우 이례적인 것이었다. 오래전부터 로마 교황과 비잔티움 황제는 소원한 관계였기 때문이다. 과거 로마의 황제는 행정 조직의 우두머리임과 동시에 종교 조직의 수장이기도 했다. 종교 조직만 놓고 본다면 황제 바로 아래 5명의 총대주교가 있었으며, 후일 교황이라고 불리는 로마 총대주교 역시 그중 한 명이었다. 이것은 476년 서로마제국이 멸망한 다음에도 지속되어서, 로마 총대주교는 다른 총대주교들과 마찬가지로 비잔티움 황제의 보호를 받고 있었다. 따라서 서로마 교회(로마 가톨릭 교회)와 동로마 교회(비잔티움 교회)는 원래는 단일한 교회 조직에 속해 있었으며 모두 비잔티움 황제의 지휘 아래 있었다. 그러나 726년 성상聖像 파괴령을 기점으로 두 교회가 분열되기 시작했다. 두 교회는 항상 단일한 기독교 조직으로 통합되어야 한다는 신념을 가지고 노력하기는 했으나 성공적이지 못했다. 결국 1054년 로마 교황의 특사가 콘스탄티노플 총대주교를 파문함으로써 두 교회는 완전히 결별하게 되었다. 그리하여 오늘날 서유럽의 로마가톨릭과 동유럽의 정교회는 이때부터 같은 기독교이면서도 별개의 조직을 갖게 되었던 것이다.

이처럼 분열되어 있기는 했으나, 로마 교황도 비잔티움 황제도 기독교라는 이름 아래 화해를 해야 할 필요를 느끼고 있었다. 그리하여 비잔티움 황제는 로마 교회에게 원조를 요청했던 것이다. 아마도 황제가 예상했던 원조는 대규모 십자군 파병이 아니라 제국 군대를 보조할 소규모의 용병 기사들이었을 것이다. 그러나 교황의 생각은 달랐다. 교황은 비잔티움제국에 대한 원조보다는 성지 회복에 중점을 두었다.

성지 순례는 참회를 나타내는 좋은 수단이었다. 중세에는 예전에 성인들이 있던 곳을 방문하면 그 영향력의 일부가 순례자의 것이 된다거나, 성유골聖遺骨을 찾아가면 질병 치유와 같은 기적이 일어나기도 한다는 믿음이 널리 퍼져있었다. 또한 중죄를 저지른 자에게 교회가 순례를 명하는 경우도 있었다. 이처럼 순례가 널리 퍼져있던 중세 시대에 3대 순례지는 에스파냐 북부의 산티아고 데 콤포스텔라Santiago de Compostella, 로마 그리고 예루살렘이었다. 따라서 예루살렘의 회복이야말로 기독교인으로서 반드시 해결해야 할 의무였다.[3]

그렇지만 교황이 원한다고 해서 기사들이 순순히 '순례자들을 보호하는 군사 원정', 즉 십자군에 나설 리는 만무했다. 기사들은 기사들대로 이유가 있었다. 10세기 경부터 봉건제가 성립되어 기사들 사이에 위계질서가 생겼으나, 이들의 폭력성은 없어지지 않았다. 교회로서는 이들의 호전성이 분출될 수 있는 출구를 마련해 줄 필요가 있었다. 또한 기사들에게 이슬람 정복은 토지를 획득할 기회라는 점에서 매력적이었다. 여기에 성지 회복과 성지 순례라는 명분까지 더해졌으니, 십자군이야말로 기사들에게 매우 매력적인 기회였다.

그러나 좀 더 넓은 시각에서 바라본다면 십자군은 서유럽 사회의 팽창이 그 원인이었다고 할 수 있다. 서로마제국의 붕괴 이후 무질서에 빠졌던 서유럽은 10세기부터 점차 안정을 되찾았다. 그 결과 인구가 증가했고 토지 개간도 이루어졌다. 그러나 개간된 토지는 인구 증가 속도를 따라가지 못했고, 장자상속제였던 사회에서 둘째 아들부터는 영지를 상속받을 기회가 적었다. 즉 인구 대비 토지 부족 현상이 벌어지고 있었다. 이에 대한 탈출구가 필요했다. 결국 십자군의 원인은 성지 탈환이나 호전성만으로 설명

[그림 5-1]
1096년 클레르몽페랑 공의회.
교황 우르바누스 2세가 이 공의회에서
십자군의 필요성을 역설했다.

될 수는 없으며 유럽 사회의 안정과 이에 따른 전반적인 팽창이 낳은 결과인 셈이다.

십자군은 11세기 말 시작되어 거의 200년 동안 지속되었다. 대규모 군사 원정만 하더라도 여덟 차례나 시도되었고 그 외에 여타의 소규모 원정은 셀 수 없을 정도로 많다. 십자군 원정에 대한 열망은 16세기까지 계속되었다.

1096년 교황 우르바누스 2세는 기독교 성지인 예루살렘이 이교도의 수중에 있으므로 이 성지를 탈환해야 한다고 연설했다. 이 연설을 할 당시 교황은 제후와 영주들의 참여를 원했다. 하지만 현실은 그렇지 않았다. 교황의 종교적 정열에 감명을 받은 피에르 레르미트와 같은 설교자들이 공의회 이후 시장과 도시를 돌아다니며 누구나 십자군에 참여해야 한다고 설교하자 가난한 기사와 농민 할 것 없이 모두 십자군에 참여했다. 이들은 무리를 이루어 마을을 통과했고, 무리는 점점 더 커져 10만 명에 이르게 되었다. 그러나 가난한 기사나 농민에게 무슨 돈이 있겠는가? 이들이 예루살렘에 도착하기 이전에 먼저 해결해야 할 문제는 보급이었다. 다행히 신앙심이 두터운 영주가 있는 마을을 지날 때에는 환대를 받지만, 그렇지 않은 지역을 통과할 때에는 어떻게 할 것인가? 이들이 독일을 지날 때까지는 그런대로 현지 조달에 성공했다. 그러나 헝가리에 접어들면서 문제는 달라졌다. 이들은 헝가리에 들어서면서 마을을 약탈하기 시작했고, 이에 격분한 헝가리 기사들에게 궤멸당하고 말았다. 피에르를 비롯한 남은 사람들은 콘스탄티노플을 지나 소아시아반도로 진입했으나 니케아 근교에서 셀주크 군대에게 모두 죽고 말았다.

1099년 7월 15일 예루살렘 정복

본격적인 십자군은 1096년 늦여름에서야 완전히 조직되어 출발했다. 여기에는 로렌 공작 고드프루아Godefroy de Bouillon, 플랑드르 백작 보두앵 Baudoin de Flandres, 툴루즈 백작 레몽Raymon de Toulouse 등 저명한 제후들도 참가했다. 그러나 이들도 보급에 문제가 있기는 마찬가지였다. 이들은 때로는 농촌 마을을 약탈하기도 했고, 영주들에게서 대접을 받기도 했다. 이들의 이러한 행위를 알고 있던 비잔티움제국의 황제는 이들에게 식량을 공급하고 재빨리 길을 터주었다. 이리하여 이들은 니케아를 함락시키고, 안티오크를 점령했다. 안티오크로 오던 도중 보두앵 백작이 본대와 떨어져 에데사Edessa를 점령하고 에데사 백작령을 만들었다. 주력부대는 1099년 6월 예루살렘에 당도하여 7월 예루살렘을 정복했다. 예루살렘 정복에 관한 당시의 기록은 다음과 같다.

　마침내 지휘관들은 공성 장치를 이용해 도시를 포위하기로 결정했다. 그렇게 하면 우리는 도시에 진입하여 성묘에서 구세주를 경배할 수 있을 것 같았다. 지휘관들은 나무로 만든 탑과 다른 공성 기계를 만들었다. 비록 필요한 목재를 꽤 멀리서 가져와야 했지만, 고드프루아 공작은 목탑과 다른 공성 장치를 만들었고, 레몽 백작 역시 그랬다. 그러나 사라센인들이 우리가 이 일을 하고 있는 것을 보고, 도시 성벽의 경계를 강화했고 밤에는 그들 역시 작은 탑의 높이를 높게 만들었다. 어느 토요일 밤, 어느 쪽 성벽이 가장 취약한지를 판단한 지휘관들은 도시의 동쪽 편으로 공성 탑과 공성 기계들을 끌고 왔다. 그리하여 우리는 이른 새벽에 공성 탑을 준비해 놓고 일, 월, 화요일 동안 그 장치를 덮어놓았다. 생질 백작은 도시 남쪽 평원에 탑을 세웠다.

[그림 5-2]
십자군은 공성 탑을 이용하여 예루살렘을
공격했으나 실패하고 일단 물러서고 있다.
귀스타브 도레 작품.

……금요일 새벽 우리는 도시를 총공격했지만 성과를 얻지 못했다. 그리하여 우리는 당황했고 두려움에 떨었다. 잠시 후, 주 예수 그리스도께서 우리를 위해 십자가 위에서 고통을 당하신 시간이 다가왔을 때, 우리 기사들, 즉 고드프루아 공작과 그의 동생 외스타슈 백작이 이끄는 기사들이 공성 탑 위에서 맹렬하게 싸웠다. 바로 그때 레톨두스라는 한 기사가 성벽을 기어올랐다. 그가 올라가는 데 성공하자마자, 수비대들은 성벽을 따라 혹은 시내를 가로질러 도망가기 시작했고, 우리 기사들은 솔로몬 신전까지 그들을 뒤쫓아 가 죽이고 베었다. 그곳에서의 학살은 너무도 끔찍해서, 기사들이 적들의 피가 발목까지 차는 도랑을 걸어 다닐 정도였다.

레몽 백작은 남쪽에서 군대와 공성 탑을 이끌고 성벽 쪽으로 갔으나, 공성 탑과 성벽 사이에는 깊은 해자가 가로놓여 있었다. 지휘관들은 어떻게 해자를 메울 것인가를 논의한 끝에, 돌 세 덩이를 가져다가 해자에 던져 넣는 사람은 1데나리우스를 받게 될 것이라고 (병사들에게) 알렸다. 해자를 메우는 데 사흘 밤낮이 꼬박 걸렸다. 해자가 메워지자 공성 탑을 접근시켰다. 수비대는 불과 돌을 던지며 격렬하게 저항했다. 그러나 시내에 십자군이 있다는 말을 들은 백작은 휘하 병사들에게 이렇게 말했다. "무엇을 주저하는가? 보아라! 모든 십자군이 이미 시내에 있도다!" 그러자 다윗 탑을 지키던 태수가 백작에게 항복하며 문을 열어주었다. 그 문은 순례자들이 항상 세금을 바쳤던 곳이었다. 그러나 이번에는 순례자들이 솔로몬 신전까지 사라센인들을 쫓아가 살해했다. 신전에는 사라센인들이 모여있었다. 전투는 종일 계속되었고, 신전은 그들의 피로 물들었다. 우리 군대는 이교도들을 제압하고, 신전에서 수많은 남자와 여자를 붙잡았는데, 마음대로 죽이거나 살려주었다. 신전 위에는 탕크레드와 가스통 드 베아른이 살려주기로 합의한 수많은 남녀 이교도 무리가 모여 있었다.

그 후 십자군은 온 도시를 돌아다니며 금과 은, 말과 당나귀 등을 닥치는 대로 빼앗았으며, 귀중품이 있는 집을 약탈했다. 우리 군대는 기쁨에 겨워 눈물을 흘리며, 구세주이신 예수의 성묘에 가서 경배를 드리며, (십자군으로서의 책무를 다할 것을) 하나님께 맹세했다. 다음 날 새벽 우리 군대는 신전의 지붕으로 올라가, 그곳에 있던 사라센 남녀를 공격하여 칼로 목을 베었다. 그러나 몇몇 사라센인들은 지붕에서 떨어졌다.

십자군은 예루살렘을 중심으로 왕국을 건설하고 고드프루아를 왕으로 선출했다.[4] 그리고 시리아로부터 팔레스타인 지역에 이르는 네 곳에 십자군 영지를 건설했다. 기사들은 성당 기사단이나 병원 기사단과 같은 기사단을 조직해서 예루살렘을 지키고 순례자들을 보호했

[그림 5-3]
브뤼셀 왕궁 앞 광장에 있는 고드프루아 드 부용의 기마상. 고드푸아르는 그의 영지 부용이 벨기에에 있는 까닭에 벨기에의 민족 영웅으로 추앙받고 있다.

다. 이 기사단들은 예루살렘이 함락되고 팔레스타인에서 추방된 이후 유럽에 돌아와서도 사회에서 중요한 역할을 수행했다. 특히 이들이 예수가 최후의 만찬 때 사용했다고 하는 성배를 가져왔다거나, 예수의 장례를 지낼 때 몸을 감쌌다고 전해지는 성의聖衣를 가져왔다는 이야기는 유럽인들의 상상력을 자극했다.

제1차 십자군은 시리아 지역의 주요 도시들과 예루살렘을 함락함으로써 당초 목표를 달성했다. 십자군이 그러한 성과를 거둘 수 있던 것은 무엇보다 초기에 지녔던 그들의 종교적 열정에 힘입은 바 크다. 그러나 그 이면에는 이슬람 진영이 바그다드의 압바스조, 이집트의 파티마조, 소아시아반도와 중앙아시아 일대의 셀주크조 등으로 크게 분열되어 있었고, 다마스쿠스, 알레포 등 시리아 지역 내 주요 도시들의 무슬림 영주들이 자신들의 통치권 유지를 위해 십자군 방어에 소극적이거나 심지어 십자군에 협조한 것 또한 주요 원인으로 작용했다.

시리아 지역은 1070년 이후 파티마조와 셀주크조 간의 분쟁 지역이었다. 셀주크조는 파티마조로부터 팔레스타인과 다마스쿠스를 빼앗았고, 또한 알레포와 에데사, 모술을 점령하였다. 반면 강력한 함대를 보유한 파티마조는 아스칼란, 아크레, 티레, 주바일과 같은 시리아 지역의 해안 도시들을 장악했다. 또한 예루살렘은 1096년 파티마조에게 점령되어 1099년 십자군의 수중에 넘어갈 때까지 파티마조의 통치하에 있었다. 셀주크조와 파티마조가 각각 시리아의 북부와 남부를 지배하고 있는 동안 시리아 내륙 지역은 아랍인 수장들에 의해 분할된 채 독립적으로 유지되고 있었다. 또한 드루즈파, 누사이르파, 이스마일파 같은 여러 종파들이 난립한 가운데 순니파와는 상이한 교리를 가진 이 교파들이 순니파 무슬림들에게 적대적인 태도를 취했다.

십자군이 시리아 지역을 점령해 가고 있는 와중에도 이집트의 파티마조는 현실을 직시하지 못했다. 오히려 파티마조는 셀주크조가 십자군에 패하자 이를 기회로 셀주크조의 지배하에 있던 팔레스타인과 예루살렘을 차지하려 했다. 십자군이 안티오크에 도착할 무렵, 파티마조의 와지르 알아프달 샤힌샤는 십자군 측에 사절을 보내 셀주크조를 공동의 적으로 삼아 군사 대응에 나서는 협력 체결을 요청했고, 이에 십자군은 동의했다. 이 협약은 시리아 지역의 북부와 남부를 각각 십자군과 파티마조가 분할 지배한다는 내용이었다. 이에 따라 파티마조는 1097년 티레로 진격했고 1098년 8월에는 예루살렘을 점령함으로써 팔레스타인을 수중에 넣었다.

시리아 지역에서 셀주크조의 영향력이 제거되고 나서 파티마조는 십자군의 본래 목적을 알아챘으나 때는 늦었다. 십자군은 이미 예루살렘 정복 작업에 착수하고 있었다. 예루살렘이 정복된 것에 대해 아랍 사가史家인 이븐 알아시르는 "프랑크인들은 알아크사 사원에서 7만 명이 넘는 사람을 죽였다. 그들 중에는 다수의 무슬림 이맘들과 학자들, 경건한 신자들, 금욕주의자들이 있었는데 그들은 고향을 떠나와 그 성소 인근에 머물고 있었다"라고 기록했다.

그 후 4개 십자군 국가 중 하나였던 에데사 백작령이 이슬람 수중에 들어가자(1044) 제2차 십자군이 결성되었다. 프랑스 국왕 루이 7세와 독일의 콘라트 3세가 참여한 이 십자군은 다마스쿠스를 공격했으나 실패하자 곧바로 철수했다.

12세기 후반 예루살렘 왕국을 비롯한 기독교 세력이 분열 조짐을 보였던 반면, 이슬람 측에서는 살라딘이 등장하여 이집트와 시리아의 지배자가 되었다. 1187년 살라딘이 하틴Hattin 전투에서 승리하고 예루살렘과 그 일대를 정복하자 제3차 십자군이 결성되었다. 제3차 십자군에는 독일 황제 프리드리히 바르바로사, 프랑스 국왕 필리프 2세, 영국 국왕 리차드 사자심왕 등 유럽의 주요 군주들이 참여했다. 그러나 영국과 프랑스 왕은 군대의 지휘권을 놓고 다툼을 벌였고, 이를 기다리다 못한 황제 프리드리히는 단독으로 출발했다. 프리드리히는 소아시아의 콘야에서 이슬람 세력에 승리를 거두기도 했으나, 강에 빠져서 익사하고 말았다. 그의 군대 일부는 시리아로 행군을 계속했으나, 대부분의 기사는 돌아왔다. 1190년 여름 드디어 합의를 본 영국과 프랑스 국왕은 1191년 시리아에 도착했고, 아크레를 점령했다. 그러나 점령이 끝나자마자 프랑스 국왕은 전리품을 챙겨 귀국해 버렸다. 리차드는 아크레에서 해안을 따라 내려오면서 살라딘과 전투를 벌였다. 그러나 결국 예루살렘에 도착하지 못하고 휴전 협상을 벌여, 순례자들의 예루살렘 출입을 보장받는 성과를 얻어내는 데 만족해야 했다.

기록과 기억

당대의 기록과 집단기억의 형성

십자군에 관해서는 많은 기록이 존재한다. 십자군은 당시 유럽인들에게는 큰 사건이었고 주요 관심사였다. 그래서 클레르몽페랑 공의회에서의 우르바누스 연설부터 십자군 참여 기사나 성직자의 군사 원정 기록, 예루살렘 왕국으로 이주한 서유럽인들이 고향 사람들과 주고받은 편지에 이르기까지 수많은 기록이 남아있다. 하지만 이 모든 기록이 십자군에 직접 참가한 이가 만든 것은 아니며 실제 십자군에 참가했던 사람이 쓴 기록을 인용하거나 읽기 쉽게 가공한 것들도 꽤 된다.

　직접 경험한 것을 수록한 것으로는 익명 작가의 《십자군의 업적》과 레몽 다길레Raymond d'Aguilers의 《예루살렘을 정복한 십자군의 역사*Historia Francorum qui ceperunt Iherusalem*》 등이 있다. 이 중 대표적인 것은 《십자군의 업적》으로, 1095년부터 1099년 아스칼론 전투에 이르는 기간에 지은이의 경험을 기록한 것이다. 지은이의 이름은 알려져 있지 않으나 보에몽 군대의 일원으로서 예루살렘 원정에 직접 참여한 기사로 추정된다.

이와 달리 기베르 드 노장, 로베르 르무안 등 많은 다른 작가들의 작품은 앞서 말한 직접 경험한 자들의 기록을 보고 다시 고쳐 쓴 것이었다. 이처럼 직접 경험에 근거한 기록의 양은 많지 않았으나 특정 사건은 거듭하여 재생산되었는데, 이러한 재생산은 당시부터 그 사건들이 유럽인들 사이에서 중요한 사건이었음을 말해준다. 즉 직접 경험한 사람들의 기록은 그 자체로서 매우 귀중한 사료이지만, 이 사료를 바탕으로 저술된 십자군 저작들 역시 당시 사람들의 관심사를 반영하고 있다는 점에서 중요하다고 할 수 있다.

이러한 저술의 대표적인 사례가 알베르 덱스Albert d'Aix, Albert of Aachen의 연대기이다. 알베르 덱스는 여러 참가자에게서 정보를 취합하여 십자군에 대한 종합적인 기록을 남겼고, 그의 기록은 널리 통용되었다. 이 기록은 다시 한두 세대 뒤 역사가인 기욤 드 티르Guillaume de Tyre에 의해 인용되었다. 기욤 드 티르의 저작은 십자군과 예루살렘 왕국 전체의 역사를 보여주는 대표적인 저작이다. 주목해야 할 점은 이러한 기록들이 가지고 있는 개별적인 가치가 아니라, 이러한 기록의 재생산을 통해 이 기록들이 담고 있는 경험과 의도가 많은 사람들에게 공유되었다는 사실, 그리고 그렇게 됨으로써 결국 십자군에 대한 집단기억이 서유럽인들 사이에 형성되었다는 사실이다.

그렇다면 이러한 기록들이 공통적으로 말하고자 했던 바는 무엇일까? 우르바누스는 클레르몽페랑 공의회의 연설에서 "튀르크인들과 아랍인들은……기독교인의 영토를 황폐화시켰습니다. 여러분들이……동방의 형제들을 도와서 그 사악한 종족들을 형제의 땅에서 몰아내는 데에 나설 것을 촉구합니다"(풀크 드 샤르트르, 《예루살렘 원정기》)라고 했다. 즉 기독교도라면 '빼앗긴 기독교 영토를 회복해야 할' 의무가 있다는 것이다. 한마디로 '성지 회복'이 가장 중요한 이념이었다. 이런 관점에서 봤을 때 1144년 에 데사 백작령이 장기Imad ad-Din Zengi에 의해 점령된 것은 무슬림에 의한 침탈을 의미하는 것이었다. 따라서 이 영토를 회복하기 위한 제2차 십자군 이 결성되는 것은 자연스러운 일이었다. 교황 에우게니우스 3세는 제2차 십자군을 제창하면서 동방에 대한 자신들의 생각이 선임자들의 기록에 근 거했음을 밝히고 있다. "우리는 선조들의 기록을 통해 우리 선임 주교들이 동방 교회를 해방시키기 위해 얼마나 많은 노력을 기울였는지 알고 있다." 이러한 문구를 통해 볼 때, 십자군 당시부터 앞 세대의 경험이 뒷세대에 전 해지고 그것이 뒷세대의 집단기억으로 자리 잡게 되었음을 알 수 있다.

이베리아반도에서 벌어진 이슬람과의 전쟁이 '영토 회복운동reconquista' 이라고 불린 것 또한 이러한 맥락에서이다. 십자군의 성지 회복이 예루살 렘으로의 순례인 것과 마찬가지로 이베리아반도의 영토 회복운동은 산티 아고 데 콤포스텔라로의 순례였다. 그리하여 이베리아반도에는 15세기까 지 무슬림에게 빼앗긴 기독교도의 땅을 회복해야 한다는 생각이 팽배해 있었다.

서부 지중해에서 기독교도가 영토를 회복했던 것과 반대로, 동부 지중해 에서는 무슬림의 위협이 증가했다. 1453년 콘스탄티노플이 함락된 것이야 말로 가장 중요한 위협이었다. 한마디로 15세기 말에 이르기까지 무슬림 의 위협은 현실적인 것이었다. 따라서 성지 회복 이념은 제1차 십자군 이 래 15세기 말까지 지속되었다고 할 수 있다. 보다 더 정확히 말하면, 중세 유럽인들은 여러 가지 사건들 중에서 성지 회복에 부응하는 사건들을 주 로 기억하려 했다. 요약하자면 십자군에 대한 첫 번째 기억은 성지 회복, 즉 무슬림의 위협과 이에 대한 방어였다. 이것은 제1차 십자군부터 15세 기 말까지 현실적인 문제로서 지속되었으며, 현실의 여러 문제 중에서 어떤 것을 중요시해야 할 것인가를 판단하는 기준으로 작용했다.

십자군의 역사화

성지 회복이라는 이념이 변화하기 시작한 것은 무슬림의 위협이 현실적으로 문제가 되지 않으면서부터였다. 1571년 레판토 해전에서 유럽 연합세력이 오스만 튀르크를 물리침으로써 무슬림의 위협은 사라졌고, 이로써 십자군은 현실적인 문제가 아니라 과거의 역사가 되었다. 사람들의 머릿속에서 과거의 사건이 됨으로써 십자군은 역사학의 대상이 되었다. 1611년 봉가르Jacques Bongars가 십자군에 대한 거의 모든 기록을 모아서《십자군을 통해 실현된 신의 업적Gesta Dei per Francos》을 편찬했다. 이를 바탕으로 1639년에는 토마스 풀러Thomas Fuller가《성전의 역사History of Holy Warre》라는 제목의 연구서를 출간했다. 이 책은 최초의 십자군 연구서로 간주되고 있는데, 풀러는 신교의 목사로, 반反가톨릭 입장에서 십자군의 정당성을 문제 삼았다.

18세기에 계몽사상이 등장하여 모든 종교적 광신 행위와 폭력을 배척하는 분위기가 조성되자 십자군은 폄하되었다. 가령 볼테르는 기사들의 약탈 욕망에 의해 일어난 사건이라고 평했다. 십자군은 역사의 대상이 되자마자 폭력성과 야만성, 세속적 동기 등이 강조되면서 교회가 세속사에 관여함으로써 발생한 부당한 사건으로 간주되었다.

그러나 나폴레옹의 이집트 원정을 계기로 유럽인들이 중동에 대해 다시 관심을 갖기 시작하면서, 19세기에 낭만주의가 등장하여 사람들이 중세에 대해 동경을 갖게 되면서 십자군은 긍정적으로 평가받기 시작했다. 특히 십자군의 귀환이라는 주제는 고향으로의 귀환 또는 기원에의 동경이라는 낭만주의의 경향에 힘입어 문학과 예술의 주요 주제가 되었다. 낭만주의적 경향과 더불어 민족주의적 경향도 나타났는데, 십자군 지휘관들이 민족의 영웅으로 우상화되는 경향이 나타나기도 했다.

대표적인 인물로 고드프루아 드 부용을 들 수 있다. 그는 1830년 벨기에 가 독립하면서 신생국가의 전설적 영웅으로 추대되었다. 그리하여 그의 기마상이 1848년 브뤼셀의 왕궁 광장에 세워졌다. 이러한 영웅의 발견과 우상화는 주로 우파나 왕당파에 의해 엘리트의 지배를 정당화하는 근거로 이용되기도 했다. 게다가 십자군이 기독교적 이념을 구현하려는 것이었으 므로 왕당파의 이념으로 적합했다. 예를 들어 프랑스에서는 왕정복고에 따라 등장한 부르봉 왕조의 샤를 10세가 십자군에 참가하여 죽음을 맞이 했던 성왕 루이Saint Louis(Louis IX)의 후손이라고 함으로써 복고왕정의 정 통성을 기독교에서 가져왔다. 다른 한편 십자군은 제국주의의 진출을 정 당화하기도 했다. 특히 이러한 정당화는 영국이 인도의 무슬림을 지배하 거나 1830~1840년대 프랑스가 알제리로 진출할 때 이용되었다.

이러한 낭만주의적·민족주의적 경향에 따라 1811~1840년 사이에 조제 프 미쇼Joseph Michaud는 7권으로 된 《십자군의 역사Histoire des Croisades》를 발간했다.[5] 1877년에는 귀스타브 도레Gustave Doré의 삽화가 들어간 판본 이 출간되었고, 이 삽화는 오늘날에도 계속 인용되고 있다. 이와 비슷한 시기에 프랑스 비명문학학술원Academie des Inscription et belles-lettres에서 사료집 《십자군 역사가 집대성Recueil des Historiens des Croisades》을 발간했다. 이 사료집은 총 15권으로 이루어져 있는데, 1~5권은 서유럽 역사가들의 기록을, 6~11권은 아랍 역사가의 기록을, 12~13권은 그리스 역사가들의 기록을, 14~15권은 아르메니아의 기록을 담고 있다. 서유럽 역사가들의 경우 주로 프랑스 출신 역사가들의 기록이 많은데, 그중에서도 1차부터 3 차 십자군까지 기록해 놓은 기욤 드 티레의 기록이 1~2권을 차지하고 있 다. 기욤 드 티레의 기록은 라틴어뿐만 아니라 중세 프랑스어로 되어있는 판본을 대조할 수 있도록 배치해 놓은 것이 특징이다. 다른 3권의 책에는 유명한 십자군 기록들이 망라되어 있다. 다만 이 기록들은 대개 연대기를 중심으로 편집되어 있어 당시 편지나 징세 기록 등 사회경제적인 측면을 살펴볼 수 있는 자료는 없다. 《십자군 역사가 집대성》의 또 다른 특징은 아랍 사료, 그리스 사료, 아르메니아 사료의 경우 원어와 프랑스어 번역을 대조해 놓았다는 점이다. 《십자군 역사가 집대성》에 주로 프랑스 역사가들의 연대기가 많이 실려있다는 점 또한 단점으로 지적되어야 할 것이다. 영국이나 독일과 관련되어 있는 사건이나 인물의 경우 이와 같은 사료 집성의 형태가 아니라, 국왕이나 제후들의 업적록에서 부분적으로 다루어지고 있다.[6]

20세기의 변화

19세기에 이루어진 사료 편찬은 20세기에 종합적인 연구서가 등장할 수 있는 토양이 되었다. 20세기 전반기에 그루세R. Grousset, 런시맨S. Runciman, 캉Cl. Cahen 등이 다양한 관점에서 십자군에 대한 연구서를 내놓았다. 이러한 책들은 대중적인 인기도 끌었다. 캉의 경우 무슬림의 관점에서 오리엔트의 십자군을 연구했다. 그는 십자군이 서유럽에서는 중요한 사건이었던 데 비해 이슬람 세계에서는 국지적 현상이었다고 했다. 다른 한편 그동안의 연구를 종합하려는 시도도 이루어졌다. 《옥스퍼드 십자군 역사Oxford illustrated History of Crusades》와 위스콘신대학교에서 출간한 《십자군 역사 History of Crusades》[7]가 바로 그것이다. 이 연구는 다양한 연구자들이 그동안의 연구뿐만 아니라 노래, 이미지, 이데올로기 등의 주제도 다루고 있다. 20세기 후반에는 다양한 방향에서 연구가 진행되었다. 이 시기에 이루어진 연구의 특징은 이념에 관한 관심이다. 첫 번째로 꼽을 수 있는 연구는 에르트만의 《십자군 이념의 기원Die Entstehung des Kreuzzugsgedankens》으로서 이 책은 개별 사건들의 배후에 있는 이념을 강조하는 기념비적 역작이라 할 수 있다. 이처럼 다양한 사료 편찬이 이루어짐에 따라 십자군에 대한 본격적인 역사학 연구가 가능해졌고, 대중화에도 성공했다.

이외에도 서유럽 중심의 관점에서 벗어나 십자군이 가지고 있던 제국주의적·식민주의적 성격을 강조하는 경향이 나타났으며, 서유럽 교회가 시장을 확대하려 했다는 경제적 동기를 강조하는 설명도 등장했다. 심리학적 측면에서의 설명도 흥미롭다. 중세의 세속사회가 가지고 있던 폭력성과 이를 완화하려는 교회 사이의 긴장과 대립이 분출될 탈출구를 십자군에서 찾았다는 해석이다. 즉 십자군이 구원을 원하는 기사들과 무력이 필요한 교회 사이의 타협의 산물이라는 것이다. 이렇듯 20세기 후반에는 다양한 설명들이 등장함으로써 십자군에 대한 다양한 측면의 연구가 이루어졌다.

학문적 측면에서 십자군에 대한 연구는 꽤 진척되었지만, 대중의 영역에서 십자군은 여전히 과거의 집단기억을 재생산하고 유럽중심주의를 강화했다. 예컨대 조지 부시 미국 대통령은 이라크와의 전쟁을 십자군에 비유한 적이 있다. 더욱 놀라운 것은 십자군이 단순히 유럽중심주의 강화에 이용되는 데 그치지 않고 '우리'와 타자를 구분하는 방법으로 이용되었으며, '우리'의 단결이나 정체성 확립에 필요하다면 무슬림이든 기독교든 상관없이 십자군의 대상이 될 수 있다는 점이다. 예를 들어 스페인-미국 전쟁에서 스페인의 주교는 같은 기독교인 미국과의 전쟁임에도 '민족의 십자군'을 호소했고, 아이젠하워는 제2차 세계대전의 경험을 담은 자서전의 제목을 《유럽에서의 십자군Crusade in Europe》이라고 했다. 십자군을 정치적 도구로 이용하는 것은 이슬람 국가도 마찬가지다. 1956년 이집트의 나세르 대통령이 수에즈운하 국유화를 선언하자 영국과 프랑스는 수에즈운하에 군대를 투입했다. 이때 나세르 대통령은 자신을 살라딘에 비유하고 영국과 프랑스의 침공을 십자군에 비유했다. 이라크 대통령 후세인 역시 자신을 살라딘에 비유했다.

남은 문제들

오늘날 십자군은 매우 잘 알려져 있는 역사적 사건이다. 오래전부터 연구 대상이 되었을 뿐만 아니라 항상 현실에 적용할 수 있는 근거를 제시해 주었기 때문일 것이다. 즉 십자군이 내세운 성지 회복이라는 이념은 동부 지중해와 이베리아반도에서 이슬람 세력에 대항하는 이데올로기로서 역할을 했고, 십자군의 여러 지도자는 민족국가의 형성과정에서 민족의 영웅으로 부활하기도 했으며, 제국주의적 침략을 선동하는 데 이용되기도 했다.

그러나 몇 가지 질문을 해보면 십자군에 대한 연구가 생각보다 복잡하다는 사실을 알 수 있다. 먼저 십자군을 표현하는 용어의 문제이다. 십자군이라는 용어는 후대에 생긴 용어이며 당시의 기록에서는 순례를 뜻하는 단어들(peregrinatio, iter, via, expeditio)이 많이 사용되었다. 따라서 십자군과 순례자, 그리고 순례를 나타내는 여러 용어를 어떻게 구분할 수 있는지 살펴보아야 한다. 용어의 문제를 더욱 복잡하게 만드는 것은 십자군의 출발부터 종결까지의 과정에서 중심 역할을 했던 것이 프랑스라는 점이다. 클레르몽페랑 공의회 이후 십자군의 구호였다는 "신이 원하신다"는 라틴어로는 "Deus vult"지만 여러 세속어 표현인 "Deus lo vult"나 "Deus lo volt" 등이 사용되었다. 이 변형 구호는 세속 라틴어이거나 중세 남부 프랑스어였다. 대부분의 십자군들이 문맹이었을 것이므로 라틴어보다는 다양한 세속어가 사용되었을 것이고, 그중에서도 프랑스어가 주로 사용되었음을 짐작할 수 있다. 그러므로 기록에만 의존하면 십자군의 실상을 파악하기 힘들다.

다음으로는 십자군의 정의 문제이다. 일반적으로 십자군이라고 하면 1096년부터 시작하여 1291년까지 여덟 차례에 이르는 동방 군사 원정을 말한다. 그러나 이미 앞서 설명했듯이, 십자군은 이베리아반도에서 이슬람 세력을 몰아내는 재정복운동이나 남부 프랑스의 알비파를 제거하려는 군사 원정을 가리키는 용어로도 사용되고 있다. 의미의 엄격한 사용을 주장하는 사람들은 오리엔트 지방의 기독교도를 무슬림으로부터 해방시키기 위한 군사 원정이라고 정의한다. 이와 달리 폭넓은 사용을 주장하는 사람들은 목표가 무엇이든 신앙을 지키기 위해 교황의 허가를 받아 수행하는 군사 원정이라고 정의한다. 교황의 허가가 필수적인 조건이라면 이베리아반도의 재정복운동이나 알비 십자군의 경우 십자군에 포함되지만, 민중 십자군은 십자군에 포함되지 않게 된다. 이런 이유로 십자군의 정의에서 중요한 것은 "신에 의해 인정된 전쟁"이어야 한다는 주장도 있다. 원래 우르바누스가 제시한 목표였던 '성지 회복'이라는 점에 비추어 기독교도의 땅을 회복하기 위한 대외적·대내적 투쟁 모두를 십자군으로 간주해야 한다는 주장도 있다. 이러한 주장에 따르면 설교 또한 십자군의 일종이라고 한다. 이와 달리 식민주의를 주장하는 견해에 따르면, 그 목적이 무엇이든, 즉 세속적 목적이든, 구원을 받기 위한 것이든, 혹은 고향에 있다면 짊어져야 할 여러 의무를 회피하기 위한 것이든, 기독교도가 고향을 떠나 과거 기독교의 땅이었던 곳에 새로운 정착지를 만드는 것을 십자군으로 간주해야 한다고 말한다.

　구체적으로 들어가면 더 복잡한 문제에 부딪치게 된다. 교황 우르바누스의 연설은 어떻게 확산되었으며, 십자군은 어떻게 모집되었는가? 동방에 예루살렘 왕국이 세워진 이후 기독교 교회는 '신앙의 전파'라는 이념을 충실히 수행했는가? 즉 그곳에 살던 이교도들을 개종시켰는가? 사실 좀 더 깊은 연구가 필요한 부분은 예루살렘 왕국에 대해서이다. 일반적으로 예루살렘 왕국은 서유럽의 봉건제와 같은 방식으로 조직되었다고 알려져 있었으나 최근 몇몇 연구에 따르면 이 왕국은 상당히 강력한 왕권을 가지고 있었다고 한다. 그렇다면 예루살렘 왕국은 서유럽과는 다른 새로운 왕국인가 아니면 서유럽의 식민지인가? 그리고 이 왕국에는 무슬림, 서유럽에서 온 십자군, 동방 태생의 기독교인, 유대인 등 여러 부류의 사람들이 공존했는데, 이들은 섞여서 살았는지 아니면 각자의 구역이 정해져 있었는지도 살펴보아야 한다. 다음 인용문은 풀크 드 샤르트르가 쓴 동방 유럽인들의 생활상이다.

서방 사람인 우리들이 이제 동방 사람이 되었다. 과거에 랭스나 샤르트르 시민이었던 사람들이 이제 티레나 안티오크 시민이 되었다. 우리는 우리가 태어난 곳에 대해 이미 잊어버렸다. 몇몇 사람은 이미 이곳에 가정을 꾸리고 가솔을 거느리고 있으며, 그것이 대를 이어가고 있다. 어떤 사람은 자신과 같은 민족에서뿐만 아니라 시리아인이나 아르메니아인, 심지어 사라센인들로서 개종한 사람을 아내로 맞이하기도 한다. 또한 여기에서 손자나 증손자까지 보게 된 경우도 있다.……서로 서로 다른 언어로 된 말과 단어를 서로 섞어서 사용한다. 서로 다른 언어들이 이제는 모든 사람에게 통용되는 언어가 되었고, 신앙은 서로 모르는 사람이었던 사람들을 결합하고 있다. "사자와 황소가 서로 풀을 뜯는다"고 성경에도 있지 않던가.……예전에 저곳(유럽)에서 가난했던 자들이 이제 이곳에서는 하느님에 의해 부자가 되었고, 재산을 거의 갖고 있지 못했던 사람들이 이곳에서는 엄청난 금액을 소유하고 있다.……이것은 위대한 기적이며 세계를 깜짝 놀라게 할 일이다. 하느님은 우리 모두가 부유하게 살고 당신에게로 와서 가장 친한 친구가 되기를 원하신다. 하느님께서 그것을 원하시므로 우리도 그렇게 되기를 바란다.……하느님과 더불어 우리는 행복한 나날을 영원히 보낼 수 있다(풀크 드 샤르트르, 《예루살렘 원정기》).

위 인용문을 믿는다면 십자군이 세운 왕국은 서유럽과 다른 세계였다. 따라서 십자군은 서유럽의 시각이나 반反서유럽의 시각에서 바라보기보다는 지중해 세계를 둘러싼 세 세력, 즉 서유럽 가톨릭-비잔티움제국-이슬람 세계라는 비슷하면서도 서로 다른 세력의 관계 속에서 파악되어야 할 것이다.

또한 서유럽 가톨릭 역시 하나의 단일한 세력이 아니었음을 기억해야 한다. 교황과 국왕이나 제후들이 서로 다른 이해관계를 가지고 있었으며, 세속 제후들 사이에서도 다양한 이해관계를 가지고 있었다. 십자군이 시작되던 12세기는 유럽인들에게 국가의 개념이 매우 희박하던 때였으므로 교황이 전 유럽을 대표하던 시대였다. 반면 십자군이 막을 내리던 14세기는 지역에 따라 권력 강화가 일어나기도 했던 시기여서 프랑스의 왕권은 점차 강화되었지만 다른 지역은 더욱 분권화되는 경향을 띠었다. 그러므로 십자군을 짧은 시간 동안 벌어진 하나의 사건으로 정의하기는 어려우며, 시기에 따라 그리고 지역에 따라 각각 다른 관점에서 바라보아야 한다.

마지막으로 남은 문제는 대중화의 문제이다. 십자군은 대중에게 잘 알려져 있지만 그것들은 대개 '성지 회복'이라든가 십자군의 영웅 이야기를 중심으로 이루어져 있다. 사실에 근거한 역사적 연구가 대중화된 것이라기보다는 오래된, 사실상 폐기된, 해석이나 신화를 재미있게 꾸며놓은 것에 불과하다. 더욱이 이러한 영웅 중심의 십자군 이야기는 민족주의와 결합하여 국가와 민족의 영웅을 발굴하여 애국심을 고취시키는 데 이용되었다. 이렇듯 대중에게 잘못 전달되어 있으므로 십자군이 정치적 선동에 이용되는 것은 당연하다고 할 수 있다.

십자군이 성지 회복을 위한 것이었다는 전통적인 설명이나 영웅 중심의 이야기는 선과 악의 이분법을 감추고 있다. 기독교는 원래 자신의 땅을 빼앗기고 핍박받는 존재이며 무슬림은 억압하는 자들이라는 관점이다. 애초부터 십자군은 서유럽을 '우리'로 단결시키기 위해 무슬림을 '타자the other'로 만들었다. 한마디로 십자군은 타자를 세움으로써 '우리 유럽' 혹은 '우리 유럽연합'의 정체성을 확립할 수 있도록 만드는 좋은 소재였다. 십자군이 오랫동안 사람들의 관심을 받아온 것은 이러한 '정치적 오용', 즉 역사적 사건 전체에서 자신에게 혹은 자기 민족에게 필요한 부분만을 추출해서 인용하는 방식에 적합했기 때문이었다. 십자군에 대한 인식이 그 다양성을 간과한 채 국가 단위의 설명이나 성지 회복과 민족영웅전에서 탈피하지 못한다면, 이러한 정치적 오용은 계속될 것이다. 역사학자들은 물론이요 독자들 또한 사건의 일부만을 강조함으로써, 또는 어느 한 민족의 영웅전에 동참함으로써 이러한 정치적 오용에 부지불식간에 도움을 주거나, 심지어 앞장서지는 않았는지 돌아볼 일이다.

06
1214년 7월:
두 왕국의 운명이 엇갈린 부빈 전투

성백용

'기억의 변두리'로 밀려난 부빈

통합 유럽의 이상이 시대적 과제로 떠오른 이후, 과거 유럽 민족들 사이의 갈등이나 전쟁은 종전에 비해 확실히 더 중립적인 관점에서 기억되고 기록되는 경향이 있다. 예컨대 이 글에서 다루고자 하는 1214년 부빈Bouvines 전투에 대해 '프랑스–독일 공동 역사교과서'는 중세 '프랑스 왕정국가의 성장'이라는 단원에서 "1214년 부빈에서 그(필리프 2세)는 잉글랜드 왕과 황제 오토 4세, 플랑드르 백작의 연합군과 대적하여 대승을 거두었다. 이 승리는 그 측근의 지지자들에 의해 왕관 주위로 결집한 한 민족의 승리로 찬양을 받았다"고 담담하게 기술한다. 오늘날 부빈은 확실히 기억의 변두리로 밀려난 것 같다. 2014년 부빈 전투 800주년을 맞이하여 현지에서 공식 기념식과 미사 등 갖가지 행사가 치러지기는 했지만, 프랑스인들에게 별다른 관심을 끌지는 못한 것 같다.

갈리마르출판사의 총서 '프랑스를 만든 서른 가지 나날'의 일환으로 조르주 뒤비Georges Duby가 펴낸 《부빈의 일요일》을 제외하면, 이 사건에 대한 학술적인 연구도 변변치 않은 형편이다.[1] 여하튼 800여 년 전의 부빈 전투가 오늘날 어떤 민족 감정이나 당파적 열정에 휩쓸릴 가능성은 거의 사라졌다고 할 수 있다. 하지만 부빈 전투 700주년이었던 1914년 무렵이나, 시간을 더 거슬러 올라가서 19세기 중엽만 해도 프랑스와 벨기에 국경지대의 한적한 마을 부빈은 꽤 민감한 기억의 장소였던 것 같다.

조르주 뒤비가 부빈의 신화와 기억의 역사를 더듬으면서 논의한 바와 같이, 부빈의 기억은 프랑수아 기조와 오귀스탱 티에리 같은 19세기의 명망 높은 역사가들의 저술에서 어렴풋이 되살아났다. 기조는 부빈의 승리에서 민족적 왕정의 태동을 보았고, 티에리는 그 전투의 선봉에 선 코뮌의 부르주아들에게서 제3신분의 양양한 미래를 보았다.

1870년 프랑스의 패배는 부빈의 기억을 새로운 방식으로 소생시켰다. 이제 프랑스가 앙갚음해야 할 숙적은 독일이었고, 수백 년 전의 전투에서 프랑스는 가증스런 독일 황제와 그의 군대를 보기 좋게 쳐부순 적이 있었다. '민족의 교사' 에르네스트 라비스는 부빈의 승리를 민족적 자긍심의 한 보루로 삼았다. 1888년 한 잡지에 기고한 글에서 그는 비록 "한 민족이라는 관념", "1789년 6월에 완성된 세 신분의 결합"이 1214년 7월에 시작된 것은 아니지만, "그것의 영광이 진정한 프랑스, 그 역사가 우리에게까지 면면히 이어질 그런 프랑스를 축성했다"고 결론을 맺는다. '프랑스의 승리들'이라는 총서의 일환으로 1913년에 나온 한 학생용 도서는 부빈 전투를 "한 민족지도자" 주위로 결집한 신민 집단이 연합한 적들을 물리친 "프랑스의 첫 번째 승리"로 칭송한다.

부빈 전투 700주년이었던 1914년에 이르러 독일에 대한 최초의 승리로서의 부빈의 기억은 공식화되었다. 같은 해 6월 기념위원회는 생드니에서 기념식을 거행하며, 스당에서 그리 멀지 않은 부빈 전장에 "조국의 살아있는 화신" 필리프 오귀스트Philippe II Auguste(프랑스 카페가의 존엄왕 필리프 2세. 재위 1180~1223년. 제3차 십자군에 참여했으며, 아키텐 지역을 제외하고 잉

글랜드의 플랜태저넷가가 차지한 프랑스 영토를 정복하고 왕권을 크게 신장했다)
의 거대한 기마 동상을 세우고 축제를 벌이기로 결정했다.

부빈 전투를 국민 통합의 선전에 동원한 것은 물론 시대착오다. 부빈의
전장에서 맞붙은 것은 민족국가들이 아니라 왕조와 가문들이었다. 게다가
중세 내내 프랑스 왕국의 주된 적수는 독일이 아니라 잉글랜드 왕국이었
다. 실제로 그 전투는 13세
기 프랑스 왕국과 잉글랜드
왕국의 운명에 장기적으로
큰 영향을 미쳤다. 그 사건
은 이른바 '프랑스를 만든

[그림 6–1]
"부빈 1214·1914."
1934년에 조성된 부빈의 전몰용사 기념비. 가운데와 왼쪽에
양차 대전 전사자 명단이 있고 오른쪽에는 "마른 전투는 700
년 만에 되풀이된 부빈 전투다"라는 글귀가 새겨져 있다.

나날' 가운데 하나이며, 동시에 '영국을 만든 나날' 가운데 하나이기도 하다. 이 글은 이 같은 두 왕국의 관계와 엇갈린 운명에 초점을 맞추어 부빈 전투의 의의를 논의하고자 한다.

그에 앞서 부빈의 사건사부터 재구성할 필요가 있다. 뒤비에 따르면, 부빈 전투 이후 13세기 동안 기독교 세계에서 나온 역사서로서 근대에 편찬된 275종의 사료 가운데 92종, 즉 3분의 1가량의 문헌이 이 사건을 언급하고 있다고 한다. 전투 현장을 직접 목격하고 이를 서사시—즉 베르길리우스의 《아이네이드》를 모방하여 지은 《필리피드Philippide》—로 증언한 필리프 2세의 궁정사제 기욤 르브르통Guillaume le Breton을 포함하여 풍부한 당대의 기록이 남아있다는 점이야말로 부빈의 기억이 19세기 이후 새로이 소환될 수 있었던 가장 기본적인 조건이었을 것이다.

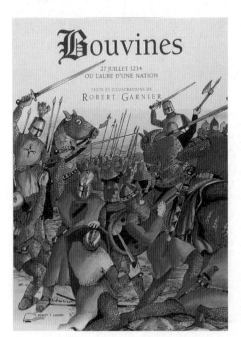

[그림 6-2]
〈부빈: 1214년 7월 27일 또는 한 민족의 여명〉.
1996년에 출판된 청소년용 그림책 표지. 부빈 전투를 "한 민족의 여명"으로 의미 부여한 제목이 눈길을 끈다.

부빈의 일요일: 1214년 7월 27일[2]

1214년, 카페 왕조의 7대 왕인 필리프 2세(재위 1180~1223)는 왕위에 오른 지 35년 되던 해에 오십 고개를 눈앞에 두고 있었다. 필리프는 그의 연대기 작가 덕분에 로마의 첫 황제와 같은 '아우구스투스'라는 별명을 얻게 되었지만, 정작 중세에 흔히 쓰인 별명은 '정복자le Conquérant'였다. 이 별명이 전혀 무색하지 않게 그의 치세에 프랑스 왕령지는 세 배로 늘어났고, 그와 더불어 왕령 수입 또한 엄청나게 늘었다.

그의 팽창정책은 당연히 많은 적을 낳았다. 최대의 적은 물론 잉글랜드 왕이었다. 긴 치세에 그는 플랜태저넷 왕조의 시조인 헨리 2세와 그 아들 사자심왕 리차드Richard I the Lionheart, 그리고 무지왕無地王 존John Lackland, 이렇게 세 부자를 상대로 싸웠고, 특히 존에게서는 그의 봉토인 노르망디, 앙주, 멘, 투렌, 푸아투 등을 빼앗았다. 반격에 나선 존은 은 4만 마르크에 달하는 막대한 자금을 동원하여 동맹자들을 끌어모았다. 가장 든든한 동맹자는 그의 누나 마틸다와 작센·바이에른 공작인 사자공 하인리히 사이에서 태어난 브라운슈바이히의 오토Otto von Braunschweig였다. 어린 시절 삼촌인 리차드의 궁정에서 수양아들로 자란 오토는 슈바벤 공작인 호엔슈타우펜가의 필리프에 맞서 독일 왕으로 선출되었고, 1208년 필리프가 죽은 뒤에는 신성로마제국 황제(오토 4세)로 선출되었다. 오토 4세는 호엔슈타우펜가를 지지한 필리프 오귀스트와 대립했고, 이탈리아 정책에 따른 분쟁으로 교황 이노켄티우스 3세에게 두 번 파문을 당했다.

또한 존은 프랑스와 라인 지방에서 그가 매수할 수 있는 모든 제후들을 끌어들였다. 대표적인 두 인물은 필리프 2세의 원한을 산 불로뉴 백작과 플랑드르 백작이었다. 먼저, 불로뉴 백작 르노 드 다마르탱Renaud de Dammartin은 필리프의 죽마고우였으며 또 그에게서 직접 기사 서임을 받았다. 불로뉴 백작의 상속녀를 약혼자인 긴Guines 백작의 면전에서 탈취한 뒤 강제 결혼하여 불로뉴 백작이 된 르노는 주군인 필리프 2세를 배신하고 잉글랜드 왕 편에 가담했다가 화해한 뒤 필리프와 사돈을 맺고 노르망디의 여러 백작령까지 하사받아 프랑스 북부의 가장 유력한 제후 가운데 하나가 되었다. 그럼에도 그는 영지 양도 문제로 필리프에게 반항하고 결국 그를 두 번 배신하게 된 것이다. 다음으로, 플랑드르 백작 페랑Ferrand de Portugal은 포르투갈 왕자로 플랑드르 백작의 상속녀와 결혼하여 왕국에서 가장 부유한 이 지방의 주인이 되었다. 하지만 그는 종주인 필리프 2세의 봉신으로 인정받기 위해 5만 리브르에, 영역 내의 두 도시(생토메르Saint-Omer, 에르Aire)를 필리프의 아들 루이(8세)에게 억지로 양도해야 했고, 이 때문에 브루헤와 헨트 같은 대도시의 귀족과 대상인들에게 신망을 잃었다. 게다가 1213년 필리프가 브루헤 인근의 담Damme 항에 함대를 집결하고 잉글랜드를 침공했을 때, 봉건적 봉사를 거부해 필리프의 무력 보복에 직면하게 되자 잉글랜드 왕 편으로 넘어간 것이다.

무지왕 존은 프랑스 남서쪽과 북동쪽으로부터 파리를 협공한다는 전략에 따라 1214년 2월 중순 대규모 병력을 이끌고 포츠머스를 떠나 라로셸에 상륙했다. 그러나 그의 전략은 처음부터 난관에 부딪쳤다. 앵글로-노르만 출신 대영주들과 현지 프랑스 귀족들의 참여와 지지가 기대에 미치지 못했기 때문이다. 그는 낭트를 거쳐서 방비가 허술했던 앙제까지는 쉽게 점령할 수 있었으나 로슈오무안Roche-aux-Moines에서 암초를 만났다. 2주 동안 농성하며 버티던 성에 필리프의 세자 루이의 원군이 다가오고 있었을 뿐 아니라 지역 귀족들의 모반도 적이 우려한 그는 라로셸로 꽁무니를 빼지 않을 수 없었다. 존의 군대가 퇴각한 것은 다행이었지만, 이제 필리프는 존과 연합한 더 강력한 상대와 북쪽 전선에서 맞서야 했다.

필리프는 플랑드르에 집결한 적군의 침입을 기다리는 대신 그리로 나아가 저지하기로 했다. 솜강 연안의 페론Péronne에서 군대를 소집한 그는 투르네를 거쳐 7월 27일 오전에 릴 남쪽 부빈이라는 플랑드르 지방의 작은 마을에서 군대를 멈췄다. 동서로 투르네–아라스로 향하는 옛 로마 가도 위에 마르크Marq강을 건너는 다리가 있었고, 맞은편 평원에 오토의 군대가 이미 포진해 있었다. 그날은 주일이므로 황제가 공격하리라고는 어느 누구도 생각지 않았다. 그러나 적들의 전투태세에 관한 정찰 보고에 이어, 정오가 지났을 때 플랑드르 보병들이 아군 후위를 공격한다는 급보가 날아들었다.

필리프는 곧바로 갑옷을 입고 전투 준비를 지시한 다음 베드로에게 봉헌된 예배당으로 들어가 기도를 올렸다. 이는 바야흐로 진정한 전투가 시작될 것임을 알리는 제스처였고, 그는 신의 편에 서서 교회의 억압자로 파문당한 자와 그에게 연합한 자들, 주일의 금기를 어기고 칼을 든 자들에 맞서 싸우는 투사가 되었다. 모든 준비가 끝났을 때 전투 시작을 알리는 나팔 소리가 길게 두 번 울렸다. 이로써 일상적이고 범속한 '게르guerre(싸움)'는 끝나고 '바타유bataille(전투)'가 시작되었다.[3]

한낮의 뜨거운 햇볕 아래 양편은 활을 쏘면 닿을 200보 정도의 거리를 두고 포진했다. 각 진영은 세 개의 대형으로 짜여있었고, 기병 앞에 코뮌의 민병을 배치했다. 프랑스 진영의 중앙 부대는 국왕이 지휘했고, 우익은 부르고뉴 공작 외드Eudes가 지휘했으며, 샹파뉴–부르고뉴 출신 기사들과 수아송에서 온 세르장sergents(기사 신분이 아닌 보조 기병) 등으로 구성되었다. 좌익은 국왕의 사촌인 드뢰Dreux 백작과 그 동생 보베 주교, 그 밖에 퐁티외, 수아송 백작 등이 지휘하는 기사와 보병들로 구성되었다. 적진 역시 프랑스 군대와 대칭이 되게 짜여있었다. 필리프 맞은편의 황제가 이끄는 중앙의 부대는 작센 근위대와 로렌, 브라반트 공작들과 나뮈르 백작의 기사들, 브라반트 및 독일 출신의 보병으로 구성되었다. 오토의 좌익, 즉 부르고뉴 공작의 맞은편 부대는 플랑드르 백작 페랑이 지휘했고, 플랑드르 도시 민병을 주축으로 한 보병과 기병으로 구성되었다. 황제의 우익, 즉 드뢰 백작과 보베 주교 맞은편 부대는 르노 드 다마르탱이 지휘했고, 헨리 2세의 서자, 즉 존왕의 이복형제인 솔즈버리 백작 장검의 윌리엄William Longsword 등이 이끄는 잉글랜드, 플랑드르 출신의 기사들과 브라반트 출신의 보병들로 구성되었다.

당시의 전투 상황과 여러 기록 등을 고려해 볼 때, 필리프의 군대는 1천 명 정도의 기사 및 에퀴에écuyer(기사를 수행하는 종사從士), 4천 정도의 세르장, 그 밖에 기사의 수행원과 코뮌의 시민군 등으로 구성된 훨씬 더 많은 수의 보병을 포함해서 대략 1만 5천 명 정도였다. 그리고 연합군의 규모는 2만에서 4만 5천 명까지 다양하게 추정하는데 여기에는 다수의 플랑드르 도시 시민군이 가담했다.[4]

필리프의 군대에서 보병의 주력은 대부분 아르투아, 피카르디, 수아소네 등 전투지 인근 지방의 코뮌에서 차출되었다. 이들은 대부분 도시의 경비를 떠맡은 민병으로 웬만큼 무장을 갖출 정도로 부유하고 자부심이 강한 부르주아들이었으며, 대개 기사처럼 무장한 시정관들의 지휘 아래 있었다. 이렇듯 시민군이 대거 참여했다고 해서 이 전투를 '민족적' 승리로 자리매김하는 것은 지나친 과장이겠으나, 그럼에도 부빈 전투는 전사 신분이 아닌 평민 신분에서 소집된 대규모 병력이 참여한 최초의 사례로 알려져 있으며, 이런 의미에서 도시 및 부르주아의 성장과 활력을 보여준 사건이었다. 또한 이 같은 면모는 뒤비의 지론처럼 이 전투를 단순한 약탈 행위라든가 마상시합 같은 일상적 '게르'로부터 구별 짓는 요소이기도 하다. 상대편 연합군의 경우도 마찬가지여서, 페랑 백작의 영역에 속한 브루혜, 쿠르트레, 이프르, 헨트 등 플랑드르 도시들에서 대규모 시민군이 파견되었다.

그렇다 해도 전장의 주역은 어디까지나 기사였고, 당시 기록들의 문학적 표상에서는 더더욱 그러했다. 국왕으로부터 봉급을 받는 부대를 제외하고

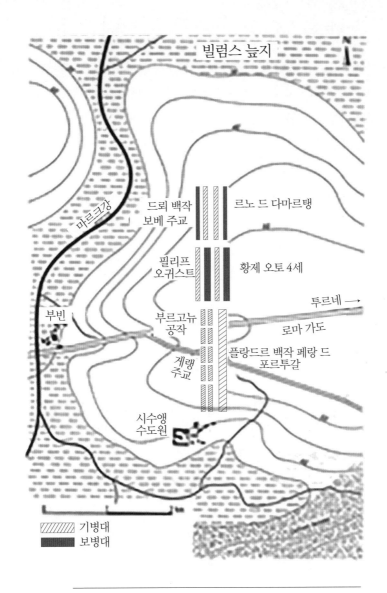

빌럼스 늪지

마르크강

드뢰 백작
보베 주교

르노 드 다마르탱

필리프
오귀스트

황제 오토 4세

부빈

부르고뉴
공작

투르네 →

로마 가도

게랭
주교

플랑드르 백작 페랑 드
포르투갈

시수앵
수도원

▨ 기병대
■ 보병대

[그림 6 –3]
부빈 전투.
1214년 7월 27일 주일날 오후 부빈이라는 플랑드르 지방의 작은 마을 인근에
서 맞붙은 필리프 2세와 오토 4세의 군대. 기병과 보병으로 구성된 각 진영이
세 개의 대형으로 서로 대칭을 이루며 포진했다. 각 진영의 중앙 부대를 지휘
한 두 군주는 이날 이 평원에서 운명의 대결을 펼쳤다.

기사들은 제각기 자기 영주의 깃발 아래 싸우는 부대들의 군집이었다. 비록 전장에 왕기가 휘날리긴 했지만, 이들에게 어떤 통일된 복장이나 무장, 군기軍紀와 지휘체계 같은 것은 없었으며, 하물며 이런 군대를 놓고 민족적 성격을 운운하기란 무망한 노릇이었다.

3시간가량의 격렬한 육박전 끝에 오토의 좌익 부대, 즉 플랑드르인들의 부대가 먼저 무너졌다. 프랑스 측의 맹렬한 공격으로 페랑 백작은 부상당한 채 투항했고, 플랑드르 기사와 민병들은 궤주했다. 중앙에서의 접전은 여전히 격렬했다. 필리프는 독일 보병들에 둘러싸여 말에서 끌어내려진 채 공격을 당하다가 황급히 달려든 기사들의 도움으로 간신히 구출되었다. 거꾸로 이번에는 오토가 작센인 근위병들을 뚫고 돌진한 프랑스 기사들에게 쫓기고 말까지 잃는 궁지에 몰렸다가 자기 말을 내준 독일인 기사의 도움으로 전장에서 용케 탈출할 수 있었다.

하지만 전세는 급격히 기울었다. 황제가 등을 보이고 도망치는 순간 신

[그림 6-4]
필리프 오귀스트와 부빈 전투를 기념하는 프랑스 우표들.
부빈 전투 800주년인 2014년에 발행되었다.

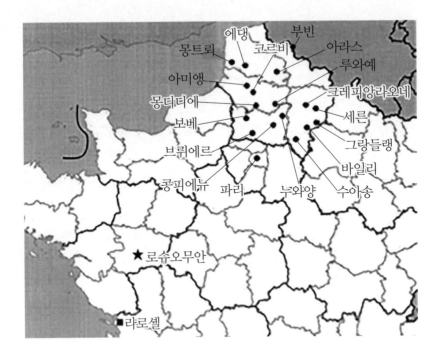

[그림 6-5]
부빈 전투에 참여한 피카르디, 아르투아 등 프랑스 북부 지방의 코뮌들. 부빈 전투는 코뮌의 시민군이 대규모로 참여한 최초의 사례로 알려져 있으며, 이것이 이 전투에 단순한 봉건적 전투 이상의 의미를 부여하게 만든 요소 가운데 하나였다.

의 평결은 내려진 것이고, 따라서 '바타유'도 끝난 것이다. 끝까지 뒤쫓아 그를 죽이는 것은 황제를 살려두기를 원하신 신의 뜻을 거스르는 짓이다. 황제를 호위하던 백작들이 사로잡히고, 황제의 전차와 함께 독수리가 그려진 상징물도 산산조각이 났다. 장검의 윌리엄은 보베 주교의 철퇴에 쓰러졌고, 필리프의 특별한 표적이 된 르노 백작마저 탈진한 채 사로잡혔으며, 끝까지 투항을 거부한 700여 브라반트 용병들은 옥쇄했다. 나팔 소리와 함께 한나절의 전투는 막을 내리고, 전장에는 어둠이 내렸다. 군사는 마르크강 좌안의 숙영지로 향하고, 필리프는 다시 작은 예배당에 들어가 감사 기도를 올렸다.

전리품은 상당했다. 5명의 백작과 25명의 기령 기사(자신의 깃발 아래 소집된 휘하를 거느리고 출진하는 영주)를 포함하여 포획한 기사가 130명에 달했다.[5] 전사로 활약한 필리프는 이제 준엄한 처벌과 관대한 용서를 아우르는 왕으로 돌아왔다. 그는 자기 앞에 무릎 꿇은 기사들을 모두 용서하고 살려주었다. 일부 포로들은 아군 포로와 교환하거나 자신의 충복에게 고루 분배해 주었다. 하지만 불로뉴 백작 르노 드 다마르탱과 플랑드르 백작 페랑만은 자신의 수중에 남겨두었다.

이튿날(7월 28일) 군대는 부빈을 떠나 그다음 날 바폼Bapaume에서 군장을 풀었다. 성 드니의 깃발과 함께 행렬이 지나는 길마다 많은 구경꾼이 철창 신세가 된 두 반역자에게 야유를 퍼부었다. 한편 바폼에서 르노는 오토에게 전열을 재정비하여 공격을 재개하도록 제안하는 전갈을 몰래 보내려다 발각되었다. 진노한 국왕은 이 반역자를 바로 그가 보유한 페론의 한 성탑에 종신 감금시켰다. 플랑드르 백작은 루브르 성탑 지하에 무려 13년 동안 감금되었다가 막대한 석방금을 내는 조건으로 풀려났고, 그 뒤로 프랑스 국왕의 충실한 봉신이 되었다. 이 승리를 통해 '제2의 아이네아스'로 칭송된 필리프는 유럽의 으뜸가는 군주요, 샤를마뉴의 진정한 계승자, 기독교 세계의 지도자로 우뚝 올라설 수 있었다. 한편 '제2의 네로' 오토는 쾰른의 겔프파에게 피신했으나, 새 황제로 추대된 프리드리히 2세가 쾰른에 입성하자 브라운슈바이히 영지로 피신했고, 결국 1218년 그곳에서 사망했다. 필리프는 독수리만 남은 상징물을 교황이 선택한 새 황제 프리드리히 2세에게 보냈다. 이는 프랑스 왕이 제국의 존엄을 자의적으로 다룰 수 있음을 의미한다.

[그림 6-6]
철창에 갇힌 채 구경꾼들의 야유를 받으며 호송되는 플랑드르 백작 페랑과 불로뉴 백작 르노 드 다마르탱. 국왕 필리프 2세는 여느 포로들과 달리 이 두 배신자만큼은 자신이 직접 끌고가서 배신의 대가를 톡톡히 치르게 했다.

부빈 이전과 이후

두 군주정 사이의 첫 번째 '백년전쟁'은 노르망디 공작 윌리엄이 잉글랜드를 정복한 1066년에 시작되었다. 이 위업을 이룬 윌리엄 공작은 프랑스 왕의 봉신이었지만, 이후 프랑스 왕들은 자신의 왕령지 코앞에 강력한 이웃의 등장을 우려하지 않을 수 없었다. 정복왕의 아들 윌리엄 루퍼스William Rufus가 프랑스 왕위를 탐낸다는 소문이 돌기도 했다. 이러한 긴장은 헨리 1세(재위 1100~1135)와 루이 6세(재위 1108~1137) 사이에 경계 지역인 벡생Vexin의 요충지 지조르Gisors성을 놓고 표면화되었다. 성의 반환을 거부하는 헨리에게 루이 6세는 일대일 결투로 분쟁을 해결하자고 제의했다. 실제로 두 왕이 처음으로 맞부딪힌 1119년 8월 브레뮐Brémule 전투는 각각 '로열Royal'과 '몽주아Monjoie'(또는 'Monjoie Saint Denis!' '나의 기쁨 성 드니!' 라는 뜻의 프랑스 왕군의 전투 함성)라는 구호를 외치며 싸운 '잉글랜드인들'과 '프랑크인들'의 대결로 기록되었다.

이렇듯 변경 지역에서 우발적인 충돌이 이어진 12세기 전반까지 대체로 수세에 있었던 것은 프랑스 왕국 쪽이었다. 정복왕부터 스티븐왕(잉글랜드 노르만 왕조의 마지막 왕)에 이르기까지 어떠한 잉글랜드 왕도 프랑스 왕에게 노르망디 봉토에 대한 신종선서를 이행하지 않았다. 만일 이런 상황이 몇 세대 더 지속되었다면 하나로 통합된 앵글로-노르만 왕국이 탄생했을지도 모른다. 그러나 카페 왕조는 루이 6세 때부터 서서히 회생하기 시작했다. 국왕의 평화와 아울러 모든 봉신에 대한 종주권을 주장했고, 실제로 유력한 봉신들을 동원해 오베르뉴 백작처럼 소환에 불응한 봉신을 응징할 수 있었다. 프랑스 국왕은 왕국의 수호성인이자 그의 영주인 성 드니St. Denis 외에 누구에게도 무릎을 꿇지 않았고, 국왕의 전투에서 휘날리는 왕기王旗, 승리의 부적인 붉은색 오리플람Oriflamme은 바로 성 드니의 깃발이었다. 그의 아들 루이 7세(재위 1137~1180) 때는 교황의 요청에 응해 제2차 십자군 원정을 주도할 만큼 군주의 위상이 높아졌고, 이는 카페 왕조의 프랑스가 더 이상 '작은 프랑스' 안에 웅크리고 있지 않음을 웅변했다.

한편 같은 시기에 잉글랜드 국왕의 영역은 일련의 상속과 혼인을 통해 급속히 팽창했다. 위로는 스코틀랜드에서 해협 건너편 노르망디를 거쳐 멘, 앙주, 투렌, 푸아투, 그리고 아키텐까지, 요컨대 스코틀랜드에서 피레네에 이르는 '플랜태저넷제국' 또는 '앙주제국'으로 불리는 광대한 제국이 탄생한 것이다. 이 제국은 프랑스 왕국보다 몇 배 더 광대했을 뿐만 아니라 어떤 면에서 더 효율적으로 통치되고 있었다. 회계법원Exchequer과 같은 중앙집권적 재정체계, 그리고 순회재판assize과 배심제도, 지방 단위인 샤이어shire 및 헌드레드hundred 법정 같은 보통법체제의 발달은 동시대의 프랑스보다 훨씬 더 선진적이었다. 1110~1120년대에 시작된 회계법원의 파이프롤Pipe Rolls은 최초의 정부 문서 보존체제로 알려져 있거니와, 프랑스에서 이와 같은 체제가 시작된 것은 1204년 노르망디의 정복과 더불어서였다. 또한 헨리 2세의 상서부尙書部가 생산한 문서의 양은 재위 기간이 더 길었던 루이 7세 상서부의 다섯 배, 필리프 2세 상서부의 두 배가 넘었다.

이 같은 제국의 등장이 이웃 왕국에 커다란 위협으로 다가온 것은 물론이다. 하지만 그 제국은 몇 가지 치명적인 약점을 안고 있었다. 무엇보다도 헨리 2세 개인에 의해 구현되고 지탱되었다고 해도 과언이 아닐 만큼 제국의 토대가 취약했다. 광대한 영역 곳곳에 그의 권력을 각인시키는 것은 문서가 아니라 바로 그의 출현이었고, 그래서 헨리의 가장 주된 활동 가운데 하나는 여행이었다. 34년의 재위 동안 24번의 성탄절을 각기 다른 장소에서 맞았고, 도버 해협을 28번 건넜으며, 노르망디에서 14년 반, 잉글랜드에서 13년, 앙주와 아키텐에서 7년을 보냈다. 세 아들, 헨리, 리차드,

조프리에게 각각 잉글랜드, 아키텐, 브르타뉴를 하사한 것 역시 '여행하는 궁정'의 보완책이었다. 그럼에도 그의 가족사를 통해 등장한 제국은 왕비 엘레노어Aliénor d'Aquitaine까지 가세한 왕자들의 반란 같은 가족사에 흔들리곤 했다.

플랜태저넷제국의 이 같은 약점은 필리프 오귀스트가 왕국과 왕권의 확장을 꾀하는 데 좋은 방편이 되었다. 그는 부왕 루이 7세의 뒤를 이어 헨리 2세에 대한 리차드의 반란을 지원했고, 리차드 1세에 대한 동생 존의 반란을 지원했으며, 나중에는 존왕에 대한 조카 아서의 반란을 지원했다. 또한 그는 이들에게 모두 종주로서의 봉건적 권리를 인정받을 수 있었다. 노르망디 공작령과 앙주, 푸아투 백작령에 대해 리차드와 존은 여러 차례 신서臣誓를 했다. 게다가 존은 십자군 원정에서 리차드가 포로로 잡혀있던 1193년에 잉글랜드에 대해 필리프 오귀스트의 봉신임을 인정하는 신서를 했고, 1200년 4월에는 모후 엘레노어가 막 즉위한 아들 존 대신에 투르에서 신서를 하기도 했다.

이와 연관된 더 근본적인 약점은 '제국'이라는 명칭이 무색할 정도로 응집성이 부족했다는 것이다. 제국에 어떤 통일성을 부여하려는 노력, 예컨대 잉글랜드의 셰리프들이 웨스트민스터에 회계를 보고하는 제도를 아키텐에 도입하려는 시도는 번번이 지역 귀족의 격렬한 반발에 부딪쳤다. '이동하는 궁정' 외에 제국 통치의 중심은 없었고, 그래서 원심력이 늘 우세했다. 노르망디 공작들이 축성을 받았던 수도인 루앙의 상인들은 센강 하류의 운항을 독점하고 잉글랜드와의 교역으로 번성했으나, 그럼에도 파리의 구심력에 더 끌렸다.

교회권력과의 유착, 그리고 그런 관계의 선물인 카리스마 면에서도 이 제국의 군주들은 얼마간 약점이 있었다. 잉글랜드의 군주들은 프랑스 왕들과 마찬가지로 도유를 받고 치유의 기적을 행하는 왕이긴 했지만, 이 카리스마 경쟁에서 프랑스 왕들이 누린 것만큼 숭배의 혜택을 누리지는 못했다. 잉글랜드에서는 프랑스 왕조의 후광이 되어준 카롤루스 왕조의 유산도 없었고, 왕조의 신성한 혈통과 권능을 찬양하는 데 헌신한 생드니 수도원 같은 국왕 숭배의 전도사도 없었으며, 그래서 진정한 의미에서의 신성한 군주의 관념이 프랑스에서처럼 단단히 뿌리 내리지 못한 것이다. 14세기에 잉글랜드 왕의 대관식에 도입된 토머스 베케트Thomas Becket 성유聖油, 즉 영국 왕의 도유식을 위한 성유병이 성모에 의해 천상으로부터 토머스에게 전달되었다고 하는 전설의 초라한 운명이 그러한 상징적 유산의 빈약함을 단적으로 보여준다.

이의 원인인지 결과인지는 불분명하지만, 왕권과 교회 사이에 늘 긴장과 대립이 있었다는 것 또한 프랑스 왕국과 대비되는 점이었다. 카페 왕조가 기사회생하는 데 교회의 지지와 협력이 필수불가결했다는 것은 잘 알려진 사실이다. 하지만 잉글랜드에서는 양자 사이에 대체로 불편한 관계가 이어졌다. 정복왕의 두 아들(윌리엄 루퍼스와 헨리 1세)은 교회의 독립성을 지키려던 캔터베리 대주교들과 대립했다. 또한 존왕은 파리대학의 신학 교수인 스티븐 랭튼Stephen Langton을 캔터베리 대주교로 임명한 이노켄티우스 3세에게 맞서다가, 교황이 성무 금지령과 아울러 그의 폐위를 선언하고 프랑스 왕 필리프 오귀스트에게 응징할 것을 권고하자 그만 무릎을 꿇고 교황에게 매년 1천 마르크와 함께 잉글랜드와 아일랜드를 바치고 봉토로 받기까지 했다.

가장 유명하고 결정적인 사건은 토머스 베케트 암살 사건이었다. 헨리 2세의 상서를 거쳐 캔터베리 대주교에 오른 베케트는 잉글랜드 교회에 대한 국왕의 수장권을 확립하려는 클라렌든 헌장에 맞서 프랑스 왕과 교황의 비호 아래 완강히 저항하던 끝에 결국 피살되었다. 그의 시신이 묻힌 교회 지하 무덤 주위에서 기적이 무성했고, 결국 그는 1173년 시성되어 순교자의 반열에 올랐다. 헨리 2세는 교황 특사에 의해 사면을 받고 교회 출입을 허락받았으며, 클라렌든 헌장은 철회되었다. 1174년 그는 순례자의 행색으로 캔터베리로 가서 성인의 묘 앞에서 용서를 빌고, 공개 참회한 뒤 여러 주교와 수도사에게 매질을 당하는 수모를 겪어야 했다.

프랑스에서는 성왕 루이 같은 군주가 널리 숭배된 된 데 비해, 잉글랜드에서는 왕권의 폭력에 희생된 순교자가 숭배 대상이 되었다는 사실은 자못 의미심장하다. 순례지가 된 순교자의 묘는 곧 플랜태저넷 왕가의 폭정을 웅변해 주고 있었다. 역대 국왕과 캔터베리 대주교 사이의 갈등이 보여주듯이, 왕권은 성직자들을 필요로 했지만 권력의 의지대로 통제하지는 못했다. 100여 개의 주교구로 나뉘어 있던 프랑스 왕국과 달리, 주교구가 15개 내외였던 잉글랜드의 주교들은 더 많은 부와 권력을 배경으로 왕권과 더 자주 충돌하고 더 성공적으로 저항할 수 있었다.

신앙의 수호자 샤를마뉴의 후광도 교회의 이데올로기적 지원도 누리지 못한 플랜태저넷 왕조에게 아서왕의 전설은 자신의 약점을 보완해 줄 호재로 보였음 직하다. 궁정사제인 제랄드Gerald of Wales가 전하는 사건, 즉 1191년 잉글랜드 서남부의 글래스톤베리 수도원에서 아서왕의 유해가 "여기 아발론섬에 유명한 아서왕이 묻히다"라고 새겨진 십자가와 함께 발견되었다는 사건은 아마도 그러한 왕조의 욕망과 무관치 않았을 것이다. 여하튼 앵글로색슨 침략자들에 맞서 싸운 켈트족의 전설적인 영웅을 또 다른 정복자의 후예가 자신들의 후광으로 가로챈 것은 잉글랜드 왕조사의 아이러니가 아닐 수 없다.

그러나 더욱 아이러니한 것은 플랜태저넷 왕들이 대개 억압받는 민중의 영웅 아서왕과 현실적으로 너무나 거리가 멀었다는 것이다. 요컨대 이 왕조는 인기가 없는 왕들이 많았다. 농기구를 든 농민들, 칼을 든 기사들, 홀장笏杖을 든 고위 성직자들에게 공격당하는 헨리 1세의 유명한 악몽은 국

왕의 의식 속에 잠재했을 신민들의 반감을 적나라하게 드러낸다. 리차드 1
세의 경우는 명목상의 잉글랜드 왕이었을 뿐이니 사실 인기를 운운하기도
무색할 정도였다. 그는 출생지가 옥스퍼드이긴 했지만 재위 중 잉글랜드
에 머문 것은 단 두 차례, 기껏해야 7~8개월이었고, 오크oc어를 구사하는
전형적인 남부 프랑스의 군주였다. 성지를 비롯하여 수많은 전장을 누빈
이 풍운아에게 잉글랜드는 그의 모험을 위한 돈줄에 불과했다.[6]

사실 플랜태저넷 왕들의 악명은 무엇보다도 무거운 세금 때문이었다.
1199년 형 리차드에 이어 왕위에 오른 존은 이 점에서 타의 추종을 불허했
다. 온갖 구실로 봉신들을 쥐어짰을 뿐 아니라 1207년에는 모든 신민의 수
입 및 재산에 대해 징세를 강행하기도 했다. 이렇게 확보한 자금으로 카페
왕조를 겨냥한 거대한 동맹—플랑드르, 불로뉴, 랭부르, 뢰상부르, 나뮈
르 백작, 브라반트 공작, 그리고 그의 조카로 호엔슈타우펜가와 다투고 있
었던 벨펜가의 하인리히 사자공과 그 아들인 황제 오토 4세—이 완성될
수 있었다. 그런데도 존은 출중한 기사였던 형 리차드처럼 지배계급의 지
배적 가치인 기사로서의 미덕과 영예를 구현하지도 못했고, 그의 용렬한
별명 무지왕Lackland이 상징하듯이 잇따른 수난과 함께 마침내 제국의 구
조가 해체되기에 이르렀다.

발단은 존의 개인사—브르타뉴 공작인 형 제프리의 아들 아서를 살해했
다는 소문, 위그 드 뤼지냥Hugues de Lusignan의 약혼녀 이자벨 당굴렘
Isabelle d'Agoulême과의 재혼—였다. 이 사건으로 필리프 오귀스트는 존의
봉토 몰수를 선언하고 실제로 1204년 원정에 나서 노르망디, 브르타뉴, 앙
주 등 아키텐 일부를 제외한 프랑스 내의 모든 봉토를 빼앗았다. 등을 돌린
지방 귀족들의 비협조로 이렇다 할 반격도 못해보고 존왕은 한때 자신을
비호해 준 프랑스 왕에게 그만 허를 찔렸고, 이로써 헨리 2세가 이룩한 제
국의 위업은 허망하게 무너지기 시작했다.

존왕의 반격은 오히려 재앙이 되어 이 제국에 종지부를 찍었다. 1214년 7월 초에 존은 앙주의 로슈오무안 전투에서 줄행랑을 쳤고, 27일 주일에 그의 동맹자 오토 4세가 이끈 연합군대는 부빈에서 격파되었다. 기독교 세계의 광범위한 지역에서 대규모 병력이 동원된 부빈 전투는 전형적인 중세의 전투였다. 즉 그것은 '제 민족의' 전투가 아니라 봉건적 유대로 연결된 가문들 사이의 전투였다. 그럼에도 거의 모든 봉신과 주교구 및 수도원령, 프랑스 북부 도시들이 제공한 병력으로 구성된 필리프 오귀스트의 군대가 좀 더 동질성이 강했고, 아마도 이것이 승리의 요인 가운데 하나였을 것이다.

하지만 전투 자체의 성격보다 더 중요한 것은 그 전투에 부여된 상징적 의미였다. 그것은 대회전大會戰으로 신의 판결을 구하는 일종의 '바타유'였다. 기욤 르브르통이 묘사한 전투의 구도는 이를테면 빛과 어둠의 마니교적 대립, 즉 신의 투사와 사탄의 하수인 사이의 결투이다. 악의 진영에 있는 저들은 "돈으로 이 세상의 찌꺼기, 페스트, 교회가 파문한 악마의 하수인인 용병을 고용함으로써 전쟁을 더럽혔고", 피에 굶주려 감히 주일의 금기마저 어기고 전투도 하기 전에 프랑스 땅을 서로 나눠 갖기로 한 오만불손한 자들이며, 르노 드 다마르탱이나 페랑 같은 온갖 변절자들이다. 반면 필리프 오귀스트는 전투 개시에 앞서 서둘러 예배당에 들어가 신 앞에 회개하고 용서를 간구하는 일종의 정화 의식을 치른다. 기도를 마친 국왕은 그의 전사들에게로 돌아와 비록 여느 사람들처럼 죄인일지라도 하느님과 거룩한 교회에 순종하는 자신들이 교황 성하에 의해 파문당한 교회의 적들을 주님의 가호로 쳐부술 수 있다고 일장 연설한다. 그러고는 직속 봉신들과 기사들의 요청에 응하여 그들에게 주님의 축복이 임하기를 기원한다.

이렇게 신 앞에서 스스로 정화하고 전투에 임한 국왕은 사실 그 이전에 이미 자신의 왕국을 정화하기 위해 진력했다. 그는 유대인을 내쫓았고, 이단에 물든 자들을 불로써 정화하고, 교회를 억압하는 자들과 싸웠으며, 베리에서 7천의 비적대를 학살했고, 왕국 남부의 카타르파 이단을 추적하기 위한 십자군을 도왔다. 또한 그는 왕비 잉게보르크Ingeborg와 화해하고 이혼 의사를 철회함으로써 교회와의 갈등을 봉합했다. 그러므로 여느 '게르'와 달리 신의 초자연적 개입으로 정의를 가리는 이 '바타유'에서 신의 선택, 신의 평결은 이미 정해진 것이나 다름없다.

그러므로 필리프 오귀스트의 승리는 궁극적으로 본래의 질서와 조화를 회복시킨 신의 승리요 프랑스의 승리였고, 이로써 구원받은 것은 그 영웅만이 아니라 그의 왕국 전체였다. 그의 개선 행렬은 주민들의 열렬한 환호를 받으며 새로운 로마, 파리에 입성했다. 부빈에서 싸운 그의 봉건적 군대는 백합 문장과 성 드니의 오리플람 아래 싸운 프랑스 군대가 되었다. 그리고 부빈에서 끌려온 두 봉신, 즉 불로뉴 백작과 플랑드르 백작은 단순히 영주를 배신한 자들이 아니라 왕국을 배신한 반역자가 되었다.

개선 축제는 7일 낮, 7일 밤 계속되었다. 왕은 상리스 인근에 노르트담 들라빅투아르Notre-Dame de la Victoire 수도원을 건립하여 승리의 어머니에게 감사를 표했다. 승리는 모든 것을 정당화했다. 그것은 새로운 세례였다. 그것은 군주정과 세 위계, 즉 국왕 주위로 결집한 기사와 피카르디 지방의 코뮌들, 그리고 국왕 곁에서 기도하고 찬송한 성직자들로 이루어진 세 위계의 이데올로기, 바로 신이 의도한 한 사회의 이상적 이미지를 축성했다. 이렇듯 그 당시의 기록에서 부빈의 신화는 왕국의 통합과 민족의식 탄생의 한 단계로서 중대한 의미를 부여받았다.

부빈 전투를 전후하여 두 왕국의 역학관계는 오랫동안 수세에 있었던 카페 왕조 쪽으로 뚜렷이 역전되었다. 필리프 오귀스트가 당대의 기록 속에서 정의와 평화의 왕으로 찬양된 데 반해 패자인 존왕은 '검은 전설'의 주인공이 되었다. 당시의 여러 기록에서 존왕은 음모와 배신, 살인과 성추

문, 교회에 대한 핍박, 잔혹한 고문 등 온갖 패덕과 학정의 주범으로 묘사
되었다. 악마의 피를 타고났고 마법에 걸려 실성했다고 알려진 데다 실제
로 4년(1209~1213) 동안 파문을 당했던 그가 교회의 금기와 기사도의 윤리
를 거스른 것은 당연했다. 수도사 매튜 패리스Matthew Paris의 연대기는
1213년 교황의 파문과 프랑스의 침공 위협으로 궁지에 몰린 존왕이 북아
프리카의 태수에게 군사적 원조를 대가로 자신의 왕국을 바치고 심지어
이슬람 개종까지 약속하는 친서를 보냈으나 오히려 그의 사절들이 면박을
당하고 돌아왔다는 허무맹랑한 이야기를 늘어놓는다.[7] 생드니 수도사들이
카페 왕조의 "카롤루스가 혈통으로의 복귀"를 찬양하고, 한술 더 떠서 로
마를 건국한 트로이인의 후예인 카페 왕조가 훗날 세계의 지배자가 되리
라고 예언하며 왕조의 선전에 열을 올리던 때에, 잉글랜드에서는 솔즈베
리 존John of Salisbury의 《폴리크라티쿠스Policraticus》처럼 권력을 비판하는
저술이나 국왕에 대한 악선전이 유포되었다는 것은 퍽 대조적이다.

부빈 전투는 이후 반세기 동안 영국에서 정치적 투쟁의 시대를 열었다.
부빈 전투 이듬해, 신에게 버림받은 왕, 군사적 무능을 입증하고도 징세에
집착하는 폭군에 대해 이번에는 대영주들이 들고일어났다. 궁지에 몰린
존왕은 1215년 6월 대헌장Magna Carta에 서명해야만 했다. 그의 시련은 여
기서 그치지 않았다. 그는 반란을 일으킨 강경파 귀족들과 이들로부터 왕
위를 제안받고 샌드위치에 상륙한 필리프 오귀스트의 세자 루이의 군대와
전투를 벌이던 중 1216년 숨을 거두고 말았다.[8]

떠오르는 프랑스 왕조, 기우는 잉글랜드 왕조

뒤비는, 부빈 전투는 한 세기 만에 프랑스 왕이 감행한 첫 번째 '들판의 바

타유bataille champel'였고, 카페가의 왕이 거둔 첫 번째 승리였으며, 또한 "라스나바스데톨로사 전투 이후, 뮈레Muret 전투 이후 여러 세기 동안 모든 유럽 국가들의 운명을 결정지었다"고 말한다. 실제로 기독교 세계의 패권에 대한 독일 황제들의 야망은 이를 계기로 물거품이 되었고, 이노켄티우스 3세와 함께 절정에 달한 신정적 교황권 역시 이를 고비로 기울기 시작했다.

하지만 부빈은 무엇보다도 프랑스와 잉글랜드, 이 두 왕국의 운명이 엇갈리는 하나의 분기점이 되었다. 카페가의 왕국에서 국왕은 플랑드르 백작, 불로뉴 백작 같은 제후들의 반항을 철저히 응징함으로써 최상위 종주로서의 위엄을 세웠고, 그에 종속된 모든 봉토 영역에 왕권을 미칠 수 있게 되었다. 어떠한 제후에 대해서도 힘의 우위에 서게 된 국왕은 이제 남부의 경략에 더 많은 정력과 자원을 집중할 수 있게 되었다.

또한 필리프 오귀스트는 신성로마제국 황제에게 굴욕을 안기고 승리함으로써 제국과 대등한 지위를 주장할 수 있었으며, 동시에 파문당한 교회의 적들을 물리침으로써 샤를마뉴와 같은 기독교 교회의 수호자, '지상의 기독교 군주rex christianissimus'를 자처할 수 있었다. 무엇보다도 카페 왕조의 영토는 엄청나게 확장된 반면, 플랜태저넷제국의 영역은 잉글랜드와 상당히 축소된—하지만 포도주와 밀로 인해 섬나라 경제에 필수적 일부가 된—아키텐으로 분리되었다. 1242년 '프랑스인들'과 '잉글랜드인들' 사이의 대결로 묘사된 타유부르Taillebourg와 생트Saintes 전투에서 성왕 루이가 승리함으로써 부빈 전투 이전으로 되돌리려는 잉글랜드 왕의 꿈은 수포로 돌아갔다. 그리고 1259년 파리조약에서 헨리 3세가 기엔 공작이자 프랑스 왕국의 중신으로 프랑스 국왕에게 최우선 신서를 하도록 규정함으로써 100여 년에 걸친 두 왕조 사이의 갈등은 일단락되었다.

잉글랜드는 이제 민족과 국가의 다원적인 중심들 가운데 하나가 아니라 유일한 중심이 되었다. 13세기에 섬 내부로의 후퇴는 뚜렷했다. 존은 플랜태저넷 왕조에서 처음으로 잉글랜드 땅에 묻힌 왕이었다. 대륙에 토지를 소유한 귀족들은 크게 줄어들었고, 윌리엄 마셜William Marshal처럼 노르망디에 영지가 있는 잉글랜드 왕의 봉신들은 필리프 오귀스트의 정복 이후 양자택일을 해야만 했다.[9]

또 하나 중요한 결과는 앞서 말한 의회제도의 발달이었다. 대헌장 이후, 특히 1260년대의 내란기에 왕정과 반란세력은 귀족 및 성직자, 젠트리, 부르주아 등 다양한 사회계층의 동의를 얻기 위해 다각적으로 대화했고, 그 과정에서 젠트리와 도시들에까지 점점 더 외연을 확대해 간 '정치사회'가 탄생했다. 의회제도의 발달은 앞서 말한 결과와도 긴밀하게 맞물렸다. 재정 통제권이 있었던 의회는 잉글랜드 왕들의 팽창 야망에 제동을 걸 수 있었다. 예컨대, 1250년 신성로마제국 황제 프리드리히 2세가 죽은 뒤 아들 에드워드를 시칠리아 왕위에 앉히고자 한 헨리 3세의 야심은 대영주들의 반대에 부딪혀 좌절되었다. 에드워드 1세 이후 잉글랜드 왕들의 야심이 웨일스, 스코틀랜드, 아일랜드 쪽으로 방향을 틀게 된 데에는 이러한 배경이 있었다.

프랑스 왕국은 이와 다른 길로 나아갔다. 부빈의 승리는 상징적인 의미에서만이 아니라 현실 정치에서도 중대한 결과를 낳았거니와, 필리프 오귀스트의 연간은 아우구스투스 시대처럼 군주정의 역사에서 하나의 전환점이 되었다. '프랑스인들의 왕'이라는 칭호는 점차 '프랑스 왕'으로 바뀌었고, 그는 생전에 후계자를 축성하지 않은 첫 번째 왕이었다. 부왕(루이 7세)의 세 번째 결혼에서, 그것도 40대 후반의 나이에 얻은 '기적의 아이enfant de miracle', 그의 간절한 기도에 응답하여 신비한 태몽 속의 아이처럼 나타난 '신의 선물Dieudonné' 필리프는 카페 왕조가 시작된 이래 처음으로 손자를 안아본 왕이었고, 게다가 1214년 두 번째 손자, 즉 훗날 가장 위대한 프랑스 왕으로 그 자신의 위광마저 가리게 될 성왕 루이를 손자로 보았으니, 바야흐로 장자에서 장자로 이어질 왕조의 미래는 탄탄했다.

이제 프랑스 왕은 종주로서의 권위를 넘어 "그의 왕국에서 황제"와 같은 주권자로 발돋움할 것이었다. 12세기만 해도 카페 왕조보다 더 강력했던 플랜태저넷 군주정이 대영주들을 비롯한 의회권력에 의해 제약을 받게 된 때, 미약했던 프랑스 군주정은 장차 절대왕정으로 가는 긴 여정의 발걸음을 떼고 있었다. 1264년 1월 옥스퍼드 조항을 둘러싼 헨리 3세와 대영주들 사이의 정쟁이 한창이었을 때 양측으로부터 중재를 요청받은 성왕 루이는 그 조항이 왕의 권리와 명예를 침해하고 왕국의 혼란을 부른다는 이유로 헨리의 손을 들어주었다. '아미앵의 중재Mise d'Amiens'라 불리는 이 사건 이야말로 두 군주정의 엇갈린 길을 예시하고 있다.

부빈에서의 패배를 계기로 잉글랜드의 조숙한 군주정은 근본적인 개혁을 통해 일찍이 입헌왕정의 길로 들어선 반면, 상대적으로 뒤늦게 성장한 프랑스 군주정의 승리는 그런 개혁의 가능성을 차단했고, 그 결과 권력 구조 면에서 확실히 더 견고하지만 더 수구적인 길로 나아갔다. 이웃 왕국에 비해 프랑스 왕국의 민족정체성 형성에서 왕정의 신화와 이데올로기가 훨씬 더 구심적인 역할을 하게 된 것은 바로 이와 같은 엇갈린 역사의 산물일 것이다.

07
1303년 9월:
교황권을 누른 왕권, '아나니 폭거'

홍용진

아나니 폭거란?

'아나니 폭거'란 1303년 9월 7일, 당시 프랑스 국상이었던 기욤 드 노가레 Gaillaume de Nogaret가 필리프 4세Philippe IV(재위 1285~1314)의 명으로 로마의 유력자인 자코모 시아라 콜로나Giacomo Sciarra Colonna(1270~1329)와 함께 아나니에 머무르고 있던 교황 보니파키우스 8세Bonifacius VIII(재위 1294~1303)에게 린치를 가한 사건을 말한다. 개설적인 역사서에서 이 사건은 사건 자체보다도 그 이후에 발생한 교황권의 약화와 분열, 즉 이른바 '아비뇽 억류'와 교회 대분열과 관련하여 언급되어 왔다.

아나니 폭거 이후 프랑스 왕권의 영향력 아래 선출된 교황들은 전통적 근거지인 로마로 가지 못하고 남부 프랑스를 떠돌다가 당시 프랑스 왕국 국경 바로 너머에 있는 아비뇽에 정착했다. 아비뇽 교황들은 동시대에 전개되었던 백년전쟁 동안 프랑스의 충직한 조력자로 활동했다. 이는 아비뇽 교황이 라틴 기독교 세계를 포괄하는 보편적 수장이라기보다는 분열된 유럽 세력들 중 하나에 불과하다는 점을 드러냈다.

1377년 마지막 아비뇽 교황인 그레고리우스 11세Gregorius XI(재위 1370~

1378)가 로마로 복귀하긴 했지만 바로 다음 해 사망했고 후임 교황 선출과 정에서 추기경단은 이탈리아파와 프랑스파로 분열되었다. 결국 각각은 서로의 교황을 내세우며 이른바 '교회 대분열'로 나아갔다. 대립교황들 간의 분쟁인 교회의 분열이 이전에도 없었던 것은 아니었지만 백년전쟁은 물론 각국의 이해관계가 맞물려 40여 년 동안 지속된 '대분열'은 결국 중세 말 교황의 종교적 권위를 결정적으로 실추시켰다.

　이러한 점에서 1303년에 발생한 아나니 폭거는 13세기에 절정에 달했던 중세 교황의 권위를 일순간에 꺾어버린 충격적인 사건이었다. 과연 어떻게 이러한 일이 일어날 수 있었을까? 무엇보다도 교황권이 지닌 '전가의 보도'인 파문권이 그 유명했던 '카노사의 굴욕' 때와는 달리 이 당시에는 왜 제대로 작동하지 않았을까? 이에 답하기 위해서는 11~12세기에 급성장한 교황권의 근본적 기반이 무엇이었는지, '가장 기독교적인 왕'이라는 명예를 누리던 프랑스 왕권의 성격이 13세기 동안 어떻게 변화해 갔는지에 대해 알아볼 필요가 있다. 그리고 전통적으로 내려오던 보편제국과 이제 막 형성되던 개별 정치공동체 사이의 충돌에도 주목해야 할 것이다.

1296년 첫 번째 충돌

교황 보니파키우스 8세와 프랑스 왕 필리프 4세 사이의 첫 번째 충돌은 1296년에 시작되었다. 개인적인 차원에서 이 충돌은 26세의 젊고 야심만만한 왕과 60대 중반의 노회하고 경험 많은 교황이라는 서로 상반된 기질의 두 인물 간의 대결이기도 했다(《그림 7-1》).

　첫 충돌의 쟁점은 재정 문제였다. 늘 부족한 재정에 시달리던 필리프 4세는 1292년부터 프랑스 내에서 걷히는 성직자세décime[1]를 왕실 재정으로

[그림 7-1]
필리프 4세(위)와
교황 보니파키우스 8세의 석관 횡와상(아래).

돌리고자 프랑스 성직자들을 설득하려고 했다. 사실 1292년 4월에 교황 니콜라우스 4세(재위 1288~1292)가 사망하고 새로운 교황인 켈레스티누스 5세Celestinus V(재위 1294. 8~12)가 1294년 8월에 즉위할 때까지 교황직은 공위상태에 있었다. 필리프 4세는 이 기회를 이용하고자 했고 프랑스 성직 자들은 마지못해 국왕의 요구를 받아들이는 수밖에 없었다. 성·속 이원론 의 입장을 엄격히 들이댄다면 이처럼 교회의 재정을 왕실 재정으로 전유 하는 필리프 4세의 행위는 영악한 기회주의로 보일 수도 있다. 하지만 필 리프 4세가 이러한 정책을 추진한 데에는 나름대로의 배경이 있었으니 바 로 조부 루이 9세(재위 1226~1270)가 남긴 정치적 유산이었다.

잘 알려져 있다시피 루이 9세는 13세기에 기독교적인 차원에서 가장 모 범적인 왕으로 이름을 떨쳤다. 프란체스코의 이상에 따라 근검하게 생활 하고 손수 나병 환자들의 세족식을 거행하며 낮은 곳으로 임하는 자세를 보여주었다. 또한 교황의 요구에 부응하여 십자군 원정을 두 차례나 조직 하였고 결국 원정 도중 타국에서 병사하였다. 교황과 프랑스 왕, 교회와 프랑스 왕국의 긴밀한 관계는 십자군에 대한 이상으로 표현되었다. 보다 엄밀히 말해 그것은 지중해를 둘러싼 교황과 프랑스 왕의 이해관계가 수 렴된 결과였다.

필리프 4세가 즉위하고 3년 후에 교황으로 선출된 니콜라우스 4세는 남 부 이탈리아를 중심으로 지중해 지역에 대한 교황권의 확대를 위해 프랑 스를 적극 활용하고자 하였다. 이미 13세기에 루이 9세는 교황 최대의 적 수였던 황제 프리드리히 2세(재위 1198~1250)에 맞서 교황을 지지하였고 그의 동생 앙주 백작 샤를은 프리드리히 2세의 서자인 만프레드Manfred를 격파하고 카를로 1세(재위 1266~1285)로 나폴리 및 시칠리아 왕위에 올랐 다. 하지만 그는 1282년 발생한 시칠리아 만종 사건으로 지중해의 중심인 시칠리아섬을 상실한 채 남부 이탈리아만 장악하고 있었다. 시칠리아는 곧 만프레드의 사위인 아라곤 왕 페레 3세Pere III(재위 1276~1285)에 의해 장악되었고 교황과 프랑스 연합세력과 대치했다. 결국 1285년 교황 마르티누스 4세Martinus IV(재위 1281~1285)의 요구로 프랑스 왕 필리프 3세가 '아라곤 십자군'이라는 기치 아래 프랑스군을 이끌고 아라곤으로 진격하였다. 그러나 이질에 감염된 프랑스군은 연패를 당하고 필리프 3세 또한 페르피냥에서 사망하고 말았다.

1285년에 서유럽은 새로운 지도자들을 맞이하였다. 1월 나폴리에서는 카를로 2세가, 10월 파리에서는 필리프 4세가 즉위하였다. 아라곤에서도 페레 3세가 11월에 사망하고 알폰스 3세Alfons III(재위 1285~1291)가 즉위하였다. 그리고 로마에서는 5월에 호노리우스 4세Honorius III(재위 1285~1287)가, 그리고 3년 후인 1288년에는 니콜라우스 4세가 교황에 취임했다. 이 두 교황은 아라곤을 견제하기 위해 프랑스 왕 및 나폴리 왕과 긴밀한 유대관계를 유지하였다. 특히 니콜라우스 4세는 필리프 4세를 확실하게 자기편으로 끌어들이기 위해 많은 혜택을 제공했고 시칠리아를 되찾기 위한 아라곤과의 전쟁을 위해 1293년에는 성직자세 징수권까지 부여했다.

이렇게 13세기 말 프랑스의 대외전쟁은 십자군이라는 대의로 채색되었고 필리프 4세는 교황이 마땅히 프랑스의 군사 행동을 지원해야 한다고 여겼다.[2] 바로 이와 같은 선례가 있었기에 필리프 4세는 원칙적으로 교황이 성직자에게 걷던 성직자세를 거리낌 없이 프랑스 왕국의 재정으로 활용하고자 했다. 1294년 8월에 교황 켈레스티누스 5세가 새로 즉위하긴 했지만 정치적 기반이 없이 선출된 그는 나폴리의 카를로 2세에게 신변을 의탁했다. 이러한 상황에서 프랑스 왕은 교황의 눈치를 볼 필요가 없었다.

이 당시 필리프 4세에게는 선대 왕들과는 다른 수준의 막대한 재정이 필요했다. 커다란 규모의 중앙관료체제가 조직되고 있었고 왕권 과시용 고가 품목들을 구하기 위한 비용이 늘어났다. 게다가 필리프 4세는 조부 루이 9세의 화평책을 멀리하고 왕권에 고분고분하지 않은 제후들을 무력으로 제압하고자 하였다. 1294년에는 기옌(아키텐) 지역에서 잉글랜드 왕 에드워드 1세와 크고 작은 전투들을 치렀고 곧이어 1297년부터는 플랑드르 백작 기 드 당피에르Gui de Dampierre를 수차례 공격하였다. 이 모든 것들은 강력한 중앙권력을 구축하기 위해 필리프 4세가 추진한 전례 없는 정책들이었고 그만큼 왕실 재정은 늘 모자랄 수밖에 없었다. 이러한 상황에서 필리프 4세는 화폐 개주나 과세와 같은 '예외적인 편법'들을 감행하고 교회 재정을 탐낼 수밖에 없었다.

한편 로마에서는 1294년 12월 켈레스티누스 5세가 자신의 무력함을 통감하며 교황직을 사임했다. 곧이어 1295년 1월 친프랑스적인 교황파 가에타니Gaetani 가문 출신의 보니파키우스 8세가 교황직을 계승했다. 새로운 교황에 대해서도 여전히 거리낌이 없었던 필리프 4세는 계속되는 전쟁 및 팽창하는 행정 비용 마련을 위해 1296년 1월 왕국의 귀족과 성직자들에게 50분의 1 재산세를 부과하였다. 이에 대해 일부 성직자들은 성직자세까지 왕실에 바치고 있는 상황에서 새로운 과세는 과도한 부담이 된다며 불만을 표출하였다.

곧이어 시토 수도회를 중심으로 일부 성직자들은 이 사안을 교황에게 탄원하였다. 이에 대해 보니파키우스 8세는 1296년 2월 교령 〈클레리키스 라이코스Clericis laicos〉[3]를 반포하여 십일조는 교황이 이끄는 교회 조직을 위한 것이며 교황의 허락 없이 성직자에게 세금을 부과하는 속인들에게는 파문이 가해질 것이라고 위협하였다. 이에 대해 필리프 4세는 경제 보복으로 맞섰다. 프랑스 내 모든 금·은의 대외 유출을 완전히 차단한 것이다. 이 조치는 프랑스 내에서 십일조나 성직자세 등의 명분으로 걷히던 막대한 양의 금화와 은화가 이탈리아로 유입되지 못하게 했고 곧 교황청의 재정 위기를 초래했다.

[그림 7-2]
파리 생트 샤펠의 루이 9세 입상.
(필리프 4세 당시 제작)

교황의 파문 위협은 경제 봉쇄 앞에서 물러날 수밖에 없었다. 교황청 재정도 문제였지만 보니파키우스 8세는 가에타니 가문의 수장으로서 로마 내 경쟁세력인 오르시니Orsini 가문과 콜로나Colonna 가문을 제압해야 했다. 특히 콜로나 가문은 기벨리노파로서 아라곤 왕실과 긴밀한 연대를 맺고 있었다. 교황은 곧 필리프 4세와 화해를 원했고 이는 큰 어려움 없이 진행되었다. 사실 교황은 교령에서 필리프 4세를 파문 대상으로 직접 언급한 적도 없었고 마찬가지로 필리프 4세 또한 교황만을 경제 제재 대상으로 지목한 적도 없기 때문이었다.

1297년 2월 결국 보니파키우스 8세는 필리프 4세에게 "긴급하게 필요한 경우" 교황의 동의 없이도 프랑스 내 성직자에 대해 과세할 수 있는 권리를 인정하였다. 물론 "긴급하게 필요한 경우"는 프랑스 왕의 판단에 따라 결정되었다. 또한 보니파키우스 8세는 향후 필리프 4세와 우호를 증진하기 위해 8월에는 오르비에토에서 그의 조부 루이 9세의 시성식을 거행하고 그가 사망한 날인 8월 25일을 축일로 정했다(〈그림 7-2〉).[4] 마지막으로 교황은 국왕이 임명한 3명의 궁정사제를 통해 왕국을 배신한 성직자를 체포할 수 있도록 하는 권한을 인정하였다.

이렇게 해서 일단 양자 사이에는 화해가 이루어졌다. 필리프 4세를 자신의 편으로 포섭했다고 여긴 보니파키우스 8세는 1300년에 '희년jubilé'을 선포하고 로마 순례자들에게 은총을 베풀었다. 하지만 마지막에 허가된 성직자 체포권은 또 다른 비극의 씨앗을 품고 있었다.

1302년 두 번째 충돌과 아나니 폭거

필리프 4세는 교황과의 직접적인 충돌을 피했지만 계속해서 전쟁을 치러
야 했다. 전쟁은 전쟁을 낳았고 또 이는 끊임없는 재정 확충을 요구했다.
잉글랜드와의 전쟁으로 필리프 4세는 왕국에서 부유한 지역인 플랑드르
백작령에도 과세를 요구했는데 이는 플랑드르 내부의 복잡한 상황과 맞물
려 새로운 분쟁을 낳았다. 플랑드르는 북해 및 발트해 교역의 주요 중심지
이자 잉글랜드 양모를 수입해 모직물을 생산하는 산업 중심지이기도 했
다. 이는 백작과 봉건 영주들이 주요한 지배세력을 이루는 다른 제후령과
달리 플랑드르 정치를 보다 복잡하게 만들었다. 플랑드르 내부에서는 플
랑드르 백작과 도시귀족, 길드 간에 정치적 역학 구도가 형성되어 있었는
데 여기에 부유한 플랑드르를 장악하려는 프랑스 왕권과 경제적 이해관계
를 맺고 있는 잉글랜드 왕권이 상황을 더욱 복잡하게 만들었다.

 1297년 플랑드르 백작 기 드 당피에르는 필리프 4세의 압력에 맞서 잉
글랜드 왕 에드워드 1세와 동맹을 맺었고 그에게 불만을 품은 도시귀족들
은 필리프 4세를 지지하며 '백합동맹Leliarts'을 결성했다. 반면 상인과 제
조업 길드세력은 필리프 4세의 통치가 보다 가혹할 것이라고 판단하고 플
랑드르 백작을 지지하였다. 기옌을 둘러싼 잉글랜드와의 전쟁이 채 마무
리되기도 전에 전선은 플랑드르로 바뀌어 1297년부터 1305년까지 '플랑
드르 전쟁'으로 확산되었다. 그사이 기옌을 둘러싼 잉글랜드와 프랑스 사
이의 분쟁은 교황 보니파키우스 8세의 중재로 1299년 몽트뢰이유조약을
체결하며 종결되었다. 반면 플랑드르에서는 필리프 4세와 도시귀족을 한
편으로, 기 드 당피에르와 플랑드르 코뮌을 다른 한편으로 하는 전선이 형
성되어 퓌른느Furnes 전투와 브루헤 새벽기도 사건, 쿠르트레Courtrai 전투
와 몽스앙페벨Mons en Pévèle 전투 등이 전개되었다.[5]

14세기 초 프랑스에서 전쟁 및 관료제 확대는 이에 대한 비용 증가 및 재정 압박으로 이어졌다. 이를 해결하기 위해 필리프 4세 정부는 화폐 개주와 같은 여러 편법과 전국적인 과세를 시행했다. 여전히 봉건적 지방분권이 강한 왕국 내에서 그의 정책은 지방 제후나 부르주아의 불만과 비판을 초래했다. 하지만 필리프 4세는 이러한 여론에도 불구하고 왕권에 의한 통치의 중앙집권화를 더욱 강화해 나가면서 지방 세력들을 압박해 나갔다. 바로 이러한 상황에서 보니파키우스 8세와의 두 번째 충돌이 발생했다. 사실 발단은 국제 문제보다는 지역 분쟁이었다. 플랑드르 다음으로 필리프 4세의 정책들에 불만을 표출한 곳은 13세기 후반에야 프랑스 왕국에 실질적으로 합병된 랑그도크 지역이었다.[6] 그리고 여기에서 논란의 중심에 선 자가 바로 파미에 주교 베르나르 세세Bernard Saisset(재위 1295~1311)였다.

최초의 분쟁은 베르나르 세세와 필리프 4세 지지세력인 푸아 백작 로제 베르나르 3세Roger-Bernard III 사이에서 시작되었다. 필리프 4세가 푸아 백작에게 파미에 주교구와 영주권을 공유하도록 한 것이 발단이 되었다. 베르나르 세세와 푸아 백작의 투쟁은 곧 필리프 4세에 대한 비판으로 확대되었다. 교황 보니파키우스 8세와 긴밀한 관계를 맺고 있던 베르나르 세세는 그동안 필리프 4세가 왕실 재정 확충을 위해 실시해 오던 성직자세 전유와 성직자 과세를 근본적으로 문제 삼았다. 또한 전통적인 랑그도크 귀족가문 출신으로 카페 왕조의 랑그도크 지배가 정당한지 문제를 제기하였다.

성직자 및 랑그도크인이라는 정체성을 지녔던 베르나르 세세의 거리낌 없는 언행은 카페 왕조에 대한 전면적인 도전으로 비춰졌다. 결국 그는 1301년 랑그도크 귀족들과 연합하여 반란을 일으키려 했다는 혐의를 받았다. 7월에 체포된 그는 툴루즈 감옥에 갇혀있다가 10월 상리스Senlis에서 필리프 4세의 주재 아래 프랑스 성직자들이 참석한 가운데 재판을 받았다. 국왕에 대한 반역은 물론이거니와 성자로 시성된 루이 9세를 모독했다는 루머로 이단과 신성모독의 혐의를 받았다.

베르나르 세세에 대한 재판이 진행되자 보니파키우스 8세는 교령 〈아우스쿨타 필리Ausculta fili〉를 작성해 같은 해 12월 5일 자로 필리프 4세에게 발송하였다.[7] 세속 정부에 대한 교회의 우위를 천명한 이 교령에서 국왕은 일반 속인 중 한 명에 불과한 존재였다. 노아의 방주와 노아의 관계처럼 교회라는 방주에서 유일한 수장은 신의 대리인인 교황뿐이라고 지적하면서 성직자의 권리를 강하게 옹호하였다.

이에 대해 필리프 4세는 1302년 4월 10일에 노트르담 성당에서 개최된 신분회États généraux로 응답했다. 프랑스 역사상 처음으로 전국의 성직자, 귀족, 부르주아라는 세 신분 대표들이 한자리에 모였고 회의를 주재한 국상 피에르 플로트Pierre Flote는 '왕국 및 프랑스 교회의 개혁'을 주요 안건으로 내걸었다. 이 안건의 요지는 바로 교황 보편권에 맞서 프랑스 왕국의 자유와 특권을 확립하는 데 있었다. 즉 교황이 이끄는 교회Ecclesia Christiana공동체를 거부하고 국왕이 이끄는 국가Status regni가 프랑스 인민들로 이루어진 공동체의 기반이 되어야 한다는 것을 의미했다. 귀족과 부르주아들의 강경한 분위기 때문이었을까? 성직자들 또한 프랑스 교회주의Gallicanisme에 동조하며 다시는 로마교황청을 방문하지 않겠다고 선언했다. 하지만 같은 해 7월 쿠르트레에서 프랑스 기사들이 플랑드르 보병들에게 대패하였고 국상 피에르 플로트 또한 전사하는 일이 발생했다. 이 패배는 중세적 맥락에서 왕국에 심각한 수치를 안겨주었고 프랑스 왕권을 크게 실추시켰다. 보니파키우스 8세는 이를 반격의 기회로 삼았다.

1302년 11월 18일 역사상 신정정치론théocratie을 가장 강력하게 주장하는 교령 〈우남 상탐Unam sanctam〉이 반포되었다.[8] 여기에서 보니파키우스 8세는 서유럽 라틴 기독교 세계를 하나의 몸으로, 그리고 교황을 그 유일한 머리라고 주장하며 성·속 이원론의 비유로 종종 이야기되던 두 개의 칼, 즉 영적인 칼과 세속의 칼이 모두 교황에게 속한다는 점을 강조했다. 또한 그는 세속 군주들의 역할에 상대적인 자율성을 부여했던 이원론을 마니교적인 이단으로 일축하고 세속 군주들은 교황보다 열등한 존재로 오로지 교황에게 종속될 뿐이라는 점을 천명했다. 1303년 봄부터 로마교황청에서는 필리프 4세 파문을 위한 교령이 작성될 것이라는 이야기가 흘러나오기 시작했다.

잘 알려져 있다시피 11~13세기 내내 교황들은 파문을 비장의 무기로 활용해 왔다. 그런데 이 당시 상황과 관련하여 주목해야 할 점은 기존에 파문을 당했던 군주들과 달리 필리프 4세에게 파문의 실질적인 효과는 좀 달랐다는 사실이다. 파문은 파문당한 자가 더 이상 기독교도가 아니라고 공표하는 것으로 지방분권화가 강한 정치질서에서 가장 큰 효력을 거둔다. 즉 11~13세기 동안 종종 발표되었던 신성로마제국 황제에 대한 파문은 사실 파문장 자체보다도 그로 인한 황제의 권위를 상실하도록 만들고 지방 제후들의 저항을 정당화하는 결과를 초래한다는 점에서 효력을 지니고 있었다.

반면 필리프 4세는 파문으로 인한 왕국의 분열과 반란을 걱정할 필요가 없었다. 오히려 1302년 소집된 신분회는 프랑스 왕국이 왕권을 중심으로 한 세 위계의 사회체가 하나의 정치공동체로 단일하게 통합되어 있다는 점을 과시했다. 그럼에도 파문은 십자군이라는 대의를 크게 훼손하는 것이었기에 막아야 했다. 필리프 4세 정부는 과세와 군대 소집, 이 모두를 십자군 이상과 같이 신성한 땅 프랑스의 방어라는 이데올로기로 정당화하고자 했기 때문이었다.

과연 필리프 4세는 보니파키우스 8세의 파문 선포를 어떻게 막을 것인가? 프랑스의 새 국상 기욤 드 노가레는 전임자인 피에르 플로트의 정책을 계승한 자로 보다 과감한 행동을 취하기로 했다. 1303년 6월 13~14일 루브르성에서, 또 24일에는 시테궁에서, 노가레는 왕국의 주요 대귀족과 고위 성직자들을 중심으로 다시 한번 회의를 개최하였다. 그리고 이 회의는 대중에게 공개되어 회의장 주변에는 많은 인파가 몰려들었다.

놀랍게도 여기에서 논의된 사안은 보니파키우스 8세의 정당성에 대한 문제 제기였다. 교황은 이단, 우상숭배, 성직 매매 혐의를 받았다. 또한 그의 교황직 선출과 즉위 후에 이루어진 켈레스티누스 5세에 대한 가혹한 처사 또한 규탄의 대상이 되었다. 결국 참가자들은 보니파키우스 8세가 교황으로서 자격을 지녔는지를 심사하기 위한 공의회 소집을 제안하였다. 그리고 파리대학에서 이단으로 단죄 받은 서적을 수정하여 출간을 허락한 점, 이탈리아 곳곳에 자신의 호화로운 조각상을 세운 점, 교회 재정을 낭비한 점, 조카들을 고위 성직에 임명한 점 등이 보니파키우스 8세 고발 사유가 되었다.

이에 대해 보니파키우스 8세는 자신만이 공의회를 소집할 수 있다는 점을 강조하면서 필리프 4세에 대한 파문을 선언하는 교령 작성에 돌입했다. 이 당시 노가레는 교황의 진의를 알아보기 위해 이미 이탈리아로 건너와 있었다. 9월 2일 그는 보니파키우스 8세가 교령 〈수페르 페트리 솔리오 Super Petri solio〉를 8일에 반포할 예정이라는 사실을 전해 들었다. 이제 그로서는 교황의 진의를 아는 것보다도 이 교령의 반포를 무슨 수를 써서라도 막아내고 교황이 자격 심사를 위한 공의회에 참석하도록 설득하는 것이 중요하였다. 마침 교황은 여름 별장이 있던 아나니Anagni에 머무르고 있었다. 노가레는 신변을 보호하기 위해 페렌티노의 권력자인 리날도 다 수피노Rinaldo da Supino가 이끄는 이탈리아 용병대를 소집하고 프랑스 국왕기를 들도록 했다.

노가레 일행은 아나니로 가는 도중에 자코모 시아라 콜로나가 이끄는 군대와 합류하였다. 그는 가에타니 가문과 숙적관계인 콜로나 가문 일원으로 보니파키우스 8세가 교황에 즉위한 이후 프랑스로 건너와 교황을 물러

나게 할 기회를 엿보고 있었다. 노가레가 이끄는 군대는 콜로나의 군대와
함께 7일 밤 아나니에 당도하여 교황이 머무르고 있던 산타 마리아 교회
내 교황 별장을 급습하여 8일 새벽에는 교회와 별장을 모두 장악하였다.
이후 노가레는 교황을 체포하고 고발장을 낭독한 후 그에게 교황직에서
물러날 것을 요구했다.

보니파키우스 8세는 이를 거부하며 교황으로 죽겠다고 버텼으며 이 과
정에서 모종의 폭력사태가 발생했던 것으로 보인다. 이는 그 유명한 '보니
파키우스 8세가 맞은 뺨따귀'라는 이야기로 내려온다. 교황이 "여기 내 머
리가 있다, 여기 내 목이 있단 말이다!"라며 교황인 자신을 죽이라고 말하

[그림 7-3]
14세기에 건축된 아비뇽 교
황궁.
백년전쟁(1337~1453) 와중
에 창궐한 비적의 공격을 방
어하기 위해 요새화되었다.

자 시아라 콜로나가 기사용 쇠장갑으로 그의 뺨을 내리쳐 기절시켰다는
이야기다. 하지만 사실 이 이야기의 진실 여부는 확실하지 않다. 어쨌든
전례 없이 강력한 교황권을 천명했던 보니파키우스 8세는 가장 큰 치욕을
당했다. 소문을 듣고 아나니 인민들이 교회로 몰려들자 노가레와 콜로나
일파는 아나니를 벗어나 급히 피신하였다. 결국 필리프 4세를 파문하기 위
한 교령은 반포되지 못했으며 사건이 난 지 한 달 후인 10월 11일, 68세의
보니파키우스 8세는 정신적 충격을 견디지 못하고 사망하고 말았다.

　그의 사후 새로운 교황 베네딕투스 11세Benedictus XI(재위 1303~1304)는
1304년 6월 시아라 콜로나와 기욤 드 노가레를 파문했으나 이듬해 사망하

였고, 1305년에 즉위한 교황 클레멘스 5세Clemens V(재위 1305~1314)는 아나니 사건 관련자에 대한 모든 단죄를 철회하였다. 보르도 대주교였던 그는 교황이 된 이후에 로마에 가지 못하고 초기에는 리옹에, 1309년부터는 아비뇽에 정착하였다(《그림 7-3》). 보니파키우스 8세 이후 벌어진 로마에서의 정치적 혼란과 필리프 4세의 압력 때문이었다. 이로써 아비뇽 교황의 시대가 열렸다. 그리고 교황의 이동 통치와 관련해 등장한 13세기 교회법 경구인 "교황이 있는 곳이 로마다Ubi est papa, ibi est Roma"라는 문장은 새로운 논란을 제기하였다.

교회와 국가

13세기 말에서 14세기 초에 교황과 프랑스 왕 사이에 진행된 두 차례의 충돌을 다시 한번 정리해 보자. 무엇보다 가장 주목해야 할 사안은 바로 교회와 국가의 대결이다. 즉 그것은 13세기에 전성기를 이루었던, 교황을 정점으로 하는 보편적인 교회공동체와 13세기 말에 등장하기 시작한, 국왕을 정점으로 하는 개별적인 정치공동체 간의 충돌이었다. 이때 이 갈등을 11~13세기 동안 벌어졌던 황제와 교황 간의 투쟁, 즉 성·속 간의 대결이라는 구도로 바라본다면 많은 특징을 놓치게 된다. 물론 보니파키우스 8세의 교령에 나타나는 어휘와 표현들은 성직자와 속인 간의 권력투쟁에 초점을 맞추고 있다. 하지만 이는 어디까지나 교황의 입장일 뿐이다. 즉 앞서 언급한 교령들의 어휘와 표현들은 교황이 필리프 4세의 도전을 신성로마제국 황제들과의 갈등과 같은 시각에서 바라보고 있다는 점을 보여준다. 이 점에서 교황은 이 당시 프랑스 왕국이 신성로마제국과 전혀 다른 정치 구조를 지니고 있었다는 사실을 간파하지 못하고 있었다.

먼저 13세기 동안 이루어진 프랑스 왕국의 정치 구조를 살펴보자. 필리 프 2세의 영토적 통합과정과 루이 9세의 상징권력에 의한 정치적 정당성 확보는 13세기 동안 프랑스 왕국을 단일한 정치공동체로 만들어 갔다. 봉 건주의적 권력 분산화가 극심했던 프랑스는 13세기 말 전국에 걸쳐 국왕 이 영향력을 행사할 수 있는 곳으로 변화했다. 물론 여전히 각 제후의 정치 적 자율권은 유지되었지만, 어느 누구도 프랑스 왕국에서 이탈하여 독자 적인 세력을 구축하려고 하지는 않았다. 특히 프랑스에서 13세기 동안 루 이 9세는 자신의 상징권력을 이용하여 전국 각 지역에 걸쳐 왕권의 정치적 정당성을 확보해 나갔다. 이는 전국에 걸쳐 왕권이 제정한 법안들이 일괄 적으로 적용될 수 있도록 만들었다. 이 당시 프랑스는 잉글랜드만큼 조직 적인 행정체계를 갖추지는 못했지만, 황제가 각 제후의 영역에 어떠한 직 접적인 영향도 행사할 수 없었던 신성로마제국과는 확연히 달랐다.

신성로마제국에서는 10세기에 제후령 수준에서 권력 분산화가 멈추면 서 프랑스보다 더 심화되지는 않았다. 하지만 제후령들 간의 연맹체인 이 '제국' 내에서는 상징적인 명칭의 '황제' 말고는 진정한 의미에서 제국 전 역에 영향을 미칠 수 있는 일인 지배자가 등장하기 힘들었다. 물론 이러한 상황은 제국의 정치가 11~13세기 동안 언제나 이탈리아와 연결되어 있었 기 때문에 전개된 것이었다. 점점 부유해져 가는 북부 이탈리아 도시들을 두고 황제는 늘 중부에 위치한 교황과 전선을 이루어야만 했다.

이때 황제의 실질적인 무력을 좌절시킨 것이 바로 교황의 파문장이었 다. 기독교도만이 '시민권'을 가질 수 있었던 서유럽 세계에서 파문은 황 제에 대한 봉기를 반역이 아닌 일종의 십자군 활동으로 탈바꿈시켰다. 중 앙집권화를 추진하던 황제는 독일 지역에서 패권을 잡으면 언제나 부유한 북부 이탈리아까지 장악하고자 했고 이에 위협을 느낀 교황은 파문으로 황제를 위협했다. 즉 제국과 교회, 황제와 교황 사이의 대립에서 파문장의 효력은 사실 교황의 신성한 권위가 아니라 제국 내 제후들과 도시들의 분권적 성향에 기반을 두고 있었다.

그러나 황제와 교황 간의 투쟁은 공통의 지반, 즉 서유럽 세계의 '보편성'이라는 이상 위에서 이루어졌다. 서유럽 전체를 이끄는 보편적 권력을 과연 누가 장악할 것인가가 카롤루스 황제 대관식이 이루어진 800년부터 13세기 초까지 황제와 교황 간 투쟁의 핵심 사안이었다. 로마제국 당시처럼 총대주교에 불과한 교황을 황제 아래 둘 것인가, 아니면 서로마 황제의 후계자이자 영적 권위를 부여받은 교황을 속인에 불과한 황제가 따라야 하는가? 제국교회인가 교회제국인가? 앞서 언급했던 성·속 이원론의 갈등은 바로 이러한 상황에서 논의되었던 담론 틀이며 이 담론의 현실 근간에는 분권적이었던 제국의 상황과 명목상으로 보편적이었던 교황권이 자리하고 있었다.

반면 13세기 말 프랑스 왕국의 상황은 신성로마제국과 달랐다. 왕국은 여전히 지방분권적이었지만 왕권의 영향력은 전국에 미치고 있었다. 또한 프랑스 왕권은 황제와 달리 보편지배권을 두고 교황과 충돌한 일도 없었다. 필리프 4세 치세의 프랑스 사례는 서유럽 정치 담론의 쟁점이 성·속 이원론에 입각한 보편지배권 문제 틀에서 보편제국 대 개별 왕국이라는 새로운 문제 틀로 바뀌는 계기였다.

사실 이러한 시도는 신성로마제국 황제인 프리드리히 2세가 처음으로 보여주었다. 그는 13세기 전반기에 신성로마제국 내 제후들에게는 자율권을 부여했으면서도 시칠리아 왕국에서는 중앙집권적인 국가를 건설하려고 했다. 하지만 그가 물려받은 황제라는 직위는 여전히 교황과의 갈등을 촉발하였고 시칠리아 왕국을 중심으로 한 새로운 정치적 시도는 결국 교황 대 황제라는 구도에 묻히고 말았다. 이때 교황의 편에서 프리드리히 2세와 그의 아들 만프레드를 실각시킨 세력은 프랑스 왕권이었다. 하지만 교황 대 황제라는 이원적 구도에 묻혀있던 프랑스 왕권은 필리프 4세 시기에 이르러서 한 세대 전에 프리드리히 2세가 제기했던 정치적 비전을 보다 본격적으로 실행하였다.

그것은 보편권을 내세우는 교황의 개입을 배제한, 프랑스 왕이 이끄는 중앙집권적인 통합국가의 등장이었다. 이미 1256년 법학자 장 드 블라노는 《법학제요*Institutiones*》에서 "프랑스 왕은 자신의 왕국에서 황제다! 왜냐하면 세속사에서 그는 자신보다 상위의 것을 인정하지 않기 때문이다*Rex Franciae in regno suo princeps est, nam in temporalibus superiorem non recognoscit*"라고 주장하였다. 또 익명의 《학설휘찬*Digesta*》 주석서에서는 "왕이 원하는 것은 바로 법으로서 효력을 지닌다"라고 언급했다. 이 두 가지 인용문은 모두 필리프 4세가 기존의 정치 담론을 자신의 정책 기조로 삼되 보다 과감하게 추진하고 있었다는 점을 보여준다.

특히 1303년 개최된 신분회에서 장 드 블라노의 문장 중 'princeps'라는 로마식 라틴어는 당대에 더 친숙하게 사용되던 'imperator'로 바뀌었고 이유를 설명하는 부사절 또한 삭제되었다. 국왕 법률가였던 기욤 드 플레지앙Guillaume de Plaisians이 제시했다고 하는 "프랑스 왕은 자신의 왕국에서 황제다!"라는 문장은 대외적으로 독립상태에 있으며 대내적으로는 그보다 더 상위의 권력이 없는 프랑스 왕권의 새로운 성격을 보다 간명하면서도 강력하게 제시하였다. 이에 따르면 프랑스 왕은 신성로마제국 황제의 존재에도 불구하고 왕국 내에서는 황제, 즉 최고 주권자이며 이는 세속사 또는 현세적인 것으로 한정받지 않는다.

필리프 4세는 황제나 교황과 같이 보편권력을 주장하기보다는 성·속의 구분을 뛰어넘는 개별적인 한 왕국의 단일성과 독자성을 추구하였다. 세속 정부의 독자성은 이미 13세기에 토마스 아퀴나스 때부터 논의되었지만 필리프 4세 치세 당시 활동했던 여러 왕국 법률가들은 교황의 교령에 대항하여 보다 과감하게 발전시켰다. 아퀴나스 사상을 가장 잘 보여주는 문장인 "은총은 자연을 파괴하지 않고 완성한다"는 신학과 철학의 관계뿐만 아니라 교황과 세속 군주, 교회와 세속 정부 사이의 관계를 위계적으로 설정한다. 이에 따르면 아리스토텔레스에 따라 세속 정부는 인간 본성에 의해 만들어지긴 했지만, 이는 은총을 베푸는 교회에 의해서만 도덕적으로 보다 높은 단계로 나아가 완성된다. 즉 아퀴나스는 현세적인 것과 영적인 것을 대립시키기보다는 아리스토텔레스를 수용하면서 현세적인 것을 인정하되 이를 영적인 것 아래에 놓는다.[9]

하지만 필리프 4세 시기의 정치 담론들은 교회 및 교황권과 무관하게 왕국 그 자체의 독자성과 신성성에 대해 주장했다. 두 차례의 충돌이 전개되는 동안 프랑스에서는 왕권이 이끄는 세속 정부의 독자성, 왕권에 의한 성직자 과세 등을 정당화하는 소논문들이 집필되었다. 이 중 4편이 현재까지 알려져 있는데 첫 번째는 교령 〈클레리키스 라이코스〉 발표 이후에 집필된 〈성직자와 기사 간의 논쟁〉(1296년 말)이고 나머지 셋은 1302년 교령 〈우남 상탐〉 발표 이후 작성된 것으로서 익명의 저서인 〈양측(교황과 국왕)에 대한 질문〉(1302), 뒤 불레Du Boulay라는 수도사가 집필했다고 하는 〈교황권에 대한 질문〉(1302), 마지막으로 장 드 파리(장 키도르)가 집필한 〈왕과 교황의 권력〉(1303)이다. 이 중 장 드 파리의 글은 세속 정부가 교황보다 시기적으로 앞서기 때문에 더 근본적이라는 점, 교황의 오류 가능성과 이에 따른 공의회의 필요성, 프랑스 왕에 의한 공의회의 교정과 감시를 정당화했다.

이렇게 해서 아퀴나스가 주장한 본성과 은총 간의 형이상학적 위계는 장 드 파리에 의해 역사적 선후관계로 전도되었다. 은총을 받기 위해서 본성은 늘 은총보다 선행해야 하며 이는 교회보다 세속 정부가 더 근원적이라는 점을 나타냈다. 그리고 프랑스는 성스러운 혈통이 다스리기 때문에 그 자체의 세속 정부로 신성성을 부여받는다.[10] 토마스 아퀴나스에서 장 드 파리로의 정치이론의 변형, 그것은 "블라노의 문장文章이 플레지앙의 문장으로" 변화된 것과 마찬가지였다.

결국 '신성하고 독자적인 프랑스 왕국'은 1302년 4월 기욤 드 노가레가 소집한 신분회에서 처음으로 '조국Patria'이라고 불리기 시작했다. 그리고 플랑드르군에게 치욕적으로 패배했던 7월의 쿠르트레 전투 이후 '조국애 amor patriae'라는 말이 등장하였다. 곧이어 '가장 기독교적인 왕'이 다스리는 프랑스는 '성지'이며 프랑스인들은 '선민'이라는 국가 숭배사상이 등장했다.

마지막으로 두 충돌의 쟁점을 정리해 보자. 첫 번째 충돌은 성직자에 대한 과세가, 두 번째 충돌은 성직자에 대한 재판권이 문제가 되었다. 그런데 이 성직자들은 모두 프랑스인 성직자들이었다. 13세기 말~14세기 초 프랑스에 유포되었던 정치 담론과 이데올로기는 이 두 충돌의 쟁점을 다음과 같은 하나의 질문으로 요약한다. 프랑스 성직자는 프랑스인인가 성직자인가? 즉 프랑스인 성직자의 정체성에서 가장 중요한 요소는 무엇인가? 신성한 프랑스 왕이 다스리는 프랑스에서 태어난 사람이라는 사실인가, 아니면 교황에 의해 서임 받은 성직자라는 사실인가?

교회 측에서는 아퀴나스의 논리대로 성직자라는 은총을 받은 것이 우선이라고 주장하겠으나 프랑스 왕정 입장에서는 장 드 파리의 논리대로 프랑스인으로 태어난 본성이 우선한다. 먼저 프랑스인으로 태어났으니 나중에 성직자도 될 수 있지 않았겠는가? 따라서 이 당시 프랑스 왕정 측에서 볼 때 프랑스인 성직자는 일차적으로 성직자이기 이전에 프랑스인이며 프랑스 국왕의 과세와 재판권의 대상이 되는 것은 당연한 것이었다.

프랑스를 '조국'으로

아나니 폭거는 서구 중세사회를 조직하는 공동체의 주도권이 교회에서 세속 정부로 이행하는 과정에서 생긴 사건이었다. 이 세속 정부는 전쟁을 목적으로 한 과세를 부과하며 여러 정책상의 동의를 얻기 위한 신분회를 소집했다. 그리고 왕이 이끄는 왕국 전체를 하나의 공동체로 선전하면서 인격화하기 시작했다. 이 모든 현상은 14세기 초 프랑스인들에게 매우 낯선 경험이었다. 이는 모두 필리프 4세 왕정이 왕국을 '국가'로 변형시켜 나가는 과정에서 생긴 일이었다.

프랑스 왕을 정점으로 하는 통일적인 정치체제를 확립하는 데 두 가지 장애물은 국내의 지방분권 세력이고 국외의 보편권력이었다. 지방분권 세력을 제압하는 전쟁은 국가 전쟁이 되었고 계속해서 반복되는 전쟁을 준비하기 위한 왕정은 전쟁 국가가 되었다. 이 과정에서 보편성을 내세우며 서유럽 전역에 행정망을 조직해 놓은 교회는 국가와 필연적으로 충돌할 수밖에 없었다. 이는 또한 인간들이 조직한 사회체 또는 공동체 조직 방식에 대한, 그렇기 때문에 정치적이라고 할 수밖에 없는 서로 다른 비전과 이데올로기의 충돌이기도 했다.

11세기 말에 확립된 교황권은 바로 9~10세기 사이에 이루어진 정치적 분산화와 파편화 위에서 강력한 중앙집권 세력의 등장에 제동을 걸면서 자신의 영적 권위를 드높일 수 있었다. 12~13세기 내내 신정정치론 이데올로기에 몰두해 있던 교황은 보편권을 두고 황제와 대결했다. 그동안 매번 교황의 조력자 역할을 해오던 프랑스 왕권은 봉건주의 정치질서가 지닌 심각한 권력 분산화를 극복하고 13세기에 왕국 전체에 거쳐 괄목할 만한 정치적 정당성을 확보했다. 역설적이게도 이러한 정당성의 원천은 바로 교회의 인정이었다.

특히 프랑스에서 이러한 왕국의 통일성과 왕권의 정당성 확보에 크게 기여한 요인 중 하나는 바로 교황 스스로 주도했던 다양한 명목의 십자군이었다. 13세기 동안 프랑스 왕권은 라틴 기독교 세계의 사업인 십자군을 전유하면서 자신의 정치적 목적을 달성해 나갔다. 그 결과 13세기 초에 교황의 인정을 받았던 가장 기독교적인 왕은 14세기 초에 들어와 교황을 이단이라 고발할 만큼 가장 기독교적인 왕이 되었다. 그리고 필리프 4세에 대한 보니파키우스 8세의 파문 위협은 그의 대외 활동에 상처를 줄 수 있었을지 모르나 신분회가 보여주듯 왕권과 세 신분이 통합된 단일한 정치공동체, 즉 국가의 부상을 막을 수는 없었다.

08

1358년7월:
중세 '파리 혁명'을 이끈 에티엔 마르셀의 죽음

박용진

에티엔 마르셀의 '기억'

파리를 구경한다면 파리 시청은 반드시 들르는 곳은 아니지만, 비교적 많은 사람이 찾는 곳이다. 사람들은 이 건물을 바라볼 때에도 정면의 웅장함을 감상할 뿐, 건물의 기둥에 줄지어 서있는 파리 출신의 유명 인사들에게는 관심을 두지 않는다. 하물며 이 건물의 정면이 아니라 센강 변쪽에 비켜 서있는 기마 동상에 대해서는 말할 필요도 없을 것이다.

그 동상은 한 인물이 말을 탄 채 한 손으로는 칼을 잡고 있고 다른 한 손으로는 두루마리 문서를 앞으로 쭉 펼쳐 들고 있는 모습이다. 에티엔 마르셀Etienne Marcel이라는 인물인데, 그가 손에 쥐고 있는 문서는 파리의 자치를 상징하는 특허장이다.

이렇듯 무관심 속에 외면당하고 있는 듯 보이지만, 에티엔 마르셀은 여전히 인용되고 있는 인물이기도 하다. 2012년 프랑수아 올랑드 대통령은 파리 시청을 방문하여 다음과 같이 말했다. "국가와 파리의 역사는 대립의 역사였습니다. 우리 역사에서 파리의 권력은 끊임없이 중앙권력에 대항했습니다. '상인조합장Prévôt des marchands'은 국왕에 저항했고, 시 정부는 궁정에, 코뮌은 베르사유에 저항했습니다. 국가는 파리를 믿지 않았습니다."
국왕에 저항한 상인조합장이란 당연히 에티엔 마르셀이다.

이처럼 잊혀있다가도 끊임없이 되살아나는 에티엔 마르셀이라는 인물
은 파리의 상인조합장으로서 1350년대 중엽 왕국의 개혁을 시도하다가
1358년 7월 31일 살해당한 사람이다. 이 기간 중 일어난 사건들은 반란,
개혁, 혹은 혁명으로 불리고 있다. 특히 그것은 '파리의 혁명'으로 불리며
자주 1789년 프랑스혁명과의 유사성이 지적되곤 한다. 일련의 사건이 일
어나게 된 원인이 왕국의 재정 위기에 있다는 점, 이러한 재정 위기를 타개
하기 위해 신분회를 소집했다는 점, 이렇게 소집된 신분회가 왕권을 통제
하려 했다는 점이 초기 단계에서의 유사성으로 지적되곤 한다.

또한 1357년 대칙령은 1791년 헌법의 기초를 이루고 있으며, 1358년 마
르셀이 벌인 살해 사건은 1792년 8월 민중의 폭력과 뒤이은 학살의 전조
였다고도 한다. 마르셀의 '파리의 혁명'은 단지 1789년 프랑스혁명뿐만
아니라, 1830년 7월혁명, 1848년 6월 봉기, 1871년 파리코뮌의 전조로서
간주되기도 한다. 결국 마르셀과 파리의 혁명에 대한 시각은 프랑스혁명
에 대한 시각을 반영하고 있다고 할 수 있다.

마르셀은 중세사회의 위기인 14세기에 신분회를 중심으로 개혁을 시도
하고 반란을 일으켜서 왕권을 제한하려 했다는 점에서 입헌주의 개혁가,
'중세의 당통', 파리코뮌의 선구자 등으로 찬양받기도 하지만, 반대로 백
년전쟁 기간 중에 영국과 가까운 세력과 손을 잡았다는 점에서, 그리고 폭
력을 사용했다는 점에서 반역자, 폭력범, 공포정치의 폭군 등으로 취급받
기도 한다. 어떻게 해서 이처럼 극단적으로 상반되는 평가를 받게 되었는
지, 그리고 시대와 상황에 따라 그에 대한 평가가 어떻게 변화했는지를 살
펴보자.

'파리 혁명'과 에티엔 마르셀의 죽음

재정 문제와 신분회(1356)

《장 2세와 샤를 5세 치세 연대기》에는 1358년 7월 31일에 일어난 사건에 대해 다음과 같이 기록하고 있다.

> 7월 [31일] 화요일 상인조합장과 그의 일당은 무장을 하고 식사 전에 생드니 요새로 갔다.……상인조합장은 열쇠를 지키던 문지기와 언쟁을 벌였다.……그리하여 상인조합장 및 조스랑을 한편으로 하고 장 마이아르를 다른 편으로 하여 말싸움이 벌어졌다. 그러다가 마이아르가 말을 타고 프랑스 왕의 깃발을 들고서 이렇게 소리쳤다. "프랑스 국왕과 [노르망디] 공작[1] 만세." 그사이 상인조합장은 생탕투안 요새로 갔다. 그곳에 있던 어떤 사람이 상인조합장과 함께 온 필리프 지파르를 덮쳤다. 지파르는 무장을 하고 머리에는 철모를 쓰고 있었지만 결국 살해당했다. 뒤이어 상인조합장과 그의 동료 시몽 르 파니에가 살해당했다.

이 기록에서 에티엔 마르셀은 줄곧 '상인조합장'[2]으로 기록되어 있다. 그가 상인조합장이 된 시기는 프랑스 왕권이 여러 가지 어려운 상황에 처해 있던 때였다. 인구가 포화상태에 이르고 기근이 빈발하며 역병이 창궐하던 시기, 즉 14세기의 일반적 위기가 심화되던 시기였다. 이에 더하여 1337년부터는 후일 백년전쟁이라고 불리는 영국과의 전쟁이 시작된 시점이었다. 국왕 장 2세는 영국의 침략에 맞서 전비를 마련해야 했으나, 전쟁 보조세 징수도, 화폐 조작을 통한 수입 확보도 어려운 실정이었다. 한마디로 왕실은 재정 위기에 빠져있었고, 이러한 위기를 타개할 유일한 방법은 신분회를 소집하는 수밖에 없었다.

이리하여 1355년 11월 30일 랑그도일 신분회가 열렸다. 이 신분회에서 에티엔 마르셀은 제3신분 대표로서 연설을 했다. 신분회는 12월 28일 칙령을 통해 전쟁보조세를 승인하는 대신 양화를 주조하고 관료의 부패를 척결할 것을 결정했다. 이 신분회 결정 중 무엇보다도 우리의 관심을 끄는 것은 신분회가 징세관을 임명하고 그들을 감독할 권한을 획득하였다는 것과 징세량의 중간 결산을 위해 차기 신분회를 예정하였다는 점이다. 1355년 신분회는 세금에 국한된 것이기는 하지만 처음으로 왕권을 통제할 수 있는 길을 열어놓았고 또한 이러한 통제를 지속적으로 유지할 수 있는 발판을 마련해 놓았다.

그러나 각 지방에서는 납세 거부가 확산되어 징세량이 예상에 훨씬 못 미치게 됨으로써, 신분회 요구를 국왕에게 지속적으로 관철시키는 데 실패했다. 그러나 징세량이 미흡하다고 해서 국왕의 통치에 대한 신분회의 불만, 특히 화폐 개주와 관료의 부패에 대한 불만이 없어질 수는 없었다. 그들 불만이 결정적으로 폭발하게 된 것은 1356년 9월 푸아티에 전투에서의 패배 때문이었다. 이 전투에서 국왕 장은 영국군의 포로가 되었고 귀족들은 겁에 질려 달아나기에 바빴다. 신민들은 귀족과 관직자들의 부패 때문에 왕국에 재앙이 덮친 것이라고 생각했다.

이러한 재앙에 직면하여 신분회는 예정보다 빠른 1356년 10월에 소집되었다. 국왕이 포로가 되었으므로 국왕 대리인이자 장자인 세자 샤를Charles (후일 샤를 5세)이 회의를 주재했다. 이 신분회는 세자와 신분회 대표들 간의 의견 차이가 좁혀지지 않아서 아무런 성과 없이 끝났다. 세자는 신분회가 재정 문제를 해결해 주지 못하자 전통적인 재정 확보 수단인 화폐 조작을 단행했다.

마르셀은 이에 항의하여 파리의 장인과 노동자들에게 파업을 지시하고 모든 시민에게 무장을 지시했다. 세자는 하는 수 없이 마르셀과 파리 시민에 굴복하여, 신분회 소집과 주화 발행에 대한 신분회의 통제권, 그리고 신분회가 지목한 관직자들의 파면과 체포, 재산의 압류를 약속했다.

개혁과 대칙령(1357)

세자가 약속한 신분회는 이듬해인 1357년 2월 개최되어 무려 한 달간이나 지속되었다. 그 결과를 담은 대칙령Grand Ordonnance도 61개 조항에 이르는 방대한 것이었다. 그렇지만 그 내용은 새로운 세금 결정, 양화 주조, 강제 차용 금지 등 1355년 12월 신분회와 1356년 11월 신분회의 내용을 그대로 이어받거나 보다 자세하게 규정한 것이 대부분이었다. 그러나 신분회의 권한은 훨씬 더 강화되어, 신분회가 국왕이나 세자의 소집명령서 없이도 소집될 수 있게 되었다.

이 칙령은 곧바로 실행에 옮겨졌다. 그러나 4월 5일 보르도에 억류되어 있던 국왕이 신분회 소집을 금지하고 신분회가 결정한 전쟁보조세 납부를 거부하도록 명령했다. 이 편지를 놓고서 신분회 대표들은 전쟁을 계속 수행하려는 측과 평화를 원하는 측으로 분열되었다. 게다가 이러한 상황은 평화를 기대하는 사람들로 하여금 납세를 거부하도록 만들었다. 그 결과 징세량은 목표치에 턱없이 모자랐고, 이로 인해 1357년 봄의 개혁 조치들이 위태롭게 되었다. 그러나 파리를 떠나 지방을 돌아다니며 귀족과 성직자들로부터 재정을 확보하려 했던 세자 역시 실제 재정 확보에는 실패함으로써 곤경에 처해 있기는 마찬가지였다. 결국 수입을 원하는 세자와 개혁을 요구하는 마르셀 양측의 필요에 의해 신분회가 다시 소집되었다.

이 신분회는 1357년 11월 소집되었으나, 회기 중에 발생한 나바르 왕 탈출 사건[3]으로 나바르 왕의 대우에 대한 토의만을 하다가 결론을 얻지 못한 채 끝났고, 1358년 1월 다시 이 문제를 논의하기 위해 신분회가 소집되었으나 역시 결론을 내리지 못했다. 결국 1357년 대칙령을 통한 개혁은 국왕

장의 편지, 그리고 나바르 왕 문제로 인해 실행이 불가능하게 되었고, 개혁세력도 분열되어 약화되어 갔다.

반란 혹은 '파리의 혁명'(1358)

이렇듯 1357년부터 1358년 초에 이르는 동안 세자가 개혁을 격렬하게 반대하고 징세량의 부족으로 신분회의 개혁이 좌초될 위기에 처하게 되자, 마르셀은 무력에 호소하게 되었다. 2월 22일 마르셀은 자기를 지지하는 3천여 명의 무장 시민을 이끌고 왕궁으로 찾아가 세자에게 칙령 조항들을 성실하게 준수할 것을 요구하였다. 대화 중 두 사람의 언성이 높아지자, 시민들은 샹파뉴 원수元帥 장 드 콩플랑과 노르망디 원수 로베르 드 클레르몽을 살해했다.

두 원수가 죽자 세자는 마르셀에게 보호를 요청했고, 마르셀은 "전하, 두려워 마십시오"라고 말하며 자신이 쓰고 있던 파리의 상징 모자를 세자의 모자와 바꾸어 썼다. 곧이어 그는 그레브 광장으로 가서 군중에게 "교활하고 사악한 반역자들"의 살해에 대해 해명하고 그것이 왕국의 이익을 위한 행동이었다고 정당화했다. 그리고 다시 팔레로 돌아와서, 세자에게 그들이 "인민의 의지"에 따라 처형된 것이라 주장하며 사면을 받아냈다. 이리하여 신분회로부터 시작된 개혁은 이제 명백한 반란의 양상으로 치닫게 되었으며, 개혁에 대해 점차 미온적인 태도를 취해오던 귀족이 이에 대한 적대적 입장을 뚜렷이 함으로써 반란은 신분 간의 대립이라는 양상을 띠게 되었다.

세자는 3월 14일 '섭정régent' 칭호를 받고 나서, 지방 신분회 개최를 핑계로 파리를 떠났다. 이것은 마르셀과 파리 시민의 감시로부터 벗어나는 것을 의미했다. 4월과 5월에 걸쳐 지방에서 신분회를 개최하고 파리의 생필품 공급로를 차단하기 시작했다. 이에 마르셀파는 무력 대응에 나설 수밖에 없었다. 마르셀은 성문 주위 곳곳에 성벽을 치거나 해자를 파고 포대를 설치하도록 하는 한편, 루브르성에 설치된 포대를 시 청사인 메종오필리에로 옮기도록 조처했다.

이러한 상황에서 사태를 더욱 폭력적으로 이끈 것은 1358년 5월 28일경 보베 지방에서 우발적으로 일어난 농민들의 반란인 '자크리Jacquerie'였다. 우아즈강 연안의 한 작은 마을에서 농민들이 여러 명의 기사를 살해함으로써 시작된 자크리는 보베 지방과 파리 주변 지역으로 급속히 확산되었다. 이 반란은 귀족의 성과 저택에 대한 엄청난 파괴와 약탈을 수반한, 귀족 전체에 대한 비귀족의 사회적 전쟁이라는 양상으로 전개되었다.

한편 마르셀은 이러한 주변 지역 농촌의 봉기가 파리의 봉쇄를 푸는 데 결정적으로 도움을 줄 것으로 기대하고 농민군과 제휴했다. 그는 수백 명의 시민군을 파견해 파리의 식량 공급로를 차단하고 있던 주변 지역의 성채들을 파괴하는 데 주력했다. 그러나 이러한 목적이 일단 부분적으로 성취되자, 그는 농민들의 맹목적인 폭력을 통제하기가 불가능하다고 판단하여 곧 시민군을 철수시켰다.

자크리의 진압과정을 통해 다시 결집하게 된 귀족들은 비귀족에 대한 전쟁을 선언하고 파리를 봉쇄하려는 세자의 노력을 적극 지지함으로써 파리는 자크리 이전보다 오히려 더 고립되었다. 이제 마르셀에게 남은 유일한 길은 나바르 왕과 제휴하는 것밖에 없었다. 그리하여 6월 15일 마르셀은 나바르 왕을 파리의 총사령관으로 추대하였다. 그럼에도 세자의 포위는 점차 좁혀졌고, 궁지에 몰린 마르셀은 파리 시민군과 영국 출신 용병을 동원해 봉쇄를 풀려고 하였지만 귀족과 세자(섭정)의 포위망을 뚫을 수 없었다. 하지만 자금난에 봉착해 있던 세자는 군대를 해산하여 22일간의 파리 봉쇄를 해제하고, 도피네로 떠날 채비를 서둘렀다. 이리하여 마르셀과 파리의 저항이 승리를 거둔 것으로 보였다.

그러나 외부의 적이 사라지자 파리 시민들은 내부의 적에게 눈을 돌렸다. 3개월이 넘는 봉쇄로 인해 파리에는 식량이 부족하게 되었고, 시민들은 그 책임을 파리 주변 지역에서 식량을 약탈하던 영국인 용병 탓으로 돌렸다. 이리하여 시민들은 마르셀이 고용한 영국인 용병들을 살해하고 투옥하는 사건을 일으켰다. 그런데 7월 27일, 마르셀이 200여 명의 호위대를 이끌고 루브르에 감금당한 영국인 포로들을 생토노레 성문 밖으로 인도하자 파리의 민심은 나바르 왕과 마르셀에게서 떠나기 시작했다.

결국 7월 31일 마르셀과 나바르 왕의 결탁에 대해 강한 불만을 품은 페팽 데 제사르Pepin des Essars, 장 마이아르Jean Maillart, 장 드 샤르니Jean de Charny 등이 공모하여 마르셀을 살해함으로써, 마르셀의 반란은 끝을 맺었다.[4] 도피네 지방으로 철수하던 세자는 이 소식을 듣고 8월 2일 승리자로서 파리에 입성하였다. 반란에 연루되었던 많은 사람이 체포되었으며, 이들 중 몇 명은 사형에 처해졌으나, 반란 기간 중 마르셀을 지지했던 파리 시민 전체에 대해서는 8월 10일 경 사면이 행해졌다.

신화와 탈신화: 정치적 기억과 역사학의 기억

영웅과 반역자 사이

1350년대 중반 에티엔 마르셀을 중심으로 한 일련의 사건, 이른바 '파리의 혁명'의 전개과정을 보면 1789년 프랑스혁명이 떠오른다. 그렇기 때문에 에티엔 마르셀을 기억하는 과정은 프랑스혁명을 어떻게 기억할 것인가라는 문제와 밀접하게 관련되어 있으며, 프랑스혁명에 대한 기억은 당대의 정치적 문제에 대한 입장에 기반하기 마련이었다. 한마디로 정치적 입장에 따라 마르셀과 '파리의 혁명'을 대하는 입장이 달랐던 것이다.

마르셀에 대한 평가는 마리안느Marianne와 같은 공화주의의 상징이 신화화되는 과정과 비슷한 길을 걸었다. 처음에는 반혁명파에 의해 경멸적 의미로 사용되다가, 나중에는 혁명파들에 의해 좌파의 상징으로 사용되었다. 프랑스혁명과의 유사성에도 불구하고 혁명기에 마르셀에 호의적인 저작은 없었다. 혁명기의 저작들은 자신들의 전범을 고대 그리스 로마에서 가져왔다. 예를 들어 생쥐스트는 연설에서 리쿠르고스Lycurgos, 포키온Phocion, 소크라테스 등 그리스 인물들을 사례로 들었다. 혁명이 계몽사상과 이성을 기반으로 하고 있었으므로, 그 사상적 기원을 거슬러 올라가면 중세보다는 고대 그리스 로마 문명에 이르기 때문이었다.

중세는 오히려 반이성적인 신앙의 시대로 인식되었으므로 혁명의 선조를 발견하려는 시도를 하지 않았다. 따라서 마르셀에 대한 평가는 그리 많지 않다. 1793년 실뱅마레샬P. Sylvain-Marèchal이 쓴 《공화주의자 연감》에도 마르셀의 이름은 없다. 그나마 국민의회 의원이었던 투레Jacques Guillaume Thouret가 1358년과 1789년 혁명의 유사성을 기술하면서 마르셀과 로베르 르 코크Rober le Coq[5]에 대해 호의적 태도를 보인 것이 거의 유일한 평가이다.

그러나 왕정복고기에 이르러 사정이 달라졌다. 혁명의 기원에 관한 논쟁이 일어났고, 이 논쟁과정에서 마르셀이 언급되었다. 왕당파는 1789년 혁명이 음모에 의한 것이며 이러한 음모는 유서 깊은 일로서 이미 14세기에 있었다고 주장했다. 즉 왕당파는 14세기와 18세기에 일어난 두 혁명 모두를 음모라고 비난하며, 야심가와 선동가들이 순진한 민중을 선동했으며, 민중은 처음에는 공포정치를 따랐으나 나중에는 정통성 있는 주권자를 지지했다고 주장했다. 이와 달리 자유주의자들은 1356년과 1789년 사이에 긍정적인 연관성이 있다고 평가했다. 뒬로르Dulaure나 시스몽디Sismondi 같은 사람들은 마르셀과 로베르 르 코크를 "대의제의 선구자"라고 칭송하며, 1357년의 대칙령이야말로 최초의 헌장이라고 할 수 있다고 평가했다.

1830년 7월혁명으로 입헌왕정이 들어서자 마르셀에 대한 평가도 달라 졌다. 이번에는 7월혁명이 오랫동안 준비된 혁명이라는 점을 입증하기 위 해 마르셀과 그의 개혁을 예로 들었다. 그러면서 마르셀을 프랑스에 "입헌 체제를 부여한 인물"로 평가했다. 예를 들어 미슐레는 "우리의 특권들은 그의 덕택이다. 그는 1357년 대칙령 속에 여전히 있으며 앞으로도 그럴 것 이다"라고 했다. 이러한 긍정적 평가는 티보도A. de Thibeaudeau에 이르면 절정에 달한다. 티보도는 마르셀을 프랑스를 구한 '중세의 당통Danton médiéval'이라고 주장했다.

이와는 약간 달리, 자유주의자 키셰라J. Quicherat는 마르셀의 활동을 두 시기로 나누어서 1357년 대칙령을 만들 때까지는 긍정적으로 평가했지만 그 이후 폭력화한 시기는 부정적으로 보았다. 즉 "1357년 3월 3일의 칙령은 오늘날 제도를 준비한 첫 시도였다"고 했으나 뒤이어 "그의 통치 기간은 '공 포의 기간'이었다"라고 함으로써 산악파의 공포정치를 연상시키게 했다.

1848년 6월 봉기는 마르셀에 대한 평가에 부정적 영향을 미쳤다. 6월 봉 기가 가지고 있는 폭력성이 1358년의 폭력사태와 나란히 강조되었기 때문 이다. 그러나 라콩브F. Lacombe는 폭력성보다는 근대성에 주목할 것을 주장 하며 "에티엔 마르셀은 14세기에 민중 주권의 원칙을 천명한 최초의 부르주 아이며, 마르셀의 반란은 무기를 든 프랑스혁명의 모태"라고 주장했다.

제2제정기에 들어서 나폴레옹 3세의 강압적인 통치가 심화되자 자유주 의자들은 마르셀을 개혁을 상징하는 인물로 묘사했다. 그리하여 페랭T. Perrens은 그의 저작에서 마르셀을 "중세에 근대의 입헌제도를 꿈꾼 사람" 이라고 자리매김했다

1870년대를 넘어서면서 마르셀에 대한 관심은 폭증했다. 우선 1871년 에 있었던 파리코뮌이 1358년 파리 봉쇄를 초래했던 마르셀의 사례와 동

일한 것으로 간주되었고, 스당 전투와 푸아티에 전투를 유사한 것으로 생각했다. 우파는 파리코뮌이 남긴 폐허의 이미지를 1358년 파리 봉쇄와 같은 것으로 간주함으로써 14세기와 19세기의 파리 시민을 동시에 비난했다. 페랭과 같은 자유주의자들은 파리코뮌과 마르셀의 혁명을 다른 것으로 변호하기도 했다. 그러나 코뮌 이후 페랭의 입장은 종전의 찬양 일변도에서 훨씬 더 완화된 논조를 갖게 되었다. 이와 달리 좌파는 마르셀을 찬양함과 동시에 다른 한편으로 합법의 고수라는 한계를 지녔다고 비판했다. 이처럼 좌파와 우파가 서로 논쟁을 벌임으로써 마르셀은 점차 사람들의 관심의 중심에 서게 되었고 영웅으로 변모해 갔다.

1870년대에 마르셀과 관련된 논쟁이 뜨거웠던 이유는 상황 때문이었다. 프랑스-프로이센 전쟁의 패배로 제2제정이 무너지고 임시정부가 들어섰을 때, 그리고 제3공화정이 들어선 이후에도 한동안, 새로운 체제가 어떤 원칙에 근거해야 하며 어떤 방향으로 나아가야 하는지가 당시의 첨예한 문제였고 이를 두고 좌·우파가 각각 자신들 주장의 근거를 역사에서 찾으려고 했다.

이처럼 마르셀의 '파리의 혁명'에 대한 해석은 그 사건의 프랑스혁명과의 유사성으로 인해 정치적 변동과 맞물려 변화를 거듭했다. 혁명 이후 19세기 동안 표출된 견해는 크게 보아 좌파와 우파로 나뉠 수 있으나 그것은 그렇게 단순하지 않았다.

먼저 우파는 일반적으로 마르셀을 음모가 혹은 반역자로 규정했다. 그러나 대체로 보수적인 경향을 보이는 가톨릭은 일반적인 우파와는 달리 마르셀을 나바르 왕 샤를의 꼬임에 빠진 가련한 인물로 보았다. 그리하여 애국심을 가지고 있으며 민중의 자유를 원했으나 폭력성으로 그 이름을 더럽혔다고 평가했다.

이보다 좀 더 자유주의적인 평가는 마르셀의 정치적 삶을 두 시기로 나

누어 1355년 12월부터 1357년 대칙령이 발표되던 때까지는 개혁가 마르
셀의 이미지를 부여하고 1358년 세자 면전에서의 살해 사건 이후부터 마
르셀이 살해당할 때까지는 폭력적인 범죄자로 간주했다. 이러한 해석은
프랑스혁명 기간 중에서 1789~1791년을 개혁적인 기간으로 설정하고
1792~1794년 자코뱅파와 상퀼로트의 영향력이 증대되었던 기간을 일탈
로 보는 시각을 반영한 것이다. 좌파는 일반적으로 마르셀을 공화주의의
선구자, 혹은 대의제에 의한 국가를 수립하려 했던 인물로 간주했다.

탈신화, 역사학의 기억

이처럼 좌파와 우파가 자신들의 정치적 입장에 따라 서로 다른 해석을 내
놓기는 했지만, 각각의 평가를 정확한 사료를 근거로 하고 있지는 않았다.
19세기 말부터 실증주의가 대두되면서 마르셀 관련 사료를 편찬하고 가능
한 한 많은 사료를 수집하여 이에 근거해 해석을 시도하려는 경향이 강해
졌다. 이와 더불어 마르셀이라는 인물과 그의 행위에만 집중해 온 그동안
의 해석에서 벗어나 정치적 집단이나 사회적 관계, 그리고 전쟁과 군대에
관한 지식 등 다양한 각도에서 1350년대 중반을 조망하려는 시도도 나왔
다. 시메옹 뤼스Siméon Luce, 알프레드 코빌Coville, 폴 비올레Paul viollet 등
이 그들이다.

　사료에 충실히 근거한 주장과 그렇지 않은 주장 사이의 간격을 보여주는
사례로는 노엘 발루아와 테시에J. Tessier의 논쟁을 들 수 있다. 테시에는 페
랭과 더불어 낭만주의적 견해를 가지고 마르셀을 영웅으로 만드는 데에
기여했다. 그는 마르셀을 반역자라고 비난하는 것은 옳지 않으며, 이러한
비난은 마르셀에 적대적이었던 연대기 작가들의 왜곡된 기록에 근거해 있
다고 평했다. 이에 대해 발루아는 14세기의 여러 연대기가 공통적으로 마
르셀의 반역을 증언하고 있으며, 테시에의 주장을 뒷받침해 주는 사료는

하나도 없으므로 그의 주장은 지나친 상상의 결과라고 일축했다.

이러한 두 관점, 즉 마르셀을 영웅시하려는 관점이나 반역자로 폄하하는 관점은 모두 실증주의의 영향으로 다소간 퇴조하는 듯했으나, 제1차 세계 대전 이후 민족주의적인 경향이 대두됨으로써 다시 활기를 찾게 되었다. 우파의 경우 애국주의적인 관점에서 민족의 승리에 기여한 자를 발굴하거나 칭송하기 시작했다. 이러한 관점에서 보면 마르셀은 국왕과 민족을 배신한 자였다. 우파는 마르셀을 적의 위협을 앞두고 신분회를 소집하여 왕정을 위험에 빠뜨리고, 내전을 일으키고 무질서를 초래해 왕국에 군사적 불행을 가져왔을 뿐만 아니라 조국의 적인 영국인들에게 파리를 넘겨주려 했다고 비난했다.

이와 달리 좌파에서는 과거의 낭만주의적 해석을 부활시켰다. 특히 1930년대 인민전선은 마르셀을 최초의 민주주의자이자 민중의 보호자로 간주했다. 그러나 시계추는 다시 움직여서 1940년 독일에 패배한 이후, 이 패배를 1870년 프로이센 전쟁에서의 패배와 연관시켰고, 이는 다시 1356년 푸아티에 전투의 패배를 연상시켰다. 그리하여 14세기의 개혁가들은 1870년의 코뮈나르, 그리고 1930년대의 인민전선과 동일시되어, 전쟁 패배의 책임을 뒤집어쓰게 되었다. 그러나 1944년 파리가 해방되자 이러한 해방을 파리코뮌, 더 멀리는 에티엔 마르셀의 자치까지 연결시켰다. 특히 파리의 역할을 강조하여 파리는 "민족의 전위이며 레지스탕스의 중추"라고 했다.

오늘날 마르셀과 '파리의 혁명'에 대한 평가는 다시 실증적 사료에 근거해 19세기의 낭만주의적 영웅화를 비판하는 연구와 저작이 주류를 이루고 있다. 레몽 카젤Raymond Cazelles이나 장 파비에Jean Favier의 저작이 대표적인 것으로서, 이들은 19세기의 역사가들이 주장했듯이 마르셀의 '파리의 혁명'이 기존의 왕정을 입헌왕정이나 공화국으로 바꾸기 위해 일어난 것

이 아니라 푸아티에 전투의 패배에 따른 반귀족적 정서에 마르셀의 개인
적 감정과 야망이 결합되어 일어난 사건으로 설명한다.

특히 카젤은 마르셀과 파리의 혁명을 인물이나 사건에 한정하지 않고 14
세기 중엽에 이르러 이른바 '공익'을 대변하는 국가권력과 사적 이익을 추
구하는 사회 집단들 사이에 펼쳐진 투쟁의 일환으로 파악하고 있다는 점
에서 가장 눈여겨볼 만한 연구라고 할 수 있다. 나아가 국내 연구자인 성백
용은 연구 대상을 에티엔 마르셀로 한정하지 않고 1380년대와 1410년대
의 반란들을 비교함으로써 민중 반란의 일반적인 특징을 도출하고 있다.
뿐만 아니라 이러한 반란들을 세금과 화폐라는 재정 문제의 틀에서, 좀 더
넓게는 중세사회의 전반적 위기 속에서 파악함으로써 카젤과는 다른 측면
에서 구조적인 접근을 하고 있다.

대중의 기억

서적

앞서 살펴본 것은 마르셀에 대한 해석으로서 전문연구 영역에 속하는 것
들이다. "사실이 어떠하였는가"에 못지않게 "사실을 어떻게 기억하는가"
라는 것이 중요하다는 것은 새삼 말할 필요가 없다. 마르셀과 '파리의 혁
명'이 일반 대중들에게 알려지기 시작한 것은 19세기 전반기였다. 1830년
7월혁명 이후 마르셀을 입헌체제의 선구자로 보는 시각이 대두되던 시기
에 대중화도 함께 진행되었다. 1844년 아도T. hadot가 편찬한《프랑스 영
웅전Plutarque français》에 마르셀의 이름이 등장했다. 이 책은《플루타르코스
영웅전》의 프랑스판으로서 클로비스로부터 시작되는 중세 편에 마르셀의
이름이 올랐다.

그러나 본격적으로 마르셀이 대중에게 알려지면서 민중의 권리를 수호한 영웅으로 신화화된 것은 1870~1890년 사이, 즉 제3공화정 초기였다. 앞서 설명했듯이 이 시기에는 새로운 프랑스의 정치체제가 어떤 형태여야 하는지, 그리고 프랑스 사회가 어떤 가치를 중요시해야 하는지를 두고 좌·우파 사이에 활발한 논쟁이 벌어진 시기였다. 이러한 논쟁과 더불어 마르셀은 점차 신화적인 영웅이 되었다. 1881년부터 1895년 사이에 어린이를 위한 마르셀 전기가 공화주의자들에 의해 여섯 종류 이상 출판되었다는 사실은 마르셀의 대중적 인지도를 짐작하게 해준다.

더욱이 이러한 전기의 공통된 목소리는 마르셀이 이끈 일련의 사건이 왕권에 대한 민중의 투쟁이라는 것이었다. 뿐만 아니라 공화주의자들은 마르셀이 공화주의의 순교자이며 잔 다르크 못지않게 영국군을 몰아내려 했던 애국자라고 칭송했다. 이러한 해석이 마르셀 전기의 중심 뼈대를 이루고 있다는 사실은 공화주의의 승리와 그것이 뿌리내리고 있음을 상징했다.

조각상

"인물 조각상은 단지 위인에 대한 경의에 그치는 것이 아니라, 동시에 따라야 할 모범을 지시하는 것이기도 하다."[6]

대중에 대한 공적인 교육은 책에 의해서만 이루어지는 것은 아니다. 1882년 파리 시의회는 시청에 세울 에티엔 마르셀의 기마상을 콩쿠르 주제로 제시했다. 이 동상이 건립된 것은 1888년 7월 15일, 그러니까 프랑스 대혁명 100주년을 꼭 한 해 앞둔 때였다. 이처럼 마르셀을 찬양하는 경향은 19세기 말까지도 그대로 이어졌다. 1893년 좌파 언론인이었던 뤼시피아L. Lucipia는 다음과 같이 묘사했다. "에티엔 마르셀은 파리의 역사에서, 그리고 프랑스의 역사에서 가장 빛나는 인물이다. 오늘날 마르셀의 동상은 시청에 있다. 정면에서 부두를 바라보고 있다. 그리고 손에는 칼과 특

[그림 8-1]
파리 시청 옆에 있는 에티엔 마르셀의 조각상.
말을 타고 왼손에 특허장을 들고 있는 에티엔
마르셀의 동상은 시청 앞이 아니라 시청 옆에
있다. 그는 강을 바라보고 있다.

허장이 쥐어져 있다. 그 특허장은 그가 죽을 때까지 지키려고 했던 파리와 프랑스의 특허장이었다."

그렇지만 오늘날 역사가 레진 페르누Regine Pernoud는 시청 정원에 있는 마르셸의 동상에 대해 다소 비꼬는 말투로 다음과 같이 적고 있다: "마르셸은 말을 타고 있으며 칼과 양피지 두루마리를 흔들어 대고 있다." 또한 페르누는 그 기마상의 위치가 매우 잘 선택된 것이라고 지적하고 있다. 왜냐하면 센강 우안의 상업지구이기 때문이다. 즉 마르셸이 지향해야 할 지점은 루브르 궁전 방향이나 노트르담 성당이 있는 시테섬 방향이 아니라, 센강의 부두라는 뜻이다. 그러므로 그가 상업지구에서 센강의 부두를 바라볼 수 있는 곳에서 말을 타고 서 있는 것이—관광객의 시야에서 벗어나 있을지는 모르겠지만—적절한 위치 선정이라고 할 수 있다.

거리 이름

"거리 이름은 한 사회의 집단기억의 표현이며……."[7]
1880년 동상이 제막되기에 앞서 세바스토폴 거리에서 빅투아르 광장에 이르는 길이 에티엔 마르셸 거리로 명명되었다. 사실 마르셸의 이름을 붙이려 했던 도로는 현재의 엔티엔 마르셸 거리가 아니라 오스만 거리였다. 1879년 파리시 당국이 오스만 거리를 마르셸 거리로 바꾸려 했지만, 센 도지사는 그 거리가 상인조합장과 관련이 없다며 반대했다. 이에 시 당국은 "프랑스에 자유와 민주주의를, 그리고 그 코뮌(파리)에 자치권을 가져다주고자 분투한 이 파리지앵의 혼은 파리 어디에나 살아숨쉬고 있다"고 응수했다. 우파는 분개했다. "에티엔 마르셸이 누구인가? 그는 선동가요 살인마요 반역자이다.……그런 작자의 이름으로 오스만 거리의 명패를 더럽히지 않기를 바란다." 결국 오스만 거리의 이름은 그대로 두고 세바스토폴 거리에서 빅투아르 광장까지 새로 뚫린 길에 에티엔 마르셸의 이름을 붙이기로 한 것이다.

오늘날에는 지하철 4호선을 타고 에티엔 마르셀 역에서 내려 지상으로 올라오면 에티엔 마르셀가街이다. 이 거리는 꽤 넓고 긴 거리로서 에티엔 마르셀 역에서 올라와서 동쪽으로 가면 곧바로 세바스토폴가街에 이르고 서쪽으로는 꽤 길게 뻗어서 빅투아르 광장Place de Victoire, 즉 승리의 광장에 이른다. 그런데 그 광장 중앙에는 루이 18세의 기마상이 서있다. 거리나 광장의 이름을 붙이는 관례에 비추어 두 이름이 연관성을 가지고 있지는 않겠지만, 우연히도 마르셀의 반란이 왕정의 승리로 귀결되었음을 암시하는 듯하다.

오늘날 전문연구 영역에서는 영웅으로서의 마르셀에 대해 비판적이지만, 문학이나 대중교육 분야에서는 여전히 마르셀을 근대의 선구자이자 전설적 영웅으로 묘사하고 있다. 드뷔브리델J.Debu-Bridel은 "파리 시청이 모든 혁명의 중심지였는데 그 시작은 1358년 메종오필리에에 있으며 에티엔 마르셀에 의해 시작되어 프롱드, 라파예트, 로베스피에르, 루이 필리프, 라마르틴, 그리고 샤를 드골에 이르기까지 시청이야말로 혁명의 성지였다"고 했다. 한번 만들어진 전설적 영웅의 이미지는 좀처럼 변하지 않는 법이다.

파리의 현재와 미래

이렇듯 마르셀과 14세기의 혁명은 1358년부터 1944년 파리 해방까지 지속적으로 부활했으며, 가장 최근에는 1970년대와 1980년대에 부활했다. 파리는 1970년대 자치를 위한 투쟁을 벌여 100여 년 만에 시장을 시민 스스로 선출하게 되었다. 1977년 자크 시라크가 100여 년 만에 파리 시민에 의해 시장으로 선출되었다. 그는 지스카르 데스탱 대통령의 파리 정비계획에 반대했다. 파리 자치정부는 중앙정부와 대립했다. 말하자면 자크 시라크가 에티엔 마르셀의 뒤를 이었던 것이다. 1981년 대통령에 당선된 프랑수아 미테랑은 파리 시청을 방문하여 "중세의 호민관"(에티엔 마르셀)에게 "파리 시청은 영주의 성채에 대항하는 견제세력"이라며 경의를 표했다. 그날 밤 TV에 출연한 녹색당의 노엘 마메르Noël Mamère는 대통령의 이 구절에 호응해 "에티엔 마르셀이야말로 왕정에 처음으로 저항한 상징적 인물"

[그림 8-2]
지하철 4호선 에티엔 마르셀 역.

[그림 8-3]
파리 2구에 있는
에티엔 마르셀가街.

이라고 논평했다.

오늘날 파리와 국가의 대립관계를 상징하는 인물도 마르셀이다. 우파는 파리가 자연적 사회질서를 해치는 음험한 음모가 자라나는 곳이며 혁명이라는 질병을 감염시키는 근원지라고 한다. 게다가 마르셀이 왕정의 적대세력과 긴밀한 관계를 맺고 있었으므로, 만약 마르셀의 의도대로 되었다면 '신성한 민족공동체'인 '하나의 프랑스'[8]는 분열되고 말았을 것이라고 이들은 말한다. 그러므로 마르셀은 공동체의 통일성을 해치는 분열주의자인 것이다.

이와 달리 일련의 사건들을 신의 섭리로 설명하려는 측에서 보면, 프랑스는 하느님의 맏딸이자 하나의 공동체로서,[9] 때때로 맏딸만이 극복할 수 있는 고통스러운 시험에 들게 되는데, 매번 이러한 시련을 극복함으로써 승리자가 되어 다시 태어난다는 것이다. 이러한 신의 시련이란 14세기의 경우 푸아티에 전투에서의 패배, 마르셀의 반란, 그리고 자크리 등 일련의 사건들이며, 19세기의 경우 파리코뮌이다. 이러한 시련은 14세기에는 모든 신분이 신에 대한 경외심을 가지고 신성한 민족공동체에 기여했기 때문에 극복할 수 있었다. 따라서 19세기에도 역시 신의 계율을 따름으로써 시련을 극복하고 공동체를 유지할 수 있을 것이라는 것이 이러한 주장의 결론이다.

좌파는 파리야말로 자유의 요람이며 해방의 소명을 부여받은 도시로서 프랑스 전체를 해방시키는 책무를 지니고 있다고 했다. 그런데 좌파는 마르셀이 원했던 개혁이 이루어졌다고 하더라도 프랑스가 분열되지는 않았을 것이라고 한다. 이들이 보기에 마르셀은 로베스피에르 및 산악파와 마찬가지로 파리를 중심으로 중앙집권화를 강화하는 방향으로 나아갔을 것이다. 예를 들어 루이 블랑Louis Blanc은 마르셀이 프랑스혁명 당시 공안위원회가 했던 국가 통합의 역할을 했을 것이라고 하며, 오히려 세자 샤를이야말로 연방주의를 지지했던 지롱드파에 비유될 수 있다고 했다.

그러나 이러한 주장들은 가정이거나 가능성일 뿐 실제로 이루어지지는 않았다. 쿨랑주의 말대로 "파리의 역할이 너무 앞서가는 바람에 보수적 프랑스와 유리되는 경우"는 있지만, 아직까지 파리와 국가(왕정)가 분리된 적은 없다. 사실 마르셀이 요구했던 개혁이나 자크리에서 터져나온 요구들은 모두 국왕에게 요구한 것들이었다. 푸아티에 전투에서의 패배에 대한 신민들의 불만 역시 귀족들이 그들의 역할을 제대로 하지 못한 데 대한 것이었다. 1789년 파리에서 일어난 10월 폭동 역시 국왕에게 문제 해결을 요구한 것 아니던가. 따라서 문제 해결의 열쇠는 국왕이 가지고 있었던 것이다. 결국 반란이나 개혁에서 분출된 요구를 국왕이 수용함으로써 문제가 해결되는 것이다. 더욱이 국왕은 반란이 진압된 이후 반란자들을 사면하여 관용의 이미지를 심어줌으로써 신성한 공동체를 그대로 유지하곤 했다. 즉 프랑스의 통일성의 유지는 국왕의 손에 달려있었던 것이다.

오늘날에는 상황이 달라졌다. 프랑스 대통령 올랑드는 "시대가 변했다. 국가와 파리는 함께 나아가야 한다"고 연설했다. 실제로 국가와 파리의 관계가 대립에서 협조로 변화할 것인지는 예측할 수 없다. 그러나 파리 시청을 방문한 대통령들이 국가와 파리의 관계에 대해 지속적으로 언급한다는 것 자체가 둘의 관계가 쉽게 결론이 나기보다는 끊임없는 긴장관계를 유지할 것이라는 추측을 가능하게 해준다. 그리고 그때마다 14세기의 에티엔 마르셀이 언급될 것이다.

09
1429년 5월:
프랑스의 열정 잔 다르크와 오를레앙 해방

성백용

오를레앙의 처녀 잔 다르크

루아르강 우안의 오를레앙은 1428년 10월 영국군에 포위되었다. 위기의 발단은 1415년 아쟁쿠르 전투에서 프랑스가 참패하고 5년 뒤에 체결된 트루아조약이었다. 프랑스 왕 샤를 6세의 세자인 샤를Dauphin Charles(후일의 샤를 7세)은 왕위계승권을 박탈당한 한편, 영국 왕 헨리 5세가 샤를 6세의 딸 카트린과 결혼하고 이 사이에서 태어날 아이가 프랑스 왕위를 계승하도록 규정되었다. 그리고 얼마 지나지 않아 이 규정대로 '두 왕관의 결합'이 실현되었다. 헨리 5세와 샤를 6세가 1422년에 차례로 사망하자 채 한 돌이 안 된 헨리 6세(헨리 5세의 아들이자 샤를 6세의 외손자)가 두 왕관의 주인이 되었다.

　프랑스 왕국은 두 진영으로 갈라진 상태였다. 영국 편에 붙은 브르타뉴와 부르고뉴 공작령을 제외하고 프랑스 북부 대부분은 헨리 6세의 섭정인 베드퍼드 공작의 영역이었고, 기옌 공작령을 제외한 루아르강 이남에서 정당한 국왕으로 인정받은 세자는 부르주에서 일종의 임시정부(일명 '부르주왕국')를 꾸리고 영국군과 대치했다. 프랑스 북부 지역 곳곳에서 승패를 주고받으며 몇 해 동안 소강상태가 이어지던 끝에 런던 정부는 조만간 결판을 내기로 작정했다. 부르주로 치고 내려가려면 우선 루아르강 연안의 오를레앙을 점령하는 것이 관건이었다. 솔즈베리 백작이 이끈 영국군은 오를레앙 일대의 작은 성들을 점령하고 루아르강을 건너 솔로뉴 방면의 좌안(남쪽)으로부터 접근하여 마침내 10월 12일 성벽으로 둘러싸인 오를레앙 앞에 모습을 드러냈다.

이후 약 7개월에 걸친 영·프의 공방전은 비록 동원된 병력이 양쪽 모두 1만 명이 채 안 되었지만 백년전쟁 기간의 가장 유명한 전투 가운데 하나로 기록되었다. 초기에 전세는 영국 쪽으로 확연히 기울었다. 가장 치열한 승부처는 루아르강 좌안의 오귀스탱 수도원-요새로부터 강 중간에 요새가 설치된 생탕투안이라는 작은 섬을 지나 우안의 오를레앙성에 이르는 300~400미터 길이의 교량이었다. 치열한 접전 끝에—그리고 며칠 뒤 솔즈베리 백작이 포탄 파편에 목숨을 잃었지만—남단의 교두보와 도개교로 연결된 투렐Tourelles이라는 망루가 영국군의 수중에 떨어졌다. 이로 인해 남쪽과의 연결이 차단된 오를레앙 주민들은 부랴부랴 다리 일부를 스스로 헐어내야만 했다. 이후 부족한 병력으로 도시를 철통같이 포위할 수 없었던 영국군은 오를레앙 주위에 진지들을 구축해 나갔다. 당파 간의 권력다툼에 여념이 없던 부르주 궁정은 이듬해 2월이 되어서야 구원에 나섰다. 런던에 억류 중인 오를레앙 공작 샤를을 대신해 성의 수비를 책임지던 '오를레앙의 사생아' 장 드 뒤누아Jean de Dunois의 부대가 블루아에서 출진한 클레르몽 백작의 지원군에 합세해 파리에서 오는 영국군의 보급 물자를 노획하기로 하고 북동쪽의 루브레에서 영국군 호송대와 맞붙었다. 사순절을 위해 호송 마차들에 가득 실은 청어가 나뒹굴어서 일명 '청어 전투'라 불리는 이 전투에서 프랑스군은 크게 패했다. 뒤누아와 시민들은 영국 대신 부르고뉴 공작 필리프에게 항복하는 방안을 놓고 교섭을 벌였지만 이

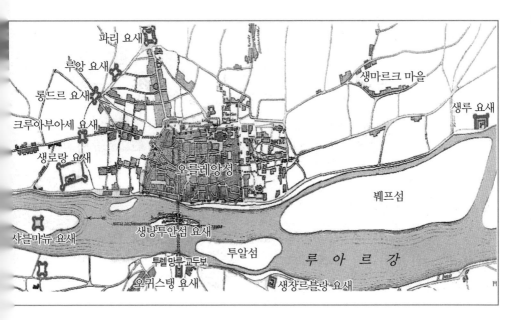

[그림 9-1]
1428년 8월~1429년 5월 포위당한 오를레앙.
루아르강 우안(북쪽)의 오를레앙성은 강 중간의 생탕투안섬을 지나는 긴 교량으로 좌안과 연결되어 있었다.
좌안의 오귀스탱 요새 바로 위에 교두보와 도개교로 연결된 투렐 요새가 오를레앙 공방전의 최대 격전지였다.
오를레앙성 동쪽 강변에 생루 요새가 있고, 서쪽 강변에 생로랑 요새가 있다.

마저도 베드퍼드 공작의 반대로 좌절되었다.

동시대에 씌어진《퓌셀의 연대기*Chronique de la Pucelle*》에 따르면, 로렌 지방 동레미Donrémy 마을의 소녀 잔 다르크가 찾아간 그 지역의 사령관이 미카엘 대천사와 성녀들로부터 받았다는 그녀의 사명에 관한 이야기를 믿고 그녀를 세자에게 보낸 것은 그 자신도 몰랐던 이 '청어 전투'의 패배 소식이 며칠 전 그녀 입에서 나왔기 때문이었다. 1429년 3월 6일 쉬농에 당도한 잔이 세자를 접견하고 일련의 시험과 조사를 거친 후 오를레앙에 입성한 것은 4월 29일이었다. 주민들은 환호했고, 뒤누아와 라 이르La Hire, 생트라유Jean Poton de Xaintrailles 같은 출중한 기사들이 신의 부름을 받았다고 하는 이 소녀를 옹위했다. 확실히 신의 선택은 이제 프랑스 쪽으로 넘어온 듯했다. 5월 4일 프랑스군은 성 동쪽의 생루 요새를 빼앗고, 이틀 뒤에는 강을 건너 좌안의 투렐과 오귀스탱 요새를 공격하여 교두보를 확보했다. 영국군은 포위전의 거점이던 투렐에 거꾸로 갇혀버린 신세가 되었다. 5월 7일 시민들이 부숴진 다리를 보수하여 생탕투안섬에 포대를 설치하고 반대편에서는 진두에 선 잔이 독려하는 가운데 군인들이 망루로 쇄도했다. 도개교가 무너져 적장이 익사하고 저녁에 투렐이 함락되었다. 훗날 잔이 법정에서 진술한 것처럼 "병사들은 싸우고 하느님은 승리를 주셨다." 이튿날 우안의 생로랑 요새 앞에 집결한 영국군은 서포크 공작과 탤벗 경의 통솔 아래 퇴각했다. 오를레앙은 포위된 지 7개월 만에 해방되었다. 그리고 랭스로 진격하여 7월 17일 세자가 7월 17일 프랑스 왕 샤를 7세로 축성을 받음으로써 잔은 드디어 사명을 완수했다.

잔 다르크, 정치화한 기억들

1997년 3월, 스트라스부르시 당국은 시내 광장에 조성된 잔 다르크 동상을 일시 철거했다. 국민전선Front national이 이 유서 깊은 알자스 지방의 수도에서 당 대회를 개최하자, 이에 대한 항의 표시로 사회당 소속의 시장이 반反극우파 시위대에 의한 파손을 예방한다는 구실 아래 이런 조치를 취한 것이다. 해마다 5월 8일이면 온통 축제 분위기에 휩싸이는 오를레앙시의 사회당 소속 시장 역시 같은 해의 축제를 "레지스탕스의 대의에 대한 충정"에 바치기로 결정했다. 1988년 이날이 공교롭게도 대통령 선거 결선 투표일과 겹치자 국민전선은 잔 다르크 기마상이 서있는 피라미드

[그림 9-2]
1920년 5월 7~8일 오를레앙의 잔 다르크 축제.
마르트루아 광장의 열병식 장면.

ORLÉANS — LES FÊTES DE JEANNE D'ARC
Le défilé militaire sur la place du Martroi

[그림 9-3]
파리의 피라미드 광장에 서있는 잔 다르크 기마상.
1875년 프레미에가 제작한 이 동상이 들어선 이래 이곳은 잔을 둘러싼
갈등의 중심지였고, 오늘날에는 극우 민족주의자들의 집결지가 되었다.

광장의 연례행사를 일주일 앞당겼고, 아예 이때부터 5월 1일 노동절에 대항하여 잔 다르크의 깃발을 휘날리며 퍼레이드를 벌이는 극우파의 축일로 자리 잡았다.

이 에피소드들은 잔 다르크가 프랑스인들에게 여전히 정치적 열정을 불러일으키는 불씨로 남아있음을 보여준다. 보쿨뢰르, 오를레앙, 쉬농, 루앙 등 '로렌의 소녀la bonne Lorraine'가 스치고 지나간 곳마다 어김없이 들어선 기념관들이 이 영웅의 숨결을 간직하고 있으며, 외진 시골 마을 동레미의 생가는 매년 수만에 이르는 관광객의 발길을 끌어들이고 있다. 그렇다고 해서 모든 사람이 잔 다르크에 대해 한결같은 이미지와 비전을 품고 있는 것은 아니다. 동레미 생가의 방명록은 프랑스의 재再기독교화를 기원하며, 심지어 외국인들에게 또다시 "점령당한" 프랑스의 궐기를 촉구하는 글귀들이 있는가 하면, 파시스트의 준동을 경계하며 관용과 개방의 정신을 염원하는 글귀들도 눈에 띈다. 이렇듯 잔 다르크는 예나 지금이나 프랑스인들 사이에서 늘 분열된 모습으로, 바꿔 말하면 '하나의 잔'이 아니라 프랑스인들의 열정만큼이나 다양한 '여러 모습의 잔'으로 존재한다. 그렇다면 그가 살았던 시대로부터 오늘에 이르는 장구한 역사 속에서 잔의 모습은 어떠한 변모를 겪어왔는가? 제각기 잔의 깃발을 앞세우고 프랑스의 다양한 열정들이 벌인 '기억의 전투'는 어떠한 양상으로 펼쳐졌는가?

그늘에 가린 '로렌의 소녀': 15세기 후반에서 대혁명기까지

잔 다르크의 행적은 3막의 서사시로 짜여있다. 제1막은 1412년 동레미라는 변경의 마을에서 부농의 딸로 태어난 잔이 열여섯 살 무렵 하늘의 '음성'을 듣고 1429년 2월 보쿨뢰르를 출발하기까지이다. 이어 제2막은 쉬농에서 세자 샤를을 접견한 이후부터 오를레앙을 해방하고 랭스로 진격하여 샤를 7세의 축성식을 거행하는 등 혁혁한 공적을 세운 뒤 이듬해 5월 콩피에뉴에서 포로로 잡히기까지이다. 마지막으로 제3막은 루앙에서 보베 주교 피에르 코숑Pierre Cochon이 주재하고 파리대학 교수들이 자문한 종교재판에 회부되어 신성모독, 우상 및 악마 숭배, 배교 및 이단, 유혈 선동, 남장이라는 기다란 죄목으로 1431년 5월 30일 화형터에서 사라지기까지다. 이런 그의 행적은 당시 충격적인 일로 받아들여졌다. 무지한 농부의 딸인 순박한 시골 처녀가 신의 계시를 받고, 더구나 왕국을 위기에서 구원한 위대한 전쟁 지도자가 되었다는 사실을 어떻게 설명할 것인가? 그의 짧은 생애가 남긴 이 불가사의를 둘러싸고 수세기에 걸쳐 한층 더 치열한 서사시의 제4막이 펼쳐졌다. 잔은 후세의 기억 속에서 더욱 파란만장하고 기나긴 삶을 살았던 것이다.

잔에 대한 기억은 처음부터 중립적이지 않았다. 1455~1456년 명예회복 재판에도 불구하고 그 기억은 부르고뉴파와 아르마냑파의 기록자들 사이에서 엇갈리기 시작했다. 예컨대 그의 행적을 찬미한 크리스틴 드 피장 Christine de Pisan이나 여러 연대기 작가들과 반대로, 부르고뉴파였던 익명의 '파리의 부르주아'는 "예언자를 자처하는" "남장을 한 처녀"가 "우매한 민중을 현혹하여 마치 성녀처럼 떠받들어지고 있다"면서 온갖 비방을 늘어놓는다. 다른 한편, 그는 죽은 직후부터 맹랑한 동화의 주인공이 되기도 했다. 잔이 독일 태생의 왕비 이자보와 시동생인 오를레앙 공작 루이의 간통으로 태어난 사생아라는 풍문이 꼬리를 물었고, 심지어 그가 불길 속에서 살아났다거나 실제로 화형당한 여자는 그가 아니라는 소문이 떠도는 가운데, 1436년에는 잔을 사칭하는 여인이 나타나 사기행각을 벌이기도 했다.

여하튼 한동안 잔이 공식적인 기억의 중심에 자리 잡지 못했던 것은 분명하다. 그를 이단으로 정죄했던 교회는 물론이고, 궁정으로서도 하찮은 시골의 '양치기 소녀'에게 구원받았다는 것이 자랑스러운 과거사는 아니었을 것이다. 설령 그 기억을 상기한다 해도, 중요한 것은 위기에 빠진 왕조를 구원한 한 비범한 처녀의 눈부신 활약이 아니라 선택받은 왕조를 구원하기 위해 한 처녀를 보내신 신의 섭리였다.

16세기의 종교동란기에 되살아난 기억은 종파적 투쟁으로 얼룩졌다. 잔은 신성동맹원들에게는 가톨릭의 수호성녀로 떠받들어졌지만, 개신교도에 의해 오를레앙의 축제가 중단되고 그 도시가 루아르강 다리 위에 자신을 위해 세워준 첫 기념물마저 파괴당하는 수모를 겪었다. 하지만 광풍이 지나간 뒤 결국 우위를 차지한 쪽은 부정적 기억이었다. 고전주의 시대의 정신은 이 '고딕적' 영웅에게 등을 돌리기 십상이었다. 더욱이 무지몽매에서 비롯한 경신과 광신, 역사에 대한 초자연적 해석을 거부한 계몽의 시대에 잔은 조롱과 경멸의 대상이 되곤 했다. 볼테르는 1790년까지 무려 60여 판을 찍은 풍자시 〈오를레앙의 처녀〉(1762)에서 잔을 스스로 계시를 받았다고 믿는 불행한 바보로 등장시켜 마음껏 조롱했다. 물론 계몽사상가들이 한결같이 잔을 조롱거리로 삼은 것은 아니었다. 그녀는 드보라, 유디트, 에스더 같은 구약의 여걸에 곧잘 비유되었고, 여러 성직자와 학자들에 의해 그에 관한 사료들이 편찬되기도 했다. 하지만 전반적으로 볼 때, 잔은 남달리 '강인하고 고결하며 현명한 여자'로 칭송받거나 신비의 너울을 쓴 전설의 인물이었을 뿐이다.

잔이 하나의 정치적인 아이콘으로 등장하기 시작한 것은 프랑스대혁명 때부터였다. 그녀의 대중적 이미지는 여전히 군주정과 가톨릭교회에 결부되어 있었기에, 이에 대한 증오와 폭력이 때론 신의 계시를 받은 이 프랑스 왕위의 구원자를 향할 때도 있었다. 1789~1792년 프랑스 곳곳에서 그녀를 기리는 여러 기념물이 파괴되었고, 1793년에는 오를레앙의 축제마저

[그림 9-4]
오를레앙시 행정관들의 주문으로 1580년 무렵에 그려진 잔의 초상화.
긴 머리에 깃털 장식 모자, 우아한 르네상스 스타일의 이 왜곡된 모습은
19세기 중엽까지 가장 널리 유포된 잔의 이미지 가운데 하나였다.

혁명축제로 둔갑했다. 이러한 수난에서 그녀를 구출한 것은 독일의 낭만주의 작가 프리드리히 실러Friedrich von Schiller의 희곡《오를레앙의 처녀》였다. 한때 국민공회 의원이었던 메르시에L.-S. Mercier는 잔을 비운의 낭만적 영웅으로 그려낸 실러의 이 희곡을 1802년 프랑스어로 번안하면서, 볼테르의 '퇴폐적이고 방종한 정신'을 비난하고 그녀를 혁명적 민중의 대의와 동일시했다. 이 작품은 1801년 바이마르에서 초연된 이래 1843년까지 프랑스와 독일에서 240여 회 무대에 오를 만큼 대단한 성공을 거두었다. 메르시에는 실러가 "프랑스를 구출한 한 영웅의 기억을 구출했다"고 찬사를 보냈으며, 일각에서는 독일인 작가가 이 일에 앞장선 것을 낯부끄러운 일로 여기기도 했다. 볼테르의 '처녀'와 실러의 '처녀', 언제나 짝을 이루는 비난과 찬사, 조롱과 흠모, 이렇듯 역설적인 운명의 주인공으로 잔에 대한 기억은 서서히 소생하고 있었다.

기억의 부활: 통령 정부에서 제2제정기까지

잔의 기억이 혁명의 그늘에서 벗어나 공식적으로 소생한 것은 나폴레옹 보나파르트의 집권기였다. 왕당파와 가톨릭교회, 급진적 공화파가 제각기 원한을 품고 있던 상황에서 정부로서는 국민적 단합과 군사적 힘의 상징으로 신화상의 영웅이 아니라 생생한 역사적 인물이 필요했다. 혁명의 여신이요 공화국의 상징이었던 마리안느Marianne와 달리 잔은 사회적 자유와 평등의 이상과는 무관한 좀 더 안전하고 보수적이며 영국에 대적하는 '프랑스 수호신'의 표상을 제공할 수 있었다.

1802년 통령은 1793년 이래 중단된 오를레앙 축제를 재개하고, 혁명 정부에 의해 파괴된 잔 다르크 기념상을 재건립하려는 오를레앙시 당국의 노력을 적극 지지했다.[1] 1803년 동상 제막식에서 나폴레옹은 "잔 다르크는 국가의 독립이 위협받는 상황에서 프랑스의 수호신이 등장하는 것이 결코 기적이 아님을 입증했다"는 말로 화답했다. 나폴레옹이 욕망한 이미지대로 재창조된 영웅 잔은 "조국의 영광에 대한 애국적 열정"으로 불타는 '여자 나폴레옹'이었다. 그리하여 프랑스 왕위의 구원자이기보다 프랑스 국민의 구원자로 부각된 잔은 군사적 영광을 등에 업고 반대세력을 억압하며 국민 통합을 꾀한 이 통치자의 권력을 뒷받침했다.

1815년 워털루 전투에서의 패배는 영국에 대한 증오 속에서 그리고 정통 왕조의 기적적 회생과 더불어 15세기의 영웅에 대한 기억을 새삼 일깨우는 계기가 되었다. 프랑스 군주정은 신의 각별한 사랑과 보살핌 아래 있다는 것이 또 한 번 입증된 듯했고, 그리하여 잔의 이미지 역시 왕정 복귀에 따른 정통주의의 반동을 피할 수 없었다. '왕좌와 제단의 결합'에 발맞추어 혁명기 잔의 이미지는 좀 더 경건하고 덜 호전적인 모습으로 교체되었다. 왕정은 백합 문장의 왕조와 국왕에 대한 잔의 헌신을 부각시켰고, 그리하여 잔은 '거룩한 프랑스 왕국'과 '지극히 기독교적인 국왕'을 구하러 신이 보낸 경건한 목동으로 추앙되었다. 이때부터 "오를레앙의 처녀"는 진정한 숭배 대상이 되기 시작했다. 1818년 루이 18세는 잔의 생가를 매입하여 복원하려는 보주 참사회의 청원을 윤허하고 후원했으며, 그 결과 동레미의 생가는 기념물 조성과 더불어 1820년부터 일반에 공개되었다.

그러나 잔의 기억이 근대적 애국주의와 더불어 진정한 국민적 신화로 각색된 것은 7월왕정과 제2제정 시기의 낭만주의 역사가들, 특히 미슐레와 키세라J. Quicherat의 저술을 통해서였다. 1841년에 출판된 미슐레의《프랑스사》(제5권)는 잔에 대한 표상의 역사에서 결정적 전환점이었다. 그에게 역사의 진정한 주역은 '민중'이었고, "민중의 딸"인 잔은 그들의 숭고한 화신이었다. 이른바 '미슐레의 잔'은 "지상으로 내려온 성처녀"요, 자유와 독립에 대한 민중의 열망을 구현한 국민의 구원자, 요컨대 민중적·애국적, 공화주의적 영웅이었다. 1853년에 출간된 미슐레의 《잔 다르크》에서 "그는 하나의 조국"으로 승화된다. 미슐레는 "우리에게 조국은 한 여인의 심장, 그녀의 애정, 그녀의 눈물, 그녀가 우리를 위해 흘린 피 속에서 태어났다"고 썼다. 이렇듯 미슐레에게 잔은 그 후신인 대혁명과 더불어 새로운 프랑스의 건설에서 하나의 결정적 단계, 즉 '조국의 탄생'을 의미했다. 잔과 더불어 비로소 "프랑스는 스스로 프랑스임을 느끼게 되었기" 때문이다. 또한 '미슐레의 잔'을 신비화·통속화한 앙리 마르탱H. Martin은 그녀를 "조국의 부활을 지도한 천사"요, "골족의 딸," "국민성의 메시아"로 찬미했다.

고문서학자인 키셰라의 사료 편찬작업은 잔에 대한 낭만주의자들의 숭배를 뒷받침해 주었다. 1840년대에 그는 프랑스역사학회SHF의 위촉으로 두 차례의 재판 기록과 관련 자료들을 망라하여 5권의 사료집과 해제를 간행했다.[2] 키셰라는 이러한 실증작업을 통해 그동안 가톨릭 저자들이 주도해 온 해석을 뒤집을 수 있었다. 이에 따르면 잔이 부여받은 사명은 본래 오를레앙의 해방과 세자의 축성으로 제한된 것이 아니라 프랑스 전체를 영국의 점령으로부터 해방하는 "국민적인" 것이었으며, 잔이 이 사명을 완수하는 데 실패한 것은 그녀의 교만 때문이 아니라 국왕과 그 측근들의 시기와 방해 때문이었다는 것이다. 잔의 세속적 신도였던 그에게 잔은 "중세가 거부한 중세의 성녀"요 조국의 순교자였던 것이다.

이러한 전통에 입각해서 1830~1870년대 좌파 지식인과 정치인들은 잔의 민중적 이미지와 더불어 지배계층에 의한 희생자 이미지를 확산시켰다. 실제로 이 시기 고문서학자들이 발굴한 많은 문헌은 그러한 이미지에 힘을 실어주었다. 이들에게 잔은 불의에 항거한 민중의 딸이요, 배은망덕한 국왕과 영주들, 타락한 성직자들에게 배신당한 민중적 애국심의 화신이었다. 이러한 이미지는 '잔 다르크'의 표기 방식마저 바꾸어 놓았다. 이

[그림 9-5]
앵그르의 작품 〈샤를 7세의 축성식에 입회한 잔 다르크〉(1854).
비스듬히 올려보는 시선과 후광, 축성의 제단 등이 어우러져 거룩한
분위기를 자아낸다. 철갑 위에 두른 치마가 눈길을 끈다.

시기의 많은 저자들은 원래 귀족 이름에 붙는 첨사(d')를 빼고 잔의 성姓을 다르크Darc로 표기하여 민중성을 강조했다.[3]

1870년에 출간된 라루스P. Larousse의 《대백과사전》에 실린 '잔 다르크' 항목은 이 같은 좌파의 시각을 집약하고 있다. "① 잔 다르크는 정말로 환영들을 보았는가?: 아니다. ② 그의 가장 확실한 동기는 뜨거운 애국심인가?: 그렇다. ③ 그에 대한 국왕의 속마음은 어떠했는가?: 무관심과 의심. ④ 잔에 대한 성직자의 속셈은 무엇이었는가?: 사명을 방해하고 죽이는 것, 복권의 구실 아래 그에 대한 기억을 날조된 전설로 덧씌우는 것." 이 문답에 따르면, 잔이 자신의 메시지를 전달하기 위해 내세운 '음성'은 초자연적 계시가 아니라 바로 그의 양심에서 우러나온 '조국의 음성'이었다.

한편, 가톨릭교회는 이 같은 잔의 '세속적' 시성諡聖 움직임에 대해 포문을 열었다. 가톨릭 재정복운동의 기수로 나선 오를레앙의 주교 뒤팡루Mgr. Dupanloup는 자유주의적 해석을 일부 수용하는 동시에 "오를레앙의 처녀"에게서 찾아낸 성덕聖德에 초점을 맞추어 이 아이콘 속에 결합되어 있던 가톨릭의 대의와 왕당파의 대의를 분리하고자 했다. 1869년 뒤팡루는 12명의 고위 성직자들과 더불어 교황 비오 9세에게 잔의 시성을 청원했고, 그리하여 1874년부터 잔에 대한 세 번째 재판이 시작되었다. 이들에 따르면 그녀는 섭리적 사명을 띠고 신에 의해 파송되었으며, 그 사명이란 국왕의 축성에 그치는 것이 아니라 교회와 "교회의 맏딸"인 프랑스 그리고 선민인 프랑스인들을 구원하는 것이었고, 그녀의 죽음 또한 모든 대속자의 숙명인 순교였다. 즉 그리스도가 죄지은 인류를 위해 고난받은 것처럼, 잔은 왕비 이자보가 저지른 죄악과 트루아조약의 치욕을 대속하기 위해 불태워졌다는 것이다.[4]

결국 제2제정 말기에 이르기까지 두 개의 프랑스가 기억하는 두 모습의 잔이 서로 대립하며 존재했던 것이다. 하나는 교권주의적이며 반혁명적인 프랑스에 속하는 가톨릭의 성녀 잔이고, 다른 하나는 억압에 대한 제3신분의 항쟁과 발미Valmy의 전장에서 산화한 애국 영령들의 피로 거듭난 프랑스, 즉 자유주의적이고 공화주의적인 프랑스에 속하는 "조국의 계시자" 잔이었다. 앞의 잔이 마리안느와 앙숙이었다면, 뒤의 잔은 마리안느의 자매나 마찬가지였다.

잔 다르크의 시대: 제3공화정에서 제2차 세계대전까지

1871년 독일에 대한 패배를 계기로 '로렌의 소녀'는 복수와 희망의 상징이자 전투적 민족주의의 토템이 되었다. 쇼비니즘 물결과 더불어 문학과 역사, 수많은 회화와 조각상에서 아동도서 삽화, 벽보와 우편엽서, 각종 상호와 상표, 문방구와 장난감에 이르기까지 곳곳에서 잔의 이미지가 범람했다. 폴 데룰레드P. Déroulède는 그를 "침략당한 이들의 수호성녀"로 찬양했고, 미슐레는 노령과 병환을 무릅쓰고 동레미를 방문했으며, 1875년 잔이 부상당한 파리 외곽의 생토노레 성문 자리(지금의 피라미드 광장)에 유명한 프레미에E. Fremiet가 조각한 잔의 기마상이 세워졌다. 또한 1876년 선거로 "진정한" 공화국이 출범하면서 왕당파와 공화파, 가톨릭과 반교권주의 세력 사이에 잔의 이미지를 둘러싼 각축전이 점점 더 치열해졌다.

첫 번째 대립은 파리 시의회가 좌파 의원들 주도로 1878년 5월 30일 볼테르 서거 100주년 기념제—얄궂게도 이날은 잔의 처형일로 알려진 날이다—를 결의하면서 시작되었다. 분개한 뒤팡루 주교는 "잔 다르크를 모욕한 자"를 비난하는 공개서한을 잇따라 발표했고, 이를 계기로 공화국에 반대하는 보수파가 처음으로 잔의 깃발 아래 결집했다. 가톨릭 대변지《뤼니옹L'Union》은 "프랑스 여성들에게" 5월 30일 잔의 기마상에 화환을 봉헌하는 항의시위를 독려했다. 집회가 금지되자 가톨릭 측은 7월 10일 2만여 명의 동레미 순례를 조직했고, 이를 계기로 잔이 '음성'을 들었다는 자리에 바실리카를 봉헌하기 위한 모금운동이 전개되는 등 본격적인 성역화 사업이 추진되었다.

이러한 대립 이면에는 당파를 초월한 국민적 통합의 상징으로 잔을 추앙하려는 움직임이 자라나고 있었다. 사회주의 세력의 위협과 식민지 경쟁이 격화되던 상황에서 공화국은 대내적 결속이 필요했다. 한편 오랫동안 민족주의적 열정을 대혁명의 소산으로 의심해 온 가톨릭교회 역시 복수를 원하는 대중의 정서를 무시할 수 없었다. 잔은 신앙과 교회의 상징인 동시에 조국의 성녀이기도 했던 것이다. 온건한 공화파가 유화정책을 펴고, 1890년대 초 교회가 바티칸의 권고에 따라 공화국에의 '가담'을 수용한 것 또한 유리한 환경을 조성했다.

소르본대학의 역사학 교수를 지내고 1875년의 수정헌법을 기초한 앙리 왈롱H. Wallon은 일찍이 뒤팡루 주교의 시성 청원운동을 적극 지지하면서, 잔을 가톨릭과 공화주의, 민족주의를 잇는 하나의 교량으로 삼고자 했다. 같은 취지에서 조제프 파브르J. Fabre 의원은 '애국축제안'을 발의했다. 1884년 6월 그는 "특정 당파가 아니라 프랑스에" 속하는 조국의 성녀가 "공화파와 왕당파, 가톨릭 신자와 자유사상가들을 공동의 열의 속에 결집할 것"이라며, '자유의 축제'와 별도로 '애국축제'의 제정을 제안했다.[5] 하지만 이 축제가 외려 성직자들의 향연이 되지 않을까 하는 대다수 의원의 우려로 안건은 부결되고 말았다.

공화국과 가톨릭의 진정한 화해는 아직 시기상조였다. 공화파 가운데 투철한 반교권주의자들은 여전히 교회에 대한 공격을 늦추지 않았고, 교회는 의회제 공화국과의 화합이 불가능하다고 판단했다. 게다가 "조국의 성녀"가 애국주의의 기치와 함께 점점 더 우파 쪽으로 기울어 가면서, 이에 불안을 느낀 좌파의 공격도 점점 더 드세어졌다. 1894년 1월 잔이 '존자(尊者)'의 칭호를 부여받고 교황 레오 13세가 시성 재판을 허락하자 일부 고위 성직자들은 "잔은 우리의 것"이라 선언하며 그를 "기독교적 애국주의"의

[그림 9-6]
알자스의 어린이들에 둘러싸인 성녀 모습의 잔 다르크.
1900년의 선전 포스터. "외국의 침입으로부터 프랑스를 해방한 그대여,
우리 자녀들의 영혼을 보호하고, 프랑스인들 마음속에 우리 조상들의
신앙과 더불어 조국에 대한 사랑과 미래의 복수에 대한 마지막 희망을
간직케 하소서"라는 글귀가 적혀있다.

모델로 선전했다.

잔에 대한 기억이 점점 더 우파로 기울고 더 나아가 국수주의로 흐르는 경향 또한 막을 길이 없었다. 1896년 5월 가톨릭 학생들은 잔의 기마상 주위에서 "잔 다르크 만세, 국왕 만세", "유대인들에게 죽음을"이라는 구호를 외치며 시위를 벌였고, 같은 해에 결성된 '잔 다르크 동맹'은 유대인과 프리메이슨들을 "그리스도의 진정한 병사들"의 적으로 선언했다. 가톨릭-왕당파에게 신이 잔을 보낸 것은 클로비스의 세례로 거슬러 올라가는 "프랑스인들을 통한 신의 역사," 즉 "새로운 이스라엘" 프랑스를 통한 교회의 구원을 위한 것이었고, 잔을 죽인 장본인은 영국인들의 앞잡이가 되어 잔의 재판을 주재한 보베 주교, 곧 "유대인"으로 낙인찍힌 피에르 코숑과 그를 거든 소르본대학의 신학자들이었다.

기억의 파열은 19세기 말 20세기 초에 걸친 드레퓌스 사건에서 절정에 달했다. 다양한 부류의 민족주의자들이 반드레퓌스주의의 기치 아래 집결하면서 잔은 배타적이고 전투적인 민족주의 세력의 구심점이 되어갔다. 드뤼몽E. Drumont, 바레스M. Barrès, 모라스C. Morras, 뱅빌J. Bainville 등을 통해 이 시기에 잔은 "유대인-프리메이슨"의 공화국에 맞서 민족적 메시아주의를 구현하는 인물로 선전되었다.

1904년 11월 콩도르세 리세(중·고등학교)의 역사학 교수 탈라마A. Thalamas가 학생들에게 잔의 신성한 사명과 처녀성 등 초자연적 역사 해석을 거부하고 그를 "발미 영웅들의 계보에 속하는 선량하고 용감한 프랑스의 딸"로 가르친, 이른바 '탈라마 사건'은 극우 민족주의자들의 감정에 불을 질렀다. 탈라마를 규탄하는 항의시위와 강연이 꼬리를 물었고, 1908년 그의 소르본 강연을 계기로 극우 단체인 악숑프랑세즈와 왕당파의 청년 전위 조직인 카멜로Camelots의 투사들이 손을 맞잡았다. 15세기에 피에르 코숑의 재판을 거든 소르본이 오늘날 외래사상으로 프랑스의 정신을 오염시키고 있다는 선동에 발맞추어, 젊은 투사들은 탈라마의 수업을 방해하고 거리에서 그의 지지자들을 폭행하는 등 과격한 행동을 일삼았다. "유대인 타도!", "프리메이슨 타도!", "개신교도 타도!", "프랑스 만세! 잔 다르크 만세!"가 이들의 일상적 구호가 되었고, "유대인, 프리메이슨, 외국인의 독재에 맞서 독립운동"을 지원하기 위한 '잔 다르크 의연금'이 모금되었다. 이제 유대인과 프리메이슨은 15세기의 영국인을 대신하는 새로운 침략자였고, 극우파의 구심점인 잔은 이 "병원균들"에 맞서는 프랑스의 항체가 되었다.

이렇듯 우파가 잔의 표상을 독점함에 따라 좌파는 가뜩이나 뜨거운 민족주의적 열기를 부채질하는 잔의 숭배에 거리를 둘 수밖에 없었다. 사회주의자 조레스J. Jaurès는 "그녀가 구원하고자 한 것은 신과 기독교, 정의에 봉사하는 세계 속의 위대한 프랑스였다"고 말하면서 편협한 애국주의가 아닌 보편주의적 가치를 강조했고, 잔의 열렬한 찬미자인 샤를 페기C. Péguy 역시 공화주의적·가톨릭적 이상주의를 견지함으로써 잔의 표상이 반유대주의에 악용되는 것을 막으려 했다. 한편, 투철한 반교권주의자들 사이에서는 왕조의 정통성에 지나치게 집착한 잔의 오류와 함께 "미슐레와 앙리 마르탱이 심어놓은 우상숭배"를 비판하면서 성직자들의 마스코트가 되어버린 잔의 숭배를 타도하려는 움직임이 일기도 했다.

제1차 세계대전으로 인한 존망의 위기 앞에서 좌파와 우파의 '신성한 동맹'은 이 같은 분열을 한동안 잠재우고 잔에 대한 국민적 숭배로 가는 길을 닦았다. 외적에 대한 저항의 상징으로서의 잔의 호소력은 이 전쟁에서 유감없이 발휘되었다. 공화국은 발미와 혁명력 2년의 세속적 영웅들 못지않게 영적 차원의 신화가 필요했다. "침략당한 조국과 더불어 태어난" 잔은 외국에 대한 저항의 화신으로서 신앙과 정파를 초월하여 온 국민의 고통과 희망을 대변했다. 잔은 신의 손길이 프랑스를 지켜주리라는 선전전의 일선에 있었으며, 진흙탕 참호에서 병사들은 대검으로 그녀의 목각상을 깎으며 괴로움을 달랬다. 1914년 9월 '마른강의 기적'이 일어났을 때 작가이자 정치가인 모리스 바레스는 이를 '잔 다르크의 기적'으로 환호했다.

마침내 승전과 더불어 잔의 영광은 절정에 달했다. 전몰장병들을 기리는 수많은 기념비에 그의 이미지가 새겨졌고, 기관지 《악숑프랑세즈》는 "잔 다르크는 부활이며 참혹한 전쟁 뒤의 비옥한 평화이며……우리 국민의 영원한 젊음"이라고 찬미했다. 1920년 5월 16일, 잔은 '복자福者'로 인정된 지 11년 만에 가톨릭교회의 공식 '성인'이 되었고, 같은 해 6월 24일에는 마침내 '애국축제안'이 만장일치로 의회를 통과했다.[6] 이 법안을 제출한 바레스는 "우리 각자는 그녀에게서 자신의 이상을 인격화할 수 있다.…… 왕당파나 보나파르트주의자든, 공화파나 혁명론자든 너나 할 것 없이 잔을 숭배하고 잔을 필요로 한다"고 썼다. 그가 보기에 잔은 "신비의 힘, 희망을 주는 성스러운 힘"을 지닌 "모두를 위한 성녀"였다.

1929년 5월 8일 오를레앙 해방 500주년 기념식에 공화국 대통령인 두메르그G. Doumergue가 참석할 만큼 잔은 국민적 영웅으로 자리를 굳혔지만, 양차 대전 사이에는 다시 극우파의 전유물로 전락했다. 페소, 불의 십자가, 애국청년단, 가톨릭의 스카우트 등 이 시기의 여러 우파 단체가 그의 표상과 결혼했다. 19세기에 등장한 '골족의 신화'와 인종주의적 해석 역시 맹위를 떨쳤다. 그가 표상하는 전통, 가족, 농민, 근로, 단합, 순결, 규율, 용기 등의 미덕은 유대인에게 전가된 도시, 투기, 분열, 방랑, 매춘, 비겁 등의 악덕과 흔히 대비되었다. 골족 혈통을 이어받은 잔은 이제 인종적 미덕의 오염에 맞서 프랑스의 순수성을 지켜내야 했고, 인민전선과 스페인 내전 시기에는 붉은 깃발에 맞서는 보루가 되어야 했다.[7] 특히 통합과 질서의 유일한 구심점인 국왕의 지도력에 기대어 국가의 안녕과 해방을 성취하고자 했던 샤를 모라스(1868~1952)에게 잔은 "탁월한 정치가"였으며, 악숑프랑세즈가 추구한 이른바 "정치 우선" 노선의 선구자였다.

그러나 악숑프랑세즈가 부여잡은 잔의 표상은 결코 고정된 것이 아니라 정세와 정략에 따라 이리저리 표류했다. 1914년 이전까지 전투적인 악숑의 지도자들은 잔이 영국인들이 강요했던 부당한 질서를 거부하고 군주정의 회복을 위해 의로운 반란에 나섰듯이, 유대인과 프리메이슨이 지배하는 현재의 법과 질서에 대한 반항 역시 올바른 질서를 세우기 위한 일시적 혼란이라고 정당화하면서 젊은 행동대원들(카멜로)을 선동했다. 하지만 전쟁 발발과 더불어 '신성한 동맹'에 가담하면서 악숑은 공화국을 부정하는 과격한 수사를 접고 잔을 왕당파 반항아가 아닌 국민 화합의 선구자로 묘사했다. 그리고 전후에는 무정부주의와 국제공산주의, 노동운동의 위협에 맞서 잔을 국가의 권위와 법을 존중하는 프랑스의 참다운 표상으로 내세우는 한편, 대외적으로는 호전적인 군사·외교 정책을 선전하기 위해 외국의 앞잡이들에게 배신당한 잔의 이미지를 이용했다.

1924년 선거에서 '좌파 카르텔'이 집권하자 악숑은 한결 더 날카로운 수사학의 무기를 빼들었다. 모라스는 공화국에 대한 불복종과 경멸을 공공연히 표출하면서, 잔이 국왕의 축성이라는 정치적 행동으로 성취했던 군주정을 회복하는 것이 곧 프랑스의 정통성과 질서와 구원을 보장하는 길이라 강변했고, 베르나노스G. Bernanos는 왕국의 구원에 목숨을 건 무구한 희생자요 영웅적 모험가인 잔의 젊음과 행동력과 미덕을 박해자들의 늙음과 박학과 비열함에 대비하면서 악숑이 곧 20세기의 잔 다르크라고 강변했다.

제2차 세계대전 때의 패배와 점령(1940~1944)에 따른 프랑스의 분열은 잔에 대한 기억의 분열을 고착시켰다. 비시 정부는 잔을 '국민혁명'과 대독 협력의 깃발 아래 끌어들였다. "대지의 딸이자 선량한 프랑스 농부의 딸"인 잔은 돈과 이데올로기, 썩은 문명에 물든 유대인들에 맞서 전통적·농촌적·가톨릭적 가치를 구현하는 도덕적 재무장, 이른바 "갱생한 인간"

의 귀감이었다. 잔은 대독 협력을 호도하고 반유대주의와 반영 감정을 선동하는 엽서와 포스터의 모델로 등장하기도 했다. 1944년 4월 연합군 폭격 직후 루앙 시내를 뒤덮은 전단에는 500여 년 전 잔이 화형당한 자리에 세워진 레알 델 사르트Real del Sarte의 잔 다르크 상이 불바다가 된 시가지 위에서 또다시 화염에 휩싸인 채 신음하고 있었다. 5세기 전에 그가 맞서 싸웠던 적은 독일이 아니라 영국이었고, 그를 죽인 장본인 역시 "유대인 혈통의" 코숑과 영국인들이었던 것이다. "단결하라, 스스로 규율하라, 지도자들에 대해 의심하기를 그만두라"고 외친 페탱 원수는 조국의 구원자로서 잔과 동일시되었다.

반면, 레지스탕스 진영에서 잔은 마리안느와 마찬가지로 자유의 투사요

[그림 9-7]
종교의 깃발을 든 건강한 모습의 잔 다르크. 비시 정부의 선전용 판화(1941). 왼편으로 페탱 원수와 제복 차림의 청소년과 근로자들이 보이고, 오른편에는 농촌 들판과 공장 굴뚝이 보인다. 원경에는 잔의 발자취가 서린 도시들의 상징물이 서있다.

불굴의 저항자였다. 비시의 선전문구에서 런던의 꼭두각시요 현대판 코숑으로 매도된 드골 장군은 오히려 잔의 저항정신을 고스란히 이어받은 계승자로 비유되었고, 그가 이끄는 '자유 프랑스'는 15세기의 망명정부라 할 만한 부르주왕국을 연상케 했다. 또한 기독교 민주주의자들은 물론이고 공산주의자들 역시 잔의 신화를 끌어안았다. '지하'《뤼마니테》지면에서 공산주의자들은 잔의 계승자인 반면, 페탱, 라발P. Laval 등의 "협력자들"은 배신자 코숑의 명백한 후예들이었다.

　그럼에도 잔을 정치적 동원 수단으로 더욱 교묘하고 효과적으로 이용한 쪽은 비시 정부였으며, 이를 위한 상징 조작 또한 그 체제 아래서 극에 달하였다. 비시 정부는 프리지아 모자를 쓰고 젖가슴을 드러낸 '창녀' 마리안느를 공공의례와 학교 교실에서 몰아내는 대신, 잔의 이미지를 이상적 여성상 또는 역할 모델로 활용했다. 프랑스의 군사적 패배를 도덕적 갱생의 구호로 호도한 이 체제는 남장한 여전사의 당돌한 이미지보다 스커트나 드레스 차림의 부드러운 여성적 이미지를 부각하는 데 힘썼다. 잔은 살상을 싫어하고 칼보다 깃발을 더 좋아한 연약한 여성으로, 또 그 체제의 자학적 정서를 반영하듯 고통과 굴욕을 순순히 감내하며 체념하고 희생하는 도덕적 순교자로 그려졌다.[8]

　또한 잔이 문맹이었다는 사실은 지식인, 특히 여성 지식인을 폄하하고 여아들에게 실용·도덕 교육과 가정적 역할을 주입하는 한 방편이 되었다. 남녀공학 금지를 법으로 규정할 만큼 결벽이 있었던지라 잔의 처녀성이 유달리 강조된 것은 당연지사였다. 그러나 모성·다산·가정의 가치와 잘 어울리지 않는 이 처녀성은 비시 정부의 교과서에서 어린아이들에 둘러싸인 자애로운 대모의 모습이나 여러 자녀를 낳고 독실한 신앙심을 길러준 그녀의 어머니—잔은 재판정에서 "나의 신앙은 오로지 내 어머니로부터 받아들인 것입니다"라고 답변했다—의 이미지를 덧보태야만 했다.

사실 잔의 이미지는 이중적이었다. 한편으로 단순하고 경건하고 조신하고 순종하는 착한 프랑스 소녀 또는 평범한 현모양처가 될 잔이 있었고, 다른 한편으로 소명을 받고 가정을 떠난 이후의 잔, 즉 자신의 여성성과 모성마저 희생해 가며 무장한 채 용감하게 싸우는 슈퍼우먼 또는 남성화된 잔이 있었다. 비시의 교실이 주입한 역할모델은 물론 '가정 안에서의 잔'이었고, 게다가 이 성차별적 순응의 도덕을 뛰어넘어 여전사 잔과 같은 남성적 영웅이 되기를 꿈꾸는 것은 위험한 일이기도 했다. 그것은 신의 부름을 받고, 그리하여 가시밭길을 걸어야 하는 비극적 영웅, 바로 잔과 페텡 원수와 같은 특별히 선택된 지도자만의 숙명이었기 때문이다.

기억의 유산: 전후에서 오늘날까지

공교롭게도 연합군이 승전한 1945년 5월은 잔이 오를레앙에서 승리한 달과 일치했고, 이 또한 신의 가호로 여겨질 만했다. 해방 후 잔은 드골과 공산주의 진영에 확고히 자리 잡았다. 그러나 전후 좌파는 더 이상 잔의 신화에 집착하지 않았다. 1945년 가톨릭교회 또한 인민공화운동MRP을 통해 결정적으로 공화국에 가담한 뒤 잔의 상징을 영성의 무기로 이용하기를 그만두고, 여느 성인에 대해서처럼 진중한 공경을 유지하고 있다. 제4·제5공화국은 일찍이 잔을 당파적 결집과 동원의 수단이 아니라 국민 통합의 상징으로 삼고자 했던 온건(또는 중도) 공화파의 전통으로 복귀했다. 1920년대 이래로 역대 공화국 대통령들이 임기 중 적어도 한 번—대개 선출되고 처음 돌아오는 5월 8일에—오를레앙 시장의 공식 초청으로 축제에 참석하는 것은 관례가 되었다.

이는 오늘날 프랑스인들에게 '잔 다르크'가 예전만큼 종교적·정치적으로 민감한 아이콘이 아님을 말해준다. 교회와 국가, 종교와 정치는 분리되어 평화 공존의 시대에 들어갔고, 역사는 신화와 결별한 지 오래다. 오늘날 역사가들의 관심을 끄는 것은 잔 다르크의 진실 자체가 아니라 그를 둘러싸고 빚어진 일련의 사태들, 이른바 '잔 다르크 현상'이다. 이 글에서 대략 소개한 것처럼 근·현대사가들은 '잔 이후의 잔', 즉 그의 이미지가 시대에 따라 변형되고 유포되어 온 과정을 추적하며, 그 기억을 둘러싼 갈등과 그것의 정치적·사회적 기능들을 밝히고자 한다. 방대한 재판 기록을 뒤적이는 중세사가들 또한 그를 통해 그 시대의 일상과 의식세계, 이를테면 가정생활, 종교적 관행과 심성, 민중문화, 애국심 또는 민족 감정, 의사소통과 여론 형성 등 구체적 실상을 들여다보고자 한다. 요컨대 잔은 이제 어떤 도덕적 교훈이나 정치적 표상으로서보다는 역사적 탐구의 창구로서 새롭게 주목받고 있다.

하지만 19세기 말 20세기 초의 민족주의적 열정이 남긴 잔의 잔재가 여전히 정치화된 상징으로 부활하고 있는 것도 사실이다. 잔 다르크 복권 500주년 이듬해인 1957년 '잔 다르크 연맹'은 '로렌의 소녀'를 프랑스령 알제리의 투사로 식민지 전쟁에 끌어들였다. 그리고 이 전쟁에 참전했던 장마리 르펜의 국민전선은 1979년 이래 "잔은 우리의 것"이라는 낡은 구호를 되뇌며 프랑스적 정통성의 화신으로서, 모든 침입자에 대한 '프랑스 당파'의 영원한 인도자로서 잔을 기리는 5월의 군사 행진을 펼치고 있다.

그럼에도 잔은 프랑스 국민 "모두의 것"으로 끊임없이 환기되고 있다. 1964년 5월 30일 프랑스 정부를 대변하여 문화부 장관인 앙드레 말로는 "모든 산 자들의 마음속에" 무덤도 없는 잔 다르크의 무덤이 있으며, 그가 보편적 가치로 되살아나고 있다고 지적한 바 있다. 좌파와 우파를 막론하고 공화국 대통령들의 기념사 또한 화합과 연대를 호소하는 메시지를 담았다. 프랑수아 미테랑 대통령은 1989년 5월 "잔을 외국인 혐오자들 손에

내버려 둬서는 안 됩니다"라고 역설한다. 7년 전에는 같은 자리에서 "국민
적 합일은 단일성이 아니라 다원성이요 관념들의 충돌입니다. 하지만 그
것은 또한 역사에 의해 형성된 하나의 공동체에 소속한다는 감정이기도
합니다"라고 말하기도 했다. 또한 자크 시라크는 1996년 "잔은 불관용의
담론과 폭력의 반대편에 있다"고 말하면서, 그가 특정 당파의 전유물이 아
님을 강조한다.

예의 '음성'과 '사명', 그의 '죽음'에 관한 수많은 논쟁, 그의 이미지와
상징을 둘러싼 갈등의 역사가 보여주듯, 잔 다르크에 대한 기억은 과거 프
랑스인들의 열정과 시대정신을 드러내는 민감한 시금석 가운데 하나였다.
어느 시대 어느 당파든 저마다 자신의 욕망과 이상을 잔에게 투사할 수 있
었다는 것은 그의 모습이 그만큼 모호하고 유연하며, 따라서 이리저리 성
형하기 쉬웠음을 뜻한다. 하지만 그 엇갈리는 기억들의 밑바탕에는 프랑
스인들의 뿌리 깊은 선민의식, 거듭된 국난을 통해 자라나게 마련인 메시
아적 영웅의 출현에 대한 기대 그리고 "위대하지 않은 프랑스는 프랑스가
아니다"라는 위대한 조국의 신화 같은 것들이 깔려있었다. 결국 잔 다르크
의 형상과 그에 대한 다양한 형태의 숭배를 빚어낸 것은, 정작 맹목적인 믿
음과 그 비옥한 토양에서 민족주의 시대가 분비한 열정들이었다.

볼테르의 잔과 미슐레의 잔, 가톨릭의 잔과 왕당파의 잔과 공화국의 잔,
비시의 잔과 레지스탕스의 잔, 지난날 프랑스를 편가르기도 하고 뭉치게
도 한 여러 모습의 잔 다르크 사이에서 펼쳐진 불화와 화해의 드라마는 프
랑스의 기억 속에 한 자리를 차지하고 있다. 그리고 그 '처녀들'이 남긴 기
억의 역사 자체가 오늘날 극우 민족주의자들의 손에서 그를 구출하는 든
든한 지렛대가 되어줄 것이다. 잔 다르크의 역사적 소명 역시 이 위대한 기
억의 유산이었을 것이다.

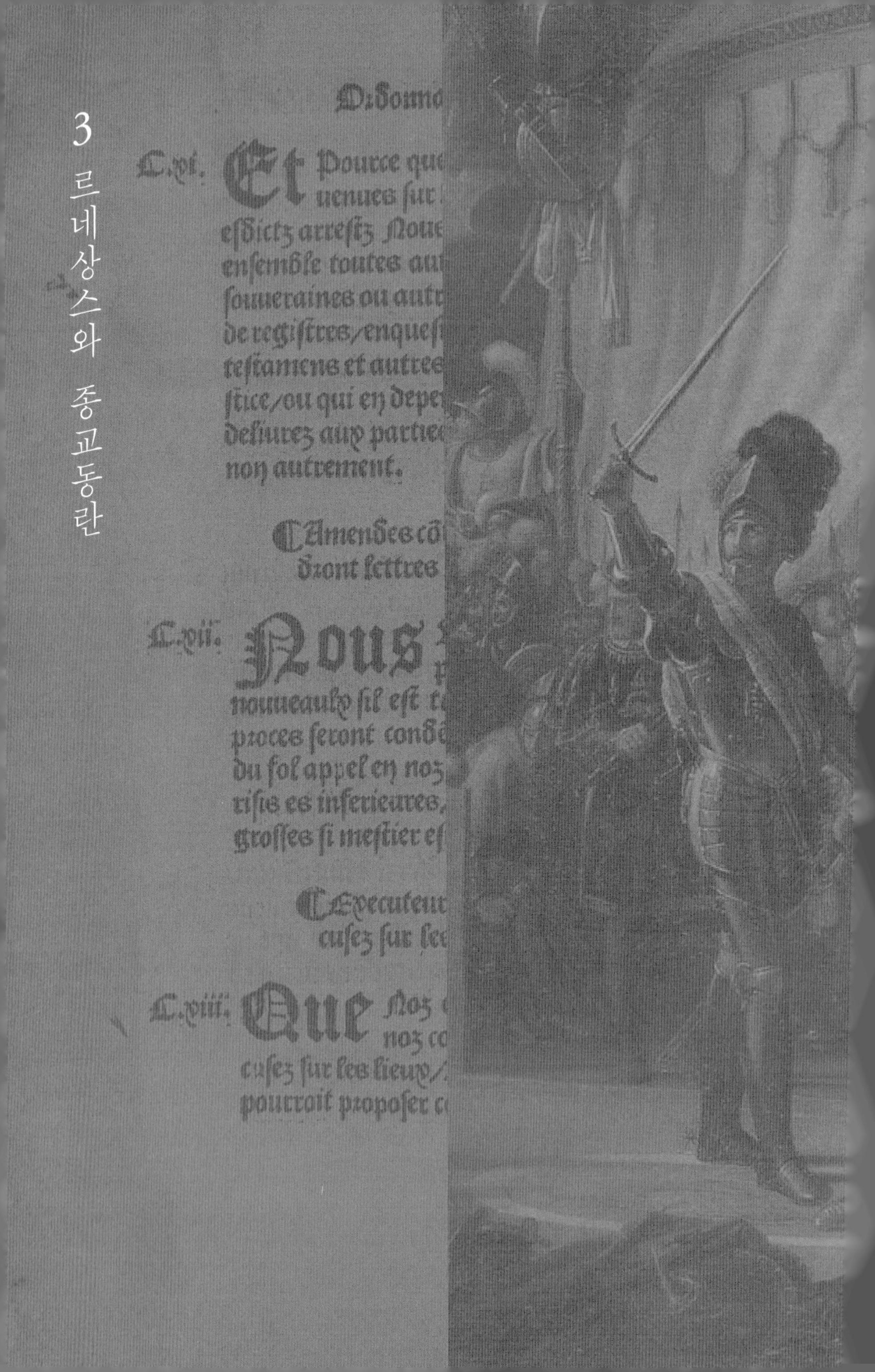

3 르네상스와 종교동란

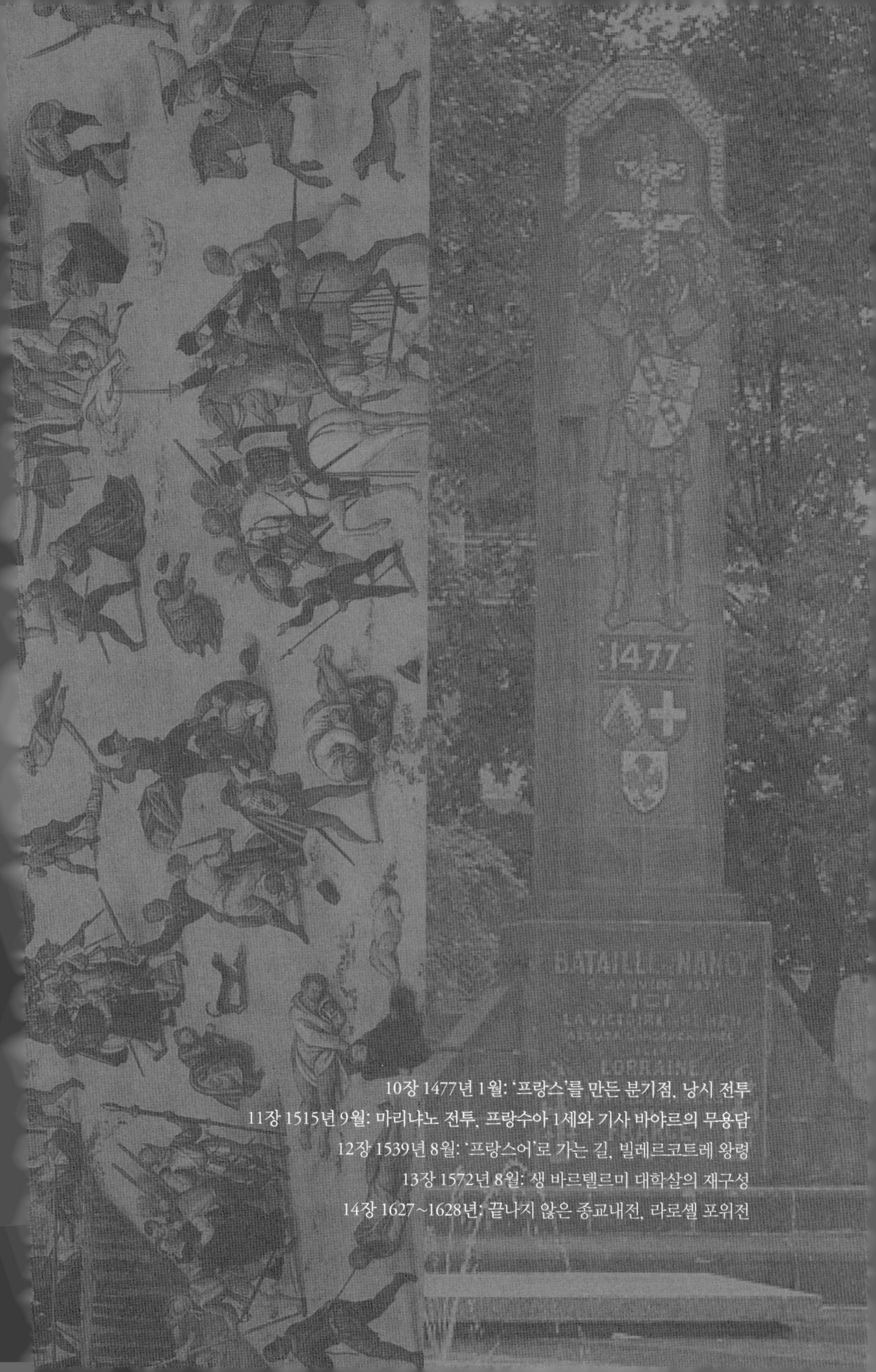
1477

10
1477년 1월:
'프랑스'를 만든 분기점, 낭시 전투

이혜민

2022년 1월 5일 프랑스 로렌 지방에서는 낭시 전투 545주년 기념행사가 열렸다. 이 전투는 1477년 1월 5일에 로렌 공작 르네 2세René II de Lorraine 가 부르고뉴 공작 샤를 담대공Charles le Téméraire에게 승리를 거둔 사건을 말한다.[1] 샤를은 프랑스 발루아 왕조의 방계 가문 후손으로 중세 후기에 영국, 프랑스, 독일 등 여러 나라 사이에서 막강한 힘과 권력을 과시했던 부르고뉴 공국 혹은 부르고뉴 공작령의 마지막 공작이다.[2]

낭시 전투는 왜 '프랑스를 만든 서른 가지 나날' 중 하나로 기억되는 것일까? 이 시리즈 중에서 낭시 전투를 맡은 피에르 프레데릭스Pierre Frédérix 는 1966년에 《샤를 담대공의 죽음》이라는 제목으로 책을 출간했다.[3] 이는 곧 1477년의 낭시 전투가 프랑스사에서 대단히 중요한 역사적 기점 중 하나로 평가된다는 것을 의미한다. 오늘날 프랑스에서 낭시 전투는 근대 프랑스의 정체성 형성에 기여한 사건 중 하나로 평가되곤 한다.

그런데, 현재 낭시에서 열리는 기념식은 국가적인 기념행사는 아니며, 지역적인 지방 행사에 불과하다. 오늘날 낭시에서는 도심의 크루아드부르고뉴Croix-de-Bourgogne 광장에서 매년 기념식이 개최되고 있는데, 오를레앙의 잔 다르크 축제처럼, 그러나 그보다는 훨씬 더 조촐한 규모로 지방의 역사적 기념행사로 정착되었다. 그런데 문제는 이 행사를 적극적으로 주도하고 있는 이들이 로렌 지방의 극우파 인사들이라는 것이다. 이들은 1월 5일을 전국적인 국경일로 지정해야 한다고 요구하면서, 이민자 축출 및 유럽연합 탈퇴를 요구하고 있다. 도대체 540여 년 전에 부르고뉴 공작과 로렌 공작이 싸운 전투가 왜 프랑스 국가 형성에서 중요한 사건으로 평가되었으며, 오늘날의 이민자 문제나 유럽연합과 무슨 상관이 있다는 것일까? 1477년 1월의 낭시 전투는 어떤 역사적 사건이며, 오늘날 로렌의 극우파는 왜 이 사건을 기념하고 있는 것일까?

낭시 전투의 원인

15세기 후반에 '부르고뉴'라는 지명은 모호성과 다의성을 지니고 있었다. 왜냐하면, 이 고유명사는 단순히 오늘날 프랑스 남동부의 부르고뉴 지방만을 지칭하는 것이 아니라 발루아 가문의 부르고뉴 공작들이 여러 세대를 거치며 한데 합쳐나간 광범위한 영토를 통칭하기 때문이다. 제1대 공작 필리프 대담공Philippe le Hardi부터 시작된 발루아-부르고뉴 공작 가문의 역사는 제2대 공작 장Jean sans Peur을 거쳐, 제3대 공작인 필리프 선량공 Philippe le Bon 대에 이르러 조상으로부터 물려받은 영지를 크게 확장하고, 통치체제 정비와 문화 진흥정책 등을 통해 부르고뉴의 황금시대가 열리게 되었다. 필리프의 아들이자 마지막 발루아-부르고뉴 공작인 샤를의 영토는 북부 지방의 플랑드르, 아르투아, 피카르디, 에노, 솜강 유역의 영토, 브라반트 공작령, 홀란트, 젤란트, 헬더란트로부터 남쪽의 부르고뉴 공작령, 부르고뉴 백작령, 느베르 백작령, 그리고 북부와 남부 영지의 중간에 위치한 룩셈부르크 공작령을 포함하는 방대한 영역에 걸쳐있었다.

[그림 10-1]

15세기 후반 부르고뉴 공작들의 영토 확장.

1363년 필리프 대담공이 프랑스 동부의 부르고뉴 공작령을 물려받은 이후부터 그의 후손들은 4대에 걸쳐 결혼, 전쟁, 매입, 조약에 의한 양도 등 여러 방식으로 영토를 착실하게 확대해 나갔다. 그러나, 마지막 부르고뉴 공작 샤를이 1477년 낭시 전투에서 전사함으로써 발루아 가문의 부르고뉴 공작의 영토 확장이 멈추게 되었다. * 지도: Jin-A Ryou.

15세기에 부르고뉴 공작들은 프랑스 발루아 왕실의 종친 자격으로 프랑스의 내정과 정치 문제에 깊숙이 개입했다. 동시에 그들은 신성로마제국의 제후였고, 프랑스 국왕의 간섭을 받지 않고 독자적으로 외교 활동을 벌이기도 했다. 특히 부르고뉴 공국은 백년전쟁기에 국제적인 힘의 균형을 결정하는 역할을 하였다. 15세기 중반 이후 필리프 선량공과 그의 아들 샤를이 추진한 주요 정책 중 하나는 남북으로 분단되어 있는 영토를 잇고자 하는 영토 통합정책이었다. 바로 이러한 영토 확장정책이 1477년 낭시 전투의 직접적인 계기가 되었다.

[그림 10-2]
루이 11세의 초상화(1469년 경, 개인 소장품). 프랑스 국왕 루이 11세는 마키아벨리 등장 이전의 마리아벨리적 인간 유형으로 평가된다. 1469년 경에 프랑스 궁정화가 자콥 드 리트몽이 그의 초상화를 그렸다.
* 출처: 위키피디아.

발루아-부르고뉴 공작 가문의 시조인 필리프 대담공은 1363년에 부르고뉴 영지를 하사받았다. 그리고 1369년에는 선대 부르고뉴 공작 필리프 드 루브르의 미망인이자 플랑드르 백작의 상속녀인 마르그리트 드 말과 혼인함으로써 플랑드르 백작령을 비롯한 북부의 부유한 영지들을 손에 넣게 되었다. 또한 그는 부인 덕분에 1384년에는 부르고뉴 백작령, 아르투아 백작령, 느베르 백작령 및 인근 지역도 획득했다. 필리프 대담공과 그의 후손들의 영토 확장 정책으로 형성된 15세기 부르고뉴 공국의 특징은 도시를 중심으로 하는 북부 지방과 농업이 주업인 남부 지방이 따로 분리되어 있었다는 점이다. 필리프 대담공의 손자인 필리프 선량공은 마코네 지방, 오세르 백작령, 바루아 백작령, 에노, 홀란트, 젤란트와 프리지아, 그리고 피카르디 등지를 획득했다. 마지막으로 그는 북부와 남부의 영지를 육로로 잇기 위해 1443년에 룩셈부르크 공작령을 합병했다. 그의 아들 샤를도 브뤼셀과 디종을 육로로 잇는 영토 통합정책을 계속 추진했는데, 이때 특히 주된 목표 중 하나가 로렌 공작령이었다.

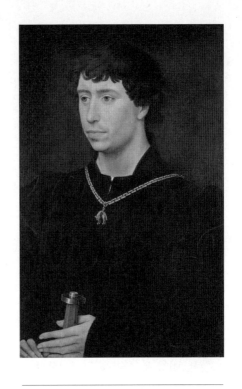

[그림 10-3]
부르고뉴 공작 샤를의 초상화(1462년 경, 베를린 미술관 소장). 부르고뉴 공작 샤를은 중세 후기에 이미 소멸되어 가던 과거의 유산인 기사도의 이상을 추구하던 인물이었다. * 출처: 위키피디아.

이처럼 대를 이은 영토 확장과 막강한 공작 가문의 힘과 영향력은 특히 프랑스 국왕에게 위협이 아닐 수 없었다. 샤를 담대공의 치세에 프랑스 국왕은 루이 11세였는데, 8촌 형제인 이들은 종종 '역사의 라이벌'로 제시되곤 한다(그림 〈10-2〉, 〈10-3〉). 루이 11세가 부왕 샤를 7세와 불화를 겪고 있었을 때 부르고뉴 공작 필리프의 보호와 도움을 받으며 도피 생활을 했는데, 이후 1461년에 왕으로 즉위한 후에 자신을 도와주었던 부르고뉴 공작을 홀대해서 서로 감정의 골이 깊어지게 되었다. 그러던 와중에, 1465년 3월 봉건 영주들이 대규모 반란을 일으키자 부르고뉴 공작 자리를 막 물려받은 샤를이 이들의 수장이 되었고, 봉건세력의 힘에 일시적으로 밀렸던 루이 11세는 1465년 10월 5일 대귀족들의 요구에 양보하는 굴욕적인 콩플랑Conflans조약을 체결해야 했다.

이후 두 사람은 콩플랑조약으로 양도된 솜강 유역의 영토 문제로 전쟁을 벌였다. 특히 1468년 여름에 샤를이 잉글랜드 요크 왕가의 마거릿과 혼인하자 분위기가 매우 험악해졌고, 같은 해 10월 페론에서 샤를이 루이 11세를 억류하는 사건까지 일어났다. 재차 굴욕을 당하면서도 분노를 곱씹으며 참았던 루이 11세는 음모를 꾸며 부르고뉴 공작과 그의 동맹들을 이간질하고 샤를의 영토를 침입하면서 그를 괴롭혔다. 1477년 낭시 전투 때까지 생겨난 반부르고뉴 동맹의 배후에는 바로 루이 11세가 있었다.

한편, 이들 두 사람은 정치적으로 대립한 외에도 기질적으로 매우 상반된 인물들이었다. 루이 11세가 마키아벨리 이전의 마키아벨리적 인간 유형이었던 반면, 샤를은 스러져 가는 기사도의 시대를 대변하는 인물이었다고 평가되곤 한다. 따라서 샤를은 야망이 큰 만큼이나 현실감이나 융통성은 부족했던 것으로 보인다.

낭시 전투로 귀결되는 길

15세기 중엽에 유럽에서 가장 부유하고 강력한 영주로 군림하던 샤를은 알자스의 준트가우와 독일 남부의 브라이스가우를 합스부르크 가문으로부터 구매하기도 했지만, 그 외 지역에서는 주로 군사 활동을 통해 지속적으로 영토 확장정책을 추진했다. 따라서 부르고뉴 공국의 마지막 공작의 치세 동안에는 전쟁이 끊이지 않았다. 샤를은 1473년에 헬더란트 지방을 무력으로 점령했고, 그 직후 1473년 9월부터 11월까지 트리어에서 신성로마제국 황제 프리드리히 3세와 만나 정치·외교적 협상을 벌였다. 그는 딸 마리 드 부르고뉴를 황제의 아들 막시밀리안과 혼인시키는 대신 자신이 독일 왕의 지위와 황위 계승권을 얻기를 원했지만 뜻을 이루지 못했고, 헬더란트의 봉토만을 받았다.

1474년부터 샤를 공작은 신성로마제국의 영역으로 영토를 확장하기 위해 라인강 서쪽 지방의 정복에 몰두하였고, 알자스인들과 스위스인들은 부르고뉴 공작에 대항해 콘스탄스 동맹을 결성했다. 1474년 4월 22일 콘스탄스 동맹은 부르고뉴 공작을 향해 전쟁을 선포하면서 부르고뉴의 지배에 맞서 군사 봉기를 일으켰다. 1475년 5월에는 프랑스 국왕의 부추김을 받은 르네 2세가 샤를에게 도전장을 던졌다. 르네 2세는 전임 로렌 공작 니콜라 당주의 고종사촌이었는데, 1473년에 니콜라가 후사 없이 사망했기에 로렌 공작령과 바르 공작령을 상속받게 되었다.

이때부터 샤를 담대공은 로렌을 부르고뉴 공국의 영향력 아래에 있는 일종의 보호령으로 만들려는 정책을 노골적으로 추진하기 시작했다. 이에 르네 2세는 프랑스 국왕의 지지를 등에 업고 부르고뉴 공작에 대항하고자 했다. 하지만, 부르고뉴와의 전면적인 군사 충돌을 피하려는 루이 11세의 배신과 신임 공작에 반기를 든 로렌의 귀족들, 부르고뉴 편에 선 주변 지역의 종교 제후 등으로 인해 어려움을 겪었다. 부르고뉴 공작은 1475년 가을에 로렌과 바르를 침공해 이 지역 영지 대부분을 손쉽게 손에 넣었다. 다만 낭시가 부르고뉴 공작에게 몇 주 동안 저항했는데, 결국 1475년 11월 26일에 항복했다. 1475년 11월 30일 샤를 담대공은 낭시에 공식 입성하였다. 12월에 그는 낭시에서 지방 신분회를 소집해 로렌 귀족들의 충성선서를 받았다. 이때 샤를은 로렌을 부르고뉴 공국에 통합시키고 낭시를 수도로 삼고자 하는 의지를 천명했다.

그러나 이러한 일시적인 성공에도 불구하고 전쟁은 계속되었다. 당시 스위스인들은 부르고뉴 공작의 영토와 더불어 샤를의 동맹인 사부아 공작령에도 위협을 가하고 있었는데, 이는 부르고뉴와 이탈리아를 잇는 육로가 차단당할 위험을 내포하고 있었다. 당시 이탈리아는 부르고뉴 공작의 대외정책에서 중요한 부분을 차지하고 있었고, 이탈리아 용병이 부르고뉴 군대에서 활약하고 있었다. 1475년 말에서 1476년 초에 샤를 담대공은 반부르고뉴 동맹의 공격을 받고 있던 자신의 지지자들을 돕기 위해 스위스 연방을 공격하기 시작했다. 하지만 3월 3일에는 그랑송에서, 그리고 6월 22일에는 모라에서 스위스 민병대에 연이어 패배를 당했다.

부르고뉴인들은 우수한 기사라는 자부심을 지니고 있었는데, 민병대인 스위스 창병에게 패배하자 충격이 컸다. 특히 모라 전투의 경우에는 대단히 중요한 정치적 결과를 야기했다. 이때부터 부르고뉴 공작의 동맹자였던 밀라노 공작 갈레아초 마리아 스포르차가 프랑스 진영으로 돌아서서 사부아 공작령을 위협하기 시작했고, 이전까지 부르고뉴의 편이었던 사부아와의 동맹도 깨졌기 때문이다. 게다가 플랑드르를 비롯한 북부 영지의 도시들도 지속되는 전쟁과 과중한 증세에 넌더리를 내며 주군에 대한 자금과 병력 지원을 거부했다. 혼인으로 동맹을 맺은 잉글랜드 왕조차 프랑스 국왕의 뇌물을 받고 휴전조약을 맺었으며, 황제 프리드리히 3세는 아들 막시밀리안을 샤를의 딸 대신 프랑스 공주와 결혼시키려는 협상을 추진하고 있었다. 부르고뉴 공작은 동맹자가 없는 고립무원의 처지에 빠지게 된 것이다.

샤를은 로렌에서도 어려움을 겪었다. 1476년 8월 로렌 공작령에서 부르고뉴 공작의 지배에 반기를 드는 봉기가 일어났기 때문이다. 1475년에 샤를 담대공에게 패배 후 쫓겨났던 로렌 공작 르네 2세는 콘스탄스 동맹에 적극적으로 가담했고 모라 전투에도 참전했다. 르네 2세는 로렌에서 봉기가 일어나자 자신의 영지로 다시 돌아와 부르고뉴 군대를 몰아내기 시작했고 1476년 10월 7일에 낭시를 탈환했다. 이에 샤를 담대공은 10월 22일에 낭시 재탈환을 위한 공성전을 벌이기 시작했다. 양 진영의 군사적인 대립은 1476년 가을부터 다음 해 1월 초까지 계속되었다. 1477년 1월 5일 운명의 날 낭시 인근에서 부르고뉴와 로렌의 군대가 대규모 회전을 벌이게 되었다.

1493년 출판된 하르트만 셰델Hartmann Schedel의 《세계 연대기Weltchonik》는 낭시 전투와 샤를 공작의 최후를 다음과 같이 기록하였다.

> 필리프 선량공의 아들이자 명성 높은 프랑스 왕실 가문의 마지막 자손인 부르고뉴 공작 샤를은……스위스인들에게 대항해 싸우기 위해 로타링기아의 낭시를 향해 진군했다. 하지만 스위스인들은 강력한 힘으로 그의 군대를 급습했고, 샤를은 후퇴하다가 죽임을 당했으며 패주 중에 (그의 시신이) 사라졌다.[4]

낭시 전투 당시에는 어린아이였던 의사 출신의 독일인 휴머니스트 셰델은 이 사건을 프랑스계 부르고뉴 공작과 스위스인들의 교전으로 묘사했다. 이미 당대부터 부르고뉴의 기병대를 궤멸시킨 스위스 창병의 명성이 자자했는데, 그러한 점이 역사 기록에서 드러나고 있다. 실제 전투 양상은 부르고뉴 대 스위스의 양자 대립이 아니라 더 복잡했다. 샤를 공작과 맞선 르네 2세는 프랑스 국왕으로부터 재정 지원을 받았으며, 스위스인들과 알자스인들이 전투에 참전했다. 앞선 전투들과 마찬가지로 부르고뉴 공작의 팽창정책에 반발하는 반부르고뉴파가 모두 결집한 것이다. 추위와 질병,

장기간의 전쟁으로 시달리고 있었던 부르고뉴 군대는 이 당시에 상당히 약화되어 있었다.

1477년 1월 5일의 전투 결과는 부르고뉴의 대패로 마무리되었다. 부르고뉴 군대는 낭시로 향하는 길목에 포병대를 배치하여 로렌 공작의 군대가 다가오기를 기다렸지만, 로렌 공작은 우회하여 부르고뉴 군대의 측면을 공격했다. 급습을 당한 부르고뉴군은 큰 혼란을 겪으며 패주했고 주요 지휘관들이 전사하거나 포로로 잡혀 한동안 그들의 생사조차 알지 못했다.

샤를의 장례와 왕조 시대의 기념

낭시 전투에 대한 추모와 기념은 당대에 낭시에서 거행된 망자의 장례식에서부터 시작되었다. 낭시 전투에서 전사한 샤를 공작의 시신은 이틀 후에야 인근에서 처참한 상태로 발견되었다. 일설에 따르면 전투 중에 크게 훼손된 샤를의 시신은 늑대의 먹이가 되어 알몸인 채로 너덜너덜해져 있었다고 한다. 그의 시신은 낭시로 옮겨졌고, 1월 8일부터 10일 사이에 조르주 마르케즈라는 인물의 집에 안치되어 조문객들에게 공개되었다. 오늘날 낭시에는 장례 기간 동안 부르고뉴 공작의 시신이 놓여있었던 지점(현재의 그랑드 거리 30번지)에 1미터 크기의 십자가와 연도를 나타내는 숫자를 표시해 놓고 역사적인 사건을 기리기 위한 작은 팻말을 걸어놓고 있다(그림 〈10-4〉).

샤를의 시신은 1월 12일 일요일에 생조르주 참사회 교회의 북쪽 회랑에 매장되었다. 르네 2세는 샤를 담대공의 무덤 위에 조각상을 만들어 고인을 기념했다. 샤를의 와상臥像은 갑옷을 입고 투구를 쓴 채 기도하는 모습으로, 석상 옆의 검은 대리석 판에는 다음과 같은 글귀가 새겨져 있었다.

[그림 10-4]
낭시의 그랑드 거리 30번지에는 샤를 담대공의 시신이 장례 기
간 중에 안치되어 있었던 지점을 알리는 표지판이 있다.
* 출처: 위키미디어.

이 무덤 아래에 샤를이 잠들어 있다. 그는 부르고뉴인의 영광이었으며 한때 유럽의 공포이기도 했다.……그는 공작들, 국왕들 그리고 황제의 군대를 깔보면서 피의 바닷속에서만 즐거움을 느꼈다. 그러나 결국 평소의 군사적인 성공에 기대면서 무모하게 로렌 공작을 공격했다. 그는 피비린내 나는 전장 한가운데에서 숨을 거두었고 적진에 황금양모기사단을 버려두었다. 이처럼 승리자 르네는 위대한 군주에 맞서 오랫동안 남을 승리의 월계수를 회득했다. 오! 샤를, 그토록 많은 영토를 탐했던 그대여, 신께서 그대가 천국에 들 것을 허락하시고 그대가 과거에는 경멸했던 평화라는 보석을 주시기를! 지금 그대는 하늘에서 낭시의 성벽을 내려다보며 다음과 같이 말하는구나. "오만한 내가 자비로운 적 덕분에 여기에 묻히게 되었구나. 세속적인 것을 뽐낼 필요가 없음을 배우라. 그토록 많이 정복했던 이가 결국에는 정복되었도다."

르네 2세가 세운 샤를의 묘비명은 짐짓 고인을 추모하는 척하지만, 사실상은 그의 무모한 모험을 교훈의 사례로 제시하면서 자신의 영광을 드러내고 있다. 로렌의 궁정에서는 르네 2세를 높이 추켜세우면서 부르고뉴 공작 샤를을 르네 2세의 대척점에 위치한 부정적인 인간으로 제시했다.

샤를의 사망과 장례 소식은 그의 가족과 신하들에게는 뒤늦게 알려졌다. 샤를의 미망인이 남편의 시신을 디종으로 보내줄 것을 요구했으나 르네 2세는 자신이 시체나 팔아먹는 인간이 아니라는 이유로 이를 거부했고, 대신 묘소를 방문하려는 사람들에게는 안전한 통행을 보장하겠다고 응답했다. 샤를 공작의 죽음을 믿고 싶지 않았고 그의 시신을 직접 눈으로 보지 못한 부르고뉴인들 사이에서는 아직 그가 살아있다는 헛소문이 떠돌기도 했다. 샤를 담대공이 강신술을 익혀서 자신이 원하는 대로 나타났다가 사라졌다가 한다는 낭설이 떠돌기도 했다. 당대의 역사가 로베르 가갱Robert

Gaguin은 낭시 전투 직후 아르투아인들과 부르고뉴인들이 샤를 담대공이 전장에서 탈출해 7년간의 고행을 떠났으며 고행을 마친 후 더 강력한 힘을 가지고 되돌아와 복수할 것이라고 굳게 믿고 있는데, 이는 무척 터무니없고 미련한 맹신이라고 논평했다.[5]

샤를의 시신은 80여 년 후에 자신의 영지로 돌아올 수 있었다. 1550년 샤를의 외증손자인 신성로마제국 황제 카를 5세는 로렌의 섭정이자 자신의 질녀인 덴마크의 크리스티나에게 샤를 공작의 시신을 수습해 브루헤의 노트르담 성당으로 보내줄 것을 제안했다. 크리스티나는 조상의 묘를 옮기자는 카를 5세의 제안에 동의했고, 황제가 파견한 이들이 샤를의 유해 혹은 샤를의 것으로 추정되는 유해를 부르고뉴의 영지로 옮겼다. 그리고 9년 후 브루헤의 노트르담 성당에 묻힌 그의 딸 마리 드 부르고뉴의 무덤 옆에 샤를의 무덤이 다시 세워졌다.[6]

로렌 공작은 자신의 영광을 드높이기 위해 부르고뉴 공작 샤를의 묘소를 만들고 매년 기념행렬을 개최하고 전투지에 교회당을 세우는 등 여러 방식으로 낭시 전투를 기념했다. 반면, 부르고뉴-합스부르크 가문에서는 가문의 뿌리를 강조하면서 저지대 지방의 통치를 강화하기 위해 샤를의 유해를 옮겨와서 그의 죽음을 기념했다. 합스부르크 황실과 에스파냐 왕실의 후손인 카를 5세는 플랑드르의 헨트에서 태어나고 자랐다는 이유를 내세워 광대한 제국을 통치하면서도 동시에 저지대 지방에 특별한 관심을 보이는 '부르고뉴의 군주'로 행세했다. 저지대 지방의 주민들도 카를 5세를 부르고뉴 공작의 정당한 계승권자로서 플랑드르인의 기질을 지닌 천부적인 주군으로 받아들였다. 그런데 그의 치세 말기에는 1539년에 헨트에서 반란이 일어나는 등 저지대 지방에서 불안한 기운이 일어나고 있었다. 그가 말년에 갑자기 샤를 담대공의 시신을 찾아오고 브루헤에 그의 무덤을 새롭게 건조한 것은 자손들에게 부르고뉴의 영지를 물려주기 전에 이 지역의 주민들에게 합스부르크 황실과 발루아–부르고뉴 가문의 혈연관계를 시각적으로 강조하여 이들의 충성심을 이끌어 내기 위한 것이 아니었을까? 이처럼 근대 초의 합스부르크 가문은 왕조의 연속성을 강조하기 위해 낭시 전투 자체보다는 샤를 담대공에 대한 추모와 기념을 주도했다.

낭만주의와 민족주의 시대의 기억과 기념

낭시 전투는 19세기 낭만주의와 민족주의 시대에 재조명되면서 대중적인 관심을 받게 되었다. 특히 이러한 관심은 미술관이나 박람회에 전시되어 대중이 감상하는 역사화 및 대중적인 인기를 얻은 문필가들의 저술을 통해 고조되었다. 낭시 전투를 묘사한 19세기의 역사화 중에는 외젠 들라크루아Eugène Delacroix의 그림이 가장 유명하다. 들라크루아의 〈낭시 전투〉는 프랑스 왕정복고 시대인 1828년에 프랑스 내무부가 낭시미술관을 위해 주문한 것이다(〈그림 10-5〉). 프랑스혁명의 화가로 알려진 들라크루아는 초창기에는 부르봉 왕실의 주문을 받아 작품 활동을 했다.

 당시 복고왕정에서는 프랑스대혁명으로 무너진 아버지(국왕)의 이미지를 회복하고 왕권을 정당화하기 위해 애썼으며, 따라서 왕실에서 주문한 예술 작품에서도 프랑스의 역사와 계보, 유산 등의 화두가 강조되었다.[7] 들라크루아의 〈낭시 전투〉는 이런 맥락에서 부르봉 복고왕조가 주문한 작품이었다. 들라크루아의 시대에 로렌은 프랑스의 영토였고 따라서 프랑스 왕과 부르고뉴 공작의 대립 및 낭시 전투는 '프랑스사'의 틀 안에서 인식되었다. 그 외에도 19세기 여러 화가가 낭시 전투를 묘사한 역사화를 그렸다. 이 시기에는 프랑스와 벨기에 등지에서 낭시 전투를 민족주의적인 관점에서 역사의 중요한 순간으로 평가하곤 했다.

[그림 10-5]

외젠 들라크루아의 〈낭시 전투〉(1831, 낭시미술관).
들라크루아는 부르고뉴 공작 샤를의 전사 직전 모습을 묘사하고 있다. 화면 전면의
왼쪽 아래편에서 말을 타고 있는 샤를 담대공에게 상대편의 기병이 긴 창을 겨누고
있다. 부르고뉴 공작에 대한 로렌 공작의 승리는 곧 프랑스의 승리를 의미했다. 로렌
공작령은 1766년에 프랑스에 합병되어 들라크루아의 시대에는 프랑스의 영토였다.

* 출처: 위키피디아.

문필가 중에서는 월터 스콧과 쥘 미슐레가 "무모한 샤를 공작(샤를 르 테메레르)"에 대한 대중의 관심을 불러일으키는 데 크게 일조했다. 특히 미슐레는 1844년에 출간한《프랑스사》제6권의 부제를 '루이 11세와 샤를 르 테메레르'라고 붙여 두 인물을 중세 후기 프랑스사의 주인공으로 내세웠다. 역사책이라기보다는 소설책에 가까운 미슐레의 저서에서 루이 11세는 낭시 전투 직전 전개된 사건을 주도하는 주요 인물로 등장한다. 심지어 루이 11세가 적극적으로 사건을 주도하지 않은 부분에서 그가 한 문단 내내 주어로 등장하는 구절도 있다. 루이 11세는 부르고뉴 공작의 명으로 납치된 사부아 공작 부인을 구해내고, 스위스인들에게 부르고뉴를 침공하라는 조언을 건네며, 그 자신은 몸소 플랑드르를 담당한다. 루이 11세가 로렌 공작 르네 2세에게 자금을 지원해 로렌의 수복을 돕자 르네는 프랑스 국왕의 후의에 깊이 감동한다.

일부 역사적 사실에 과장된 해석과 상상을 섞어서 제시하고 있는 이 구절에서 특히 눈에 띄는 부분이 바로 문장의 주어가 루이 11세라는 점이다. 낭시 전투 직전 루이 11세가 직접 개입하지 않고 막후에서만 간접적으로 정치 공작을 벌이던 시기에, 미슐레가 그를 적극적으로 주인공으로 제시한 것이다. 이러한 방식의 서술을 통해 미슐레는 루이 11세와 샤를을 '역사의 라이벌'로 효과적으로 부각시키고 있다.

19~20세기에 낭시 전투는 프랑스의 국민국가 형성에 결정적 기점이 된 사건으로 평가받았다. 그러나 낭시 전투 자체에 대한 기념 활동은 그리 활발하지는 않았다. 낭시 전투는 20세기 후반에 500주년을 맞으면서 다시 주목을 받기 시작했다.

로타링기아 재건의 꿈?

20세기 중엽에 낭시 전투는 '프랑스를 만든 서른 가지 나날' 중 하나로 선정되어 피에르 프레데릭스가 1966년에 책을 출간하고, 특히 1977년에 500주년을 맞게 되면서 학계와 대중의 관심을 다시 끌게 되었다. 프레데릭스는 낭시 전투가 프랑스사에서 중요한 의미를 갖는 이유를 다음과 같이 설명했다.

1477년 1월 5일은 부르고뉴 가문이 한 세기 동안 쌓아 올린 권력이 한순간에 무너져 내린 날이었다. 테메레르(샤를 담대공)의 죽음은 당장에는 독립적인 국가의 소멸, 다시 말해서 "중간지대에 위치한 로타링기아 왕국'의 소멸을 의미했다. 이후 프랑스와 신성로마제국은 이 지역을 차지하기 위한 다툼을 벌였다.[8]

프레데릭스가 언급한 '로타링기아'라는 고풍스러운 지명은 원래 샤를마뉴의 장손자 로타르의 이름에서 기인한 것으로, "로타르의 왕국"이라는 의미를 지니고 있었다. 로타링기아는 대략 오늘날의 네덜란드, 벨기에 동부 지방, 룩셈부르크, 독일 서부 지방의 일부, 프랑스의 로렌 지방을 아우르고 있으며, 요컨대 프랑스와 독일 사이를 남북으로 가로지르고 있는 땅이다. 9세기 중엽에 로타르가 물려받은 영토는 그의 형제들에 의해서 양분되어 동프랑크와 서프랑크에 각각 병합되었으며, 오랜 역사의 부침 속에서 독일과 프랑스 사이의 영토 다툼의 각축장이 되곤 하였다. 지리적인 경계가 일치하지는 않지만, 프랑스에서는 '로타링기아'를 '로렌'으로 번역하기도 한다.

1477년 1월의 역사적 사건에 대해서 프레데릭스는 발루아-부르고뉴 가문이 4대를 거치면서 점점 '외국인화'되었고, 독립적인 왕국을 건설하려고 함으로써 프랑스에서 완전히 벗어나려고 했는데, 낭시 전투와 샤를의 죽음이 이러한 이탈을 막았다고 평가했다. 또한 원래 왕자령이었던 프랑스 남동부의 부르고뉴 공작령이 주인 없는 땅이 되어 프랑스 국왕에게 손쉽게 반환될 수 있었다는 것이다. 로렌 출신의 근대사가 르네 타브노René Taveneaux는《낭시 전투 500주년 기념 논문집》의 서문에서 낭시 전투 이후 프랑스의 동질성이 강화되었고, 프랑스와 독일 사이에 위치한 제후령들의 통합 가능성이 사라지면서 프랑스와 제국이 직접 접촉하며 이후 수세기 동안 유럽의 정세 판도를 좌지우지하게 되었다고 평가했다.[9]

부르고뉴 공작들이 독립국가 건설을 목표로 삼았다는 주장은 특히 '로타링기아 왕국 건설의 꿈'이라는 테제로 이미 20세기 초부터 제시되었다. 1902년에《라비스 프랑스사》제4권 2부를 집필한 샤를 프티 뒤타이Charles Petit-Dutaillies는 1477년 낭시 전투로 귀결되는 1460~1470년대의 일련의 군사 활동이 부르고뉴를 프랑스에서 독립시켜 옛 로타링기아왕국을 건설하려는 샤를 담대공의 야심에서 기인한다고 평가했다. 로타링기아 테제의 또 다른 이름은 '중간지대 나라pays médian' 테제이다.[10] 이 역시 부르고뉴 공작들이 프랑스와 제국 사이의 영토에 새로운 국가를 건설하려고 시도했다는 주장을 말한다. 이러한 관점을 대표하는 학자 중의 하나가 장 슈네데르Jean Schneider로서, 그는 부르고뉴 공국이 로타링기아와 부르고뉴를 주축으로 하는 '중간지대 나라'의 면모를 지니고 있었다고 평가했다. 낭시 전투를 프랑스를 만든 중요한 서른 가지 기점 중 하나로 거론한 피에르 프레데릭스 역시 동일한 관점에 입각하고 있었다.

한편, 벨기에의 중세사학자 앙리 피렌Henri Pirenne은 발루아 가문의 부르고뉴 공작들이 독립적인 왕국을 세우려는 야심을 가지고 있었으며, 부르고뉴 공국이 먼 훗날에 세워질 근대 국민국가, 즉 '벨기에'의 모태가 되었다고 생각했다. 피렌의 견해는 이미 16세기의 역사 담론에서 그 뿌리를 찾을 수 있다. 네덜란드의 역사가 폰투스 하위터Pontus Huyter는 필리프 선량공을 "벨기에 제국의 창건자"라 불렀고, 브라반트 출신 휴머니스트 유스투스 립시우스Iustus Lipsius도 "벨기에의 창립자"라 일컬었다. 반면에 네덜란드의 중세사학자 요한 하위징아Johan Huizinga는 부르고뉴 공작령을 주권국가 형성의 단초로 보는 해석을 반박하면서 부르고뉴 공작의 영토 확장정책은 프랑스 국왕의 권력이 약화된 상황을 틈타 표출된 개인적인 동기와 야심에서 비롯되었다고 주장하였다.

20세기 중반 이후에는 벨기에 학자들도 부르고뉴 공작의 독립국가 건설 테제에 대한 비판을 제기하였다. 폴 보낭팡Paul Bonenfant은 적어도 샤를 담대공의 집권 초기까지 부르고뉴 공작들은 프랑스 왕실 혈통의 제후로 행세했고 독립적인 국가를 건설하고자 하는 의도를 지니지 않았으며 부르고뉴 공작이 다스리는 정치는 영토상의 연속성도 갖추지 못했다고 평가했다. 그는 필리프 선량공이 영토 확장정책을 추진했다는 사실을 인정하면서도, 그렇다고 해서 독립국가를 건설하려는 의도는 갖고 있지 않았다고 평가했다.

모리스 오렐리앵 아르누Maurice-Aurélien Arnould는 낭시 전투와 샤를 담대공의 죽음을 로타링기아왕국 건설계획이 좌절되고 부르고뉴 영지가 프랑스로 반환된 사건으로 평가한 프레데릭스의 견해를 프랑스 중심주의적 사관이라고 비판했다. 그는 낭시 전투가 부르고뉴 공작의 개인적인 야망에 의한 영토 확장을 끝낸 사건일지언정, 그것이 결코 부르고뉴라는 '나라 État'가 끝났음을 의미하지는 않는다고 강조했다. 장마리 코시Jean-Marie Cauchies는 샤를 담대공의 목표가 신성로마제국에 영향력을 확대해서 궁극적으로 황제가 되려는 데에 있었기 때문에, 따라서 그의 정책에서 독립적인 왕국 건설은 부차적인 것에 불과하며 로타링기아왕국 건설 의도를 지나치게 부각시킬 필요는 없다고 보았다.

반면에, 영미권 학자인 리차드 본Richard Vaughan은 발루아 가문의 부르고뉴 공작들의 치세를 일련의 국가 형성과정으로 파악하였다. 그는 이미 필리프 대담공의 치세부터 부르고뉴에서는 제도 정비 및 십자군운동의 주도에 기반한 부르고뉴 공국의 위상 확보 등 프랑스로부터 독립하려는 정책이 추진되었다고 보았다. 한편, 네덜란드 역사학자 빔 블로크만스Wim Blockmans와 발테르 프레베니어Walter Prevenier는 부르고뉴 공작령의 형성은 역대 공작들의 정책에 의한 우연의 산물로 시작되어 나중에는 정치적인 계산에 의한 의도적인 독립국가 건설 지향으로 변모하게 되는데, 다만 이러한 변화 시점이 언제였는지 정확하게 확정하는 것은 어려운 일이라고 보았다. 또한 부르고뉴 공작의 독립국가 건설 야심과 프랑스 왕국에서의 정치적인 역할을 절충시키는 것이 불가능한 일은 아니었다고 주장했다.

최근에는 프랑스에서도 전통적인 사관과는 다른 새로운 해석이 제시되고 있는데, 예를 들어 베르트랑 슈네르브Bertrand Schnerbe는 부르고뉴 공국의 역사를 프랑스에 대한 투쟁과 독립으로 요약하는 것은 과도하게 단순화된 견해라고 비판했다. 그는 부르고뉴 공작들의 정책에서 신성로마제국과의 관계와 기독교 세계에서 주도적인 지도자의 위치를 차지하기 위한 십자군 원정의 추진 등이 중요한 부분을 차지하고 있었다고 강조했다. 한편, 조르주 미누아Georges Minois는 '부르고뉴 공국' 건설은 실현 불가능한 계획이었으며, "괴물 같은 존재"였다는 과격한 비판을 서슴지 않았다. 그는 부르고뉴 공국이 프랑스와 신성로마제국 사이에서 대단히 상이한 관습과 전통을 지닌 여러 영토 조각들을 모자이크처럼 모아놓은 상태였으며, 특히 루이 11세 같은 강력한 국왕이 등장한 상태에서 부르고뉴 공작은 자신의 영지들을 일관성을 지닌 정치체로 만들어 갈 수 없는 상황이었다고 평가했다.

[그림 10-6]

낭시 크루아드부르고뉴 광장의 기념비. 부르고뉴 공작 샤를의 시신은 "생자크 연못"이라 불리는 늪지대에서 발견되었다. 르네 2세는 그의 시신이 발견된 자리에 십자가를 세워 낭시 전투의 승리를 기념했다. 이 십자가는 "부르고뉴 십자"로 불렸고 이로부터 "크루아드부르고뉴"라는 광장의 이름이 연원했다. 하지만, 르네 2세가 세웠던 십자가의 형상은 횡대가 두 개 있는 "로렌 십자" 였다. 오늘날의 크루아드부르고뉴 광장 기념비는 1928년에 새로 제작된 것으로 로렌 십자를 머리 위로 쳐들고 있는 르네 2세의 이미지를 볼 수 있다. 매년 이 광장에서 낭시 전투 기념식이 개최되고 있다. * 출처: 위키미디어.

이처럼 낭시 전투에서 부르고뉴 공작의 실패는 부르고뉴 공국 혹은 부르고뉴 공작령 자체의 성격에 대한 역사적인 평가와도 연관되어 있다. 부르고뉴 공작들의 정책을 중세 후기에 나타난 일종의 국가 건설 시도로 볼 때 낭시 전투의 결과는 이후에 전개되는 역사에서 중요한 기점으로 평가될 수 있으며, 혹은 프랑스에서처럼 국가 '정체성' 형성의 결정적 계기 중 하나로 평가될 수 있다. 그러나 이 사건을 봉건 영주의 탐욕에 기인한 작은 에피소드에 불과하다고 생각하거나 낭시 전투 이후에도 16세기의 저지대 지방에서 크게 변화한 것이 없다고 본다면 이 사건은 시대구분의 계기로서는 그 중요성이 약화될 수밖에 없을 것이다.

프랑스 극우파의 낭시 전투 기념

로렌 지방의 중심 도시 낭시의 도심에 위치한 크루아드부르고뉴 광장에는 르네 2세와 로렌 십자를 그려넣은, 시멘트와 알루미늄으로 만든 기념비가 설치되어 있다. 이 기념비 앞에서 1977년 이래 매년 낭시 전투 기념식이 개최되고 있으며, 기념식은 로렌과 낭시의 극우파 인사들이 주도하고 있다. 1977년에 처음으로 낭시 전투 기념을 주창한 이는 낭시 출신의 향토사가이자 작가인 장마리 퀴니Jean-Marie Cuny이다. 그는 민족주의자이면서 로렌 지방주의자인 동시에 가톨릭 전통주의자라는 정치색을 지닌 인물이며, 또한 출판업자 겸 서적상이기도 하다.[11] 그는 처음에는 프랑스 극우 정당 국민전선FN(Front national)에서 활동하다가 1999년에 창설된 또 다른 극우 정당인 공화국민운동MNR(Mouvement National Républicain)으로 옮겨가 계속 활동을 하였다. 매년 1월 5일에 개최되는 낭시 전투 기념식에서는 퀴니나 국민전선의 부대표 장뤽 마누리Jean-Luc Manoury 같은 극우파 인사들이 기념연설을 하곤 한다. 예를 들어, 2011년 3월 6일 자 온라인 정치 매거진 블로그 〈로렌의 왕당파〉에 실린 장마리 퀴니의 제533회 낭시 전투 기념연설 내용을 살펴보면 다음과 같다.

> 친구들이여, 겨울입니다!……요컨대 추위에도 불구하고 우리는 로렌의 역사와 프랑스의 역사, 그리고 유럽의 역사에서 중요한 사건을 회상하기 위해 이곳에 모였습니다. 그러나 그 중요성에도 불구하고 1477년 1월 5일이라는 날짜는 전혀 기억되지 못하고 있으며 이를 기념하는 공식 행사도 개최되지 않고 있습니다.……물론 7월 14일을 기념하는 것이 더 쉬울 겁니다. 하지만 그것은 훨씬 덜 영광스러운 것입니다!
>
> 기억할 만한 사건인 1477년 낭시 전투에 대해서는 독일인과 알자스인, 스위스인, 그리고 로렌 사람들이 수많은 기록을 남겼습니다.……무모한 샤를 공작은 겨울의 추위를 무릅쓰고 로렌 공작령의 성채들을 점령하기로 결심했습니다. 그중에서 로렌 공작령의 수도 낭시는 저항을 했고 배고픔과 추위에 고통받았습니다. 그러나 젊은이, 노인, 여자, 아이들이 용감하게 저항하면서 이들을 해방시켜 주겠다는 르네 2세의 약속을 믿고 기다렸습니다. 르네 2세는 헬베티아인들에게 원병을 청하기 위해 떠났고 1476년 모라 전투에 참전하여 스위스인들이 승리하는 데 기여했습니다. 이 시기에 이미 스위스 사람들은 부르고뉴인을 비롯한 외국인의 침략을 거부하였습니다.
>
> 오늘날에도 여전히 스위스인들은 자국의 이슬람화에 반대하고 있으며 국민투표를 통해 백색 십자가가 세워진 자국의 땅에 회교 사원의 첨탑을 세우는 것을 금지했습니다.[12] 최근 스위스 국립자문위원회는 헬베티아 영토 전역에서 "유럽연합의 깃발"을 세우는 것을 금지하자는 제안을 했습니다. 유럽연합은 스위스의 주권자가 아니며, 따라서 독립국가에 자신의 깃발을 휘날리도록 요구할 권리가 없습니다.

우리는 우리의 고장에서 유럽연합의 법률에 의해 강제적으로 유럽연합의
깃발이 휘날리게 하는 것을 보는 것보다는 로렌의 깃발이 휘날리는 것을 보
고 싶습니다.……
로렌 만세![13]

퀴니의 발언에서 눈에 띄는 점은 낭시 전투를 프랑스혁명에 못지않은 범
국가적인 국민축제로 개최해야 한다는 것과 낭시 전투에 함께 참전했던
헬베티아인들의 후손, 즉 현대의 스위스인들처럼 무슬림을 프랑스에서 몰
아내야 하며, 유럽연합의 깃발을 자신들의 고장에서 강제로 게시하는 것
에 반대한다는 주장이다. 특히 낭시 전투를 21세기 스위스의 반이슬람주
의와 연결시키는 것은 대단히 뜬금없는 발언으로 보인다. 이러한 비논리
성과 더불어, 퀴니의 주장은 프랑스 민족주의를 주장하는 것인지 아니면
지역분리주의를 주장하는 것인지조차 명확하지 않다. 적어도 반유럽연합
의 태도만은 확실하며, 민족주의와 인종주의를 추구했던 과거로의 회귀를
희망하고 있는 것으로 보인다. 퀴니의 연설에는 비역사성과 시대착오, 인
종주의, 외국인 혐오 등이 복합적으로 섞여있다. 유튜브에 올라와 있는 국
민전선 지도자의 낭시 전투 기념연설에서도 반이슬람 담론을 제시하고 있
는데, 로렌의 프랑스 극우파들은 오늘날 로렌 공작의 먼 후예들이 싸워야
하는 외국인을 과거의 "부르고뉴인" 대신 현대의 무슬림으로 단순하게 대
체하여 떠들고 있는 것으로 보인다.

20세기 중엽에 낭시 전투는 프랑스를 만든 중요한 서른 가지 역사적 사
건 중 하나로 선정되기도 했지만, 오늘날 프랑스에서 1월 5일은 7월 14일
대혁명 기념일처럼 전국적·대중적으로 기념되는 국경일은 아니다. 전시
회와 출판 등 낭시 전투 500주년 기념 활동은 일시적인 행사로 지나갔고,
낭시 전투 기념식만 로렌의 소수 극우파 집단의 의식으로 오늘날까지 지

속되고 있다. 그들은 1월 5일이라는 날짜를 망각 속에서 건져내어 프랑스의 모든 국민이 자신들과 같은 관점에서 낭시 전투를 기념하기를 원하고 있다. 21세기 프랑스 극우파들에게 주적은 같은 유럽 국가인 독일이 아니라 외부에서 흘러들어 온 이민자들이다. 이들은 유럽연합 탈퇴와 이민자 배척을 당면 목표로 제시하고 있다. 로렌의 극우파의 경우에는 낭시 전투 기념일이 돌아올 때마다 아무런 근거 없이 실제 당대의 맥락 및 역사적 현실과는 별로 상관없는 정치적인 목적을 위한 궤변을 펼치고 있다. 이러한 모습은 '역사의 오용'을 극명하게 보여주는 사례이다.

11

1515년 9월:
마리냐노 전투, 프랑수아 1세와 기사 바야르의 무용담

이용재

'1515' 그리고 '마리냥'

1515년은, 아마도 암기하기 쉬운 숫자 덕에 프랑스 역사에서 가장 잘 알려진 연대 중 하나일 것이다.[1] 공화국 프랑스의 공교육을 튼실하게 받고 자란 세대라면 누구나 '1515'와 '마리냥Marignan(프)/마리냐노Marignano(이)' 그리고 프랑수아 1세François Ier와 기사 바야르Chevalier Bayard를 한 묶음으로 연상하며 전쟁과 영화로 얼룩진 르네상스 시대 프랑스를 머릿속에 그려볼 수 있을 것이다. 실로 1515년 마리냐노 전투는 왕정에서 공화정으로 이어지는 근대 프랑스의 민족 서사에서 꽤 굵직한 한 줄기를 이루고 있다.

20세기에 공화국의 공교육 체계가 확립되면서 역사교육은 애국심과 국민성을 함양하는 첩경이었다. 역사책들은 민족사의 영광을 빛낸 위인과 영웅의 이야기로 가득 찼다. 공화국의 '국민교사' 라비스가 쓴 《프랑스사 *Histoire de France, cours moyen*》(1930)는 자라는 세대가 즐겨 읽는 모범 교과서였다. 라비스는 16세기 르네상스 프랑스의 영광의 한 장면으로 마리냐노 전투를 내세운다. 국왕 프랑수아와 기사 바야르가 멋진 그림 속에 주인공으로 등장한다.

프랑스군에는 바야르라는 기사가 있었다. 그는 '겁도 없고 흠도 없는 기사'라고 불렸다. 다음 날 승리를 거둔 후, 프랑수아 1세는 바야르에게 기사 서임을 받기를 원했다.……바야르는 자신의 검으로 국왕의 어깨를 세 번 두드렸다. 그러더니 검을 하늘 높이 치켜들며 말했다. "가장 영예로운 나의 검이여, 너는 이토록 훌륭하고 강력한 왕에게 기사 작위를 주었노라!"

승리의 전장에서 기사 서임을 받는 국왕, 그것은 1515년 마리냐노 전투가 프랑스의 위대한 승리로 기억되는 장면이었으며, 국왕 프랑수아와 기사 바야르가 프랑스인의 명예의 전당에 오르는 계기였다. 이렇게 1515년 마리냐노 전투는 프랑스인들의 이른바 '기억의 장소' 중 하나로 자리 잡았으며, 어느새 물리칠 수 없는 신화가 되어버렸다. 하지만 무훈과 영웅담으로 가득 찬 민족 서사시의 포장을 걷어내고 1515년 마리냐노 전투를 직접 들여다볼 수는 없을까? 60여 년 동안 이탈리아에서 벌어진 전

[그림 11-1]
마리냐노 전장에서 기사 바야르에게 기사 서임을 받는 국왕 프랑수아 1세. 역사교과서 《프랑스사》(1930)에 실린 삽화.

쟁은 결국 프랑스의 퇴각과 합스부르크제국의 승세를 확인하며 막을 내렸다. 사실 마리냐노 전투는 거의 한 해 걸러 벌어진 숱한 전투 중에서, 그것도 전쟁 초기 프랑스가 이긴 몇 안 되는 전투 중 하나일 뿐이었다.

전쟁 승리에서 국가의 정통성을 찾고자 하는 왕정국가 시대에는 국민에게 패전의 책임을 호도하기 위해서라도 승리한 전투를 부풀리곤 하는 것이 흔한 일이었을 것이다. 특히 국가의 명운을 좌우한 큰 전투일수록 훗날 국민국가가 제 틀을 갖추고 이에 걸맞은 민족정체성이 확립되는 과정에서 과대 포장되거나 축소 폄하되기 마련이었다. 사정이 이렇다 보니 오늘날 역사가들은 웅장한 민족 서사와 영웅담으로 포장되어 있는 전쟁의 진짜 얼굴은 어떠했는지 들춰보려 한다.

그렇다면 1515년 9월 이탈리아의 마리냐노 평원에서는 과연 무슨 일이 일어났는가? 역사책 속에서 1515년은 어떻게 '발명'되었는가?

프랑수아 1세와 마리냐노 전투

르네상스와 이탈리아전쟁

15세기 말~16세기 초 르네상스의 본고장 이탈리아는 전쟁의 소용돌이에 휘말려 들었다. 교황령, 밀라노(공국), 피렌체(공화국), 베네치아(공화국), 나폴리(왕국) 등이 일진일퇴와 합종연횡을 거듭하며 치열하게 다투었다. 용병부대를 고용해 전투를 벌이곤 한 이들 도시국가는 멀리 '이방인' 군대도 동맹세력으로 끌어들여 이탈리아반도를 국제적인 전쟁터로 만들었다. 1494년 7월 프랑스 왕 샤를 8세가 3만 대군을 이끌고 알프스를 넘어 이탈리아를 침공했다. 이렇게 프랑스, 에스파냐, 신성로마제국 등 인접 강국들뿐만 아니라 때로는 멀리 잉글랜드와 오스만제국까지 가담해 향후 60여

년간 지속될 '이탈리아전쟁(1494~1559)'의 막이 올랐다.

프랑스 왕 샤를 8세는 나폴리 왕 페르디난도 2세가 죽자, 나폴리 왕위를 계승할 권리를 내세우며 나폴리왕국을 침공했다. 신형 대포를 앞세운 프랑스의 정예 중무장 기병은 단 6개월 만에 나폴리에 입성했다. 하지만 프랑스군의 엄청난 위세에 위협을 느낀 이탈리아 국가들이 역공에 나섰다. 교황령, 신성로마제국, 에스파냐 그리고 베네치아가 반反프랑스 동맹을 맺자, 여기에 밀라노 공작 루도비코Ludovico가 가담했다. 샤를은 나폴리를 포기하고 전리품을 몽땅 잃은 채 도망치듯 본국으로 돌아갈 수밖에 없었다.

샤를의 뒤를 이어 왕위에 오른 루이 12세가 1499년에 다시 원정길에 올랐다. 루이는 나폴리왕국 계승권뿐만 아니라 밀라노 공국 계승권을 요구했다. 베네치아와 밀약을 맺은 프랑스는 스위스 용병부대를 앞세워 손쉽게 밀라노를 점령했으며, 밀라노 공작 루도비코는 포로로 잡혀 프랑스로 압송되었다. 루이 12세는 에스파냐 왕 페르난도 2세와 밀약을 맺고 나폴리를 분할 점령했지만, 전리품 분배를 놓고 분쟁이 일어났다. 1503년 4월 체리뇰라 전투, 10월 가릴리아노 전투에서, '대장군' 곤잘로 페르난데즈 Gonzalo Fernández가 이끄는 에스파냐 중무장 기병은 용맹의 기사 바야르가 맹활약한 프랑스 기병대를 완파했다. 결국 밀라노를 비롯한 이탈리아 북부는 프랑스가, 시칠리아와 나폴리 등 남부 지방은 에스파냐가 차지하기로 합의했다.

1508년 교황권 강화를 내건 교황 율리우스 2세는 베네치아의 팽창을 견제하기 위해서 피렌체는 물론 프랑스, 에스파냐, 신성로마제국 등 '이방인' 세력과 함께 캉브레Cambrai조약을 맺고 동맹을 결성했다. 1509년 5월 아냐델로 전투에서 동맹군은 베네치아를 상대로 대승을 거두었다. 하지만 이로 인해 프랑스의 세력이 강화되자 교황은 거꾸로 베네치아와 비밀협약을 맺고 반프랑스 신성동맹Sainte-Ligue을 제창하였으며, 여기에 스위스,

에스파냐, 신성로마제국 그리고 잉글랜드까지 가세했다. 1512년 4월 프랑스군은 라벤나 전투에서 막강 에스파냐와 교황의 연합군을 꺾고 승리를 거두기는 했지만 국왕의 조카이자 정예 기병대의 상징인 대장군 가스통 드 푸아Gaston de Foix가 전사하는 손실을 입었다. 연이어 교황이 고용한 스위스 용병군이 베네치아와 합세하여 밀라노를 침공하자 프랑스군은 이탈리아에서 철수하지 않을 수 없었다.

1513년 교황 율리우스가 죽고 신성동맹이 분열된 틈새에 프랑스는 베네치아와 동맹을 맺고 이탈리아 북부의 영토를 나누어 갖기로 밀약했다. 루이 12세는 마지막으로 밀라노를 침공했지만, 스위스 시온의 주교이자 추기경인 마타우스 시너Matthäus Schiner가 몰고 온 스위스군이 6월 노바라 전투에서 프랑스군에 또다시 패배를 안겼다. 패주하는 프랑스군을 뒤쫓아 스위스군은 알프스를 넘어 부르고뉴 지방 디종까지 침탈하면서 유럽을 깜짝 놀라게 했다. 결국 스포르차Sforza 가문이 복귀한 밀라노 공국은 막강 스위스 용병이 지키는 철통 요새가 되었으며, 프랑스의 원정은 또다시 실패로 끝났다.

마리냐노: '거인족의 전투'

1515년 새해 첫날, 프랑스 왕 루이 12세가 돌연 급사하자 약관 20세의 젊은 왕 프랑수아 1세가 뒤를 이었다. 즉위식에서 프랑수아는 자신이 밀라노 공작임을 선포하면서 '잃어버린 땅'을 되찾겠다고 공언했다. 프랑스군이 곧 알프스를 넘어온다는 다급한 소문이 퍼지자, 밀라노 군주 마시밀리아노Massimiliano Sforza는 다시 스위스연방Confoederatio Helvetica에 증원군을 요청했다. 용병 수출국 스위스에게 밀라노는 언제나 부유한 고객이었다. 스위스 칸톤 정부들은 밀라노를 방어하기 위해 당시 스위스 성인 남성의 8분의 1에 달하는 무려 2만 2천~2만 4천 병력을 동원하기로 결정했다.

8월 10일 국왕 프랑수아와 4만~4만 5천 병력이 알프스를 넘기 시작했다. 밀라노 용병대장 출신으로 전쟁 초기부터 프랑스 측에 가담한 트리불치오Gian G. Trivulzio 원수는 스위스군의 예상과는 달리 훨씬 남쪽의 가파른 라르슈 고개를 택했다. 프랑스군이 굳이 험준한 고갯길을 택한 것은 스위스군이 방어선을 구축한 토리노의 북쪽 지역과 교황-피렌체 연합군이 집결하고 있는 남쪽 피아첸차 사이 광활한 롬바르디아 평원지대로 진입해 밀라노로 향하려는 전략이었다. 가벼운 군장과 식량만 지닌 병사들이 말을 끌며 무려 50킬로미터 이상 죽 늘어선 채 일주일 걸려 좁고 가파른 고개를 넘었다. 선두에서 백마를 타고 알프스를 넘는 군주 '영웅 한니발'의 위용은 곧 프랑스 전역에 퍼져나갔다.

트리불치오 원수의 전략은 성공했다. 국왕에 앞서 알프스를 넘은, 라팔리스La Palice 원수가 이끄는 선발군은 교황의 지원군이 올라오고 있다는 첩보를 입수했다. 8월 10일, 빌라프랑카에서 기사 바야르가 선두에 선 프랑스 기병은 3천 교황군을 기습해 괴멸시키고 밀라노 수비대장 콜론나를 생포하는 개가를 올렸다. 프랑스군의 우회작전과 기습공격에 놀란 스위스군은 병력을 돌려 8월 24일 노바라에 집결해서 진지를 구축한 반면, 프랑수아가 이끄는 프랑스 주력군은 8월 20일 토리노를 거쳐 9월 1일 파비아까지 진격했다.

프랑스군이 파죽지세로 밀려오자 혼란에 빠진 스위스연방에서는 밀라노 공작과 프랑스 국왕 중 어느 쪽에 내기를 걸어야 할지 자중지란이 벌어지기 시작했다. 9월 8일 스위스 접경 갈라라테에서 프랑스 사절단과 스위스 칸톤 사령관들 사이에 강화조건과 보상금액을 놓고 마지막 담판이 벌어졌다. 스위스군이 밀라노 방어를 포기하고 퇴각하는 대가로 프랑스가 100만 에퀴(200만 리브르)를 제공한다는 협상안이 만들어졌다. 하지만 스위스 추기경 마타우스 시너가 지원 병력과 군자금이 곧 들어온다고 선동하고 나서자 상황은 돌변했다. 결국 스위스연방 13개 칸톤 중에서 프랑스와 인접한 서부 지역 3개 칸톤은 조약을 승인한 반면, 나머지 중동부 지역 10개 칸톤은 비준을 거부하고 끝까지 항전을 고수했다. 베른, 프리부르, 솔레르 등 3개 칸톤 소속 1만 병력이 고향으로 되돌아감으로써 스위스군은 병력의 3분의 1을 잃었다. 협상은 물거품이 되고 양측은 마지막 격전을 준비했다.

9월 10일, 프랑스군은 밀라노에서 동남쪽으로 15킬로미터 떨어져 있는 마리냐노(오늘날의 멜레냐노Melegnano)에 진을 치고 공격 채비를 다졌다. 대원수 샤를 부르봉Charles Bourbon과 트리불치오 원수가 이끄는 전방군, 국왕 프랑수아가 선두에 선 주력군, 알랑송Alençon 공작이 이끄는 후방군이 4~5킬로미터 간격을 두고 포진했다. 프랑수아는 마리냐노 평원에 선왕들의 원정군 규모를 훌쩍 능가하는 대규모 병력을 동원할 수 있었다. 기병 7,500, 보병 3만~3만 2천 등 무려 4만~4만 5천에 달하는 대군이 중대형 대포 56문을 앞세워 진영을 구축했다.[2] 반면에 칸톤의 깃발 아래 대포 10문과 교황 기병대 200명을 앞세우고 밀라노 성채에서 나와 공격을 감행한 스위스군은 2만여 명 정도에 불과했던 것으로 보인다. 4만 5천 대 2만, 요컨대 적어도 동원 병력과 화기로 볼 때 프랑스에 훨씬 유리한 전투였다.

9월 13일 밀라노 성채를 나온 스위스군이 3개 편대로 나뉘어 마리냐노 평원으로 진격했다. 사각 방진을 구성한 장창병 부대가 공격해 오자 프랑스 기병대가 포탄의 엄호를 받으며 반격하면서 접전이 시작되었다. 내리쬐는 뜨거운 태양 아래서 아군과 적군을 분간하기 힘들 정도로 모래와 먼지로 뒤범벅이 된 채 한나절 동안 엄청난 살육전이 벌어졌다. 300여 친위 기병대를 이끌고 접전에 뛰어든 프랑수아는 스위스 창병의 기습을 받아 갑옷이 뚫리고 팔에 부상을 입기도 했다. 자정이 가까워 달빛이 구름에 가리어 깜깜해지자 양측은 싸움을 멈추고 피범벅이 된 들판에 가까스로 몸

을 늦혔다. 프랑수아가 모후 루이즈 사부아Louise de Savoie에게 보낸 서신
에 따르면, "대포 앞에서 말안장에서 엉덩이를 떼지 못한 채 긴 창을 쥐고
철갑투구를 쓰고……" 밤새도록 싸웠다. 14일 새벽, 날이 밝자 다시 격전
이 벌어졌다. 프랑스 기병이 스위스 장창병들의 거침없는 공세를 감당하
지 못하자 스위스 쪽이 승기를 잡는 듯했다. 하지만 8시 무렵 바르톨로메
오 알빈치오Bartolomeo Alvincio가 이끄는 베네치아군이 마침내 모습을 드
러냈다. 베네치아 지원군(기병 2천, 보병 8천)이 합류하자 전세는 순식간에
뒤바뀌었다. 11시 무렵 역공에 말려든 스위스군은 항전을 포기하고 밀라
노 쪽으로 후퇴하기 시작했다. 젊은 왕은 즉위한 지 8개월 만에 이탈리아
평원에서 감행한 첫 전투에서 승리를 거두었다.

　당시로는 드물게 대규모 병력이 맞붙어서 밤을 넘겨 온종일 싸운 "거인
족의 전투bataille des géants"[3]는 엄청난 살육을 불렀다. 최근의 가장 신뢰할
만한 연구에 따르면, 스위스군 8천 명, 프랑스군 4천~5천 명이 전쟁터에서
쓰러진 것으로 보인다.[4] 단 한 차례 교전에서 프랑스군은 병력의 10퍼센트
를, 스위스군은 30퍼센트 이상을 잃은 것이다. 그것은 지난세기 불굴의 용
맹을 떨치던 스위스 용병부대가 맛본 가장 처참한 패배였다. 하지만 승자
측도 패자 측의 절반이 넘는 병력을 잃었다. 사실 전투는 베네치아군이 때
맞춰 개입하지 않았다면 패배했을지도 모를, 가까스로 얻은 승리였다.

　프랑스군이 밀라노를 포위 공격하자 반프랑스 세력은 항전을 포기하고
무기를 내려놓기 시작했으며 잔존 스위스 부상병들은 도시를 빠져나와 북
쪽으로 도망쳤다. 10월 4일, 밀라노 공작 마시밀리아노는 항복 문서에 조
인하고 그 대가로 배상금 9만 4천 에퀴와 연금 3만 6천 에퀴를 받기로 했
으며 프랑스에 마련된 작은 영지로 떠났다. 10월 11일 프랑수아는 성대한
개선식을 치르며 밀라노에 입성했다.

　반면에 뜻밖의 패배 소식에 접한 스위스연방에서는 복수전을 외치는 칸

톤과 타협을 주장하는 칸톤 사이에 분란이 일어났다. 개선 군주 프랑수아
가 프랑스로 돌아간 이후에도 이탈리아 북부 평원에서는 스위스–신성로
마제국 연합과 프랑스–베네치아 연합 사이에 산발적인 전투가 지리하게
이어졌다. 결국 타협에 타협을 거듭한 끝에 1516년 11월 29일 프리부르에
서 프랑스와 스위스연방 사이에 최종 협상이 성사되었다. '영구평화Paix
perpétuelle, Ewiger Frieden'로 알려진 프리부르조약에서 스위스연방이 밀라
노 공국에 대한 모든 권리를 포기하는 대가로 프랑스 측은 100만 에퀴를
지불하고 13개 칸톤에 각각 2천 프랑(=리브르livres)씩 연금을 지불하기로
합의했다. 프랑스와 영구평화를 맺은 만큼 앞으로 스위스 용병부대는 프
랑스 국왕을 위해서만 무기를 들 것이었다. 막강 병력을 앞세워 전투에서
승리한 프랑스는 이제 막대한 돈을 제공하고 평화를 산 것이다.

　마리냐노 전투 이후 10여 년 동안 프랑스에는 비교적 평온한 분위기가
감돌았다. 금의환향한 젊은 왕이 이탈리아에서 들여온 발전된 르네상스
문물은 왕국의 번영에 널리 기여했다. 1516년 프랑수아는 르네상스의 거
장 다빈치를 프랑스로 초청했으며, 루아르강 주변에는 이탈리아식 르네상
스 궁성들이 줄지어 들어섰다. 1518년 5월 앙부아즈Amboise 궁성에서는
피렌체 메디치 가문과 프랑스 발루아 왕조 사이의 혼사를 축하하는 성대
한 축제가 열렸다. 국왕과 이탈리아 사절단들이 보는 앞에서 다빈치는 마
리냐노의 승리를 기념하는 모의 전투를 연출했다. 이렇게 마라냐노의 승
리는 프랑스 르네상스의 개화를 알리는 시발점이기도 했다.

전투의 재발견, 상상의 전투

'파비아'에서 '마리냐노'로

하지만 프랑수아보다 더 젊고 더 막강한 군주가 등장하자 유럽에는 다시 긴장이 감돌았다. 오스트리아 합스부르크 왕가와 에스파냐 카스티야-아라곤 왕가의 후계자인 카를Karl은 왕위와 영토를 연달아 상속하면서 중동부 유럽에서 부르고뉴와 플랑드르로, 에스파냐에서 시칠리아와 나폴리로 이어지는 광대한 땅을 다스리는 유럽 최고의 군주로 등장했다. 1519년 6월 카를이 경쟁자 프랑수아를 누르고 신성로마제국의 황제로 선출되자, 프랑스와 에스파냐-오스트리아 사이에는 전운이 감돌았다. 프랑수아와 카를의 대립은 유럽 전역에서 펼쳐졌지만 주요 무대는 이탈리아였으며 북부 롬바르디아 지방은 다시 전쟁터로 변했다.

1524년 10월 프랑수아는 모후 루이즈에게 섭정을 맡기고 다시 원정길에 올라야 했다. 프랑수아는 독일과 스위스 등지에서 데려온 용병부대를 포함해 4만 병력을 이끌었다. 프랑스군은 밀라노를 탈환했으나 한 달가량 국지전을 되풀이한 가운데 마지막 승부를 기다렸다. 1525년 2월 24일, 프랑스군과 황제군 사이의 한판 승부, 역사에 길이 남을 파비아 전투bataille de Pavia가 벌어졌다.

프랑스군과 황제군 모두 정예 기병과 보병 등 2만여 병력이 포진했으나 보병의 주력은 스위스와 독일 지역에서 몰려온 용병부대였다. 스위스 용병은 프랑스군에 고용되어 싸운 반면, 독일 용병 란츠크네히트는 신성로마제국과 프랑스로 나뉘어 맞싸운 보기 드문 장면이 연출되었다. 하지만 프랑스군은 몇 차례 전술적인 실책을 거듭한 끝에 황제군 기병대의 쇄도와 란츠크네히트의 돌격 앞에서 완전히 무너졌다. 처참한 패배였다. 황제군은 1,500여 사상자를 냈으나, 프랑스군은 무려 8천여 명을 잃었다. 국왕을 비롯해 수많은 대귀족과 영주들이 포로로 잡히고, 많은 원수와 장군들이 죽었다. 파비아 전투는 중세 백년전쟁에서의 참패, 국왕이 포로로 사로잡힌 푸아티에 전투(1356)나 수많은 귀족과 영주가 죽임을 당한 아쟁쿠르 전투(1415)를 훌쩍 넘어서는 그야말로 대참사였다. 1년 동안 마드리드의 한 성에 유폐된 프랑수아는 프랑스가 이탈리아, 플랑드르, 부르고뉴 등지의 지배권을 포기하고 막대한 배상금을 지불한다는 치욕적인 협상을 거쳐, 그것도 대신 두 왕자를 볼모로 보낸다는 조건으로 겨우 풀려날 수 있었다. 이제 16세기 유럽의 패자는 막 25세 생일을 맞는 젊은 황제 카를 5세였다. 파비아의 승리자 카를이 마리냐노의 승리자 프랑수아를 완전히 뒷전으로 몰아낸 것이다.

파비아의 승리는 합스부르크제국의 깃발과 함께 유럽 전역에 널리 선전되었다. 반면에 프랑스 왕국에서 파비아의 참패 소식은 숨죽이듯 조용히 전달되었다. 공문서 발행 업무를 맡은 상서국은 포로가 된 프랑수아가 섭정 모후 루이즈에게 보낸 서한을 공개 발행하는 것으로 공식 포고를 대신했다. "마담, 저의 불행이 얼만큼인지 알려야 할까요. 모든 것을 잃고, 내게 남은 것은 명예와 생명뿐입니다." 곧이어 프랑수아는 왕실 대공들에게 보내는 서한에서, "나의 명예와 국민의 명예를 위해서, 치욕스러운 도주보다는 떳떳한 포로 생활을 택한 것이오"라고 변명을 늘어놓았다. 사로잡힌 왕이 전하는 사연은 전투에서 졌을 뿐 기사도 정신과 명예를 잃지 않은 국왕의 이미지를 선양하는 데 이용될 것이었다.

참패의 수렁 속에서 왕국의 영광을 회복하기 위해서는 우선 승리의 기억을 되살려야 했다. 패배하고 포로가 된 국왕의 이미지를 덮을 수 있는 늠름하고 용맹한 국왕의 이미지가 필요했다. 용맹의 전사 국왕이 필요했다. 여기서 궁정 외교에 익숙한 국왕 측근들, 인문주의자와 연대기 작가들은 10년 전 마리냐노 전투로 눈을 돌렸다. 패배와 포로의 굴욕적인 장면을 뒤로

젖히고 명예의 기사 프랑수아를 '탄생'시키는 데 결정적인 역할을 한 것은 바로 프랑수아가 여전히 마드리드에 포로로 잡혀있던 1525년 말에 출판된 《용맹의 기사 바야르의 공적》이라는 책이었다.[5]

리옹 출신 인문주의자 생포리앵 샹피에Symphorien Champier는 군주와 제후들의 공적을 칭송하는 헌정사나 공훈서를 쓰는 연대기 작가였다. 그는 자신의 주군 로렌 공작을 따라 이탈리아 원정에 가담해 전쟁터를 누비고 마리냐노 전투 당시 기사도 훈장을 받기도 했다. 1525년 리옹에서 섭정 모후를 알현한 샹피에는 국왕 프랑수아의 실추된 명예를 회복하기 위해 붓을 들었다. 샹피에의 공훈서는 제목이 말해주듯이 자신과 동향의 기사 바야르의 생애와 전승을 치하하는 글이다. 바야르의 영주, 피에르 테라유 Pierre Terrail는 1494년 이후에는 샤를 8세, 1508년 이후에는 루이 12세, 1515년에는 프랑수아 1세를 따라 이탈리아 원정에 참여해 숱한 전공을 쌓았다. 포르노보 전투(1495), 아냐델로 전투(1509), 라벤나 전투(1512) 등등 명운이 걸린 중요 전쟁터마다 항상 그가 있었다. 1515년 프랑수아 1세와 함께 마리냐노 전투에도 참전한 바야르는 용맹의 기사로 전 유럽에 명성을 날렸다. 1521년 전쟁이 재개되고 신성로마제국의 공격으로 다시 밀라노를 잃자 프랑수아는 '전설의 기사' 바야르를 불렀다. 1524년 5월 바야르는 노바라 근처에서 프랑스군의 후퇴를 엄호하다가 에스파냐군의 집중 공격을 받아 장렬하게 전사했다.

샹피에는 마리냐노 평원에서 용감하게 싸우는 바야르의 활약상을 묘사하면서 이를 통해 승리의 주역 프랑수아를 부각시킨다. 샹피에는 승리의 주역 프랑수아가 바야르에게 기사 서임을 받는 '인상적인' 장면을 연출했다.

내 친구 바야르, 나는 오늘 당신의 손으로 기사가 되었으면 하오.……
국왕의 말에 바야르가 대답했다. 폐하, 왕관을 쓰고 축성 받고 하늘에서 기름 부음을 받으신 분, 그리고 고귀한 왕국의 왕이요 교회의 맏아들인 분이 모든 기사들 가운데 으뜸가는 기사입니다.…… 전하, 당신은 롤랑이나 올리비에, 고드프루아와 그의 형제 보두앵과 마찬가지로 이제껏 기사가 된 이들 가운데 최고의 군주입니다.……

그리고 나서 오른손에 검을 들고서 소리 높여 외쳤다.

"오늘 너(=검)는 이렇듯 훌륭하고 강력한 왕에게 기사 신분을 수여하니 참 복되도다. 자, 나의 멋진 검이여, 너는 성유물처럼 그리고 다른 모든 영예로운 것들보다 더 높이 간직될 것이요, 너는 튀르크인, 사라센인, 무어인들만을 향할지어다."

그리고 나서 그는 검을 두 번 왕의 어깨에 내려치고 칼집에 도로 넣었다.

신하에게 기사 서임을 받는 군주, 그것은 공적만큼 충성을 중시하고 승리만큼 명예를 존중하는 기사도 정신을 상징하는 이미지였다. 프랑수아는 모후에게 파비아의 참패 소식을 전하면서 "명예만 빼고 모든 것을 다 잃었습니다"라고 말하지 않았던가. 파비아에서 참패를 당했지만 그것은 프랑수아의 실책 때문이 아니라 반역자 샤를 부르봉의 배신 때문이다. 비록 패배했지만 프랑수아는 목숨을 걸고 싸웠고 군주로서 치욕적인 도주보다 명예로운 항복을 택한 것이다. 진정한 기사는 용맹과 명예를 존중한다. 승리 여부가 아니라 불굴의 용맹만이 기사의 명예를 보장하는 것이다. 직접 전장에서 용감하게 싸우고 명예를 지킬 줄 아는 국왕만이 진정한 기사이다. 샹피에가 마리냐노 전투를 무대로 재현해 낸 '기사—국왕'의 가상현실은 파비아 전투에서 사로잡힌 '포로—국왕'의 실제 현실을 대체하는 효과를 발휘했다.

국왕 프랑수아가 기사 바야르에게 서임 받는 장면은 그 진위여부와 관계없이 상당한 매력을 발휘했다.[6] 샹피에의 책은 예상 밖의 성공을 거두었으

며, 포로 생활에서 풀려난 프랑수아가 돌아올 무렵 파리에서 중판을 거듭
했다. 이듬해 인문주의자 장 부셰Jean Bouchet와 바야르의 전우 자크 마이
유Jacques de Mailles는 샹피에의 책을 바탕으로 바야르의 공훈을 밝히는 또
한 권의 《용맹의 기사 바야르》를 보탰다. 여기에 이어서 플로랑주의 영주
로베르 라마르크도 이탈리아 전쟁의 무용담을 널리 소개하면서 짤막하게
마리냐노에서의 기사 서임 장면을 묘사했다.[7] 이제 '기사–국왕' 프랑수아
와 '겁도 없고 흠도 없는 기사' 바야르는 패배의 상처를 감추고 왕국의 영
광을 선전하는 수호천사로 등장한 것이다.

연대기 작가들의 선전책자를 넘어 국왕의 용맹과 마리냐노의 승리를 왕
국 전역에 널리 선전한 것은 바로 음악이었다. 클레망 잔캥Clément Janequin
이 작곡한 〈전쟁–마리냐노 전투〉의 선율은 프랑수아의 용맹을 노래하며
다시 이탈리아 원정의 꿈을 그렸다.

> 모두 들으라, 고귀한 갈루아인들[프랑스인들]이여
> 고귀한 국왕 프랑수아의 승리를
> 아는가, 귀 기울여 들으라,
> 사방에서 울부짖는 대포 소리를
> ⋯⋯
> 프랑수아를 따르라
> 국왕 프랑수아를
> 왕관을 따르라⋯⋯

프랑수아가 굴욕적인 포로 생활을 끝내고 돌아올 무렵에 잔캥이 패배한
국왕의 실추된 명예를 회복하기 위해 마리냐노의 승리를 노래한 것이다.
잔캥의 선율을 타고 용맹의 기사 프랑수아는 전쟁 승리를 바라는 대중의

마음속에 파고들었다. 이제 프랑수아는 마리냐노 전투의 유일한 주인공이 되었으며, 마리냐노의 승리는 곧 왕국의 영광의 순간을 의미했다.

사실 프랑수아는 왕권의 정통성과 통치의 정당성을 확보하는 데 '정치 홍보'를 활용할 줄 알았던 최초의 근대적 군주라고 할 만하다. 르네상스 시대 인쇄술의 발달에 힘입어 인문주의자나 예술가들의 작품과 활약은 왕실과 국민 사이에 소통의 공간을 넓혀주었다. 시문학, 연대기, 회화와 노래, 궁성과 동상 등이 르네상스 국왕 프랑수아의 영광과 위엄을 찬양하는 데 동원되었다. '선전의 제왕' 프랑수아는 대외관계에서 여러 차례 실책과 패배를 거듭했지만 적어도 프랑스 영토 안에서는 고대 로마의 황제에 버금가는 위세를 누릴 수 있었다.

이렇게 르네상스 국왕 프랑수아와 마리냐노 전투는 역사의 한 장면이 되었다. 용맹과 명예의 '기사─국왕' 프랑수아의 이미지는 왕조의 교체와 정세의 변화에 따라 약간씩 명암을 달리하면서도 왕정 시대에 줄곧 유지될 수 있었다. 하지만 이렇게 왕조의 영광과 전쟁의 승리를 노래하는 왕들의 서사시는 18세기 말 프랑스혁명을 맞이하면서 역사의 뒤편으로 멀어져 갈 것이었다. 프랑스혁명과 뒤이은 나폴레옹제국은 옛 왕정의 자취를 멀찌감치 밀어냈던 것이다.

영광의 프랑수아, 승리의 마리냐노

국왕 프랑수아와 기사 바야르, 그리고 마리냐노가 국민의 집단기억 속에 되살아나기 시작한 것은 19세기 초반 복고왕정 시대부터였을 것이다. 1815년 부르봉 왕조가 복고되었다. 복고왕정은 혁명으로 단절된 왕정체제의 연속성을 되찾고자 했다. 나폴레옹제국의 광채를 떨쳐내기 위해서라도 왕조 시대의 영광과 번영의 기억을 되살려야 했다. 복고왕정에 어울리는 모델은 국민의 원성을 산 구체제 절대왕정이나 퇴영적인 중세 봉건왕정이 아니라 근대 프랑스의 번영을 상징하는 르네상스 왕정이었다. 여기서 눈길을 끈 것은 왕권의 존엄과 기사의 용맹을 동시에 갖춘 세련된 풍모를 지닌 국왕 프랑수아였다. 프랑수아는 우선 관객 앞에 학문과 예술을 장려하는 메세나 왕, 사랑을 노래하고 염문을 뿌리는 멋쟁이 왕의 의상을 걸치고 나타났다. 도미니크 앵그르Dominique Ingres가 그린 〈다빈치의 임종을 지키는 프랑수아〉(1818)를 위시해서, 르티에르Guillaume Lethière의 〈콜레주 드 프랑스 창건〉(1824), 보닝턴Richard Bonington의 〈프랑수아 1세와 에탕프 공작 부인〉(1826), 비터T. B. Bitter의 〈관용을 베푸는 프랑수아 1세〉(1828) 등등 숱한 명화들이 파리의 살롱을 장식했다.

프랑수아의 으뜸 이미지는 물론 마리냐노의 승리자, 명예와 용맹의 기사였다. 1817년 루이 18세는 화가 루이 뒤시Louis Ducis에게 직접 마리냐노 전투에서 국왕이 바야르에게 기사 서임을 받는 장면을 주문해서 블루아 궁성을 장식했다(〈그림 11-2〉). 1820년 마찬가지로 국왕의 주문을 받아 화가 프라고나르Alexandre-Evariste Fragonard가 그린 그림은 파리 살롱전시회를 거쳐 루브르 궁성에 걸렸다(〈그림 11-3〉). 이제 '바야르에게 기사 서임 받는 국왕 프랑수아'는 회화 이미지로 재현된 것이다. 마리냐노의 승자 '기사-국왕'의 이미지는 널리 유포되어 쉽사리 대중의 상상력을 파고들었다.

1830년, 또 한 차례의 혁명으로 탄생한 7월왕정에서도 낭만주의의 물결을 타고 왕정 시대의 복고 풍조는 사그라지지 않았다. 《프랑수아 1세의 역사》 등등 1830년대에 주로 왕당파 친화적인 역사책들에는 르네상스 왕 프랑수아가 자주 주인공으로 등장하곤 했다. 적극적인 해외팽창을 추진한 7월왕정은 군사 강국 프랑스를 선전하기에 바빴다. 국왕 루이 필리프의 적극적인 후원 아래 프랑스를 빛낸 유명한 전투들을 기리는 전쟁 회화가 제작되기 시작했다. 화가 프라고나르가 그린 〈마리냐노 전투〉가 클로비스의 〈톨비악 전투〉(496)에서 필리프 2세의 〈부빈 전투〉(1214)를 거쳐 나폴레옹

[그림 11−2]
〈바야르에게 기사 서임 받는 프랑수아〉, 루이 뒤시 작, 1817, 블루아.

[그림 11−3]
〈바야르에게 기사 서임 받는 프랑수아〉, A.−E. 프라고나르 작, 1820, 루브르궁.

19세기 상반기 복고왕정 시대에 국왕 프랑수아와 기사 바야르는
왕정과 군주의 영예를 기리는 데 활용된 단골 주제였다.

[그림 11-4]
〈마리냐노 전투〉
A.-E. 프라고나르 작,
1836, 베르사유.

의 〈아우스터리츠 전투〉(1805)까지 프랑스를 빛
낸 승리의 전투들과 나란히 베르사유 궁성에 걸
렸다(〈그림 11-4〉). 마리냐노는 프랑스를 빛낸 최
고의 전투 중 하나로 자리를 굳힌 것이다. 물론
복고왕정과 7월왕정을 거치면서 부활한 옛 군왕
들의 서사와 덕목이 반드시 전폭적인 호응을 얻을 수는 없었을 것이다. 르
네상스 군주 프랑수아도 예외는 아니었다. 오히려 대중의 인기를 끈 것은
낭만주의 작가 빅토르 위고가 쓴 희곡《왕은 즐긴다》(1832)였다. 여기서 위
고는 사치와 방탕의 주인공, 폭력과 불관용의 화신 프랑수아를 대놓고 힐
난했다. 공화주의 역사가 쥘 미슐레는 기념비적인 대작《프랑스사》(1833

~1867)의 〈르네상스〉 편(1855)을 집필하면서 프랑수아에 대해 궁극의 대차 대조표를 내놓았다. 여기서 그는 왕국의 통일성을 확립하고 학문과 예술을 후원한 프랑수아의 공적은 널리 인정하면서도, 다른 한편으로 파비아의 참패와 사로잡힌 국왕이라는 국가적 치욕을 안겨준 경박한 젊은 왕을 비판했다. 적어도 19세기 중반기에 프랑수아에 대한 대중의 인식은 미슐레의 자못 비판적인 평가에서 그리 멀지 않았을 것이다.

제3공화정이 출범한 19세기 후반, 공화국 공교육이 확대됨에 따라 가톨릭 왕정 시대 군주와 기사의 무용담은 더 이상 역사교육에서 각광받는 주제일 수 없었다. 공화정의 교육적 지향성은 왕정 시대의 통치이념과는 거리가 멀었을 것이다. 하지만 합의된 국민정체성의 확립을 지향하는 공교육은 왕정의 유산과 공화정의 가치를 접목시키고자 했으며 왕정에서 공화정으로 이어지는 프랑스 역사의 연속성을 강조했다. 클로비스, 샤를마뉴 대제, 성왕 루이, 프랑수아 1세, 앙리 4세, 루이 14세 등 역대 군주들도 혁명의 주역들과 함께 위인의 전당에 자리 잡을 수 있었다. 더구나 1870년에 치욕의 참패를 당한 이후 20세기에 들어서도 영원한 숙적 독일과의 전쟁을 피할 수 없었던 프랑스에서는 독일에 맞섰던 조국의 선열들이 흔히 역사책의 주인공으로 발돋움했다.

20세기 들어 공화정 세속 교육의 확장과 더불어 '프랑스 역사'는 자라는 세대가 누구나 한 번쯤 읽는 필수 과목이 되었다. 20세기 초반의 베스트셀러 '라비스Lavisse', '고티에-데샹Gauthier-Deschamps'에서 20세기 중반의 베스트셀러 '보니파시오-마레샬Bonifacio-Marechal', '말레-이삭Malet-Issac'에 이르기까지 당시 소위 '국민교과서' 구실을 한 이들 (초)중등용 역사책들은 수십 년간 판본을 거듭하며 젊은 세대의 역사교육을 책임졌다.[8] 역사책들은 '르네상스 프랑스'에 상당한 지면을 할애했으며 이탈리아전쟁도 빼놓지 않았다. 더구나 저학년용일수록 '기사-국왕'과 '겁도 없고 흠도 없는 기사'의 무용담에 초점이 맞추어졌다. 더욱 흥미로운 점은 시각적 효과를 노리고 교과서마다 프랑수아가 바야르에게 기사 서임을 받는 장면을 어김없이 큼직한 삽화로 싣고 있다는 사실이다. 이렇게 '1515', '마리냐노', '프랑수아', '바야르'는 프랑스 역사의 영광의 장면 중 하나로 국민의 집단기억 속에 간직된 것이다.

하지만 20세기 후반, 전쟁 시대가 막을 내리고 평화와 화합의 시대가 시작되었으며 이에 따라 역사학과 역사교육도 지향점이 달라졌다. 정치와 전쟁보다 문화와 화합에 초점이 맞추어진 것이다. 프랑스 르네상스는 더이상 왕조 번영과 전쟁의 무대가 아니며 문화 교류와 예술의 산실로 그려진다. 역사교과서도 국가와 전쟁보다 사회와 문화에 많은 지면을 할애한다. 물론 프랑수아와 바야르는 프랑스 위인의 전당에서 여전히 한 자리를 차지하고 있으며, 역사 전기의 주인공으로 인기를 잃지 않고 있다. 하지만 적어도 새천년 무렵부터 르네상스를 소재로 한 역사책들에는 군왕과 전쟁의 이야기는 뒷전으로 밀리고 샹보르Chambord 궁성에서 롱사르Ronsard의 시문까지 '찬란한' 문화자산들에 대한 설명으로 가득하다. 국왕의 용맹, 기사의 충성, 명예와 무훈 등 장중한 서사시는 찾아보기 힘들다. 이제 역사책 속에서 마리냐노 전투는 그 본연의 모습을 되찾은 듯하다.

'파비아'의 패배가 소환한 '마리냐노'의 승리

마리냐노의 승리가 프랑스 르네상스의 번영기를 여는 출발점이었다는 것은 의심할 나위가 없을 듯하다. 하지만 마리냐노 전투를 제외한다면, 30여년 치세의 절반 이상을 전쟁에 허비한 프랑수아의 전공은 사실 그리 보잘것없었다. 프랑수아는 유럽의 패권을 놓고 다투는 영원한 숙적, 잉글랜드 국왕 헨리 8세나 독일–에스파냐 합스부르크가의 카를 5세와의 대결에서 늘 수세에 몰렸으며 변변찮은 성적을 거두었다. 1525년 파비아 전투의 '참패'는 적어도 군사적 측면에서 프랑스의 추락을 보여주는 결정적인 장면이었다.

하지만 1525년 파비아의 '참사'는 오히려 프랑스 왕국 안에서 불굴의 기사로서의 군주의 영예를 되살리는 계기가 되었다. 포로로 잡힌 국왕의 위엄을 되살리기 위해 왕실과 인문주의자들은 연대기든 문예작품이든 모든 홍보 수단을 동원했다. '파비아'를 만회하기 위해 '마리냐노'를 소환한 것이다. 마리냐노의 승리가 새삼 국민에게 선전되고, 여기서 프랑수아의 기사 서임 장면은 국왕의 명예와 기사의 충성을 선양하는 상징기제로 등장했다. 만일 프랑스가 파비아에서 승리했다면, 마리냐노는 잊혔을지도 모른다. 하지만 1525년의 '패배'가 1515년의 '승리'를 더욱 화려한 색채로 되살려 냈다. 굴욕적인 패배에도 불구하고 국왕의 권세는 흔들리지 않았으며, 프랑수아의 치세는 화려한 르네상스 문물로 치장될 것이었다.

한때 국민에게서 멀어져 가던 왕정 시대의 기억은 19세기 초 낭만주의 시대 이후 활짝 되살아났다. 르네상스 군주 프랑수아의 명성이 되살아나고, 마리냐노 전투는 국왕의 기사도 정신을 담은 명품 전투로 다듬어졌다. 20세기에 들어 공화정의 공교육이 확립된 이후에도 전쟁과 제국의 시대 분위기에 힘입어 민족과 국가의 영광을 드높인 위인들이 선양되었으며, 프랑수아 1세도 강국 프랑스의 영예를 드높인 군주로서 상당한 인기를 누렸다. 역사책을 즐겨 읽고 자란 세대라면 누구나 국왕 프랑수아와 기사 바야르를 주인공으로 삼아 르네상스 프랑스의 영광과 번영을 머릿속에 그려 볼 수 있을 것이다. 마리냐노 전투는 어느새 프랑스인들의 '기억의 장소' 중 하나로 자리 잡은 것이다.

12
1539년 8월:
'프랑스어'로 가는 길, 빌레르코트레 왕령

송기형

프랑스에서 가장 오래된 법규

현재 프랑스에서 유효한 법규 가운데 가장 오래된 것은? 대답하기 아주 어려운 질문인 것 같지만 의외로 정답은 분명하다. 1539년 8월 25일 제정된 왕령 111조는 명시적으로 폐기된 적이 없기 때문에 가장 오래된 법규이고 21세기에도 프랑스 법원들은 이 조항에 의거해 판결을 내리고 있다.

1539년 8월 10~25일 프랑수아 1세가 빌레르코트레성에서 서명하고 9월 6일 파리 고등법원에 등기된 '프랑스 왕국 전역의 사법 사안과 재판 간소화에 관한 왕령Ordonnances royaulx sur le faict de la justice & abbreviation des proces par tout le Royaume de France'은 192개 조항으로 구성되었는데 보통 빌레르코트레 왕령이라고 불린다. 이 왕령의 주 목적은 '사법 사안과 재판 간소화'라는 제목이 명시하듯, 사법 개혁에 있었다. 192개 조항[1] 가운데 유일무이하게 언어에 관련된 111조는 "해석에 대해 소송이 제기될 정도로 변질되어 버린" 라틴어를 사법 문서에서 배제하라는 명령이었다. 바로 이 111조 1개 조항 덕에, 빌레르코트레 왕령은 공화국 건립 신화로 인정받아 프랑스 역사의 한 장을 장식하고 있다. 그 110조와 111조를 보자.

제110조. 판결이 의심의 여지가 없도록 아주 명백하게 내려지고 기록되어서 조금도 애매모호하지 않고 해석을 요구하는 경우가 없어야 한다(110조는 111 조에 부속되어 있다고 본다).

제111조. 그런 경우가 판결에 포함된 라틴어 단어의 이해에 관해서 자주 발생하기 때문에, 이제부터 최고 법원과 하급 법원을 막론하고 모든 판결, 등기·조사·계약·위탁·선고·유언과 같은 모든 절차 그리고 법원의 모든 문서와 영장, 또 이에 부속되는 것은 다른 언어가 아니라 프랑스인의 모어langage maternel français et non autrement로 이루어지고 기록되며 당사자에게 교부되어야 한다.

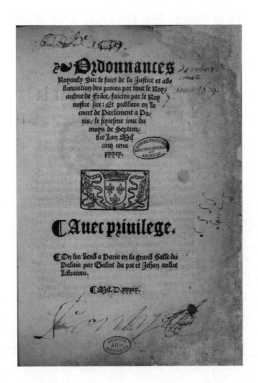

[그림 12-1]
1539년 8월 빌레르코트레 왕령 첫 페이지. 왕령의 정식 명칭은 '프랑스 왕국 전역의 사법 사안과 재판 간소화에 관한 왕령'이었다.

바로 이 조항이 프랑스어가 시골 로망어lingua romana rustica에서 왕의 언어, 왕국의 공용어langue officielle를 거쳐 프랑스공화국 국어로 거듭나는 과정에 크게 기여했다고 볼 수 있기에 1539년 8월 빌레르코트레 왕령을 '프랑스를 만든 서른 가지 나날'의 하나로 다루어 보려고 한다. 그러려면 프랑스어의 위상과는 직접적인 관계가 없던 빌레르코트레 왕령이 오늘날 프랑스어 관련 현행 법규로 변신하게 되는 과정을 살펴보아야 한다.

왕권 강화의 걸림돌, 라틴어

중세 말부터 왕권이 줄곧 강화된 결과 프랑수아 1세(재위 1515~1547) 시대에 정치적 봉건제가 소멸되었고, 16세기에 국왕 주권이라는 개념이 확립됨으로써 중세 프랑스는 구체제 또는 절대왕정으로 전환되었다. 주권이 분산되어 있던 중세 봉건제에서는 국왕의 사법권이 국왕 영지에 국한되어 있었다. 루이 9세(재위 1226~1270) 시대부터 왕령이 전국적으로 적용되기 시작하였고, "모든 사법은 왕으로부터 나오고 왕이 모든 사법의 원천이며 샘이다"라는 표현이 만들어진 것은 14세기였다.

장 보댕Jean Bodin에 따르면, "주권이야말로 국가의 본질이자 국가를 존재하게 하는 힘이며, 법제적 형태를 만들고 구조적이고 기능적인 조직을 결정하는 핵심"이고 "주권 군주의 첫 번째 표지는, 모두에게 일반적으로 적용되고 또 개인 각자에게 적용되는 법을 제정하는 능력이다."[2] 이에 따라 사법 분야에서 강도 높은 입법 활동이 이루어졌다. 사법 개혁 또는 통합에 의해 사법권을 장악함으로써 왕권을 강화하는 것이 최우선 과제였기 때문이다.

그런데 왕권 강화의 핵심인 사법권 장악 또는 사법 개혁의 최대 걸림돌

이 라틴어라는 인식이 팽배해 있었다. 당시 공용어는 고전 라틴어였고 이
는 성직자로 대표되는 식자층의 전유물이었다. 라틴어는 막강한 교회의
언어였을 뿐만 아니라 행정, 사법, 교육, 학문, 문화의 언어였으며 모든 가
톨릭 세계의 국제어였다. 라틴어 외의 모든 언어는 속어vulgaire라고 불렸
다. 물론 라틴어는 대부분 문어로만 사용되고 있었다. 그러나 사법 문서의
라틴어는 고전 라틴어와는 거리가 멀 뿐만 아니라, 문법 규칙과 철자법을
전혀 준수하지 않아 그 "해석에 대해 소송이 제기될 정도로 변질되어 버
린" 엉터리 라틴어latin de cuisine였다. 피고와 증인 그리고 계약 당사자들이
사법 문서를 전혀 이해하지 못해서 재판이 지연되는 경우가 빈번했다. 이런
난맥상이 국왕의 사법권 장악을 통한 왕권 강화에 걸림돌이 된다고 본 것이
다. 이에 일련의 왕령은 라틴어로 작성된 사법 문서의 폐해를 적시한 다음,
라틴어를 배제하고 프랑스어 또는 지역어[3]를 사용할 것을 명하고 있다.

① 1490년 12월 샤를 8세의 물랭Moulins 왕령 101조: 랑그도크Languedoc
   의 일부 사법 문서에서 '프랑스어 또는 모어langage français ou maternel'
   를 사용한다.
② 1510년 6월 루이 12세의 리옹 왕령 47조: 성문법 지역(구체제에서 성문법
   지역은 라로셸La Rochelle에서 제네바를 연결하는 선 이남에 위치한 지역, 즉 프랑스
   남부를 가리킨다. 프랑스 북부는 관습법 지역이었다) 전체의 일부 사법 문서에서
   '속어와 그 지역의 언어vulgaire et langage du pays'를 사용한다.
③ 1532년 프랑수아 1세의 훈령[4]: 랑그도크의 공증 문서에서 속어를 사용한
   다.
④ 1535년 10월 프랑수아 1세의 이스쉬르틸Is-sur-Tille 왕령: 프로방스
   Provence의 일부 사법 문서에서 '프랑스어 아니면 최소한 그 지역의 속어
   français ou à tout le moins vulgaire du pays'를 사용한다.

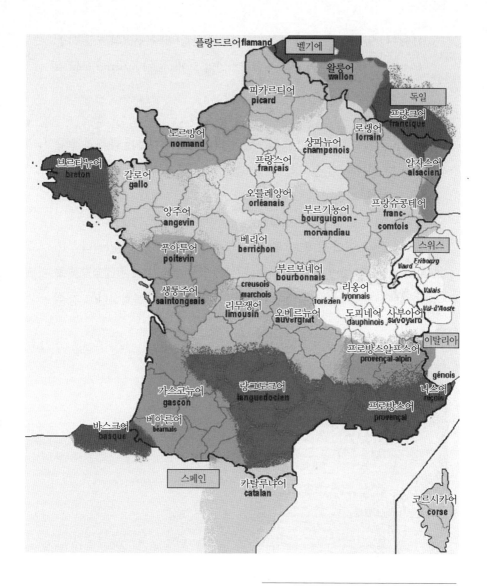

[그림 12-2]
프랑스 지역어 지도.
구체제 프랑스에는 30개 정도의 지역어가 존재했고
현재도 몇몇 지역에서는 '유럽지역어헌장'을 비준하
고 자체 지역어를 공용어로 인정하라고 요구한다.

⑤ 1539년 8월 프랑수아 1세의 빌레르코트레 왕령: 왕국 전역의 모든 사법
    문서에서 '다른 언어가 아니라 프랑스인의 모어langage maternel français
    et non autrement'를 사용한다.

위에서 두 가지 점은 확실하다. 첫째, 라틴어는 철저하게 배제되었다.
라틴어는 더 이상 사법 문서의 언어 또는 공용어가 아니라는 원칙이 확립
된 것이다. 둘째, 라틴어 배제라는 원칙이 적용되는 지역(①~④의 랑그도크,
성문법 지역, 프로방스)이 왕령에 의해 왕국 전역으로 확대되었다.
    그러나 '프랑스인의 모어'가 무엇을 지칭하는지는 의견이 엇갈린다. '프
랑스인의 모어'는 당연히 프랑스어라고 생각할지 모르지만, 빌레르코트레
왕령 당시 프랑스어[5]는 프랑수아 1세, 즉 국왕의 모어에 불과하다고 간주

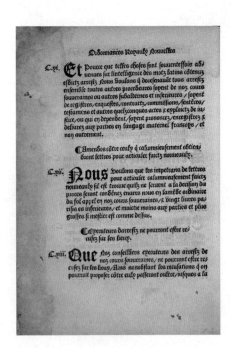

[그림 12-3]
빌레르코트레 왕령 111조.
빌레르코트레 왕령의 192개 조항 가운데 언
어 관련 조항은 111조 하나뿐이었다.

되기도 했다.

중세와 구체제 프랑스는 '지역어의 프랑스la France dialectale'라고 불릴 만큼 30개에 이르는 잡다한 언어들이, 주로 구어로 사용되고 있었다(《그림 12-2》).

절대다수 신민에게 프랑스어는 외국어나 다름 없었고 이런 언어적 상황은 250년이 지난 프랑스혁명기에도 크게 개선되지 않았다. 그렇다면 '프랑스인의 모어'는 모든 프랑스인의 모어들, 지역어 전체를 말하는가? '프랑스인의 모어'가 국왕의 언어인 프랑스어인지 아니면 프랑스인의 모어 전체인지, 이 질문은 16~17세기 법학자들만이 아니라 오늘날의 연구자들에게도 쟁점으로 남아있다. 프랑스어라는 주장이 다수이지만 말이다.

프랑스인의 모어?

'프랑스인의 모어母語'가 무엇인지 규명하려면 ①~⑤에서 사용된 용어를 최우선적으로 살펴보아야 한다.

① 프랑스어 또는 모어
② 속어와 지역 언어
③ 속어
④ 프랑스어 아니면 최소한 그 지역 속어
⑤ 다른 언어가 아니라 프랑스인의 모어

⑤를 제외하고는 모두 프랑스 남부(즉 오크어[6] 지역 또는 성문법 지역)가 대상이라는 점에서, 오크어 지역에서는 프랑스어를 제외한 모든 언어가 이

미 문어 기능을 상실했다고 간주한 것을 엿볼 수 있다. ①~③에서는 프랑스어와 오크어가 대등했으나 ④에서 프랑스어와 오크어 사이에 분명한 위계가 확립되었다. 더구나 ①~④는 랑그도크나 프로방스에 국한된 조치이지만, ⑤는 왕국 전역에 적용되는 법이다. 특히 '다른 언어가 아니라 프랑스인의 모어'라는 구절에 근거하여 국왕의 언어인 프랑스어만을 왕국 전역의 공용어로 인정했다고 보는 것이 일반적이다. 라틴어만 배제했다면, '다른 언어가 아니라'를 덧붙일 필요가 없었다고 볼 수 있기 때문이다.

> 앞으로는 프랑스어와 라틴어 사이의 선택도 프랑스어와 지역어들 사이의 선택도 더 이상 허용되지 않는다는 점에서 프랑수아 1세는 이전 상태로의 회귀를 철저하게 금지하고 있는 것이다.[7]

그렇다면 빌레르코트레 왕령이 사법 문서에서 라틴어만이 아니라 프랑스의 모든 지역어를 배제함으로써 왕국의 사법적 통합과 언어적 통일을 도모한 획기적인 언어정책이라고 단정할 수 있을까? 단정하기 어렵다고 생각한다. 그 이유는 크게 두 가지다. 첫째, 빌레르코트레 왕령을 주석한 16~17세기 법학자들의 주 관심사는 형사소송절차 관련 조항들이었고, 111조에는 별다른 중요성을 부여하지 않았다. 그들은 '다른 언어가 아니라 프랑스인의 모어'에 대한 각자의 의견을 제시하기는 했지만(대개는 프랑스어라고 주장), 피고의 방어권을 거의 인정하지 않는 가혹한 형사소송절차를 비판하는 데 집중했다.

빌레르코트레 왕령은 구체제의 형사소송절차를 확립했다는 평가를 받는다는 점에 유념해야 한다. 거듭 강조하지만 빌레르코트레 왕령의 192개 조항 가운데 언어 관련 조항은 단 하나, 111조뿐이다. 둘째, 위에서 살펴본 일련의 왕령 문서acte royal에서 언어 관련 용어의 일관성이 크게 떨어진다. ①

의 프랑스어와 모어에서 모어는 오크어를 가리킨다고 본다. ②에서 속어는 프랑스어, 지역 언어는 오크어인 것 같다. ③의 속어는 프랑스어와 오크어를 동시에 지칭한다. ④의 '그 지역 속어'는 프로방스이므로 좁게는 프로방스어 넓게는 오크어라고 봐야 한다. 프랑스어를 지칭하는 단어는 ① 프랑스어, ② 속어, ③ 속어, ④ 프랑스어이다. 오크어를 지칭하는 단어는 ① 모어, ② 지역 언어, ③ 속어, ④ 지역 속어이다. 그러다가 갑자기 ⑤에서 '프랑스인의 모어'가 출현한다. ①의 모어는 오크어를 가리키므로 '프랑스인의 모어'에 오크어가 포함된다고 주장할 수 있다. 그렇다면 '라틴어가 아니라'고 하면 될 것을 왜 '다른 언어가 아니라'라고 했을까? '다른 언어가 아니라 프랑스인의 모어'라고 못 박음으로써 국왕의 모어인 프랑스어를 모든 신민의 모어로 만들려고 했을까? 192개에 달하는 조항 가운데 언어 관련 조항은 단 하나에 불과한 '프랑스 왕국 전역의 사법 사안과 재판 간소화에 관한 왕령'에 그런 획기적인 의도가 있었다고 보기는 어렵다.

'프랑스인의 모어'는 프랑스어인가 아니면 프랑스인들의 모어 전체인가? 1539년 이래 거의 500년 동안 지속되어 온 이 뜨거운 논란은 사실은 별로 의미가 없다고 필자는 확신한다. 사법 문서와 공문서에서 프랑스어 사용은 지역마다 상당히 다른 속도로 확산되어 갔고 라틴어와 지역어는 점진적으로 배제되었기 때문에 지역마다 그 정확한 시점을 밝히는 작업은 큰 의미는 없다고 생각한다. 17세기 초에는 프랑스 왕국의 공문서에서 라틴어와 오크어들이 사라짐으로써 프랑스어가 유일무이한 공용어로 확립되었다고 보는 것이 일반적이지만, 여기에도 예외가 적지 않다. 따라서 1539년 8월 빌레르코트레 왕령 111조에 대한 필자의 결론은 다음과 같다. 첫째, 사법 개혁 또는 사법권 장악을 통한 왕권 강화를 위해 왕국 전역의 사법 문서 나아가서 공문서에서 라틴어 배제 원칙을 확립했다. 둘째, '프랑스인의 모어'가 프랑스어로 한정되는지 아니면 지역어들도 포함되는지는 불분명하다.

실제로 필자가 참조한 왕령 문서—1490년 12월 샤를 8세의 물랭 왕령에서 1700년 칙령에 이르기까지—에서, '프랑스인의 모어'라는 표현은 딱 한 번(빌레르코트레 왕령) 사용되었을 뿐이다. 물론 필자가 참조한 왕령 문서의 범위가 대단히 제한적인 것은 분명한 사실이다.

⑥ 샤를 9세의 1563년 1월 왕령 35조: 고등법원의 등기(왕령 등) 그리고 청원에 대한 답변은 라틴어가 아니라 프랑스어로 한다.

⑦ 루이 13세의 1620년 10월 20일 포Pau칙령: 포 고등법원의 판결 등은 프랑스어로 작성하여 교부한다.

⑧ 루이 13세의 1629년 1월 왕령 27조: 성직자 재판소의 모든 문서는, 라틴어로 작성되어 로마로 발송되는 것 외에는, 프랑스어로 작성한다.

⑨ 루이 14세의 1661년 7월 개봉장[8]: 티옹빌Thionville의 공문서는 독일어가 아니라 프랑스어로 작성한다.

⑩ 루이 14세의 1684년 12월 칙령: 서부 플랑드르 지역의 재판에서 프랑스어만 사용하고 플랑드르어 사용을 금지한다.

⑪ 1685년 1월 참사회 명령: 알자스의 공문서에서 프랑스어를 사용한다.

⑫ 루이 14세의 1700년 2월 칙령: 루시용의 공문서에서 프랑스어를 사용하고 카탈루냐어 사용을 금지한다. 판사와 행정관은 선고와 포고에서 프랑스어만 사용한다.

⑥~⑫에서 구체제의 어떤 왕령 문서도 지역어 사용을 명시적으로 금지하지 않았다는 사실을 거듭 확인할 수 있다. ⑥은 라틴어를 배제한 빌레르코트레 왕령을 재확인했다. ⑦ 역시 마찬가지다. 베아른Béarn과 나바라Navarre 일부의 합병을 명문화하고 포 고등법원을 신설한 이 칙령의 언어

관련 조항이 베아른어bearnais를 배제했다고 주장하는 것은 명백한 오류이다. 구체제에서 고등법원은 라틴어의 보루였기 때문에, 라틴어를 배제한 빌레르코트레 왕령 등이 고등법원의 권력을 약화시키기 위한 왕권의 전략이었다고 보기도 한다. 프랑스 왕국 고등법원의 공문서에서 지역어를 사용한 적은 없었다. 그러므로 1620년 10월 칙령은 베아른어를 배제한 것이 전혀 아니며, 라틴어 배제라는 원칙이 포 고등법원에도 적용된다는 점을 재확인했을 뿐이다. 실제로 베아른과 나바라의 하급 법원과 행정부의 공문서에서는 베아른어가 혁명기까지 사용되었다.

⑧은 빌레르코트레 왕령의 대상이 아니었던 성직자 재판소의 문서—모두 라틴어로 작성—에도 라틴어 배제 원칙을 적용함으로써 사법 문서에서 라틴어 시대의 종식을 선언한 셈이다. ⑨~⑫는 지역어가 아니라 외국어(독일어, 플랑드르어, 카탈루냐어) 사용을 금지했다. 이웃 나라에서 사용하는 외국어를 프랑스 왕국의 공문서에서 사용하는 것은 국왕 주권에 대한 중대한 위협이기 때문이다. 물론 ⑥~⑫에 의해 프랑스어의 위상이 더욱 강화됨으로써 지역어들의 입지가 한층 더 좁아지게 된 것은 자명하다. 그럼에도 신규 합병 지역에서 해당 외국어 사용을 금지한 ⑨~⑫가 빌레르코트레 왕령과 무관하다는 점은 분명히 해야 한다.

결론적으로 빌레르코트레 왕령은 라틴어 대신 프랑스어를 공용어로 확립하는 데 기여했지만 지역어 사용을 금지하지 않았다는 점에서, 구체제 프랑스의 언어정책을 충실하게 반영했다고 본다. 이런 관점에서 앞으로 "14세기 전반기 발루아 왕조를 중심으로 전개된 왕권의 언어전략"[9]과 빌레르코트레 왕령 111조의 연관성을 살펴볼 필요가 있다. 왕권의 정치적 정당성을 회복하기 위해 왕령 문서와 어찰에서 라틴어 대신 프랑스어를 사용한 발루아 왕조의 언어전략이, 왕권 강화를 위한 사법권 장악 또는 사법 개혁의 한 수단으로 사법 문서에서 라틴어를 배제한 빌레르코트레 왕령 111조에 영향을 끼쳤다고 볼 수 있기 때문이다. 구체제 프랑스의 언어정책은 왕권 강화를 위해 라틴어의 영향력을 축소해 나가고 지역어들은 방임하는 것이 전체적인 기조였다. 프랑스 왕정은 국왕이 머리 또는 심장이고 신민은 팔다리인 하나의 몸이라고 간주되었다. 팔다리가 똑같을 수는 없으므로 다양성은 당연했고 언어적 다양성 역시 용인되었다. 종교, 법, 왕만 단일하면 언어를 포함한 관습은 주province[10]마다 달라도 무방하다고 보았던 것이다. 왕권을 위협할 수 있는 라틴어와 외국어들은 예외였다.

혁명기 언어정책과 왕령의 변신

프랑스혁명기에 국민국가 건설을 위해 프랑스어를 명실상부한 국어로 정립하려는 언어정책이 추진되었다. '국어langue nationale'라는 단어 자체가 프랑스혁명에 의해 확립된 국민이라는 개념과 불가분의 관계를 맺는다.[11] 혁명기의 언어정책은 지역어 근절을 통한 프랑스어의 국어화를 최우선 과제로 설정했다. 지역어 근절을 위해 다른 무엇보다 학교의 프랑스어 교육을 강조하고 '자유와 평등의 언어'인 프랑스어를 국어로 확정하려고 시도했다. 이러한 맥락에서 빌레르코트레 왕령 111조가 프랑스어의 국어화를 위한 논거로 사용되고 '프랑스인의 모어'가 프랑스어와 동일시되었다고 필자는 생각한다. 하지만 이런 결과가 논리적 과정의 산물은 아니었다는 점 역시 지적해야 한다. 관련 자료를 연대순으로 살펴보자.

⑬ 1790년 8월 13일 그레구아르Grégoire의 '시골 사람들의 사투리와 풍속에 관한 설문서'
　－사투리를 근절하는 일이 종교적 그리고 정치적으로 중요합니까?

－사투리를 근절할 수 있는 방법은 무엇일까요?

－시골 학교에서 프랑스어로 가르칩니까?

⑭ 1794년 1월 27일(공화력 2년 우월 8일) 바레르Barère의 〈외국어들과 프랑스어 교육에 관한 보고서 및 법안〉

－왕정에서는 각 코뮌과 주가 풍속, 관습, 법, 언어가 다른 개별적인 나라였던 셈입니다.

－전제주의는 언어의 다양성을 유지시켰으며 왕정은 바벨탑을 닮게 됩니다.

－연방주의와 미신은 브르타뉴어bas–breton(브르타뉴의 서부 지역인 Basse–Bretagne의 지역어는 켈트어파의 브르타뉴어)를 말하고, 공화국에 대한 증오와 망명은 독일어를 쓰고, 반혁명은 이탈리아어를 사용하고, 광신은 바스크어를 사용합니다. 이 손실과 오류의 도구들을 박살냅시다.

⑮ 1794년 6월 4일(공화력 2년 초월 16일) 그레구아르의 〈사투리를 근절하고 프랑스어 사용을 보편화할 필요성과 수단에 관한 보고서 및 법안〉

－주province의 명칭을 상기시키는 약 30개의 사투리가 상존하고, 최소한 600만의 프랑스인이 국어를 모르고, 같은 수의 사람이 국어로 대화를 이어나갈 능력이 거의 없으며, 국어를 정확하게 말할 줄 아는 사람의 수가 300만을 넘지 못하고, 국어로 정확하게 글을 쓸 수 있는 사람의 수는 더욱 적을 것입니다.

－자유의 언어를 의사 일정에 올리고, 시민들의 열성이 파괴된 봉건제의 마지막 잔재인 사투리들을 영원히 추방하게 만듭시다.

⑯ 1794년 7월 20일(공화력 2년 열월 2일) 법 전문

제1조. 이 법이 공포된 날부터, 공화국 영토의 어디에서건 모든 공문서는 프랑스어로만 작성한다.

제2조. 이 법이 공포되고 1개월이 경과한 후에는, 사서私署 증서도 프랑

스어로 작성해야 등기할 수 있다.

제3조. 이 법이 공포된 날부터, 직무 수행 중에 조서·판결문·계약서와 다른 일반 문서를 프랑스어 외의 언어 또는 외국어로 작성하거나, 그런 문건을 서명·승인하는 모든 공무원은 거주지의 경범재판소로 넘겨서 6개월 금고형에 처하고 파면한다.

제4조. 이 법이 공포되고 1개월이 경과한 후에는, 프랑스어 외의 언어 또는 외국어로 쓰인 문서(사서私署 증서 포함)를 등기해 주는 모든 등기세 수납인receveur du droit d'enregistrement도 똑같이 처벌한다.

설문서 ⑬에서 그레구아르는 의도적으로 dialecte(방언) 대신 patois[12](사투리)라는 용어를 사용했다. 13세기 말 또는 14세기 초에 출현한 이 단어는 처음부터 부정적 의미로 썼다. 지역어와 사투리 근절을 최우선 과제로 제시한 이 설문서는 구체제와 혁명기가 언어정책의 관점에서 단절되었다는 사실을 단적으로 입증한다. ⑭ '바레르 보고서'는 프랑스어(국어) 외의 모든 언어를 반혁명의 도구로 간주했다는 점에서 언어적 공포정치terreur linguistique 또는 자코뱅주의의 선언문이라 평가할 만하다.

언어를 민중화해야 합니다. 미개한 국가의 한복판에 문명국을 세우는 것 같은 이 언어적 귀족주의aristocratie de langage를 타파해야 합니다.
우리는 정부·법·관습·풍습·의복·상업 그리고 심지어 생각까지 혁명했습니다. 그러니 이것들의 일상적인 도구인 언어도 혁명합시다.[13]

바레르 보고서의 공격 대상이 외국어(idiomes이란 단어 사용)—브르타뉴어, 바스크어, 독일어, 이탈리아어—로 한정되어 있었다는 점에서 '그레구아르 설문서'와 다르지만, 그레구아르와 바레르가 이구동성으로 '학교

의 프랑스어 교육'을 해결책으로 제시한 것에 주목해야 한다. 국민공회가
바레르 보고서에 의거하여 제정한 법은 '외국어 지역'에 프랑스어 교사를
10일 안에 임명하라고 명령했다. 언어적 공포정치의 주도세력까지도 언어
문제는 단칼이 아니라, '학교의 프랑스어 교육'과 같이 중장기적인 방식으
로 해결하는 수밖에 없다는 점을 인식하고 있었던 것이다. ⑮ 그레구아르
보고서 역시 "언어의 단일화가 혁명의 필수적인 부분이다", "언어적 연방
주의와 싸우자"라고 외치면서도 '프랑스어 문법책과 사전' 제작으로 귀결
되었다.

　그러나 ⑯ 열월 2일, 1794년 7월 20일 법은 이해 또는 설명하기가 어렵
다. 언어적 공포정치를 표방하면서도 '학교의 프랑스어 교육'이라는 중장
기적인 해결책을 제시한 바레르 보고서(1794년 1월 27일) 그리고 그레구아
르 보고서(1794년 6월 4일)와는 전혀 다른 기조이기 때문이다. 먼저 제안자
메를랭Philippe-Antoine Merlin de Douai의 설명을 들어보자.

　시민 여러분은 언어적 다양성을 서서히 사라지게 만들고, 단일한 정부의 일
　체성의 표식인 언어의 단일성으로 모든 시민이 돌아오게 만들기 위해 우월
　8일 조치를 취했습니다. 그러나 이런 조치는 여러분이 공화국의 여러 도에
　서 성행하는 폐습을 서둘러 막지 않는다면 아무런 효과가 없을 것입니다.
　그런 지역에서 사용되는 미개한 언어들을 존속시킬 뿐만 아니라 필요하게
　만드는 폐습 말입니다. 입법위원회는 오랭(라인강 상류)도와 바랭(라인강 하
　류)도départements du Haut et du Bas-Rhin에서 형사소송의 가장 중요한 문서
　들을 독일어로 작성하고 있다는 점을 여러 번 지적했습니다. 됭케르크에 소
　재하는 베르그군district de Bergues 국민의원은 노르도département du Nord의
　이 지역에서 플랑드르어로 작성된 공문서를 아무런 거리낌 없이 등기한다
　고 우리에게 알려주었습니다. 분명 모르비앙도département du Morbihan와 피

니스테르도département du Finistère 역시 브르타뉴어 사용 때문에 동일한 비난을 받아야 할 것입니다.

이 괴이한 관습이 결과적으로 국민의 자유에 얼마나 치명적인지 굳이 강조할 필요는 없다고 봅니다. 이 중차대한 문제에 대해 공안위가 우월 8일 여러분에게 제시한 논지는 아직도 생생하실 것입니다. 프랑수아 1세, 샤를 9세, 루이 13세 같은 폭군들이 감히 신민이라고 부르는 사람들을 로마교황청의 영향력에서 벗어나게 만들기 위해서는 공문서의 라틴어 사용을 금지하는 것이 필수적이라 여기고 이런 금지를 1539년 왕령 111조, 1563년 왕령 35조, 1629년 왕령 27조에 의해 명문화했다는 사실을 지적합니다. 폭군 루이 14세는 루시용 주민들에게 에스파냐의 지배를 잊게 만들기 위해 1700년 2월 칙령에 의해 소송과 공증계약에서 카탈루냐어 사용을 금지했습니다. 또 이 폭군은 알자스인과 플랑드르인들이 오스트리아 왕가와 유지했던 오랜 인연을 그들의 기억에서 지워버리기 위해 플랑드르어와 독일어로 재판을 진행하는 것을 금지했습니다. 그러므로 우리 역시 비슷한 조치를 취해 인민의 자유를 공고하게 만들 수 있습니다. 과거에 우리 선조들을 속박하기만 했던 것을 공화국의 공고화를 위해 사용해야 합니다. 저는 입법위를 대표하여 아래 법안을 제출합니다(1794년 7월 20일 국민공회 의사록).

반혁명의 도구로 악용되는 독일어, 플랑드르어, 브르타뉴어 같은 외국어 지역의 문제점에 대해 우월 8일(1794년 1월 27일) 바레르 보고서는 프랑스어 교사 임명이라는 해결책을 제시한 바 있다. 이것이 제대로 집행되지 않았다는 것은 분명한 사실이고 또 너무나 당연한 일이기도 하다. 프랑스어 교사를 빵처럼 만들어 낼 수는 없다. 그러나 프랑스어 교사 임명이 이루어지지 않는다는 이유로 "공화국의 모든 공문서는 물론이고 사문서까지 프랑스어로 작성하고 위반하는 공무원은 형사처벌한다"는 획기적인 또는 극단적인 처방을 내린 이유가 무엇일까? 제안자가 인용한 구체제의 선례들도 이 법과는 거리가 멀다고 보아야 한다. 1563년 왕령 35조는 고등법원, 1629년 왕령 27조는 성직자 재판소, 루이 14세의 조치들은 해당 지역에 국한되었다. 전국을 대상으로 삼은 것은 1539년 빌레르코트레 왕령뿐이다. 그래도 "공문서에서 라틴어 사용을 금지한" 빌레르코트레 왕령을 일종의 판례처럼 원용하여 열월 2일 법을 제정한 것은 정말 설명하기 어렵다. 공포정치 그리고 언어적 공포정치의 와중이라도 말이다.

혁명기 언어정책 연구의 현 단계에서, 열월 2일 법 설명을 위한 단초는 티보도Antoine Claire Thibaudeau가 수확월 1일(1794년 6월 19일) 공교위comité d'instruction publique에 제출한 법안이다. 그 요지는 다음과 같다.

- 초급학교의 모든 교사는 프랑스어로 가르친다.
- 외국어 지역의 프랑스어 교사 양성을 위한 사범학교를 설립한다.
- 행정 당국과 공무원의 모든 문서는 프랑스어로 작성하며 위반 시에는 형사처벌한다.

브뤼노Ferdinand Brunot에 따르면, 티보도는 바랭도départemnt du Bas-Rhin 행정부의 조치에 의거하여 위 법안을 준비했다고 한다. 알자스는 당시 언어 문제로 인한 갈등이 극심해서 '알자스의 언어적 공포정치'라는 표현이 공인될 정도였다. 바랭도 행정부는 종월 25일(1794년 4월 14일) "모든 공문서를 프랑스어로 작성한다"고 의결하고 중앙 정부에서 언어 문제를 담당하는 공교위에 전국 차원의 법 제정을 요청했다.

우리는 종월 25일 의결에 의해 모든 공문서에서 외국어 대신 '공화국의 언어'를 사용하는 일이 혁명 원칙의 보급과 공공정신의 진보에 얼마나 유리한 일인지를 절감했다. 전국적인 차원의 법을 제정하여 모든 프랑스인이 동일한 권리와 법과 의무를 보유한 한 가족으로 하나의 언어만 사용하도록 만들어야 한다(1794년 6월 11일 바랭도 행정관들이 티보도에게 보낸 편지).

'알자스의 언어적 공포정치'의 영향을 받은 것이 확실한 티보도의 법안에 대해 공안위는 대응하지 않았지만, 한 달 후에 입법위의 메를랭이 〈문서에서 사용되는 외국어에 관한 보고서 및 법안〉을 제출하여 열월 2일 법이 제정되는 것이다. 공안위가 대응을 하지 않자 공교위의 티보도가 입법위의 메를랭에게 요청한 것일까? 필자가 조사한 바로는, 열월 2일 법을 전문적으로 다룬 논문은 단 한 편도 없다. 따라서 열월 2일 법의 제정과정을 규명하는 작업은 뒤로 미루는 수밖에 없다. 그 대신 열월 2일 법이 빌레르코트레 왕령을 원용하면서 프랑스어 사용을 의무화하는 바람에, 왕령 111조 역시 프랑스어 외의 모든 언어를 금지한 것으로 재해석 또는 공인되었다는 점을 강조한다. 메를랭의 제안에서는 111조가 라틴어를 금지했다고 명시했지만(다른 언어들의 금지 여부는 언급하지 않음), 열월 2일 법 조항은 프랑스어를 유일무이한 공용어로 확정했기 때문이다.

1539년 8월 빌레르코트레 왕령 111조의 '프랑스인의 모어'는 프랑스어라고 1794년 7월 20일 프랑스 제1공화국이 선포한 셈이다. 논리적인 결과는 아니지만 말이다. 더구나 열월 2일 법이 실월 16일(1794년 9월 2일) 유보됨으로써[14] 프랑스어를 유일무이한 공용어로 확정한 공로는 빌레르코트레 왕령 제111조가 독차지하게 된다. 동시에 빌레르코트레 왕령 자체가 언어 관련 법으로 변신한다. 호적 관련 조항 6개와 111조를 제외한, 192개 조항의 절대다수를 차지하는 사법 사안과 재판 간소화에 관련된 조항들이 모두 폐기된 덕이다.

'프랑스어' 국어화는 19세기 말 완성

혁명기 언어정책이 주창한 프랑스어의 명실상부한 국어화는 제3공화국의
학교 등에 힘입어 19세기 말 완성되었다고 보는 것이 일반적이다. 학교는
공화국의 근간이었고 학교 교육의 최우선 목표는 프랑스어의 국어화였다
("학교에서는 프랑스어만 사용한다"). 지역어(사투리 포함) 사용자는 공화국의
적이요 교권주의의 동조자라고 간주되
어 모욕과 처벌의 대상이 되었다.

1539년 '사법 사안과 재판 간소화'를
위해 제정되었다가 혁명기의 언어정책
덕에 '공문서의 프랑스어 사용을 최초로
의무화한' 법규로 변신한 빌레르코트레

[그림 12–4]
빌레르코트레 왕령 450주년 기념우표.
프랑수아 1세의 1539년 빌레르코트레 왕
령 450주년을 기념하는 1989년 프랑스
우표. "프랑스어가 공용 문어가 되다."

왕령 111조가 프랑스어의 국어화에 일정 부분 기여한 것은 분명한 사실이다. 그러나 유럽지역어헌장 등에 의거한 지역어와 소수언어 보호의 필요성 그리고 영어의 패권 강화라는 20세기 말의 언어적 상황에서 빌레르코트레 왕령 111조는 지역어 억압의 법적 근거로 동원되기 시작했다.

111조는 19세기의 프랑스 파기원Cour de cassation 판결에서 몇 차례 인용되기도 했지만, 국사원Conseil d'Etat의 1985년 11일 22일 킬베르 판결 arrêt Quillevère 그리고 파기원의 1986년 3월 4일 판결에 의해 판례로 정착되었다고 본다.

이때부터 "국내 법정에서 프랑스어의 우선권과 독점권을 확립한 빌레르코트레 왕령"에 의거하여 "프랑스어로 작성되지 않은 문서는 법적으로 유효하지 않다"는 파기원 판결이 이어지고 있다. 문제는 왕령 111조가 왕권 강화를 위해 '사법 문서에서 라틴어 배제'라는 원래의 의도와는 달리, 지역어로 작성된 공문서의 법적 효력을 인정하지는 않는 판례로 원용되고 있다는 점이다.

특히 유럽연합 내에서 영어의 패권 강화를 저지하기 위해 이루어진 1992년 6월 25일 개헌에 의해 "공화국의 언어는 프랑스어이다"라는 문장이 헌법 제2조에 추가되고 1999년 6월 15일 헌법재판소가 유럽지역어헌장의 일부 조항이 위헌이라고 판결함으로써 가열된 논쟁[15]에서 빌레르코트레 왕령은 지역어 억압의 공범이라는 비난을 받고 있다.

프랑스가 유럽지역어헌장을 비준하지 않은 주요 법적 근거가 빌레르코트레 왕령 111조와 헌법 제2조였다. 프랑스는 불가분의 공화국이고 모든 시민은 법 앞에서 평등하기 때문에(현행 프랑스 헌법 제1조: 프랑스는 불가분의 비종교, 민주, 사회 공화국이다. 프랑스는 출신, 인종, 종교에 따르는 차별 없이 모든 시민의 법률 앞 평등을 보장한다) 인종, 종교, 언어 등의 소수자를 인정할 수 없으므로 지역어는 프랑스의 공적 영역에서 배제되어야 할 뿐만 아니라 공화국의 근간을 위협한다고 간주되기도 하는데, 바로 이러한 자코뱅주의적 논리에 빌레르코트레 왕령 111조가 이용되고 있는 것이다.

13
1572년 8월:
생 바르텔르미 대학살의 재구성

박효근

증언

여기 한 장의 그림이 있다. 마치 계시록에 묘사된 최후 심판의 날 지옥도를 보는 것처럼 유혈이 낭자한 이 그림은 지금으로부터 400여 년 전, 광기가 파리를 사로잡았던 어떤 날에 대한 증언이다. 루브르 궁전의 문이 열리고, 그곳에서 수많은 병사가 쏟아져 나온다. 왕의 명령을 받은 호위대들이 콜리니 장군의 집을 급습해 그를 죽이고 시신을 창문으로 내던진다. 장군의 신원을 확인한 기즈 공작은 만족스러운 표정으로 피로 물든 거리를 누빈다. 학살자들은 위그노라 여겨지는 모든 사람을 살해하고 강물에 던진다. 여성도, 어린아이도, 노인도 죽음을 피하지 못한다. 센강은 붉게 변한다. 궁전 앞에서, 검은 옷을 입은 여성이 표정 하나 변하지 않은 채 시체의 수를 헤아리고 있다. 파리는 광란의 도시로 변했다.

1572년 8월 24일 시작된 생 바르텔르미 대학살이라는 역사적 사건을 떠올릴 때 가장 먼저 연상되는 이 이미지를 만들어 낸 사람은 프랑스 출신 프로테스탄트 화가 프랑수아 뒤부아François Dubois로, 학살이 벌어질 때 실제 파리에 머무르고 있었다. 가까스로 학살을 피한 그는 제네바로 도피, 이후

파리 가톨릭교도들이 자행한 참담한 폭력의 현장을 한 폭의 그림에 담았
다. 뒤부아의 그림에는 1572년 학살의 핵심 장소들이 명시되어 있을 뿐 아
니라, 학살 당시 광범위하게 목격되었던 참혹한 폭력 행위들이 구체적으
로 묘사되어 있고, 나아가 학살을 일으킨 주체가 누구인지까지 지목되어
있다. 결국 뒤부아의 그림은 프로테스탄트 진영이 생 바르텔르미 대학살

[그림 13-1]
프랑수아 뒤부아가 그린 〈생 바르텔르미 축일 대학살〉. 원본은 로잔주립미술관Musée cantonal des Beaux-Arts de Lausanne 소장.

을 어떻게 해석하고 있는지 보여주는 일종의 가이드라인을 제공하고 있는 셈이다.

뒤부아는 그림 중앙에 콜리니 장군 Gaspard de Colligny(1519~1572)의 죽음을 구체적으로 묘사했다. 위그노 진영 최고의 군사령관이자 정신적 지주였던 콜리니의 숙청은 학살의 시작을 알리는 사건으로, 생 바르텔르미 학살 중 가장 널리 알려졌다. 그러나 뒤부아는 콜리니의 죽음이라는 유명한 사건을 평범한 위그노들이 학살당하는 현장과 병치시켰다. 이런 배치 방식을 통해, 뒤부아는 생 바르텔르미 학살이란 몇몇 특정인의 죽음만을 의미하는 것이 아니라, 파리의 위그노 전체를 향해 쏟아진 핏빛 광란 그 자체였음을 강조하고자 했다.

그런 만큼, 뒤부아는 학살에서 자행된 가혹한 폭력의 방식을 세세하게 묘사하는 데 특별히 정성을 쏟았다. 생 바르텔르미 학살에 관한 대표적 연구자 중 하나인 주아나Arlette Jouanna는 생 바르텔르미 학살에서 특히 두드

러진 폭력의 양태로 여성과 어린이를 잔인한 방식으로 살해한 행위, 학살
당한 이들의 인격을 말살하기 위해 살해 전에 옷을 벗겨 나체로 만든 행
위, 살해된 시신을 토막 내거나 끌고 다니는 등 모독한 행위, 시신을 일종
의 쓰레기로 여겨 오물을 버리는 것처럼 강에 던진 행위 등에 주목했는데,
뒤부아의 그림에는 이러한 행동양식이 모두 등장한다.[1] 또한 그림 왼편에
보이는 센강은 이미 시신으로 가득 차 있는데, 살해당한 이들의 피로 붉게
물든 센강이라는 표현은 생 바르텔르미 학살 기록에서 빠짐없이 등장하는
대표적 관용어구로 자리 잡게 된다.

그렇다면 이 엄청난 학살을 주도한 인물은 누구인가? 뒤부아의 답변은
명쾌하다. 뒤부아는 루브르 궁전 앞에 쌓인 시체 더미 옆에서 시신의 수를
세고 있는 검은 옷을 입은 여성, 바로 카트린 드 메디시스Catherine de
Médicis를 그려넣었다. 카트린 드 메디시스가 학살의 순간 파리에 모습을
드러냈을 가능성이 전혀 없음에도 불구하고, 뒤부아는 특별히 그녀를 시
체 더미 옆에 배치하여 카트린 드 메디시스에게 모든 학살의 책임을 전가
했다. 실제로 생 바르텔르미 학살은 물론, 이 학살을 예고한 콜리니 암살
시도에 이르기까지 모든 악행을 계획하고 실천한 주체가 카트린 드 메디
시스라는 주장은 학살 직후부터 제기되었고, 그 진실 여부와 상관없이 지
금까지도 여전히 대중적 기억의 일부로 유통되고 있다.

그렇지만 1572년 8월 24일 파리에서 시작된 생 바르텔르미 대학살은 단
한 사람의 책임으로 몰아가기엔 지나치게 복합적이고 중층적인 사건이었
다. 생 바르텔르미 대학살을 다룬 수많은 연구를 탐독하다 보면, 이 끔찍
한 사건의 배경과 전개, 원인과 결과에 대한 의문이 꼬리에 꼬리를 물고 떠
오르게 된다. 왕실 결혼식까지 열 정도로 서로 다른 종교 간의 화합을 추구
했던 평화의 염원이 순식간에 폐기 처분된 이유는 무엇인가? 학살 이틀 전
에 시도되었던 콜리니 암살 기도 사건의 배후는 누구인가? 암살 기도 사건

직후, 샤를 9세와 그의 자문역들은 왜 갑자기 위그노 지도자들을 숙청하기로 결의한 것일까? 단순히 몇몇 위그노 지도자들을 제거하려던 처음의 계획이 파리에 거주하는 평범한 위그노 전체에 대한 학살로 확대된 이유는 무엇일까? 파리의 가톨릭 민중들은 어떻게 갑자기 바로 옆집에 살던 이웃들을 죽여 없애야만 하는 부정하고 더러운 존재로 확신하게 되었는가? 대학살을 연구하는 역사학자들은 이러한 질문들에 나름의 답을 내놓았지만, 상반된 시각과 해석에 따른 논쟁은 아직도 여전히 진행 중이다.

결국 생 바르텔르미 대학살의 진정한 성격과 의미를 파악하기 위해서는 이 모든 질문에 대한 답을 성급하게 제시하는 것보다, 우선 학살 그 자체가 진행된 과정을 시간순으로, 그리고 행동 주체가 누구인지에 따라 정확하게 재구성하는 작업이 필요하다.

사건

1572년 8월 18일, 앙리 드 나바르와 마르그리트 드 발루아의 결혼식

1572년 8월 18일, 파리에서는 프랑스 왕 샤를 9세의 여동생 마르그리트 드 발루아와 방계 왕족이자 위그노 차세대 지도자로 촉망받던 앙리 드 나바르의 결혼식이 열렸다. 왕실 결혼식이 늘 그러하듯, 이들의 결혼식은 사치스럽고 화려한 축제의 연속이었다. 하지만 호화찬란한 외양과는 달리, 이 결혼이 이루어지기까지 과정은 순탄치 않았다. 두 사람이 인척관계인데다 종교가 다르다는 이유로 교황은 결혼미사를 허락하지 않았고, 앙리의 어머니 잔 달브레와 위그노 진영의 군사적 수장이었던 콜리니 역시 왕실의 결혼 제안에 대해 우려와 불안을 공공연히 표방해 왔다. 그러나 가톨릭과 프로테스탄트 양 진영의 망설임에도 불구하고, 결혼을 적극적으로 추진한 당사자는 바로 프랑스 왕실의 샤를 9세와 모후 카트린 드 메디시스였다.

왕실은 왜 이렇듯 적극적으로 공주와 위그노 지도자 사이의 결혼식을 추진한 것일까? 이 결혼식이 거행되기 2년 전인 1570년, 프랑스 왕실은 생제르맹앙레칙령Edit de Saint-Germain을 반포해 가톨릭과 프로테스탄트 간의 세 번째 종교내전을 가까스로 종식시켰다. 세 차례의 종교내전을 치르면서 프랑스 왕실은 국가적 차원의 갈등과 분열을 다잡을 만한 주도적 역량이 부족하다는 사실을 통감하였다.

[그림 13-2]
카트린 드 메디시스의 성무기도서 삽화에
등장하는 앙리와 마르그리트.

내전을 주도한 열혈 가톨릭 진영은 파리와 샹파뉴 등 북부를 중심으로 영향력을 행사하던 왕실의 외척 기즈 가문Les Guises이 움직이고 있었고, 소수에 불과하지만 개혁적 열정으로 뭉친 프로테스탄트 진영은 군사적 수장인 콜리니를 비롯, 방계 왕족인 콩데 공Henri de Condé과 나바르 공에 의해 프랑스 남부를 중심으로 결속되어 있었다. 이런 상황에서, 막 성인이 된 왕 샤를 9세는 이제 자신이 모후의 뜻대로 움직이는 유약한 어린이가 아니라, 프랑스에서 벌어지는 모든 상황을 주관하고 통제하는 권위의 중심이 되어야 한다는 강박관념에 사로잡혀 있었다.

이에 프랑스 왕실은 자신들이 분쟁과 갈등을 해결하기 위해 늘 사용하던 오래되고 믿을 만한 처방, 즉 결혼정책을 꺼내들었다. 위그노 진영의 미래를 책임질 차세대 지도자 앙리 드 나바르와 '발루아의 진주'라 불리던 아름다운 공주 마르그리트 드 발루아의 결혼은 많은 우려에도 불구하고 새로운 미래를 가져올 포석처럼 보였다. 결국 이들의 결혼이란 종교적 갈등으로 얼룩진 내전의 상처를 잊고, 프랑스가 다시금 질서를 회복하는 데 왕실이 주도적 역할을 담당하겠다는 선언이었다.

1572년 8월 22일, 콜리니 장군 암살 기도 사건

이 선언이 무위로 돌아갈 것이며, 오히려 그들 앞에 엄청난 어둠이 기다리고 있음을 입증하기까지 필요한 시간은 단 이틀이었다. 8월 22일, 위그노의 수장이자 국왕참사회의 핵심 인물로 떠오른 콜리니 장군 암살 기도 사건이 벌어졌던 것이다. 루브르 궁전에서 열린 회의에 참석한 뒤 자택으로 돌아가던 콜리니는 풀리가를 지나다가 건물 2층 창문에서 발사된 총알을 맞았다. 암살자는 콜리니의 가슴을 노렸지만, 총알은 빗나가 그의 오른손 손가락을 맞췄고, 왼팔을 관통했다. 콜리니는 심각한 부상을 입었지만 목숨은 건질 수 있었다. 암살이 실패로 돌아가자, 암살자는 준비해 둔 말을 타고 급히 자리를 떴고, 콜리니의 수하들이 뒤를 쫓았으나, 그는 코르베이에 위치한 샤이 경의 집으로 도피해 모습을 감췄다.

암살을 기도한 사람의 정체는 곧 드러났다. 모르베의 영주 샤를 드 루비에였다. 그는 광폭한 성미 때문에 여러 차례 살인 사건에 휘말렸고, 그 결과 여러 차례 주군을 바꾼 전력을 지닌 귀족이었다. 그러나 실행자의 정체보다 더 세간의 이목을 끈 것은 암살의 배후였다. 샤를 드 루비에가 기즈 공 앙리Henri de Guise를 섬기고 있다는 점, 그가 총을 쐈던 건물 역시 기즈 추기경Louis Ⅱ, Cardinal de Guise의 부하가 임대한 건물이라는 점, 마지막

으로 드 루비에가 도피했던 저택 주인 샤이 경 역시 기즈 공의 수하였다는
점이 합쳐져, 콜리니를 포함한 대부분의 사람은 암살의 배후를 기즈 가문
이라고 확신했다. 동기 또한 분명했다. 현재 기즈 공 앙리의 아버지인 프
랑수아 드 기즈가 콜리니 측근에게 살해되었기 때문에, 기즈 가문이 콜리
니에 대한 복수를 여러 번 공개적으로 천명해 왔기 때문이다.

그 진정한 배후가 누구였든지 간에, 콜리니 암살 기도는 커다란 파장을
일으켰다. 누구보다도 놀란 사람은 다름 아닌 샤를 9세였다. 콜리니 암살
기도 소식을 듣고 "얼굴이 백짓장처럼 질린" 샤를 9세는 곧장 콜리니에게
왕실 담당 의사를 보냈고, 모후와 국왕참사회의 귀족들과 함께 콜리니의
자택을 방문해 쾌유를 빌며 암살의 배후를 밝히겠다고 약속했다. 그러나
파리의 분위기는 불길하게 달아오르기 시작했다. 앙리의 결혼식에 참석하
기 위해 파리에 모여있던 위그노 귀족들이 왕에게 몰려가 강경한 어조로
콜리니 암살 기도에 대한 복수를 청원하여 궁정 안팎을 동요시켰다. 이를
목도한 가톨릭 진영에서 위그노 귀족들이 모종의 음모를 꾸미고 있는 것
이 아니냐는 오래된 의심이 다시 터져나왔다. 결과적으로, 콜리니 암살 기
도는 실패로 돌아갔지만, 이를 기획했던 사람들은 샤를 9세가 추진했던
'평화 그 자체를 암살'하는 데 확실히 성공했던 것이다.

1572년 8월 24일, 생 바르텔르미 축일의 대학살

1572년 8월 23일, 콜리니 암살 기도 사건이 벌어진 바로 다음 날, 샤를 9세
는 왕실 자문들의 모임인 국왕참사회를 소집, 오랜 시간 회의를 주재했다.
당시의 정황에 대해 언급한 사료마다 서로 다른 주장을 하고 있기 때문에,
정확히 몇 번의 회의가 있었고 누가 어떤 주장을 했는지 확인하는 것은 쉽
지 않다. 다만 이날 국왕참사회에는 샤를 9세와 카트린 드 메디시스, 앙주
공 앙리 외에도 왕실의 측근인 느베르 공작Louis de Gonzague, 레 공작Albert

de Gondi, Duc de Retz 등이 출석했던 것으로 추정된다. 그런데 국왕참사회의 결정은 충격적이었다. 콜리니와 그의 수하들이 왕실의 안녕과 파리의 평화를 위협하는 존재라며 모두 숙청하겠다고 결정한 것이다.

숙청은 면밀하게 계획되어 조직적으로 수행될 예정이었다. 8월 23일 밤, 샤를 9세는 파리 시장 장 르 샤롱을 소환해 파리 성문을 닫고 항구의 배들을 도크에 정박시키며 민병대를 소집해 거리를 순찰하라는 명령을 내렸다. 수도의 치안을 점검한 후, 샤를 9세는 본격적 숙청을 명령했다. 숙청 대상으로 지목된 사람은 콜리니와 그의 호위병들, 그리고 잠재적 위험요소가 있다고 여겨진 위그노 귀족들에 이르기까지 50여 명 정도였다. 예수의 열두 제자 중 하나인 바르텔르미 성인의 축일인 8월 24일 새벽 3시, 모두가 자고 있을 시간을 틈타 왕의 명령을 받은 군인들은 베티시가에 위치한 콜리니의 자택, 결혼식 때문에 파리를 방문했던 위그노 귀족들이 머물던 생제르맹 데 프레 주변의 저택들, 그리고 앙리 드 나바르와 콩데 공을 수행했던 귀족들의 숙소인 루브르 궁전을 급습했다.

가장 먼저 숙청당한 사람은 당연히 콜리니 장군이었다. 그의 죽음은 다양한 사료를 통해 비교적 상세히 묘사되어 있는데, 그중 위그노 목사 굴라르의 증언은 다음과 같다.

(그들은) 신의 노여움 속에서 장군의 가슴을 향해 한 발을 쐈고, 다시 장전한 뒤 머리에도 총알을 박았다. 그들은 몰려들어 장군을 공격했고, 결국 장군은 땅에 쓰러져 죽었다. 당시 다른 가톨릭 귀족들과 함께 아래층에 있던 기즈 공작은 총소리를 듣고 "일을 마무리했느냐!"라고 큰 소리로 외쳤다. "했습니다!"라는 대답을 들은 기즈 공작은 이를 믿을 수가 없어서 직접 자신의 눈으로 확인하고자 장군의 시체를 아래로 던지라고 했다.……머리에 총알을 맞은 후 흐른 피가 얼굴을 가렸기 때문에, 기즈 공작은 장군의 얼굴을 손

[그림 13-3]
생 바르텔르미 대학살과 콜리니 장군의 암살(ca. 1572)
프란스 호겐베르크Frans Hogenberg. 학살 직후 가장
빨리 제작된 이미지 중 하나이다.

수건으로 닦아냈다. "이 얼굴을 알아"라고 공작은 말했고, 그는 가련한 시체의 얼굴을 발로 짓이겼다.······로마의 교황과 로렌 추기경에게 보내기 위해 느베르 공작의 근위병이 장군의 머리를 잘랐다. 장군의 저택 주위에 있던 군중은 치욕스럽게도 시체의 손과 사지를 잘랐고, 절단되고 피가 낭자한 시체는 폭도들의 손에 넘어갔다. 시신은 3일 동안이나 온 도시를 끌려다니다가 결국 몽포콩에 있는 교수대에 거꾸로 내걸렸다.[2]

콜리니의 죽음을 묘사한 굴라르의 글은 약간은 각색된 것으로 보이지만,

콜리니가 침실에서 살해되었다는 점, 콜리니의 시신을 창문 아래로 던졌다는 점, 콜리니의 시신을 훼손했다는 점 등은 대부분의 사료에서 반복적으로 등장하고 있다.

콜리니의 숙청과 동시에, 루브르 궁전에 머물고 있던 위그노 귀족들도 모두 숙청되었다. 잠자리에 들었던 귀족들은 침대에서 끌려나와, 궁전 안뜰에서 스위스 용병대와 국왕 친위대의 손에 차례차례 죽어갔다. 콜리니의 자택과 루브르 궁전에 비해, 생제르맹 데 프레에 머물고 있던 위그노 귀족들은 약간의 시간 여유가 있었으므로, 일부 귀족들은 가까스로 도피하기도 했다. 그럼에도 상당수 위그노 귀족들은 자신에게 닥친 운명을 피하지 못했다. 위그노 지도자들을 제거하겠다는 왕실의 의도는 성공적으로 수행되었고, 여기서 모든 상황이 종료될 예정이었다.

그러나 한바탕 숙청이 끝난 뒤, 생제르맹 록세루아 교회의 종이 갑자기 울리기 시작했고, 이는 생 바르텔르미 축일 대학살의 두 번째 시작을 알리는 신호가 되었다. 샤를 9세의 명령에 의해 콜리니를 비롯한 위그노 지도자들이 숙청당했음이 알려지자, 파리의 일부 열혈 가톨릭 극렬파들은 이를 파리의 모든 위그노를 제거하라는 뜻이라고 해석했다. 명백한 오해였다. 샤를 9세는 평범한 일반 위그노 신도들을 죽이라고 말하기는커녕, 민중의 소요를 걱정해 파리 시장에게 민병대를 동원해 치안을 통제하라는 명령을 내린 바 있었다.

그러나 오히려 민병대 조직이 민간인 학살의 주역이 되었다. 민병대에 소속되어 있던 극렬 가톨릭주의자들은 드디어 왕이 이단에 대한 전면전을 선언했다고 확신했다. 종교내전이 본격화된 이래 열혈 가톨릭 선동가들의 설교에 자극받은 파리의 가톨릭공동체는 위그노 신도들이야말로 자신들의 공동체를 물리적으로, 그리고 영적으로 위협하는 사악한 페스트라 규정하고 이들에 대한 강렬한 증오심을 키워왔다. 1570년 생제르맹앙레칙령

이후 위그노에 대한 관용이 강제되면서 가톨릭교도들의 불안은 가중되었고, 이렇듯 누적된 증오와 불안, 거부감과 적의는 결국 위그노 지도자 숙청 사건을 계기로 터져나왔다.

대량학살의 기세는 8월 24일에서 최소한 8월 28일까지 파리 전역을 휩쓸었다. 8월 25일 샤를 9세가 평범한 위그노들에 대한 살인을 멈추라고 공식적으로 명령했음에도 불구하고, 파리는 이미 왕명의 통제를 벗어난 상태였다. 8월 25일부터 파리는 사실상 민중 폭동의 상태로 접어들었다. 학살은 여기서 멈추지 않았다. 파리 소식이 전국으로 퍼져나가자, 지방 도시들에서도 위그노에 대한 대량학살이 시작된 것이다. 위그노들을 보호하라는 국왕의 명령은 전달과정에서 혼선을 빚었고, 왕실은 다시금 상황을 통제하는 데 실패했다. 전반적으로 보아 1572년 8월 말에서 10월 말까지 프랑스 전역은 일종의 무정부 상태에 빠져들었다. 결과적으로 생 바르텔르미 학살의 핏빛 물결은 파리에서만 3천여 명, 그리고 지방에서는 3천~6천여 명 등 거의 1만 명에 이르는 희생자가 나올 때까지 이어졌다.[3]

해석

생 바르텔르미 학살은 그 폭력의 수위가 높고 사상자 규모도 컸기 때문에 동시대 유럽인들 모두에게 충격과 의문을 남겼다. 그러나 학살을 다룬 모든 사료가 종교적 편향과 정치적 이해관계로 인해 매우 심하게 왜곡되어 있기 때문에, 현대의 역사가들은 "생 바르텔르미 학살에는 단 한 명의 객관적 관찰자도 존재하지 않는다"고 언급할 정도이다. 이는 생 바르텔르미 학살을 둘러싼 정황을 더욱 의심스럽고 복잡하게 만드는 데 일조했다. 실제로 학살의 주체와 책임에 대한 가장 기본적인 질문들에 대한 답변도 엇갈린다. 따라서 여기서는 생 바르텔르미 학살을 해석하는 데 결정적으로 중요한 의문 몇 가지를 골라 집중적으로 분석해 보겠다.

결혼식은 위그노들을 끌어내기 위한 함정에 불과했는가

생 바르텔르미 학살을 심도 깊게 분석한 주아나는 1572년 8월 18일과 24일 사이의 급격한 상황 변화야말로 생 바르텔르미 학살의 연구자들을 가장 의아하게 만드는 부분이라 지적한 바 있다. 8월 18일 결혼식에서 강조된 평화에 대한 염원이 어떻게 단 6일 만에 피비린내 나는 광란의 도가니 속으로 내던져질 수 있었는가? 이 역설을 마주한 동시대 위그노들은 샤를 9세와 카트린 드 메디시스가 제안한 결혼이란 위그노들을 파리로 끌어들여 죽음으로 몰아넣기 위해 면밀하게 기획된 함정에 불과하다고 주장해 왔다. 그러나 다양한 사료를 좀 더 포괄적으로 검토할 수 있게 된 현대의 역사학자들은 이와는 다른 방식으로 8월 18일과 24일 사이의 간극을 설명하고자 시도했다.

첫 번째로, 8월 18일의 평화는 샤를 9세의 기획으로, 그리고 8월 24일의 학살은 카트린 드 메디시스의 계략으로 해석하여 둘 사이의 간극을 조정하는 해석이 존재한다. 20세기 초까지 널리 퍼졌던 이 설명 방식에서 학살에 대한 모든 책임은 카트린 드 메디시스에게 돌려졌고, 그녀는 콜리니의 암살을 시도하고 공포상태에 빠진 아들을 은밀히 유도하여 학살을 총지휘한 배후조종자로 지목되었다.

다수의 역사가가 이런 해석을 부정하고 있음에도 불구하고 카트린 드 메디시스가 모든 비극의 원흉이라는 단순하고 낭만적인 해석은 현재까지도 가장 대중적인 흡인력을 지니고 있다. 대학살의 규모와 범위가 워낙 컸고, 자행된 폭력 수준이 상상을 초월할 정도로 엄청났기에, 상당수의 동시대 프랑스인들은 그들이 가장 쉽게 미워하고 저주할 수 있는 외국인 여성, 그것도 마키아벨리 통치철학의 탄생지이자 음모와 독살이 난무한다고 여겨진 피렌체 출신 카트린 드 메디시스에게 책임을 떠넘기고 그녀에 대한 흑색 전설을 만들어 내는 데 몰두했던 것이다.[4]

두 번째로, 학살은 샤를 9세와 카트린 드 메디시스와는 전혀 별개로 일어났다는 해석이 등장하였다. 프랑스 왕실은 끝까지 평화를 유지하려고 했으나, 에스파냐의 펠리페 2세와 교황청의 국제적 음모로 인해 학살이 기획되었고, 기즈 가문이 이를 실행에 옮겼다는 것이다. 특히 부르종Jean-Louis Bourgeon은 파리 고등법원의 관료와 부르주아 시민들의 역할을 강조했다.[5] 파리의 관료와 시민집단이 위그노에 대한 중용책을 취하는 왕실을 독재와 이단의 근원이라 해석하고 그의 명령을 거부하며 학살을 일으켰고, 따라서 생 바르텔르미 학살은 왕에 대한 반란을 의미한다는 것이다. 그러나 부르종의 해석은 콜리니 등 위그노 지도자들에 대한 숙청을 명령한 주체가 왕 본인이었다는 명백한 사실을 설명하지 못하는 약점이 있다.

세 번째로, 일부 역사학자들은 프랑스 왕실이 위그노 지도자들을 숙청한 것은 오히려 8월 18일 주창한 평화를 지키기 위해서였다고 해석하기도 한다. 이러한 학설을 전개한 대표적인 학자 크루제Denis Crouzet는 신플라톤주의에 경도되어 있던 프랑스 왕실이 '사랑을 통한 조화와 합일'이라는 이미지에 사로잡혀 있었고, 콜리니와 그 수하들의 행동은 이에 대한 배신이므로 오히려 그들을 제거해야 '사랑의 질서'를 바로잡을 수 있다고 여겼을 것이라 파악했다. 나아가 크루제는 르네상스 왕실이 정치하는 방식 자체가 미묘하고 양가적이며, 심지어는 정신분열적으로 보일 만큼 일관성을 상실하고 있었다고 지적했다.[6] 따라서 8월 18일과 24일 사이의 간극은 이러한 정치시스템에서 필연적으로 발생할 수밖에 없는 시대적 속성에 해당한다는 것이다. 이런 해석은 한편으로는 설명 자체를 포기한 것이 아니냐는 비판을 받았지만, 동시에 생 바르텔르미 학살이라는 사건에 깃든 불안과 전율을 드러내는 데 가장 적절한 설명 방식이기도 하다.

콜리니의 암살을 시도한 배후는 누구인가

8월 22일 콜리니에게 화승총을 쐈던 사람의 정체는 밝혀졌지만, 샤를 드
루비에라는 실행범을 움직인 진정한 배후가 누구인가 하는 점은 여전히
의문으로 남아있다. 일부 사람들은 루비에의 격정적인 성격상 그가 단독
으로 암살을 계획한 것이 아닌가 의심하기도 했다. 그러나 콜리니 암살 시
도는 철저히 준비된 각본 아래 진행된 것이었기에, 개인의 범행으로 여겨
지기 힘든 면이 많다. 결국 동시대 대부분의 사람들은 이 암살 기도 사건을
콜리니를 가문의 원수로 여겼던 기즈 집안의 소행이라고 단정했다.

그러나 최근 다수의 학자는 기즈 가문 배후설에 의문을 제기한다.[7] 기즈
가문이 콜리니에 대한 복수를 다짐했던 것은 사실이지만, 샤를 9세가 평화
와 안정을 강조하며 왕실 결혼식까지 열렸던 바로 그 시점에 콜리니에 대
한 암살을 시도한다는 것은 너무나 도발적이기 때문이다. 더구나 기즈 가
문은 1570년 생제르맹앙레칙령 이후 왕의 총애를 잃고 국왕참사회에서 밀
려났다가 1571년 여름에야 복권된 상황이었다. 따라서 콜리니 암살 기도
사건은 기즈의 기획이라기보다 종교적 분란을 일으키기 위해 일부러 "기
즈의 소행처럼 보이게 만든 것"일 수도 있다. 따라서 일부 학자들은 기즈
가문보다 더 윗선에서 책임 소재를 찾아야 한다고 주장한다.

이런 경우 가장 많이 언급되는 사람이 바로 또다시 카트린 드 메디시스
이다. 샤를 9세가 성인이 되면서 궁정에서 자신의 영향력 약화를 두려워했
던 카트린 드 메디시스가 국왕의 총애를 독차지한 콜리니를 질투해 암살
을 지시했다는 것이다. 그러나 이러한 해석은 당시의 역사적 상황과 어울
리지 않는다. 실제로 궁정에서 콜리니의 영향력은 그다지 크지 않았기 때
문이다. 그리고 카트린 드 메디시스야말로 1560년대부터 위그노에 대한

관용정책을 추진했고, 이를 통해 대귀족들의 야망을 조절하고자 노력했던 당사자임을 잊어서는 안 된다.

콜리니 암살 기도의 배후로 지적되는 또 다른 주체는 바로 에스파냐의 펠리페 2세이다. 콜리니는 네덜란드의 오라녜 공을 후원하며 에스파냐와의 전쟁을 시작하자고 꾸준히 건의해 왔다. 콜리니는 샤를 9세에게 에스파냐와의 전쟁이 프랑스 내부에 가득 찬 전쟁의 기운을 외부로 방출할 것이라고 설득했다. 오라녜 공 세력이 칼뱅파이기는 했지만, 이미 프랑수아 1세가 합스부르크 가문을 경계하고자 독일 루터파 영주들을 후원했던 전력을 떠올려 보면 이는 정치적으로 충분히 있을 수 있는 선택이었다. 따라서 에스파냐의 펠리페 2세에게도 콜리니를 제거할 만한 동기는 분명히 존재했다. 그러나 프랑스 왕실이 에스파냐와 공공연한 전면전을 선포하는 것은 상당히 부담스러운 선택이었고, 당시의 외교적 정황을 보아도 적절치 않다는 지적이 많다.

그렇다면 과연 누가 콜리니 암살을 기획했는가? 이에 대해 흥미로운 가설을 제공한 사람이 바로 주아나이다. 그는 콜리니 암살의 배후가 반드시 왕실이나 유력 가문일 필요는 없다고 추정했다. 주아나가 보기에, 콜리니 암살을 계획한 사람들은 1570년 이후 프랑스 왕실이 채택한 위그노와의 공존정책에 불만을 품어왔고, 결혼식을 통해 고조된 평화의 염원을 이단에 대한 치욕적 항복이라 여겼을 극렬 가톨릭주의자일 가능성이 크다. 따라서 주아나는 파리의 열혈 가톨릭교도 집단이 샤를 드 루비에를 이용하여 은밀하게 암살계획을 꾸몄을 수 있다는 가설을 내놓기도 했다.

학살의 책임은 누구에게 있는가

그렇다면 이제 본격적으로 생 바르텔르미 대학살 그 자체에 대한 해석으로 넘어가 보자. 우선 가장 중요한 문제는 바로 학살의 책임 소재를 밝히는 것이다. 그런데 이를 파악하기 위해서는 8월 24일의 학살이 단일한 하나의 사건이 아니라 두 차원으로 전개되었음을 분명히 해야 한다. 우선 8월 24일의 학살은 콜리니를 비롯한 50여 명의 위그노 지도자들을 숙청하는 것에서 시작되었고, 이는 곧 파리의 일반 위그노교도 전반을 목표로 삼았던 대량학살이라는 또 다른 차원으로 전이되었다. 생 바르텔르미 학살을 올바로 이해하기 위해서는 이 두 차원의 학살을 별개로 놓고 접근할 필요가 있다.

첫 번째 단계의 학살, 즉 위그노 지도자에 대한 숙청은 의심의 여지 없이 샤를 9세와 그의 참사회에서 내린 결정이다. 따라서 학살의 첫 단계에 대한 책임은 샤를 9세, 카트린 드 메디시스, 앙주 공 앙리, 그리고 당시 참사회에 모여있던 모든 왕실 측근에게 있다. 문제는 이 결정이 과연 당시 상황을 고려했을 때 필수불가결하다고 여겨질 만큼 합리적인 것이었는가 하는 점이다.

학살 직후 샤를 9세는 콜리니와 위그노 지도자들을 숙청한 것은 정치적인 반란을 막기 위한 예방책으로, 철저히 정치적인 결정이라고 강변했다. 위그노 지도자들은 콜리니 암살 시도의 배후를 밝히라고 강요하면서 공공연히 왕실을 위협했고, 심지어 직접적인 무력행사로 이어질 조짐을 드러냈다. 이는 명백하게 왕권에 대한 도전이자 왕국 질서에 대한 교란에 해당하므로, 그들을 선제공격한 것은 정당하다는 것이었다.

그러나 이러한 샤를 9세의 주장은 큰 반향을 일으켰다. 대부분의 위그노들을 비롯, 상당수의 동시대 유럽인들은 샤를 9세의 주장에 무리가 많다고 여겼다. 아무리 위급한 상황이라 할지라도, 단순히 혐의만 가지고 어떤 정당한 법적 절차도 없이 백성들의 목숨을 취하는 것은 국왕으로서 올바른 행동이 아니라는 것이다. 일군의 위그노 이론가들은 샤를 9세의 선택을 자의적이고 독단적인 결정이라 비난하면서, 이야말로 샤를 9세가 폭군이라는 명백한 증거라 공박하였다. 반면 샤를 9세를 지지하는 사람들은 프랑스 왕에게는 법을 넘어설 절대적 권한이 있으므로, 위급한 시기에 비정상적인 방법으로라도 정의를 실현하는 것은 왕의 고유 권한이라고 맞섰다. 이들의 논쟁은 후대 프랑스 왕권에 대한 좀 더 근본적인 재해석으로 발전하게 된다.

그렇다면 이제 두 번째 차원의 학살, 즉 파리의 평범한 위그노들에 대한 대량학살의 책임 소재를 규명해 보도록 하자. 당시의 민중 폭력은 종교전쟁 시기 유럽 상황에서 보기에도 매우 이례적인 사례였다. 따라서 많은 학자가 이 폭력의 분출을 설명하기 위해 다양한 해석을 제시한 바 있다.[8] 우선 가리송Janine Garrisson의 경우, 생 바르텔르미의 민중 폭동은 궁극적으로 경제적인 이해관계에 따른 계급투쟁이라 분석했다. 거듭된 흉년으로 인해 경제적 위협을 느끼던 파리의 민중이 상대적으로 부유했던 위그노에 대한 적대감을 약탈이라는 방식으로 구현했다는 것이다.[9] 반면, 내털리 데이비스는 민중 폭력을 좀 더 종교적인 차원에서 해석해야 한다고 주장했다. 파리의 가톨릭교도들은 위그노를 공동체의 조화와 구원을 방해하는 불순한 존재로 보았고, 이를 '정화'해야 한다는 분명한 종교적 목적 아래 체계적으로 이들을 제거하려 했다는 것이다.[10]

실제로, 생 바르텔르미 학살의 민중 폭력에 대해 분석한 학자들은 당시 자행된 폭력이 예상외로 체계적이고 조직적인 방식으로 수행되었음을 강조한다. 8월 24일 학살이 민중 사이로 확산되자, 파리 위그노 신도들의 집에는 군사들이 들이닥쳤고, 위그노들에게 개종을 강요한 후 이를 거부하면 일괄적으로 살해했다. 이런 방식의 폭력은 광포하고 충동적인 살육이라기보다 다분히 전쟁 상황을 연상시킨다. 그렇다면 이처럼 '전쟁'에 가까운 체계적인 폭력을 구현할 수 있었던 조직이란 구체적으로 무엇인가?

다수의 학자는 두 단계 학살을 직접 수행한 주체로 파리 민병대를 지목한다. 파리 민병대는 1562년 1차 종교내전 당시 파리의 치안을 바로잡고 이단들을 감시하기 위해 파리의 유력 부르주아들이 구성한 자치 조직으로, 행정구역별로 위계를 갖춰 운영되고 있었다.[11] 민병대 구성원의 범위나 행동양식은 다양했지만, 그중에는 열혈 가톨릭주의자로 알려진 몇몇 민병대 대장이 있었고, 그들은 이미 생 바르텔르미 학살 이전부터 위그노에 대한 적대감을 공공연히 표방하곤 했다. 이들이야말로 치안을 통제하라는 윗선의 명령을 거부하고, 자신들의 민병대 조직을 활용하여 위그노들을 살해하는 데 앞장섰을 것이며, 그 결과 학살은 거대한 민중 폭력으로 발전할 수 있었을 것이다.[12]

여기서 발생하는 또 하나의 의문은, 과연 민병대를 비롯한 민중들이 직접 위그노를 처단하여 정의를 구현할 자격을 갖췄다고 스스로 생각했는가 하는 점이다. 8월 24일의 광란은 왕명에 대한 오해 때문이었다고 해도, 이미 8월 25일부터 샤를 9세는 평범한 위그노 시민에 대한 학살을 멈추라고 반복적으로 명령한 바 있다. 그렇다면 왜 일부 민병대와 이에 동조한 민중들은 왕명에 복종하지 않았는가? 데이비스는 당시 학살을 수행한 민중이 이런 딜레마를 해결하기 위해, 공권력의 집행 방식을 공공연히 모방했다고 분석했다. 민중은 이러한 모방을 통해 공권력을 '재현'했고, 결과적으로 이를 정당화할 수 있었다는 것이다.[13] 반면 주아나는 이단에 대한 관용책을 거부했던 일부 극렬 가톨릭주의자들이 왕의 명령보다 더 높은 신의 명령에 복종한다고 여기고 학살을 지속했을 가능성에 더 무게를 둔다.[14]

그러나 생 바르텔르미 학살에서 자행된 민중 폭력이 생각보다 소수의 사람에 의해 구현된 조직적인 행동이었다고 하더라도, 이런 폭력이 격발될 수 있었던 근본적인 원인이란 어디까지나 나와 다른 성향을 가진 사람들을 배제하고 제거해도 된다는 추악한 선 긋기에서 시작되었음을 묵과해서는 안 된다. 내부의 적으로부터 자신들을 보호하기 위해 먼저 그들을 공격해야 한다는 논리는 단지 생 바르텔르미 학살뿐만 아니라 역사상 존재했던 무수한 대량살상 사건에서 공통적으로 등장하는 사고방식이다. 결국 공동체 내부에서 이질적 존재를 몰아내고 내적 순수성과 일체감을 회복해야 한다는 강박관념은 가장 추악한 형태의 폭력을 불러들일 수 있는 위험한 징조라 하겠다.

기억

우리와 의견이 다른 사람들을 박해하는 행동이 성스러운 것이라면, 이교도들을 가장 많이 죽인 사람이 천국에서 최고의 성인이 될 것이다. 생 바르텔르미 대학살의 날에 열광적인 믿음으로 수백 명을 죽인 사람은, 동포의 재산을 빼앗고 감옥에 집어넣는 것에 그친 사람보다 천국에서 얼마나 더 큰 대접을 받을까? 이 질문에 대한 대답은 다음과 같다. 사람들은 로마 교황과 추기경 회의가 잘못을 범하지 않는다고 말한다. 그리고 그들은 생 바르텔르미의 학살 행위를 승인하고 찬양했으며 심지어 신성화하기까지 했다. 따라서 이 학살은 아주 신성한 것이다. 이들의 논리에 따르면, 신앙이 똑같이 돈독한 두 명의 살인자 가운데, 임신한 위그노 여인 24명의 배를 가른 사람이 12명의 배를 가른 사람보다 신의 영광을 두 배 더 얻어야 할 것이다. 마찬가지로 세벤 지방의 광적인 개신교도들도 자신들이 죽인 가톨릭 성직자, 수도사, 여신도들의 숫자에 비례해 자기들이 누릴 영광이 커진다고 믿었을 것이다. 이러한 것이 영복永福을 얻을 자격이라니 참으로 기괴하기 그지없다.[15]

18세기 계몽주의를 대표하는 철학자 볼테르는 자신의 저서 《관용론》(1763)에서 여러 차례 생 바르텔르미 대학살을 언급했다. 볼테르가 보기에,

생 바르텔르미 대학살이야말로 종교가 초래한 광신과 야만을 대표하는 사건이었다. 볼테르가 생 바르텔르미 대학살을 기억한 방식은 현재까지도 학살에 대한 프랑스인들의 인식을 규정하고 있다. 결과적으로 생 바르텔르미 학살에 대한 기억은 반교권적이며 종교와 정치의 분리를 통한 엄격한 세속성, 즉 라이시테laïcité를 강조하는 오늘날의 프랑스를 형성하는 데 있어 상당한 공헌을 했다고 볼 수 있겠다.

앙리 드 나바르와 마르그리트 드 발루아의 결혼식으로 상징되던 조화와 화합의 염원은 사실상 가벼운 음모 하나에 뒤흔들릴 수 있을 정도로 취약하고 피상적인 것이었다. 하루빨리 권위를 세우고자 마음이 조급했던 젊은 왕과 모후, 그 주위에 몰려든 측근들은 왕국의 안위와 질서를 지킨다는 명분 아래 성급한 결단을 내렸고, 이는 곧 민중 속에 내재되어 있던 증오와 불만을 촉발하는 방아쇠가 되었다. 그 결과 단 석 달 사이에 만여 명이 바로 곁에 있는 이웃의 손에 죽임을 당했다.

상상을 초월하는 학살을 겪은 프랑스인들은 왕국의 미래를 놓고 다양한 논쟁을 시작했고, 이는 그들의 기대와는 조금 다른 방식이긴 했지만 나름의 성과를 만들어 냈다. 학살의 상처는 조금씩 치유되었고, 종교와 정치를 확실히 구분해야 한다는 주장이 힘을 얻었다. 그러나 현재의 프랑스를 만들어 낸 중요한 역사적 기억 중 하나인 생 바르텔르미 대학살은 프랑스에서 어둡고 부정적인 사건으로만 취급되어 공공역사의 장場에 등장하지 못한 채 방치되는 경향이 있다. 최근 프랑스에서 생 바르텔르미 학살을 적극적으로 기억할 의무가 있으며 성찰의 대상으로 삼아야 한다는 움직임이 등장하고 있음은 그나마 다행스러운 일이다. 타자에 대한 공포, 즉 다름을 일종의 위협으로 인식하고 이를 전복의 징조로 매도하는 일에 사로잡혀 있는 한, 생 바르텔르미 대학살의 어두운 기억은 언제나 다시금 그 옷을 갈아입고 새롭게 우리 앞에 모습을 드러낼 수 있기 때문이다.

14

1627~1628년:
끝나지 않은 종교내전, 라로셸 포위전

임승휘

신화의 탄생

끝나지 않을 것만 같은 고립감, 사계절이 다 바뀌도록 지속된 포위, 아사의 순간까지 내몰린 주민들, 대서양을 바라보며 오랫동안 화려한 자태를 뽐내던 프랑스의 한 항구 도시가 겪은 영욕의 이야기는 당대의 관찰자와 후대의 역사가를 매료시킨다. 바다 건너 같은 교파 국가의 군사 지원을 간절히 기다리던 주민들은 수평선 위에 모습을 드러낸 잉글랜드 함대에 열광했고, 목적을 이루지 못한 채 퇴각하는 모습에 탄식했다. 국왕과의 타협을 주장한 온건파와 장 귀통 시장을 위시한 강경파 사이의 분노에 찬 고함소리가 주린 배를 움켜쥔 주민들의 귀를 울린다. 역사보다 강한 전설이 탄생하는 순간이다.

라로셸의 비극은 이목을 집중시킨다. 성벽 안에서 수개월간 드라마가 연출되는 동안 프랑스 왕국 전체가, 반란을 일으킨 이 부유한 도시의 명운에 주목한다. 배고픔에 내몰린 이 도시에서 당시 쥐 한 마리 값이 얼마인지, 고양이 한 마리 가격이 얼마나 올랐는지, 당대인들은 성안의 신교도 주민들이 겪는 고통을 시시콜콜 전해주는 소책자를 탐독한다. 13개월이 넘도

[그림 14-1]
샤랑트마리팀Charente-Maritime
은 프랑스 서부 대서양 연안에 위치
한 주로 라로셸은 샤랑트마리팀의
주도이다.

록 지속된 라로셸 포위전의 남다른 특징은 당대인들을 숨죽이게 만들었다. 지저분한 이야기부터 무용담에 이르기까지, 적절히 조미료가 첨가된 리얼리티는 서스펜스를 자극하기에 충분했다. 적어도 1620년대에 이 사건만큼 당대인들의 이목을 집중시킨 사건은 없었다. 한 사건에 대해 그토록 많은 출판물이 쏟아지려면 프롱드의 난까지 기다려야 했다.

사태를 예의주시한 것은 프랑스만이 아니었다. 유럽 전체가 사건의 추이를 주시했다. 결과적으로 라로셸의 함락은 유럽 가톨릭 세계에는 희소식이었다. 로마와 마드리드는 프랑스 왕의 승리를 통해 이단 척결이라는 신의 의지가 실현되었다고 기뻐했다. 라로셸의 함락은 반란 무리에 대한 국왕의 승리이자 잉글랜드 왕에 대한 프랑스 왕의 승리이면서 프로테스탄티즘에 대한 가톨릭의 승리였다.

왕국 내부에서 국왕군의 승리는 추기경과 그의 조력자들이 직접 개입한 정치홍보물의 홍수를 일으켰다. 이 문학작품에는 국왕 루이 13세의 영광과 라로셸 함락의 수훈감인 리슐리외 추기경에 대한 찬사가 넘쳐났다. 정치적으로 라로셸의 함락은 프랑스 프로테스탄티즘의 정치적 사망신고서였다. 군사적으로 패배한 위그노는 더 이상 왕권에 대한 위협이 되지 못했다. 그런 점에서 라로셸의 함락은 리슐리외를 상징으로 하는 이른바 '절대주의'의 강화에 기여했다고 볼 수 있다.

어떻게 이와 같은 재난이 발생했을까? 이 정도의 파국은 설명이 필요하다. 1598년 종교적 소수파를 '국가 안의 국가'로 만들어 준 "영구적이며 폐지 불가한" 낭트칙령의 환상 속에 살고 있던 신교도들은 왜 한 세대 만에 다시 투쟁에 나섰는가? 그리고 라로셸은? 프랑스 서부의 이 항구 도시가 반란의 중심지가 된 이유는 무엇인가? 반대로 프랑스 군주정이 1년이 넘는 포위전을 불사하면서까지 라로셸의 함락에 집착해야 했던 이유는? 과연 무엇이 이 사건을 "프랑스를 만든 나날"의 하나로 꼽게 만들었을까?

사건의 역사적 맥락을 촘촘히 재구성하여 신화에 가려진 사건의 민낯을 보기 위해 종교적 갈등의 차원을 넘어 프랑스 군주권의 소위 '절대주의'화 과정 그리고 프로테스탄티즘과 연관된 17세기 초반의 유럽의 국제관계라는 관점에서 라로셸의 비극을 입체적으로 이해해 보자.

'프랑스의 제네바', 라로셸

라로셸은 레섬Ile de Ré과 올레롱섬Ile d'Oléron이 대서양의 파도를 막아주는 천혜의 항구 도시이다.[1] 1130년 이 지역을 차지한 아키텐 공작이 봉건적 의무를 면제해 주면서 라로셸은 모든 교역이 허가된 이른바 자유항이되었다.[2] 항구에는 라로셸의 포도주, 인근 오니스·생통즈·앙구무아·코냑 지방의 농산물, 그리고 특히 소금과 같은 상품이 집결되어 잉글랜드, 네덜란드, 에스파냐 등과 교역을 위해 배에 실렸다. 도시는 발전을 거듭했고, 13세기에는 신전 기사단과 성 요한 기사단의 거점이 되기도 했다.

백년전쟁(1337~1453) 동안 라로셸은 당연히 잉글랜드와 프랑스 왕실 사이의 주요 격전장 중 하나가 되었다. 1356년 푸아티에 전투에서 포로로 잡힌 선량왕 장 2세(1319~1364)는 1360년 300만 에퀴(금 11.6톤)의 몸값을 지불하고 브레티니조약에 조인함으로써 라로셸을 포함한 프랑스 영토를 상실했다. 라로셸 주민들은 이 조치에 격렬히 저항했고, 특권을 보장한다는 잉글랜드 국왕의 약속을 받고 나서야 주인의 교체를 받아들였다.

그러나 10년 뒤 라로셸은 다시 두 왕실의 각축장이 되었다. 1372년 6월 베르트랑 뒤 게클랭은 샤를 5세의 명에 따라 잉글랜드가 장악하고 있는 라로셸을 포위했다. 한 달여 전투 끝에 잉글랜드 군대는 축출되었지만, 라로셸 주민들은 게클랭의 시내 진입을 저지한 채 프랑스 왕국으로의 재귀속

조건을 협상했다. 이들에게 중요한 것은 10년 전과 마찬가지로 도시의 특권을 유지하는 것이었다. 결국 샤를 5세는 이 콧대 높은 도시의 권리를 인정하고서야 프랑스로 귀속시킬 수 있었다.

16세기 초까지, 그러니까 1530년대 라로셸 주민들이 신교도로 개종하기 전까지 라로셸은 자신의 특권이 침해받지 않는 한 대체로 프랑스 군주정에 충성스런 모습을 보여주었다.[3] 그러나 1560년대에 이르러 새로운 상황이 전개된다. 라로셸이 위그노의 도시가 된 것이다.[4]

1565년 9월 14일 라로셸은 모후인 카트린 드 메디시스와 함께 왕국 순회에 나선 샤를 9세를 맞이한다. 라로셸 주민들의 반응은 적대적이었다.[5] 분노한 왕은 라로셸 주민들의 자치권을 제한하는 조치를 취했다. 에슈뱅(행정관)의 수를 24명으로 축소하고 시 관리들을 해임했으며 도시 경비를 기 샤보Guy Chabot에게 맡겼다.[6] 하지만 1568년 초 기 샤보가 임명한 신교도 프랑수아 퐁타르 시장이 가톨릭교도에 맞서 봉기를 일으켰다. 가톨릭교도들은 성밖으로 피신했지만 13명의 신부가 참수된 후 바다에 던져지고, 성당이 파괴되었다.

소요사태는 인근 지역으로 확대되어 약탈과 학살이 벌어졌고, 뤼송의 가톨릭교도들이 라로셸 주민들에 의해 학살당했다. 1570년 8월 샤를 9세와 가스파르 콜리니 제독의 공방 끝에 생제르맹앙레Saint-Germain-en-Laye 칙령이 체결되면서, 신교도들은 코냑, 몽토방, 라샤리테쉬르루아르La Charité-sur-Loire 그리고 라로셸에 요새를 확보하게 되었다. "프랑스 종교개혁의 보루"가 된 라로셸에서는 테오도르 드 베즈Théodore de Bèze가 주재한 제2차 전국 신교파 종교회의가 개최되었다.[7]

그러나 생 바르텔르미 학살 사건(1572) 이후 프랑스는 다시 종교적 광기에 휩싸였고, 수많은 신교도가 라로셸에서 안식처를 구했다. 샤를 9세는 협상을 시도했지만, 라로셸은 모든 협상을 거부했다. 전투가 임박했음을 감지한 라로셸은 방어태세를 갖추고 1573년 2월 샤를 9세의 동생이자 미래의 앙리 3세인 앙주 공 앙리의 공격에 저항했다. 포위전이 개시되었지만 별다른 성과를 거두지 못했고, 그사이 폴란드 왕으로 선출된 앙주 공은 6월 24일 라로셸과 조약을 체결하고 포위를 풀었다.

신교도의 보루로 간주된 라로셸은 곧바로 프랑스 종교개혁의 중심지이자, 종교개혁파 주요 인사들의 집결지가 되었다. 앙리 4세는 라로셸을 자신의 배후기지로 삼았고, 상인들의 자금 지원 덕에 왕국의 정복에 나설 수 있었다. 군사적 요새이자 종교적 보루로서 라로셸의 역할은 경제적으로도 중요했다. 이 도시는 상업적으로 중요한 장소였고, 이는 곧 재정의 중심지임을 의미했다. 중세 이후 라로셸의 부는 유럽 북부를 대상으로 한 소금과 포도주 수출, 그리고 16세기부터는 대서양 무역을 바탕으로 했다. 라로셸의 배는 뉴펀들랜드와 세인트로렌스만을 왕래했다. 라로셸과 북아메리카의 프랑스 식민지 사이에 밀접한 관계가 형성되었고, 이는 1763년 파리조약이 체결될 때까지 계속되었다. 개신교 지역인 유럽 북부의 항구만이 아니라 런던과 제네바와 지속적인 관계를 형성해 온 라로셸의 상인들은 도시의 성벽을 강화하고 종교개혁파의 저항을 지원할 자금을 갖고 있었다.

수차례의 전투를 거치며 이 도시는 이탈리아 기술자들이 동원된 난공불락의 요새로 탈바꿈했다. 적어도 1628년까지 국왕군은 라로셸을 점령하려는 어떠한 시도도 하지 않았다. 군 지휘관들은 라로셸을 공격하는 것이 무의미하다는 것을 잘 알고 있었다. 이 도시를 무너뜨릴 유일한 방법은 굶주림뿐이었다.

끝나지 않은 종교내전

프랑스의 종교전쟁은 언제 종결되었던가? 공식적으로는 낭트칙령이 반포
된 1598년이라고 알려져 있지만, 결론부터 말하면 이는 전혀 사실이 아니
다. 적어도 1629년까지 그러니까 다시 한 세대가 넘도록 프랑스 곳곳에서
신교파의 반란과 그로 인한 전쟁이 이어졌다.

낭트칙령은 왕국 전체에 신앙의 자유를 보장하
면서 1597년 이전에 프로테스탄티즘이 확립된
곳에 대해 예배의 자유를 공식적으로 선포했다.
낭트칙령이 신교도에게 무제한적인 특권을 부여
한 것은 아니었지만, 과거에 비해 그들이 허락받
은 권리는 방대했다. 보르도, 그르노블, 카스트

[그림 14-2]
신교도 안전지구.
16세기 종교전쟁 기간 동안 프
랑스의 왕들은 일련의 칙령을
통해 신교도의 예배의 자유를
허용, 안전지구를 지정했다.

르와 같은 도시에서 신교도는 법관의 절반이 신교도로 구성된 칙령법정 Chambre mi-parties에서 재판을 받을 권리를 누리게 되었다.[8] 파리, 루앙, 디종, 툴루즈 그리고 리옹과 같은 도시에서 신교 예배가 금지되긴 했지만, 반대로 소뮈르, 스당, 라로셸, 몽토방과 몽펠리에에서는 오히려 가톨릭 미사가 금지되어 신교도의 완벽한 자유 공간이 확보되었다. 신교도는 공적인 권리를 회복했고 관직에 오를 수 있는 길이 열렸다. 학교를 열 수도 있었고, 목사에게는 급여도 지급되었다. 8년 동안 신교파의 안전을 보장해주는 피신처가 약 150곳에 이르렀다.[9] 여기에는 라로셸 등 51개의 안전지구, 16개 결연지구places de mariage가 포함되어 있었다.

낭트칙령에 완전히 만족했던 것은 아니지만, 많은 신교도가 낙관론에 빠져들었다. 이들은 프랑스의 칼뱅교가 계속 확대될 것이며 재산이나 생명, 또는 지위를 포기하지 않으면서 자신의 신앙을 지킬 수 있다는 희망을 품었다. 하지만 기대와 달리 낭트칙령 이후의 상황은 확실한 것이 없었다.

이 칙령은 명확한 한계를 갖고 있었다. 낭트칙령은 가톨릭과 신교 그 어느 측도 진심으로 받아들인 해법이 아니었다. 1598년 4월 30일 조인된 낭트칙령에 대한 저항은 신교도와 가톨릭을 가리지 않았다. 심지어 앙리 4세의 고향인 베아른 지방은 루이 13세가 1620년 군대를 앞세워 칙령 준수를 강제할 때까지 칙령의 적용을 거부했다. 칙령은 선포 직후부터 반발을 불러일으켰다. 신교도들은 얻은 것이 거의 없다고 불평했고, 가톨릭은 신교도에게 허락된 특권에 분개했다. 1599년 1월 2일 칙령의 등기를 거부한 파리 고등법원을 위시하여 왕국의 거의 모든 고등법원이 칙령에 저항했다.[10] 앙리 4세가 암살되는 순간, 칙령의 허술함은 현실로 드러났다. 프랑스 신교도가 8년간의 평화에 눈이 먼 것은 아니었다. 혜안이 있는 자들은 자신들이 왕국 내에서 그저 용인되고 있을 뿐이며 신교도의 안전은 전적으로 국왕의 선의에 그리고 성벽의 두께에 달려있음을 알고 있었다. 마리 드 메디시스의 친에스파냐 정책에 놀란 프랑스 신교파가 연이어 정치 집회를 소집한 것은 이 때문이었다. 루이 13세가 친정 이전인 미성년 기간에만 적어도 7차례의 집회가 소집되었다. 1611년 소뮈르에서 이들은 진정서를 작성하는 한편, 전쟁이 재발할 경우 신속한 군사 동원을 위해 신교도 연맹을 재조직했다.

추가적인, 그러나 여전히 중요한 사실 한 가지가 더 있다. 프랑스에서 칼뱅교는 1560년 이후 줄곧 세력이 약화되고 있었다. 1598년 신교도는 약 27만 4,000가족으로 추산되었다. 파리의 신교도는 님므의 신교도들(1만 5,000)보다 많지 않았다.[11] 프랑스 종교개혁의 동력은 점점 약화되었고 이는 루터파 주민들을 포함하고 있던 알자스의 병합 이후에도 크게 달라지지 않았다. 콩데, 레디기에르 공작 등 신교파의 대귀족들 중 일부는 가톨릭으로 개종했다. 다수의 목사도 개종했다. 프랑스의 개신교는 와해되고 있었다.[12]

그렇다고 앙리 4세와 루이 13세 시대에 신교파의 사회적·정치적 위세가 무시할 정도였던 것은 아니다. 정치적 중앙집권화를 추구하던 루이 13세와 리슐리외에게 칙령이 지정한 안전지구와 군사력은 지속적인 정치적 위협으로 간주되었다. 여전히 반란을 자신의 의무로 간주하고 있던 앙리 드 로앙, 부르봉 가문의 방계이면서 16세기 말 프랑스 신교파의 우두머리였던 루이 드 부르봉, 콩데 공과 같은 거물급 신교도의 존재는 무시하기 어려운 요소였다.

"왕들의 시대는 저물고, 대공들의 시대가 도래하도다." 앙리 4세가 비극적인 죽음을 맞이한 지 두 달 뒤인 1610년 7월 18일 파리에 도착한 콩데 공이 내뱉은 이 말은 루이 13세 즉위 초 프랑스의 정치적 상황을 말해준다. 어린 왕의 즉위와 모후의 섭정은 왕국 내 귀족, 고등법원, 신교파 세력이 자신들의 권력 확장을 시도하기에 절호의 기회로 여겨졌다.

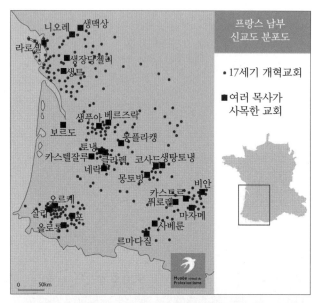

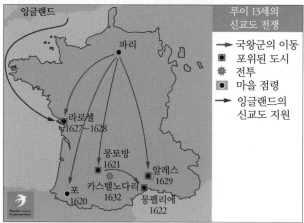

[그림 14-3]

프랑스 남서부 신교도 분포도.

[그림 14-4]

루이 13세의 신교도 전쟁.

프랑스의 신교 세력은 주로 남부와 서부 지역에 집중적으로 형성되었다.

리슐리외 추기경—1622년 12월 추기경으로 서품되었다—의 등장은 이러한 프랑스 정치 상황의 중요한 분기점이었다. 1616년 마리 드 메디시스의 후원으로 외무대신에 올랐지만, 콘치니 암살 사건과 모자 간의 전쟁으로 권력에서 일시 멀어졌던 리슐리외는 1624년 수석 국무대신이 되어 국왕참사회에 입성했다. 《정치유서》 서문에서 그는 당시의 정치적 혼란상을 이렇게 요약한다. "위그노는 전하와 이 국가를 분할하고, 대공들은 마치 전하의 백성이 아닌 것처럼 처신했으며, 강력한 지방 총독들은 마치 자신이 주권자인 것처럼 굴었습니다."[13] "혼신의 힘을 다해 내게 주어진 권위를 통해 소인은 위그노를 척결하고 오만한 대공들을 굴복시키고 모든 백성을 순종케 하여 전하의 명성을 드높일 것입니다."[14] 루이 13세의 권위의 확립을 방해하는 요소들, 즉 대귀족과 지방 특수주의 그리고 "국가 안의 국가"를 이루고 있는 신교파, 이 세 장애물이 압축되어 있는 곳이 라로셸이었다.

위그노의 반란(1621~1629)》

연도	반란	조약
1621	소뮈르, 생장당젤리, 라로셸, 몽토방	
1622	리에즈, 루아양, 생푸아, 네그르펠리스, 몽펠리에, 생마르탱드레	몽펠리에조약
1625	레섬	파리조약
1627	생마르탱드레, 라로셸	
1629	프리바스, 알레스, 몽토방	알레스 사면칙령

결국 16세기 종교내전의 역사에 부록이 더해지기 시작한다. 1617년 6월 25일 국왕은 프랑스에서 가장 오래된 신교파 지역인 베아른에 대해 가톨릭교회의 복권을 명했다. 1620년 10월에 루이 13세는 가톨릭교회의 회복 칙령을 거부한 나바라 문제를 해결하기 위해 주민 대다수가 신교도인 베

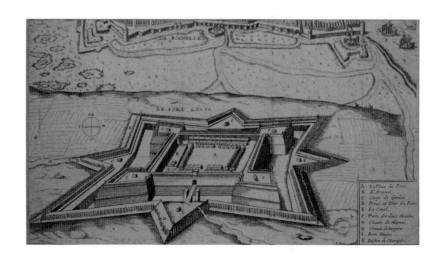

[그림 14-5]
루이 요새Fort-Louis.
1621~1622년 공성전을 위해
국왕군은 항구 입구에 보루를
만들었고, 이 보루를 기초로 루
이 요새가 건설되었다.

아른을 공격했고 이곳을 프랑스 영토에 공식적
으로 편입시키면서 가톨릭교회를 재확립했다.
1621년 5월 루이 13세의 금지령에도 불구하고
라로셸에서 신교파 회의가 소집되었다. 이 회의
는 베아른 사태의 심각성을 인지하고 루이 13세
의 군사 행동을 규탄했다. 신교파 지방은 군사
행동에 나서기를 주저했지만, 몽토방과 님므 그리고 프랑스의 제네바로
불리던 라로셸은 즉시 전쟁을 준비했다. 신교파의 반란이 시작되었고,
1621년부터 1625년까지 생통즈, 기옌, 랑그도크, 라로셸, 생장당젤리, 몽
토방, 몽펠리에서 내전이 벌어졌다.

1621년 6월 루이 13세는 로앙 공의 동생인 수비즈 남작의 지휘하에 있던
생장당젤리를 장악한다. 이곳은 라로셸의 입구를 통제하는 전략적 요충지
였다. 바다를 통한 해군의 공격은 효과가 없었다. 바다는 대체로 신교도에
의해 통제되었다. 한때 국왕군은 라로셸 아래의 브뤼아주 항구를 공격하여
이를 봉쇄하고자 했지만, 충분한 전함을 갖지 못한 국왕은 포위전을 연기

했고, 대신 에페르농 공작을 보내 라로셸의 육상봉쇄를 명령했다.

8월 라로셸의 시참사회는 시장 장 귀통을 라로셸 함대 제독으로 임명한다. 이 함대는 기즈 공작이 지휘하는 국왕 함대에 맞서 네 차례 출격했지만 별다른 성과를 거두지 못하다가, 10월 재공격을 감행하여 국왕 함대를 후퇴시키고 올레롱섬을 장악하는 데 성공한다. 11월 초 장 귀통은 브뤼아주를 공략하였고, 항구를 봉쇄한다.

이듬해 루이 13세는 4월 19일 국왕 함대의 진입을 거부한 루아양으로 출병하여 5월 4일 이곳을 점령한다. 이후 수아송 백작에게 라로셸 봉쇄를 명한다. 수아송은 항구 입구 인근에 보루를 쌓고 대포를 배치하여 해상 지원군의 상륙을 저지하고자 했다. 이 보루는 훗날 라로셸 주민들의 가장 큰 불만거리이자 두려움의 원인이었던 루이 요새[15]의 기초가 되었다. 전투가 길어지자 국왕과 신교파는 결국 몽펠리에 화약和約을 체결했다. 이 조약은 낭트칙령을 재확인하면서 난공불락이라는 라로셸의 명성을 높여주었다. 그러나 실상 조약은 제대로 이행되지 않았고, 도시를 위협하는 요새는 조약의 합의사항과 달리 계속 유지되었다. 그리고 이제 프랑스에 신교도 요새는 라로셸과 몽토방 두 곳밖에는 남지 않게 되었다. 결과적으로 1621년부터 2년간의 전쟁을 통해 신교파는 총 80곳의 요새를 상실했다.

1625년 12월 1일 리슐리외는 라로셸 주변에 11개의 요새와 18개의 보루를 갖춘 12킬로미터의 참호를 파기 시작했고, 결국 잉글랜드 국왕의 중재로 1626년 2월 5일 파리에서 라로셸 화약이 체결되었다. 도시는 출입을 위협하던 루이 요새를 해체하는 조건으로 국왕위임관을 받아들이고 가톨릭교도들의 재산을 반환하는 데 합의했다.

하지만 리슐리외는 여전히 약속을 지킬 생각이 없었다. 이 사건으로 라로셸의 입지는 더 악화되었다. 게다가 잉글랜드와 프랑스의 관계 악화는 라로셸에게 치명적이었다. 1627년 봄 잉글랜드와 프랑스의 관계는 단절

직전에 처했고, 그해 5월 루이 13세는 잉글랜드와의 교역을 금지하는 칙령을 반포했다.[16] 이는 1472년 루이 11세가 허락한 특권에 따라 적국을 포함하여 모든 나라와 교역할 권리를 갖고 있던 라로셸의 독립성에 대한 또 다른 공격이었다.

잉글랜드에 대한 라로셸의 지원 요청과 찰스 1세의 개입은 갈등의 마지막 단계를 알리는 신호탄이 되었다. 라로셸 주민들은 찰스 1세에게 사절을 보내 처남인 루이 13세에게 영향력을 행사해 루이 요새를 파괴하겠다는 약속을 이행하게 해달라고 요청했다. 결국 프랑스 내부의 갈등은 차츰 국제적인 문제로 확대되었다. 루이 13세는 백성들이 외국 군주를 통해 자신의 권위에 도전하고 잉글랜드 왕이 프랑스 백성들의 반란에 개입하는 사태를 용납할 수 있었을까?

라로셸 포위전 1627~1628년

찰스 1세와 프랑스 왕의 여동생 앙리에트 드 프랑스의 혼사 이후 잉글랜드는 적어도 공식적으로는 프랑스의 동맹국이었다. 잉글랜드 역시 합스부르크와의 투쟁을 위한 연합세력을 찾고 있었다. 1625년 잉글랜드는 청교도들의 격한 반발에도 불구하고 레섬의 위그노를 공격하려는 리슐리외를 군사적으로 지원한 바 있었다.

리슐리외가 잉글랜드와의 동맹을 꾀하고 황제에 맞서 독일의 프로테스탄트 제후들을 지원했을지라도, 이는 국내 신교파에 대한 추기경의 입장 변화를 의미하는 것은 아니었다. 프랑스 신교도 세력이 주장한 독립성은 추기경에게나 국왕에게나 용납할 수 없는 것이었다. 하지만 루이 13세가 반란에 즉각 대응하기로 결정한 반면 추기경은 여전히 공격을 망설였다.

알프스 산악지대의 발텔리나를 두고 벌어진 합스부르크 왕가와의 긴장 상황이 아직 해결되지 않아서였다. 섭정 모후를 위시한 경건파는 추기경이 동맹국인 에스파냐와 가톨릭교회를 저버리고 국내외 신교파를 용인하고 있다고 비난했다.

하지만 1627년 6월 여름 버킹엄 공작이 이끄는 잉글랜드 함대가 출항을 준비하고 있다는 소식이 프랑스 조정에 전달되면서 상황이 급변한다. 선전포고도 없었고 목적지도 알려지지 않았지만 잉글랜드 함대의 무장 소식으로 프랑스 조정에는 1627년 6월 말부터 경계 경보가 울렸다. 함대의 목적지가 라로셸이라는 사실이 알려지면서 국왕은 적국과 내통한 반란자들을 징벌하기 위해 직접 군대를 지휘하기로 결정했다.

잉글랜드는 신교도의 본거지인 라로셸을 지원함으로써 해상에서 프랑스 군사력의 확장을 저지하고자 했다. 라로셸 주민들을 구원하기 위해 소환된 버킹엄 공작은 6월 27일 포츠머스에서 110척의 함선과 1만 6천 명의 병사로 구성된 함대를 준비했고, 7월 21일 수요일 브르타뉴 해협을 통과했다. 동시에 라로셸에 특사를 파견하여 봉기를 부추겼다. 혼란과 동요 속에서 라로셸 주민들은 공포와 흥분에 빠졌다. 그리고 두 달간의 망설임 끝에 라로셸 주민들은 미디 지방의 신교도와 잉글랜드와의 동맹을 선포했다. 몰락과 죽음을 향한 행진이 시작된 것이다.

소식을 접한 리슐리외는 시 주위에 2만 명의 병사를 배치하고 레섬과 올레롱섬의 수비를 강화했다. 건강 악화로 늦게 출발한 루이 13세는 10월이 되어서야 라로셸 성벽 앞에 도착한다. 국왕군에 포위된 상태였지만, 라로셸 주민들은 공식적인 반란을 망설였다. 라로셸 시장 장 귀통은 버킹엄 공작의 입항을 거부할 수밖에 없었다. 사실 라로셸은 잉글랜드 군대의 입성을 인정하지 않았다. 국왕에게 그와 같은 행동이 어떻게 비칠지 잘 알고 있었기 때문이다. 신교파 귀족들과 목사들은 잉글랜드의 개입을 주장했지만, 다수의 지역 명사들은 국왕에 대한 충성심을 보이고자 했다. 시 행정부가 버킹엄 공작에게 군대의 입성을 요청한 것은 9월이 되어서였다.

9월 10일 라로셸 주민들은 국왕군이 루이 요새 앞으로 참호를 파고 있음을 발견하고 포격을 가했다. 이에 루이 요새의 대응 포격을 시작으로 라로셸 공성전이 시작되었다. 1627년 9월부터 시작된 라로셸 포위전은 이듬해 10월까지 지속되었다. 작전 책임자 리슐리외 추기경은 도시를 봉쇄하고 육로를 통한 모든 연락망을 차단했다. 수개월의 포위전에 지친 국왕은 1628년 2월 파리로 귀환했고, 라로셸 진압군 사령관으로 공성전의 모든 작전을 지휘한 것은 리슐리외 추기경이었다. 제방을 쌓는 거대한 작업도 그의 감독하에 진행되었다.

10월 초, 레섬에서 고군분투하는 프랑스 군대를 지휘하던 투아라스는 버킹엄 공작과 항복조건을 협상해야 하는 상황에 이르렀다. 바로 그때 국왕 함대가 레섬으로 접근했다. 이 함대는 100일 넘도록 포위를 버텨온 생마르탱드레 요새에 보충병과 식량 그리고 무기를 보급하는 데 성공했다. 1627년 11월 6일, 버킹엄 공작은 생마르탱드레 요새를 향해 총공세를 펼쳤지만 실패했다. 이후 숌베르가 지휘하는 국왕군이 섬에 상륙하여 전세를 역전시켰다. 버킹엄의 군대는 11월 7일 7천 명의 병사 중 4천 명을 잃고 섬을 떠나야 했다. 11월 17일 잉글랜드 함대는 바다에서도 패배했고 버킹엄은 라로셸에 절망을 안긴 채 본국으로 귀환했다.

리슐리외 추기경은 라로셸과 위그노 세력의 파괴를 개인적인 사명으로 받아들였다. 그는 이 요새 도시가 위그노의 보루가 되어 잉글랜드의 재정 지원을 받는 신교도들이 왕권을 위협하고 그들의 영향력을 확대할 가능성을 우려했다. 그는 "용의 머리를 잘라내야 한다"고 공언했다. 왕국 내에 라로셸만큼 독립적이고 강력한 요새를 갖고 있는 도시는 없었다. 그토록 오랜 기간 독립성을 유지할 수 있었던 것도 도시가 보유한 군사력과 성벽

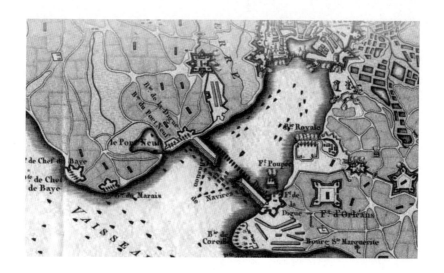

때문이었다. 과거의 특권들, 신교파의 군사력, 이 모든 것의 종합선물세트인 라로셸은 리슐리외 입장에서는 왕권에 대한 위협인 동시에 시대착오였다. 1627년 10월 6일 라슐리외는 콩데 공에게 서신을 보낸다. "위그노를 무너뜨려야 합니다. 레섬을 구해낸다면 일이 쉬워질 겁니다. 아니라면 더 어려워지겠지요."

잉글랜드 군대가 레섬에서 축출된 이후, 리슐리외는 라로셸 주위에 13개의 요새를 세워 봉쇄하기로 결정한다. 하지만 국왕 함대와 40척의 에스파냐 함선에도 불구하고, 바다는 여전히 닫히지 않았다. 1627년 11월 28일, 왕실 건축가인 장 티리오와 클레망 메테조는 추기경에게 1.6킬로미터에 달하는 라로셸 항구의 물길을 차단하는 안을 제시한다. 중앙에 200미터의 출입부를 둔 1.4킬로미터의 제방을 건설하여 라로셸의 해상 보급을 막겠다는 것이다. 바다를 닫지 않고서는 도시를 함락시킬 수 없다는 사실을 인정한 추기경은 11월 30일 기념비적인 건설작업의 첫 돌을 놓았다. 기초를 닦기 위해 함선을 가라앉히는 작업을 시작으로, 길이 1,500미터, 하단부 폭 16미터, 상층부 폭 8미터, 높이 20미터에 달하는 제방이 최종적으로 완성되었다.

라로셸은 루이 요새를 제외하고는 도시 주위에서 벌어지고 있는 공사나 성 아래에 집결한 군대를 경계하지 않았다. 라로셸은 잉글랜드를 앞세워 루이 13세로부터 루이 요새 파괴, 군대 퇴거, 신교도의 종교적 자유, 도시의 특권을 보장하는 평화조약을 얻어낼 때까지 버티면 충분하다고 생각했다. 늘 그래왔듯이 성벽 안에서 저항을 지속한다면 국왕은 협상에 나설 수밖에 없지 않겠는가. 라로셸 도시 전체가 옹성에 동원되었다. 상인, 변호사, 수공업자, 노동자에 이르기까지 모든 주민이 병사였다. 성벽 곳곳에는 대포가 설치되어 있었고, 성안에는 충분한 포탄과 화약이 있었다. 바다에서 진행 중인 제방 공사에 대해서도, 겨울의 파도를 버티지 못할 것이라고 낙관했다.

그러나 1628년 봄, 리슐리외가 세운 제방은 주민들의 기대를 무시한 채 겨울의 태풍을 이겨냈고 이제 대포까지 장착하였다. 국왕 진영에서는 연일 축제가 벌어지는 가운데 포위된 라로셸 주민들은 위축되기 시작했다. 주민들은 여전히 잉글랜드로부터 구원의 손길을 기다렸다. 실제로 찰스 1세는 4월에 함대를 다시 파견했다. 윌리엄 필딩이 지휘한 함대는 5월 11일 라로셸 앞에 모습을 드러냈다. 하지만 대포 몇 발을 쏘고는 포츠머스로 물러났다. 보급도 실패했다. 무더운 날씨 속에서 라로셸의 식량 상황은 악화되었다. 식량을 찾아 성밖으로 나섰던 용감한 이들은 국왕군의 무자비한 공격을 받았다. 하지만 도시는 아직 저항의 끈을 놓지 않았다.

1628년 버킹엄 공작은 라로셸 사태에 개입하기 위해 다시 한번 함대를 조직하였다. 29척의 전함과 31척의 상선으로 구성된 이 함대는 1628년 9

월 28일 브르타뉴 해협에 진입하였다. 프랑스 기지에 포격을 가하고 제방을 돌파할 계획이었지만, 지휘관은 리슐리외와 협상을 벌였을 뿐이다. 이미 찰스 1세는 두 왕가의 관계 회복을 희망하고 있었다.

라로셸의 식량 상황은 최악에 이르렀고, 개와 고양이에 이어, 쥐와 풀뿌리가 식탁에 올랐다. 9월, 거리에는 헐벗고 야윈 시체들이 쌓여갔다. 10월 초 조각조각 토막 난 여성의 사체가 발견된다. 이어 동료의 시체에서 잘라낸 살점을 입에 문 채 죽은 병사에 대한 소문이 돌았다.[17] 도시는 주저앉았다. 주민들에게는 대포를 쏠 힘도, 물을 긷거나 나무를 할 힘도 남아있지 않았다. 시체들은 거리에 방치되었다. 포위전이 시작될 무렵 2만 4천 명에 달하던 주민 중 최소한 1만 5천 명이 사망했다. 타협을 모르던 장 귀통 시장은 그제야 항복을 선언한다. 1628년 10월 30일, 리슐리외가 이끄는 국왕군은 유령 도시에 입성했다.

왕권 대항권력의 종말

리슐리외의 입성 이틀 뒤인 11월 1일, 루이 13세가 라로셸에 입성했다. 잉글랜드 함대는 11월 4일 본국으로 귀환했다. 11월 7일 강력한 태풍이 라로셸 연안을 강타했다. 라로셸 함락의 일등공신이었던 제방 곳곳이 파괴되었다. 라로셸 주민들이 애타게 기다리던 대서양의 겨울 파도는 라로셸 편이 아니었다. 태풍이 열흘만 빨리 왔더라면, 라로셸은 보급을 받았을지도 모르고, 역사의 흐름이 바뀌었을지도 모를 일이다. 물론 의미 없는 역사의 가정이다.

라로셸은 오랜 관습 하나를 통해 자신의 특권적 지위를 과시해 왔다. 국왕이 라로셸을 방문할 때, 도시는 성문에 비단 줄을 걸고 국왕을 맞이했다. 국왕이 도시의 특권을 존중하겠노라 맹세하면 시장이 줄을 잘라 입성을 허락했다. 루이 13세 역시 이 관습을 따른 적이 있었다. 하지만 1628년 11월 1일, 라로셸에 입성할 때 무릎을 꿇은 것은 왕이 아닌 라로셸 주민이었다.

라로셸 성벽을 무대로 연출된 이 드라마의 주인공은 반란의 무리도 지도자들도 아니다. 루이 13세는 불필요한 순교자를 만들지 않았다. 국왕은 관대했고, 살아남은 자들의 비참한 모습에 눈물을 흘릴 줄 알았다. 단죄도, 피비린내 나는 처형도 없었다. 국왕은 주동자들을 추방했을 뿐이다. 그마저도 일시적인 조치였다. 시장이었던 장 귀통은 직위에서 해제되었지만, 항해가로서의 재능은 인정받았다. 그는 천수를 누리다 루이 13세와 리슐리외 추기경의 초상화가 걸린 자택 침실에서 숨을 거뒀다.

라로셸 포위전의 최대 수혜자가 리슐리외 추기경이라는 점은 의심의 여지가 없다. 한동안 라로셸 사태는 추기경에게 크나큰 근심거리였다. 국왕의 부재와 파리-라로셸의 거리, 루이 13세 측근에 포진한 정적들로 인해 그는 실각을 두려워했다. 마리 드 메디시스와 경건파 등 여러 강력한 정적들이 조정 내에서 자신의 입지를 약화시킬 기회를 노리고 있음을 그는 알고 있었다. 추기경의 서신은 이러한 근심을 여실히 보여준다. 하지만 루이 13세는 리슐리외에 대한 신임을 포기하지 않았고, 그의 입지는 확실히 강화되었다. 심지어 추기경은 국왕과 설전을 벌여도 무방할 정도의 위치에 올랐다.[18]

루이 13세는 오히려 이 기간 동안 리슐리외의 정치적 필요성을 깨달았던 것으로 보인다. 1628년 4월 사부아 공작에게 하달한 지령은 그에 대한 신임을 여지없이 보여준다. "그대는 리슐리외 추기경에 대한 과인의 신임을 질 알고 있을 것이오. 이 말을 하는 이유는 추기경이 그대에게 전하는 말을 과인의 말처럼 받들라는 이야기를 전하기 위함이오."[19] 1628년 말, 리슐리외는 진정한 2인자가 되었고, 국왕참사회를 지배했다. 최종결정권자가 루이 13세임은 변함없지만, 리슐리외는 "국왕참사회의 수장이며 국왕 전하가 가장 신임하는" 인물이 되었다.

반란 무리를 엄벌하거나 낭트칙령의 조항을 문제 삼을 의도가 없음을 보여주기 위해 루이 13세는 종교의 자유를 계속 보장할 것임을 확인해 주었다. 그렇다고 해서 보복적인 응징이 전혀 없었던 것은 아니다. 등대 역할을 하던 항구의 탑을 제외하고 라로셸의 성벽과 요새는 완전히 파괴되었다. 이 도시는 난공불락이라는 타이틀을 상실하고, 다시는 왕권에 도전하는 프로테스탄트 귀족들의 보루가 되지 못했다.

또한 오랜 기간에 걸쳐 획득했고 유지해 왔으며, 이 항구 도시가 누려온 부의 토대였던 모든 특권이 소멸되었다. 독립에 대한 꿈도 사라졌고, 가톨릭교회가 부활했다. 신교도는 시 행정에 간여할 자격을 박탈당했다. 동시에 라로셸의 함락은 프랑스에서 대항권력의 종말을 알리는 것이기도 했다. 이듬해 미디 지방에서 일어난 또 한 차례의 반란과 진압 그리고 알레스 사면칙령(1629. 6. 28)은 라로셸 포위전에서 결정된 정치적 프로테스탄티즘의 소멸을 공식화했다.

4

절대왕정의 번영과 쇠락

1630년 11월:
절대왕정 확립의 분기점, '속은 자의 날'

임승휘

리슐리외와 마리야크의 정책 대결

"프랑스를 만든 서른 가지 나날"[1] 중 하나로 기억되는 '속은 자의 날'은 유럽 절대왕정의 패러다임에 가장 유력한 표본을 제공한 프랑스 왕정의 기틀을 확립한 순간으로 평가된다. 부르봉 왕가의 두 번째 왕인 루이 13세는 1630년 11월 10일 모친인 마리 드 메디시스와 그 주변 세력을 물리치고 현실 정치가이자 마키아벨리의 신봉자로 평가받던 리슐리외 추기경에 대한 정치적인 지지를 천명했다. 당대인들은 거의 예외 없이 리슐리외의 실각을 예상했기에 이날의 사건은 '속은 자의 날', 즉 만우절의 에피소드로 불리게 되었다.

이날 예상치 못한 정치적 패배로 궁정 내 가톨릭 정치세력, 즉 경건파는 모후의 망명과 마리야크 형제의 사형과 실각으로 붕괴되었다. 반면, 국왕의 확고한 신임을 얻은 리슐리외는 왕권 강화의 기치를 더욱 높이 들며 절대왕정의 저항세력들을 공격하였고, 나아가 프랑스의 '현실 정치'를 실현코자 신성로마제국의 합스부르크 왕가에 맞서 신교도 편에서 30년전쟁에 참여하였다.

이 사건은 서로 다른 종교관과 정치적 입장을 지닌 당파들이 벌인 궁정 내 권력 다툼으로, 또는 모친의 영향력에서 벗어나려는 루이 13세의 권력 의지의 표현으로 해석되었다. 동시에 이 사건은 리슐리외와 미셸 드 마리 야크Michel de Marillac로 대변되는 두 정치세력 간의 정책 대결이자 그것의 승패가 갈린 순간으로 읽혀왔다. 이날 폭발한 정치적 갈등은 마키아벨리 즘과 가톨릭 정치사상 간의 대립으로, 프랑스의 국익을 앞세우는 현실 정 치와 친에스파냐적 정치의 대립으로 묘사되고 평가되었다.

리슐리외는 국왕의 왕권 강화를 공고히 하고 대외적으로는 반에스파냐 정책을 추진하면서 합스부르크 왕가의 세력을 약화시키려 했던 반면, 왕실 내 가톨릭 정치세력인 경건파[2]를 대변했던 미셸 드 마리야크는 대외전쟁에 반대하며 국내 위그노 세력의 척결과 왕국의 행정질서의 확립을 최우선적 과제로 내세웠다. 그리하여 '속은 자의 날'의 결과는 향후 프랑스 왕정의 발전, 즉 절대왕정의 확립에 '긍정적인' 영향을 끼쳤다고 평가된다.

'속은 자의 날'의 역사적 중요성에 대해서는 큰 이견이 없는 듯하다. 왕 실 내부의 세력 다툼과 '궁정혁명'을 넘어서, 이날은 프랑스 근대국가의 향배가 판가름된 프랑스사의 중요한 분기점으로 평가받고, 리슐리외의 승 리는 사회에 대한 국가의 승리, 또는 국가에 의한 사회의 장악이라는 현상 을 가속화한 계기로 간주되었다. "모든 것이 [국왕의] 권위에 굴복당하고" 힘과 명령이라는 단어로 규정된 지배체제로 등장한 국가의 확립은 이제 거부할 수 없는 현실로 받아들여진 것이다.

절대주의 국가체제에 대한 역사서술 역시 이러한 시각에서 씌어졌다. 국 가이성이라는 새로운 개념에 입각해 종교와 정치의 전통적인 관계의 단절 을 강조한 에티엔 튀오나 윌리엄 처치와 같은 전통적인 역사가들은 물론 이거니와, 국왕의 신격화를 통한 역설적인 국가의 세속화 과정을 분석한 마르셀 고셰, "왕의 두 신체"에서 "통일적인 하나의 신체"로의 이행과정에 주목한 조엘 코르네트 등의 역사가들은 기본적으로 절대왕정 시기를 프랑스 근대국가의 기점으로 파악하면서 절대왕정체제가 지닌 근대성의 내용을 분석하려 했다. 오에스트라이히는 리슐리외가 "새로운 사회규율"을 처방함으로써 프랑스 왕국을 무정부 상태에서 가장 근대적인 유럽 국가, 홉스의 리바이어던 모델에 입각한 근대국가로 발전시켰다고 주장했다. 이러한 해석들의 공통점은 리슐리외의 현실 정치의 실현을 프랑스 근대국가 형성과정의 결정적인 요소로 간주하고 있다는 점이다.

그러나 오늘날 프랑스사에서 '속은 자의 날'은 분명 다른 지평에서 해석될 가능성을 갖는 듯하다. 특히 절대왕정체제의 '근대성'에 대한 문제 제기는 분명 우리가 전통적으로 받아들여 왔던 프랑스 왕정의 윤곽과 본질에 대한 설명 틀에 제동을 걸고, 그것의 역사적 의미를 재고하게 해주었다. 만일 절대왕정에 대한 시각을 근본적으로 수정하는 것이 가능하다면, 이날의 승리자이자 절대왕정의 기틀을 확립한 인물로 간주되는 리슐리외와, 그의 정적이자 가톨릭 세력을 이끌었던 미셸 드 마리야크에 대해 역시 새롭게 평가할 수 있기 때문이다. 절대주의와 반절대주의, 또는 근대성과 전근대성이라는 단순한 해석의 잣대에서 벗어나서, 과연 '속은 자의 날'은 어떤 역사적 의미를 지닌 사건으로 묘사될 수 있을까?

예상을 뒤집은 리슐리외의 '판정승'

1630년 11월 10일, 뤽상부르궁에 머물던 루이 13세는 중대한 선택을 내려야 했다. 국왕은 수석 국무대신 리슐리외 추기경과 모후 마리 드 메디시스 사이에서 누구의 손을 들어줄 것인가? 당시 궁정인들은 거의 예외 없이 모후의 승리를 예상하고 있었기에 그날은 '속은 자의 날'이 되었다.

[그림 15-1]
미셸 드 마리야크(1563~1632).
1626년 국새상서 직에 오른 미셸 드 마리야크는 프랑스의
가톨릭 정치세력을 대변하던 인물이었다.

　루이 13세는 "모친보다는 국가의 이익이 우선이다"라는 말을 남기며 리슐리외를 선택하고 모후를 중심으로 결집한 궁정세력을 일소하기로 결정하였다. 미셸 드 마리야크는 국새상서 직에서 파직되고 유배를 명받았다. 동생보다 운이 없었던 사복감 루이 드 마리야크Louis de Marillac는 투옥된 후 사형을 선고받았다. 모후는 근신 처분을 받았지만, 곧 플랑드르로 망명의 길을 떠났다. 리슐리외 추기경의 완벽한 승리였다.

　'속은 자의 날'의 사태가 발생한 이유는 무엇일까? 1624년 마리 드 메디시스의 후견을 받으며 수석 국무대신에 오른 리슐리외와 모후의 관계에서 갈등의 조짐이 감지된 것은 1626년부터였다. 이해 봄부터 프랑스와 합스부르크 왕가의 시선은 온통 스위스의 그리송Grisions주에 있는 발텔리나 협곡에 쏠려있었다. 밀라노를 장악하고 있던 합스부르크 왕가에 이 지역은 이탈리아 북부와 라인강 유역을 연결하는 가장 빠른 길을 제공했다. 리슐리외는 이 전략적 지점을 이용하여 합스부르크 왕가의 세력 확장에 제동을 걸고자 했다. 발텔리나를 둘러싼 양국의 대립은 전쟁의 위기를 한층 고조시켰고, 국가참사회 안에서 추기경과 모후 마리 드 메디시스 파벌 사이에 의견 대립이 발생하기 시작했다.

　리슐리외의 회고록에 의하면, 1626년 초 국가참사회에서는 에스파냐와의 평화 문제로 격렬한 논쟁이 벌어졌다. 당시 보샤르 드 샹피니Bochart de Champigny와 함께 재무총관 직을 수행했던 마리야크는 1625년 1월 뒤 파르지Du Fargis가 체결한 에스파냐와의 평화조약의 준수를 강력히 옹호했다. 물론 이 조약이 내포하고 있는 문제점을 모르지는 않았지만, 그는 조약의 완전한 폐기보다는 지속적인 협상을 주장했다. 가톨릭 세계의 평화라는 전통적인 논변을 앞세운 마리야크의 주장은 발텔리나 사태에 대한 그의 견해를 여실히 보여준다. 그는 이 "한줌의 스위스 땅덩어리"가 가진 전략적 중요성과 "보잘것없는 국제적 이해관계"[3]에는 거의 관심이 없었다. 신교도의 반란 위협이 가시화되고 있는 국내 상황에서 에스파냐와의 전쟁을 위해 신교파와 협상하는 것은 마리야크에게 "진정 기독교적인 국왕"의 평판을 더럽히는 일로 여겨졌다.

하지만 이번 사태로 궁정 내 대립적인 계파 구도가 곧바로 분명해진 것은 아니다. 1627년 리슐리외의 라로셸 공략은 추기경이 경건파의 요구를 적극적으로 수용한 것으로 비쳤기 때문이다. 하지만 라로셸 함락 직후 리슐리외는 위그노 문제를 뒤로한 채, 사부아 공작과 에스파냐의 군사적 도발에 맞서 만토바 공작이 된 느베르 공작 샤를 곤자가Charles Gonzague를 보호하기 위해 군대를 이끌고 이탈리아로 향했다. 1629년에 이르러 리슐리외의 정치적 노선은 그 실체를 명확히 드러내기 시작했다.

리슐리외의 정치적 노선이 명확해질수록 경건파와의 대립도 더 날카로워졌다. 국새상서 미셸 드 마리야크는 왕국의 불안한 내부 사정, 즉 조세 부담과 농민 반란, 위그노 문제, 무질서한 행정질서 등을 이유로 제시하며 전쟁 불가론을 고집했다. "최근의 상황은 백성에게 큰 고통을 안겨주고 있습니다. 이 모든 것이 필요에 의한 것이지만, 그것을 피할 방도도 없습니다. 백성을 위로하고 국가의 올바른 규율을 바로잡는 것이야말로 훌륭한 정부가 추구해야 할 영광이라고 생각합니다. 그러나 이는 오직 평화를 통해서만 가능합니다."

마리야크는 야심적인 인물이었고, 자신의 견해를 확신한 인물이었다. 왕국 내부 사정에 정통했던 그는 리슐리외에게 끊임없이 왕국 내부의 불안한 정황에 대해 보고했고, 이를 자신의 정치적 주장을 위한 근거로 활용했다. 물론 리슐리외가 왕국 내부의 불안한 상황을 인지하지 못하고 있었던 것은 아니다. 다만 그는 조세 반란이나 행정규율의 문제가 국왕의 영광과 유럽에서 프랑스의 위상을 확보하는 데 방해가 될 것이라고 생각하지 않았다. 반대로 마리야크는 왕국 내부의 질서를 바로잡기 위해 평화가 필요하다고 확신했다. 이 중 어떤 선택을 할 것인가는 루이 13세의 몫이지만, 이 선택은 리슐리외와 마리야크 둘 중 하나의 정치적 실패를 야기할 것이 불가피했다.

1629년 말에 이르러 이탈리아의 상황은 난관에 봉착했다. 에스파냐의 펠리페 4세와 수석 대신 올리바레스에게 카잘레 탈환을 명받은 스피놀라는 네덜란드를 출발해 피에몬테에 당도했고, 황제군은 티롤을 거쳐 만토바에 진입했다. 느베르 공작 샤를 곤자가는 프랑스에 군사적 지원을 요청했다. 1629년 12월 29일 루이 13세로부터 원정군의 총지휘권을 위임받은 리슐리외는 알프스를 향해 출발했다. 3월 중순 프랑스군은 피에몬테군을 물리치며 토리노로 향했다. 그리고 3월 22일 리슐리외의 군대는 토리노에서 남서쪽으로 40킬로미터 떨어진 피네롤로를 급습하였고, 일주일 만에 이곳을 함락시켰다. 피네롤로의 점령으로 프랑스군은 토리노로 향하는 알프스 협곡을 장악할 수 있었다.

피네롤로의 점령은 이탈리아 공략을 위한 중요한 사건이다. 피네롤로는 포강 평원으로 향하는 관문이었고, 프랑스는 이곳을 요새화하여 이후의 군사작전을 위한 보급기지로 활용할 수 있었기 때문이다. 에스파냐 역시 이 점을 모르지 않아 프랑스의 군사적 점령을 용납할 태세가 아니었다. 피네롤로를 계속 점령할 것인가의 문제는 결국 프랑스가 에스파냐와의 전쟁을 결정하는 문제이기도 했다. 리슐리외는 장문의 보고서를 제출하면서 국왕의 결단을 촉구했다. "피네롤로를 반환할 것인가 아닌가에 대해서는 길게 이야기하지 않겠습니다. 다만 현 상황에서 소인은 전하께서 이룰 수 있는 최고의 정복을 이루셨으며 이탈리아의 주인이자 조정자가 될 수 있다는 것만을 말씀드립니다.……만일 전하께서 전쟁을 결정하신다면, 왕국의 안정과 재정 그리고 모든 국내 문제에 대한 고민을 포기해야 합니다. 반대로 평화를 원하신다면 장차 이탈리아에 대해 어떠한 야심도 품지 말아야 할 것입니다." 전쟁인가, 국내 개혁인가? 이 문제야말로 마리야크와 리슐리외의 정치적 대립의 핵심이었다.

1630년 5월 그르노블에서 루이 13세는 리슐리외와 전쟁의 지속 문제를 논의했다. 마리야크는 종전의 필요성을 주장하는 보고서를 제출했지만, 왕은 결국 피네롤로를 계속 점령하기로 결정했다. 사부아 전투가 시작된 것이다. 전쟁은 리슐리외가 예측한 대로 빠르게 진행되었고, 전황은 프랑스에 유리했다. 루이 13세의 2만 5천 명의 군대는 6월 사부아 전역을 점령했다. 하지만 국왕이 전장을 이탈하자 사부아의 전황은 고착상태에 빠졌다. 프랑스군의 사기는 떨어지기 시작했으며, 군대 안에는 전염병이 창궐했다.

그리고 9월 말 '속은 자의 날'을 준비하는 마지막 막이 올랐다. 21일 루이 13세는 고열로 신음하기 시작했다. 왕의 병세는 악화되었고, 27일 국왕 주치의는 고해신부를 불렀다. 29일 국왕은 종부성사를 받았고, 모든 희망이 사라진 것처럼 보였다. 하지만 이튿날 고열의 원인인 종기가 사라지면서 상태는 호전되었다. 10월 루이 13세는 회복세가 역력했고, 19일 리옹을 떠나 파리로 출발했다.

그동안 마리 드 메디시스는 루이 13세 곁을 떠나지 않으면서 간병했다. 모후는 루이 13세의 병의 원인이 결국 그를 전장으로 이끈 리슐리외라고 생각했고, 그에 대한 반감이 극에 달했다. 불필요한 전쟁으로 국왕의 목숨을 위험에 빠뜨린 것은 추기경이 아니던가? 리슐리외의 정적들은 루이 13세가 사망하면 오를레앙 공이 왕위를 이을 것이며 추기경은 축출되고 그 자리를 마리야크가 이을 것이라고 예상했다.

사태의 심각성을 누구보다 절감한 것은 리슐리외였다. 1630년 9월 30일 그는 이렇게 토로했다. "내가 죽은 것인지 살아있는 것인지조차 모를 만큼 정신이 나간 상태입니다. 오늘 아침 가장 위대하며 용맹스런 군주이자 최고의 주인이신 국왕 전하를 뵈었습니다. 저녁까지 버티실지 알 수 없군요."[4]

왕이 회복한 후에도 마리 드 메디시스는 리슐리외의 축출을 요구했고, 양측의 화해는 불가능해 보였다. 그리고 11월 11일 모후는 루이 13세에게 독대를 요청했다. 갑작스런 추기경의 출현으로 회합은 험악한 분위기에서 끝났고, 루이 13세는 사람들을 피해 베르사유로 이동했다. 모두를 속인 이 날의 결말은 앞서 설명한 바와 같다. 마리 드 메디시스를 중심으로 한 경건파는 힘을 잃었고, 그들의 우두머리로 간주된 국새상서 마리야크는 실각했다. 리슐리외는 승리했고, 루이 13세의 완전한 지지를 얻었다. 그리고 전쟁을 기조로 한 추기경의 정책은 루이 13세 치세 동안 흔들림 없이 유지되었고, 이는 마자랭과 태양왕의 시대로 이어지는 절대왕정체제의 확립을 위한 토대를 마련했다. 그런 점에서 이날 루이 13세가 내린 결정은 분명 프랑스 왕정의 발전에 중요한 분기점이었다.

그렇다면 과연 추기경의 승리는 프랑스 왕정에 결과적으로 이로운 것이었을까? 리슐리외와 마리야크라는 두 정치적 선택 중 어느 것이 프랑스 왕정의 미래를 위해 올바른 것이었는지를 판단할 필요는 없지만, '속은 자의 날'의 의미를 보다 풍부하게 이해하기 위해서는 양측의 정책을 비교해 볼 필요가 있다.

왕정 개혁과 코드 미쇼Code Michau[5]

마리야크가 추구하던 개혁은 어떠한 내용일까? 루이 13세 앞에 제시된 두 개의 선택 중 하나였던 그의 정책에 어떠한 역사적 의미를 부여할 수 있을까?

마리야크는 프랑스 절대왕정의 기틀을 마련한 '현실주의자' 리슐리외의 정적으로 알려진 인물이지만, 사실 마리야크의 정치사상은 왕권신수설에 입각한 교조적인 절대왕정론에 가깝다. 마리야크의 정치적 입장은 '정치파' 혹은 '국가주의자'들이 정형화시킨 '경건파'의 비현실적 가톨릭 지상주의 정치와는 사뭇 다르다. 사실 '경건파'란 단일한 강령이나 통일된 조직체계를 갖춘 정당이 아니었으며, 서로 노골적인 반감을 드러내면서 상대방을 깎아내리려 했던 정치선전물의 고발을 문자 그대로 받아들여서는 곤란하다.

> 인간의 행복은 신에 의해 확립된 지상의 질서를 지키는 데 있다.……이 질서는 명령의 권위와 복종의 의무를 통해 군주정 안에서 유지된다. 프랑스의 왕보다 더 강력하며 더 주권적인 지배자는 존재하지 않는다.[6]

1630년 4월 말 디종의 농민 반란을 진압한 마리야크는 반란을 왕권에 대한 도전으로 간주하면서 군주정에서 지배와 피지배의 관계, 명령과 복종의 관계를 강조한다. 국가의 안녕은 왕권에 대한 '종교적 복종'에 달려 있다. "만일 피지배자가 자신이 합당하다고 생각하는 것에만 복종한다면, 지배자는 존재할 수 없다. 공공의 안녕과 질서의 열쇠는 지배자의 권력에 복종하는 것에 달려있다."

그는 왕권에 대한 절대적인 복종의 근거를 개인의 이해관계—사적 이해관계—에 우선하는 일반이익—공적 이해관계—개념에서 찾는다. 1597년 청원관으로서 루앙 고등법원에 파견되어 새로운 관직 창설 임무를 맡은 마리야크는 고등법원의 격렬한 반대에 부딪혔다. 당시 에스파냐에 점령당한 아미앵을 탈환하기 위한 자금 마련이 목적이었던 이 조치에 대해 그는 '국가의 편익'을 내세우며 강행 의지를 표명했다. "한 개인의 편익보다는 가족 전체의 편익이 더 중요하다. 가족의 편익보다는 마을의 편익이, 마을의 편익보다는 지방의 편익이, 그리고 지방의 편익보다는 국가의 그것이 더 중요하다.……필요는 법을 능가한다."[7]

국가이성이라는 용어를 사용하고 있지는 않지만, 그가 사용한 '국가의 편익' 그리고 '필요'의 개념은 사적 이해관계를 능가하는 공적 이해관계로서 '국가이성'의 개념과 크게 다르지 않다. 법률가로서의 오랜 경력을 통해 마리야크는 공공의 이익을 위한 '필요' 개념, 그리고 로마법에서 유래한 '국왕이 최고의 법legibus solutus'이라는 정치원리를 모르지 않았다. 근대의 국가이성 개념의 이론적 토대로 작용한 '공공이익을 위한 긴급한 필요성' 개념은 리슐리외를 위시한 국가주의자들의 전유물은 아니었다.

마리야크가 가장 크게 문제시한 행정 관행은 관직 매매였다. 혁명 전 프랑스에서 국가 관료는 사적으로 소유한 관직을 통해 사적 재산을 축적했다. 프랑수아 1세가 관직 매매 관리국을 창설하고 관직 매매를 제도화한 이래, 이 관행은 프랑스 왕정 구조의 한 축을 형성했다. 관직 매매는 국가권력의 세습, 나아가 그것의 재봉건화를 의미했다. 공적 권력의 사적 점유는 모든 정치사회의 영역에 존재했다. 정부 최고 직위도 사적 재산의 축적 수단으로 이용되었다.

프랑스 관료제의 역사는 왕실의 수입 증대에 비례하는 관직 보유자의 독립성과 안정성의 역사라고 할 수 있다. 루이 12세와 프랑수아 1세 시기에 인정된 관직 매매는 앙리 4세 치세에 이르러 그 세습이 인정되면서, 정부 관직의 사유재산화가 제도화되었다. 관직 매매 관행의 확대와 관직에 대한 소유권의 보장은 대외전쟁과 맞물려 있었다. 관직 매매는 봉건적 과거의 시대착오적 유산이거나 부패의 부수적 현상이 아니라, 제도화된 초기 근대 정부의 통치 방식이며 프랑스 행정체제의 위기를 자초했던 무능하고 비합리적인 착취체제였다.

그런 점에서 프랑스 왕정에서 관료는 군주권의 절대화와 그 행사를 위해 봉사하는 집단과는 거리가 멀었다. 실제 정치권력은 군주제와 결합하거나 그것과 나란히 공존한(또는 경쟁한) 독립적인 집단들에 의해 행사되었다. 특히 고등법원은 이론상 국왕 지배의 도구로 여겨졌지만, 고등법원의 법관들은 모두 관직 소유자들이었기에, 이들의 권위는 왕의 위임이 아닌 관직의 소유권과 세습권에서 그 정당성을 확보했다.

사법 관직의 세습은 사법체제를 복잡한 후견망에 종속시켰고, 이 후견제는 왕의 통제를 넘어서면서 고유한 재생산 논리를 발전시켰다. 또한 지방의 엘리트들은 수세기 동안 벌어진 강제와 양보를 통해 다양한 특권들, 면세권, 자치권을 누렸다. 프랑스 국왕의 절대주의적 야심은 관직 보유자들과 끊임없이 갈등했고, 전통적인 권리의 경계를 부수는 데 실패했다. 국새상서가 된 마리야크가 경험한 것은 바로 이러한 프랑스의 정치 현실이었다.

국왕의 권위, 특히 요즘 같은 상황에서 국정 운영에 이보다 더 해가 되는 일은 없다고 생각합니다. 프랑스 전역이 폭동에 물들었습니다. 고등법원은 어떤 폭동도 처벌하지 않습니다. 국왕은 재판을 위해 법관들을 파견하지만 고등법원은 이들의 판결을 실행하지 않습니다. 결국 폭동이 용인되고 있는 것입니다. 거의 매일 새로운 소식이 전달되는 이러한 소요의 빈번함을 보면서 이를 어떻게 이해하고 또 무엇을 희망해야 할지 모르겠습니다.

농민 반란, 사법과 행정의 무질서, 고등법원의 저항은 교조적인 절대왕정론자인 마리야크로 하여금 통합적인 개혁의 필요성을 절감하게 했다. 왕국의 행정을 책임져야 했던 마리야크가 이러한 복합적인 문제에 극단적인 처방을 내놓으려 한 것은 충분히 이해할 만하다. 1627년 6월, 마리야크는 루이 13세의 명에 따라 새로운 왕령을 준비하기 시작했다. 1614년의 신분회와 1617년, 1626년의 명사회가 채택한 결정 사항들을 토대로 왕국의

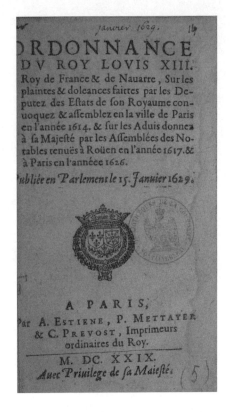

[그림 15-2]
코드 미쇼. 미셸 드 마리야크는 대대적인 행정 개혁을 위해 일종의 통합 법령을 편찬했는데, 작성자의 이름을 빌려 코드 미쇼로 불렸다.

다양한 법을 통일하고 종교, 사법, 재정, 행정 분야에 걸친 개혁안 제시를 목표로 준비된 이 작업은 1629년 1월 15일 461개항으로 구성된 유례없이 포괄적인 개혁법령, 코드 미쇼를 만들어 냈다. 그것은 "콜베르 이전에 프랑스의 공적 질서와 관련된 첫 번째 법제화 시도"였다.

개혁법령은 성직 개혁, 병자와 빈민 구제, 군대의 규율과 치안, 사법과 재정, 해군력 강화와 상업 등 거의 모든 분야를 망라했다. 책의 출판과 판매 및 검열(52조와 179조), 징세(409조), 외국 군주와 대사들과의 관계, 군대 소집, 병기 저장, 대포와 화약, 도시 방벽과 요새, 그리고 국왕의 인가 없는 지방 신분회 소집 등에 대한 금지조항들이 포함되었다(170~177조). 불필요한 요새는 파괴될 것이며(373조), 군 지휘관이 하급 장교들을 직접 선임하는 전통적 관행을 무시하고 군 장교들은 국왕에 의해 직접 임명될 것이었다(193조). 193조와 더불어 장군과 지방 총독들의 친인척 또는 종사從士들을 지사로 파견하는 관행을 금지한 81조는 군대와 지방 행정에서 만행하던 후견제를 직접 공격한 것이었다. 80조는 국왕 관료들로 하여금 왕가 구성원이나 다른 귀족을 위해 봉사하기 위해서는 국왕의 허가를 받도록 했다. 190조는 왕실과 군대 내 관직 매매를 금지했고, 교회와 군대, 고등법원 그리고 국가참사회에 참여할 자격은 귀족으로 제한되었다(199~202조). 452조는 귀족의 작위를 박탈당하지 않고도 해상교역에 참여할 수 있는 권리를 허가했다. 또한 지방 관직자들을 통제하기 위해 마리야크는 청원관의 역할을 대폭 강화하는 조항을 마련했다(58조). 친인척이 동일 법정에서 관직을 수행하는 것은 최고법정에서 암묵적으로 묵인되어 오던 관행으로서 직권 남용의 온상으로 여겨졌는데, 마리야크는 이 오랜 관행을 금지시키고, 법관 집단 내부의 친인척망을 공격했다(55~57조).

법령의 가장 중요한 부분은 관직 소유자에 대한 개혁이었다. 마리야크는 관직의 세습으로 인한 소유권이 지닌 문제의 심각성을 잘 알고 있었다. 관직 매매 자체를 거부하지는 않았지만, 그는 다양한 방법을 통해 이를 통제하고자 했다. 그는 고등법원을 견제하기 위해 특별법정을 계속 유지하겠다는 의지를 천명했고(59조), 정의법정은 재정 부패를 야기한 관직자를 벌하고 손실을 회복하기 위해 설립될 것이었다(411조). 가장 심각한 내용은 고등법원의 간주권 행사 기간을 두 달로 정하고, 이후 더 이상의 지체 없이 등기를 마치도록 규정했다(53조).

1629년 개혁법령의 기본 이념은 한마디로 중앙집권화, 통일성, 특수주의의 종언이었다. 법령을 준비하는 기간에도 마리야크는 지속적으로 지방 고등법원을 약화시키고자 했다. 또한 지방의 최고법원이 국왕에 저항하는 세력에 합세할 가능성을 줄이기 위해 법정을 분산하거나 이전하는 방안도 강구했다. 하지만 이 개혁 시도는 결국 실패로 끝났다. 고등법원의 개혁 시도는 훗날 모푸Maupeou 대법관이 "300년간의 소송"이라고 불렀던 왕정과 고등법원의 갈등의 일부였을 뿐이다. 마리야크의 국내 개혁안은 사실 명확한 한계를 지닌다. 관직 매매의 문제점을 알고 있었지만, 프랑스 절대왕정이 안고 있는 근본적인 문제, 즉 공적인 것과 사적인 것의 혼돈과 그러한 혼돈을 야기하는 정치권력의 사적 전유와 축적이라는 문제에는 메스를 대지 않은 그의 개혁안은 여전히 구체제의 모순적인 구조에서 크게 벗어나지 못했기 때문이다. 하지만 이러한 한계에도 불구하고, 이 개혁안은 분명 절대왕정이 '순기능'하기 위해 해결해야 할 당면 문제들을 직접적으로 제시하고, 그에 대한 완화책을 제시하고 있었다.

마리야크는 왕권에 대한 지속적인 침해와 저항, 즉 국왕 주권의 지속적인 파편화로부터 야기되는 이러한 현상의 근본적인 원인이 관직 매매 그 자체라기보다는 매매 관직의 세습과 사유화 과정에 있다고 생각했던 것일까? 1629년의 만기일에 맞춰 폴레트세[8]의 갱신을 중지함으로써 세제 자체를 폐지하자던 마리야크의 주장은 의미심장하다.

관직 보유자들이 반발할 것은 당연했다. 그러나 이 계획이 실현되지 못한 가장 큰 이유는 바로 전쟁이었다. 루이 13세의 이탈리아 원정에 필요한 전비로 인해 관직 보유자의 세습권은 재확인되었다. 관료제는 전혀 길들여지지 않은 상태였다. 대외적 평화에 대한 마리야크의 주장은 바로 이 지점에서 현실성을 갖는다. 그에게 평화는 '불필요한' 재정 지출을 막으면서 절대군주정의 확립을 위해 필요한 국내 개혁을 가능하게 할 전제조건이었기 때문이다.

국제 정치에 밀린 국내 개혁

마리야크는 고등법원의 등기를 서두르기 위해 국왕이 이탈리아로 떠나기 전인 1629년 1월 15일 친림법정의 개회를 준비했다. 그는 고등법원의 권위는 오직 국왕으로부터 나오며, 국왕이 유일한 법의 원천임을 주장하면서, 고등법원의 등기 절차는 오로지 왕의 선의에 의한, 그리고 경험 많은 법관들의 견해를 통해 법령을 보다 명확하게 전달하기 위한 것임을 강조한다. 고등법원은 결코 그 어떤 고유한 권위도 갖지 않는다고 주장하면서 그는 '최고의 법'으로서의 절대군주의 위상을 확립하고자 했다. 그러나 고등법원은 친림법정 직후 이탈리아로 떠난 국왕의 부재를 이용하여 완강하게 저항하면서, 법령의 공포를 미뤘다.

마리야크는 곧바로 이 사태를 리슐리외에게 보고하고 조치를 요구했지만, 리슐리외와 루이 13세의 반응은 냉담했다. 그들의 머릿속에는 온통 이탈리아로 가득했다. 1629년 말, 리슐리외와 마리야크는 확실히 다른 길을 걷기 시작했다. 한동안 개혁과 조세 경감의 필요성에 공감했지만, 이제 리슐리외는 합스부르크를 굴복시키기 위해 이러한 목표들을 희생할 준비가 되어있었다. 마리야크는 리슐리외가 추구하려는 전쟁이 자신의 개혁안을 좌절시키고 궁극적으로 왕정체제 자체를 약화시킬 것을 두려워했다.

에스파냐와의 전쟁을 추진하려는 리슐리외에 반대한 마리야크의 정치적 입장과 그의 국내 개혁안이 명확한 의미를 갖는 것은 바로 이러한 프랑스 절대왕정의 구조적 맥락 속에서이다. 마리야크에게 전쟁은 오히려 왕정의 기틀을 확립하는 데 근본적인 방해 요소였다. 그런 점에서 마리야크가 리슐리외와 대립한 것은 절대왕정의 원칙이 아니라, 리슐리외가 전쟁을 주장하면서 내세운 '국가의 이해관계' 혹은 추기경의 '국가이성' 정치였다. 세속적 이해관계에서 벗어나 공적 이해관계를 투명하게 대변하고 있다고 생각했던 마리야크는 프랑스 왕정이 추구해야 할 대안적 '이해관계'를 대변한다. 마리야크에게 추기경의 '국가이성'은 '국가 비이성'에 가깝다.

국가의 이해관계가 중요하다는 데에 마리야크와 리슐리외 사이에 차이는 없는 듯하다. 프로테스탄트 국가와의 협정을 체결한 리슐리외에게도 가톨릭 종교개혁은 여전히 중요한 사안이었으며, 에스파냐 사대주의라는 비난을 감내하면서 평화를 주장한 마리야크 역시 절대왕정의 확립을 위해 봉사했다. 그렇다면 절대왕정의 기틀을 공고히 할 수도 있었을 마리야크의 대안을 거부하고 루이 13세가 리슐리외를 선택한 이유에 대해서는 절대주의와 반절대주의라는 이분법이 아니라 국가의 이해관계라는 측면에서 살펴볼 필요가 있다. 왜 루이 13세는 리슐리외가 제시한 전쟁을 통한 '국가의 이해관계'의 확보가 국내 개혁보다 더 중요하다고 판단했을까? 왕정의 기틀을 올바로 확립하기 위한 국내 개혁과 합스부르크 왕가의 잠재적인 위협을 제거하고 유럽의 중재자로서 프랑스 국왕의 위상과 평판을 확보하려는 대외전쟁, 두 대안 중 과연 어느 쪽이 '국가의 이해관계'에 충실한 정책이었을까?

1620년대 국제 정세를 살펴보자. 1624년 초 합스부르크가 독일 황제는 군사적으로 확고한 지위를 확보했다. 그는 보헤미아와 2개의 선제후령을 정복하고 신교 복음 동맹을 붕괴시켰다. 합스부르크 왕가에 대한 프랑스의 태도가 변화하기 시작한 것은 이즈음이다. 1624년 4월 29일 국가참사회에 들어간 리슐리외는 마드리드의 가톨릭적 정치노선을 추종하는 것에 종지부를 찍고 프랑스의 국제 정치를 앙리 4세가 추구하던 노선으로 되돌렸다. 이제 국제 정치의 핵심은 합스부르크가와의 투쟁이었다. 리슐리외는 가톨릭적 보편주의와 교회의 이익을 위해 봉사한다는 에스파냐의 입장을 위선이라고 비판하면서 진정한 "기독교 세계의 자유를 위해 프랑스의 힘으로 세력 균형"을 이루어야 한다고 주장했다.

이 정치 담론에서 주목되는 특징은 바로 국제 정치에 대한 국내 정치의 종속이다. 르네상스 이후 나타난 이 현상은 정치를 '이해관계' 의 관점에서 분석하려는 지적 경향에 의해 강화되었다.[9] '이해관계' 개념을 정치관계 분석의 기본 도구로 확립시킨 앙리 드 로앙이나 혹은 한 세대 뒤의 쿠르틸 즈 드 산드라Gatien de Courtilz de Sandra와 같은 이들은 모두 전쟁을 추천할 만한 정치 행위로 파악하고, 전쟁을 통해 즉각적인 이익을 획득할 수 있을 뿐 아니라 미래의 모험을 위해 필요한 내적 안정과 질서, 결속을 도모할 수 있다고 보았다. 이러한 논리는 국제 정치를 국내 정치보다 더 중요시했고, 국내 정치를 더 큰 전체의 일부로 간주했다. 문제는 이해관계를 통해 국가의 행위를 예측하는 것이 가능하다고 생각하기 시작하면서 국제 정치의 영역이 변덕스런 운세나 요행에서 벗어나 합리성을 갖게 되었다는 것이다. 그리고 그것이 합리적인 것만큼 국가의 이해관계는 정책 결정과정에서 더 큰 영향력을 발휘하는 변수가 되었다.

그렇다면 리슐리외에게 에스파냐와의 전쟁은 어떠한 계산에 입각한 것이었을까? 리슐리외는 30년전쟁에 대한 암묵적 개입, 뒤이은 공식적 개입이 정복을 위한 것이 아님을 밝힌 바 있다. 프랑스의 개입은 리슐리외에 의하면 "최후의 수단"으로서 유럽 전반의 평화를 확립하기 위해 남겨진 유일한 방법이다. "전쟁은 가장 빠르고 유일한, 에스파냐로 하여금 평화조약 체결에 나서게 할 수단"이었다. 물론 이러한 리슐리외의 주장을 있는 그대로 받아들이기는 곤란하다. 반대 여론에 맞서 전쟁의 정당성을 확보해야 하는 그로서는 위선적인 에스파냐의 야심을 다스리기 위한 전쟁, 평화를 위한 전쟁이란 구호는 피할 수 없는 선택이었기 때문이다. 그러나 그의 주장이 사실이라고 해도 추기경의 장기적 안목은 부분적으로만 타당성을 갖는다. 에스파냐는 쇠퇴했지만, 유럽의 평화는 찾아오지 않았다.

절대왕정의 내적 비현실성이 가장 극명하게 드러난 곳은 바로 재정 분야였다. 특히 프랑스 왕정의 근대적 발전을 방해한 기생적인 관료집단과 국왕의 상호의존 구조는 전쟁과 맞물려 반복적으로 국가 재정을 위기에 빠뜨렸다. 국가 재정의 악화를 야기한 근본적인 이유는 전자본주의적 농업 경제의 제한된 생산성에 있겠지만, 결정적인 원인은 왕조 간의 전쟁과 유례없이 증가한 전쟁 비용이었다.

프랑수아 1세 이후 프랑스 왕정의 전비 지출은 급격하게 증가했고, 17~18세기 헤게모니 쟁탈전 기간에 폭발적인 수준에 이르렀다. 특히 1630년대 중반 프랑스가 30년전쟁에 직접 참가하면서 절정에 달했다. 전쟁은 왕조 간의 소유 분쟁을 해결하기 위한 관습적인 방법인 동시에 영토와 부를 획득하기 위한 일반적인 전략이었지만, 전쟁을 통한 수입은 지출을 상쇄하기에는 턱없이 부족했다.

영구적인 전쟁 국가가 도래하면서 농민에 대한 착취는 강화되었다. 1610년 1,700만 리브르에 달했던 타유세는 1644년 4,400만 리브르로 증가했다. 1630년 이후 10년간 총징세액은 4배가량 증가했다. 관직 판매와 징세 다음으로 국왕이 선호한 것은 대부였다. 그러나 국왕은 그다지 신뢰하지 못할 채무자였기에 이자율은 소용돌이쳤다. 국왕은 절망적이고 그로테스크한 방법을 찾게 될 것이었다.

마리야크가 전쟁을 반대한 일차적인 이유는 재정 악화였다. 물론 그의 반전론에 가톨릭 종교개혁의 정치노선이 영향을 끼쳤을 가능성은 분명하지만, 국새상서가 제시한 현실적 근거는 끝을 알 수 없는 전쟁의 위험과 막대한 비용, 그리고 그에 따른 조세 부담이었다. 전쟁이 왕국의 모든 악의 근원이라는 생각은 몇 달 뒤 국새상서가 된 후에 오히려 강화되었다.

전쟁으로 인해 국가 재정은 바닥이 날 것입니다. 국왕 전하께서는 결코 적에게 평화를 요청하지 않을 것입니다. 평화 요청은 죽는 것보다 더 치욕적일 테니까요. 도처에서 전쟁이 지속될 겁니다. 결국 우리는 자금을 찾고, 사방에서 돈을 구해야겠지요. 국가의 모든 수입을 소모하고도 모자라, 징세를 청부하고, 급료나 연금도 지불하지 못하는 상황이 올 것입니다. 그리고 결국에는 예외적이고 폭력적인 수단을 찾게 되겠지요. 왜냐하면 국왕은 자금이 부족하다는 이유로 항복하지 않을 것이기 때문입니다.[10]

프랑스 왕정의 전쟁 수행 능력에 대한 진단과 전쟁이 야기할 결과에 대한 마리야크의 전망은 의미심장하다. 그는 피할 수 있는 국제적 갈등을 필연적으로 만들고 있다고 생각했다. 그런 점에서 그가 루이 13세에게 제시한 정치적 대안은 리슐리외의 것과는 다른 현실성과 합리성 위에 서있었다. 결국 개전이 결정된 후, 국새상서로서의 업무는 좌절감에 대한 고백의 연속이었다.

현 상황에서 저는 예하께 우리가 백성에게 큰 고통을 안겨주는 무수히 많은 일을 저지르고 있다고 말할 수밖에 없습니다.……모든 것이 불가피하고 피할 도리가 없습니다만……저는 여전히 백성을 위로하고 국가를 안정시키는 것이 좋은 정부가 누리는 영광이라고 생각합니다. 이 모든 것은 오직 평화를 통해서만 가능합니다.[11]

전통적인 담론의 일부로 치부될 수 있는 이 고백이 의미를 갖는 것은 '속은 자의 날' 이후 프랑스 왕정이 겪게 될 상황, 즉 값비싼 전쟁에 재정을 지원하기 위한 조세 부담의 지속적 상승과 비생산적인 군사적 소모 때문이다. 왕은 자신의 새로운 주권을 자금 마련의 도구로 만들었고, 관직, 작위, 특권, 독점권들을 계속 매각할 수밖에 없었다. 그리하여 경제외적

축적 권력이 재분배되고 분산되었고, 국왕의 자율성은 그만큼 축소되었다. 그 결과 과세 도구를 통일함으로써 더 강력한 지리적 통일성과 중앙집권화를 확립하려는 개혁 시도는 세습관직자의 이해관계와 충돌하였다. 특권체제와 부패를 근절하려는 절대왕정의 시도는 코드 미쇼의 예에서 볼 수 있듯이 특권집단의 강력한 저항에 부딪혔다. 물론 국왕은 친림법정을 비롯하여 자신의 의사를 관철시킬 수단을 갖고 있었지만, 전쟁은 또 다른 타협과 양보를 낳았을 뿐이다.

프랑스 절대왕정의 문제적 근대성

절대왕정이 과연 어떤 체제였는가에 대한 최근의 논의, 특히 절대왕정의 관료제에 대한 탈신화화는 절대군주가 행사한 지배력의 절대성에 관한 전통적 관념을 크게 뒤흔들어 놓았다. 절대군주는 스스로를 '법을 말하는 자', '법의 유일한 원천'임을 주장했지만, 프랑스의 법적 주권은 여전히 분리된 상태였고, 군사력 역시 여전히 개인적이며 사유화된 상태였다. 조세와 재정은 지방에 근거를 둔 세력들의 특권적 이해관계에 의해 볼모로 잡혀 있었고, 정치 담론 역시 낡은 전통을 완전히 떨쳐버리지 못하고 있었다. 행정적 중앙집권화의 과정은 파편화된 후견망과 부패에 의해 침식당했고, 이는 공적 권력과 사적 이해관계의 경계를 불분명하게 만들었다. 관직의 사유재산화를 통한 정치적 축적이 존속하는 가운데 근대적 관료제의 확립은 요원했다. 절대왕정은 지배권을 주권으로 변화시킨 신성한 제도였지만, 신성한 왕의 권위는 국가의 자율성을 확보하지 못했다. 그것은 봉건 영주의 직접적 착취를 국왕의 '일반화된 인격적 지배'로 대체했지만, 이는 군사적 주종관계에 의해 형성된 봉건귀족의 내적 관계를 후견제에 입각한

지배계급 내부관계로 변화시켰다.[12]

그러나 이러한 구조는 절대왕정이 성립하기 시작할 시기에 완성된 형태로 확립된 것이 아니었다. 17세기 이후 부르봉 왕가의 세 군주 치세 동안 여러 단계를 거치면서 점차 고착화된 이 구조는 프랑스 절대왕정의 발목을 잡는 고질적인 문제들을 수정하고 개혁하려는 노력들이 좌절된 결과이기도 하다. 리슐리외는 종교와 정치를 분리시키면서 '국가이성'에 입각한 현실 정치를 표방했지만, 그의 현실 정치는 '근대성'과는 거리가 먼 프랑스 절대왕정체제의 모순과 문제를 본격적으로 표출시켰다. 그런 점에서 리슐리외에게 승리를 안겨준 '속은 자의 날'은 분명 '프랑스를 만든 서른 가지 나날' 중의 하나이면서 프랑스 절대왕정의 어긋난 구조를 돌이킬 수 없게 만든 날임에 분명하다.

마리야크의 절대왕정론은 하나의 '건전한' 대안으로 비친다. 물론 그의 개혁은 분명한 한계를 지닌다. 그는 관직 매매 자체의 문제점을 깨달았지만, 그것이 구조적으로 절대왕정을 어떻게 불구로 만드는지를 이해하지 못했고, 여전히 관직 매매를 통한 국왕 재정의 조달을 고려했다. 그럼에도 불구하고 코드 미쇼의 편찬자가 프랑스 절대왕정의 모순된 구조와 그로 인한 문제점들을 비교적 명확하게 인식하고 있었다는 사실에는 변함이 없다. 사법·조세 행정의 단일성, 후견제에 대한 공세적 입장은 마리야크가 직시한 대단히 현실적인 판단에 기초해 있었다.

'속은 자의 날'이 '프랑스를 만든 서른 가지 나날' 중의 하나인 것은 가톨릭 보편주의를 외친 마리 드 메디시스와 경건파에 대한 리슐리외의 승리로 '국가이성'을 앞세운 프랑스 절대왕정의 향배가 결정된 날이기 때문만은 아니다. 16세기 이래 에스파냐 왕국과 신성로마제국을 아우르며 보편제국을 꿈꾼 합스부르크 왕가를 중심축으로 형성된 유럽의 역학관계 속에서, 합스부르크 왕가의 야심을 견제할 수 있는 힘의 균형추 역할을 스스로에게 부여한 프랑스 절대왕정은 국제 정치를 위해 국내 개혁을 포기했다. 그 결과, 절대왕정이 배태하기 시작한 구조적 취약성과 모순을 최소화하고, 왕정을 '순기능'하게 만들 수 있는 하나의 가능성은 가능태로만 남게 되었다. 루이 13세는 전쟁을 거부하고 마리야크의 개혁안을 수용할 수 있었을까라는 질문은 의미 없는 것일 수도 있다. 분명 마리야크가 제시한 입법 개혁, '코드 미쇼'에 대한 반대와 비난은 그것의 '비현실성'에 대한 조롱이었다. 하지만 그의 개혁안은 그것이 비현실적이었던 만큼 역설적으로 '근대적'일 수 있었던 프랑스 절대왕정을 위한 시도가 아니었을까?

16
1652년 6월:
민중봉기의 한계, '프롱드 난'과 보르도 느릅나무파

이성재

리슐리외의 후계자로서 루이 14세(1643~1715)의 미성년기를 보좌한 이탈리아 출신 추기경 쥘 마자랭Jules Mazarin(1602~1661)은 국무회의 강화, 지사 임명, 관직 매매의 증대 등을 통해 자신의 권한을 확대해 갔으며, 이에 파리의 고등법원과 귀족들은 자신들의 정치적·사회적 위치가 약화될 것을 우려하여 이른바 '프롱드Fronde 난'(1648~1653)을 일으킨다.[1] 이 난은 프랑스의 어떤 사건보다도 다양한 세력들, 즉 국왕, 귀족, 고등법원의 갈등을 잘 보여주는 것으로 알려져 있다. 그러나 프롱드 난은 성공하지 못했다. 이 세력들 간의 이합집산에서도 확인할 수 있듯이 반란 실패의 주된 원인은 단일한 원칙과 주장의 결여에 있었다. 프롱드 난에 참여한 세력들의 공통된 목적은 마자랭의 실각에만 있었을 뿐 그 외의 이해관계는 서로 달랐고 특별한 원칙이나 이념도 없었다.

17세기 프랑스 사회의 권력 구성과 그 복잡성은 이 난을 통해서 확연하게 드러난다고 할 수 있다. 무엇보다 프롱드 난은 고등법원의 법관들과 귀족들이 프랑스를 통치할 능력이 없음을 보여준 사건이었다. 프롱드 난은 종교전쟁 못지않게 프랑스를 피폐하게 만들었고 국민이 군주제의 지속을 염원하게 했다.

프롱드 난을 겪은 이후 마자랭 치세하의 프랑스는 유럽의 최대 강국으로 성장했다. 그것은 리슐리외 정책의 열매이기도 했고 마자랭의 능란한 외교술 덕택이기도 했다. 비록 민중들은 여전히 가난했고 국가 재정은 고갈되었지만, 프랑스의 국가 위상만큼은 어느 때보다도 높아져 '태양왕'의 지배를 정당화했다.

고등법원의 프롱드

1642년 리슐리외가 사망하고 이어 1643년 루이 13세가 세상을 뜨자 프랑스는 혼란에 빠져들었다. 당시 왕위 계승자인 미래의 루이 14세는 겨우 다섯 살이었다. 그의 어머니 안Anne d'Autriche은 마자랭의 도움을 받아 섭정을 시작했지만 파리 고등법원의 법관들은 섭정의 권위에 이의를 제기하기 시작했다. 여기에 30년전쟁과 그로 인한 과도한 전쟁 비용, 이탈리아 출신의 추기경과 재무총관에 대한 불신, 1642년 영국에서의 혁명, 1646~1647년의 흉작 등이 겹치면서 정부에 대한 불만은 갈수록 커져갔다. '고등법원의 프롱드Fronde parlementaire'(1648~1649)는 이런 배경에서 발생했다.[2]

1648년 5월 13일 파리 고등법원, 대참사회, 회계법원, 보조세법원의 법관들이 모여 왕국의 개혁을 논의하기 위한 대표자 선출에 합의했으며, 이후 6월 15일, 27개의 개혁안을 작성했다. 여기에는 지사제 폐지, 새로운 관직의 창설과 판매 금지, 최고 법원들에 과세 동의권 부여, 정상적인 사법 행위에 대한 왕실의 개입 중단, 판사의 동의 없는 24시간 이상 구금 금지와 같은 내용이 포함되었다.

7월 말에 안과 마자랭은 파리 고등법원의 요구에 거의 굴복하는 것 같았다. 하지만 곧이어 반격의 시간이 도래했다. 랑스Lens에서 콩데 공(《그림

16-1))이 에스파냐군을 상대로
결정적 승리를 거두었다는 소
식이 전해진 것이다. 1648년 8
월 26일 노트르담 대성당에서
랭스의 승리를 기념하는 감사
예배가 열렸다. 예배가 끝나자
왕실 가족들은 마차를 타고 떠
났다. 파리 고등법원 법관들은
어떤 음모가 진행되고 있다는
것을 느꼈다. 그 순간 일부 법
관이 옆문으로 성당을 빠져나
가려고 시도했지만 체포되고
말았다. 예배에 참석하지 않았
던 고등법원 판사이자 항의 주
동자였던 피에르 브루셀Pierre
Broussel은 자신의 집에서 체포
되어 구금되었다.

브루셀의 체포는 군중의 분
노를 불러일으켰다. 그날 파리

[그림 16-1]
콩데 공, 화가 익명. 주스투스 반 에그몬트Justus van
Egmont(1601~1674)) 스튜디오, 약 1658~1660년.
로크루아 전투와 랭스 전투에서 승리한 콩데는 프롱드
난 초기에는 왕실을 지지했지만 마자랭, 고등법원과 계
속해서 갈등을 빚었다. 반란을 일으킨 후 에스파냐로 망
명했으며, 프랑스를 공격하기도 했다. 루이 14세의 사면
을 받아 프랑스로 돌아온 콩데는 이후 튀렌과 함께 프랑
스가 네덜란드에 승리하는 데에 크게 기여했다.

시내 곳곳에는 바리케이드가 세워졌으며, 군중들은 프롱드(투석기)를 사용
해 왕실 근위대를 공격했다. 안과 마자랭은 저항이 곧 가라앉으리라 생각
했지만, 폭동은 더욱 확산되기 시작했다(《그림 16-2》). 파리의 보좌주교이
자 미래의 레Retz 추기경인 공디Jean François Paul de Gondi도 이러한 군중의
행동을 지지했다.

결국 8월 28일, 체포되었던 브루셀과 법관들이 석방되었다. 9월과 10월

[그림 16-2]
바리케이드 시위가 한창이던 1648년 8월 27일 파리 고등법원의 수석 의장이었던 마티유 몰레Mathieu Molé는 브루셀의 석방을 요구하는 행진에 참여했다. 군중들은 몰레에게 브루셀을 석방하지 않으면 죽이겠다고 협박했다.
프랑수아-앙드레 뱅상François-André Vincent의 그림. 1779.

고등법원 대표, 루이 13세의 아우인 오를레앙 공 가스통Gaston d'Orléans, 그리고 파리로 돌아온 콩데 공 사이에 몇 차례의 회담이 이루어졌다. 회담 결과 모후 안은 다시 한번 고등법원에 굴복해야만 했다. 10월 22일 법령이 공포되었다. 고등법원의 기존 개혁안은 다시 확인되었으며, 더 나아가 국왕의 봉인장lettre de cachet 폐지가 추가되었다.

새해가 시작되자 모후 안과 마자랭은 다시 반격에 나섰다. 1649년 1월 5~6일 밤에 이들은 파리를 떠나 생제르맹앙레로 도피했다. 마자랭을 비난하는 소책자《마자리나드Mazarinades》가 파리에 퍼졌고, 1월 9일 고등법원은 마자랭의 망명을 요구하는 선언문을 발표했다. 하지만 콩데의 국왕군이 파리에 접근해 봉쇄를 단행하자 파리는 술렁이기 시작했다. 법관들은 자신들의 행동이 국왕에 대한 반란으로 해석되지 않도록 노력했다.

2월에 영국의 국왕 찰스 1세가 처형되었다는 소식이 전해지자 고등법원은 난처한 입장에 처했다. 게다가 지방의 귀족들 일부가 에스파냐를 개입시켜야 한다고 주장하고, 레 추기경인 공디가 마자랭의 퇴진을 요구하며 민중을 선동하자 고등법원 법관들은 이 문제를 조속히 해결해야 한다는 압박감을 느꼈다.

국왕군도 포위가 오래 지속되는 것을 원치 않았다. 왜냐하면 봄이 다가오면서 에스파냐와 새로운 전쟁을 준비해야만 하는 상황이었기 때문이다. 마자랭은 콩데의 군대가 이렇게 묶여 있어서는 안 된다고 판단했다. 결국 양측은 협상을 시작했다. 3월 11일 모후는 뤼에유Rueil에서 협정을 체결했고, 8월 18일 왕실은 파리로 귀환했다.

찻잔 속의 태풍에 그친 '귀족의 프롱드'

자신을 섭정의 '구세주'라고 생각했던 콩데는 보상과 명예를 요구했으며, 국정에 개입하면서 마자랭과 갈등하기 시작했다. 안과 마자랭은 그의 오만함에 분개했고 1650년 1월 18일 콩데, 그의 동생 콩티, 매부 롱그빌 공작을 체포했다. 롱그빌 공작 부인과 콩데 공의 부인은 지방을 중심으로 이들을 구하기 위한 봉기를 조장했다. 이른바 '귀족의 프롱드Fronde des princes'(1650. 1~1653. 2)가 발생한 것이다.

콩데의 누이인 롱그빌 공작 부인은 동생을 석방시키기 위해 30년전쟁의 영웅이었던 튀렌에게 요구해 에스파냐 동맹군을 소집했다. 하지만 마자랭이 이끌던 국왕군은 튀렌과 에스파냐 군대를 물리쳤다(1650. 10~12). 이에 공디와 고등법원 법관들이 마자랭에 반대하여 귀족들과 연합하기 시작했다. 결국 마자랭은 콩데를 석방할 수밖에 없었고 프롱드 세력들의 분열을 기대하며 1651년 2월 6일 독일로 도피했다. 마자랭은 모후에 대한 영향력을 계속 행사했으며, 사람들은 그의 패배가 일시적이라고 판단했다.

루이 14세가 국왕의 전권을 주장할 나이가 되자 튀렌은 콩데를 버리고 국왕을 지지했다. 콩데는 에스파냐와 동맹을 맺고 파리를 점령하려고 시도했지만 1652년 4월에는 블레노에서, 7월에는 파리의 성벽 아래 생탕투안에서 튀렌의 국왕군에게 패배했다. 이후 10월 13일 콩데는 에스파냐 측으로 넘어갔고, 10월 21일 모후 안과 루이 14세가 파리로 입성했으며, 1653년 2월 3일에는 마자랭이 파리로 돌아왔다. 프롱드 난이 진압되면서 이후 루이 14세는 강력한 군주권을 확립해 나갈 수 있었다. 이상이 간략한 프롱드 난의 전개과정이다.

하지만 프롱드 난에 대한 이러한 일반적 설명은 몇 가지 점을 간과하고 있다. 우선 국왕, 고등법원, 귀족의 갈등에 지나치게 초점을 맞춤으로써,

프롱드 난에서 다수를 차지했으며 실제 봉기 현장에서 행동의 전면에 나섰던 존재, 즉 '민중'에 대한 분석을 경시하고 있다는 것이다.[3] 프롱드 난 당시 민중의 활동은 상대적으로 역사가들의 관심을 받지 못했을 뿐 아니라 앞서 언급한 세 세력의 하수인 정도로만 묘사되어 왔다. 또한 이후 전개되는 루이 14세 시대에 들어서면 민중의 정치적·사회적 위치와 역할은 '절대주의'라는 역사 용어 속에 묻혀 그 흔적마저 찾기가 쉽지 않다.

둘째로 주목해야 할 것은 프롱드 난의 가장 큰 실패 원인으로 지적되는 단일한 원칙과 주장의 결여 부분이다. 실제로 귀족들의 이합집산과 고등법원의 우유부단한 태도가 실패의 주요 원인이었음은 부정할 수 없다. 마자랭에 대한 개인적 감정, 군주권에 대한 애매한 태도, 오직 자신들의 권위와 이득만을 고려했던 여러 세력 간의 갈등을 보면 이는 충분히 설득력 있는 설명이다. 하지만 이 사건의 이면에는 17세기 프랑스 사회의 제도적·구조적 문제가 숨어있으며, 이를 해결하려는 새로운 이념과 사고 역시 분명 이 반란에서 찾아볼 수 있다.

17세기 프랑스 사회의 모순을 깊이 인식하고 이를 해결하려는 주체적인 민중의 모습 그리고 그들이 지녔던 단일한 사회 원칙과 새로운 이념을 가장 잘 보여준 사례는 아마도 보르도에서의 느릅나무파Ormée 봉기일 것이다. 그들은 프롱드 난에서 가장 무정부적인 최후의 국면, 소위 '콩데의 프롱드'(1651. 9~1653. 8)라고 불리는 시기에 나타났다. 느릅나무 밑에서 서약을 했다고 하여 느릅나무파라고 불렸던 이 민중들의 봉기는 콩데 공이 자신의 이득을 위해 부추겼다고 알려져 있지만, 실제 양상은 더욱 복잡했다. 느릅나무파의 봉기를 통해 우리는 당시 프랑스의 정치적·사회적 문제를 해결하기 위한 민중의 주체적인 행동을 어느 정도 확인할 수 있을 것이다.

보르도와 느릅나무파

보르도의 정치 상황

17세기 초에 인구가 약 4만 명이었던 보르도는 기옌Guyenne 지역의 정치와 경제 중심지였다. 1648~1653년에 보르도에서는 파리 다음으로 강력한 프롱드 난이 일어났다.[4] 처음 이 반란의 중심에 섰던 것은 고등법원이었다. 다른 지역과 마찬가지로 보르도 고등법원도 지역공동체와 국왕 사이의 갈등을 조정하는 역할을 맡고 있었다. 하지만 루이 14세의 전쟁 개입과 이로 인한 과중한 세금, 마자랭의 후견인과 보르도 총독이었던 에페르농 공작에 대한 분노와 불신은 결국 고등법원을 민중의 편에 서게 했다.[5] 보르도는 프롱드 난 기간에 마자랭과 섭정에 대한 반란을 이끌었던 네 고등법원(파리, 루앙, 엑스) 중 한 곳이었다(《그림 16-3》).

1650년 이후 에페르농은 보르도에서 힘을 잃었다. 하지만 어떤 인물도 이후 총독으로 지명되지 않았다. 1651년 봄이 되자 국왕이 공격을 시작할 것이라는 공포가 보르도에서 확산되기 시작했다. 500여 명의 보르도 시민들은 시청에 모여 콩데 공작의 총독 임명을 위해 고등법원과 시 위원회가 적극적으로 나서야 한다고 요구했다. 결국 고등법원은 새로운 민중봉기를 막기 위해서는 가능한 한 빨리 새로운 총독을 임명해 달라고 국왕에게 요구해야만 했다. 그러나 이와 별도로 고등법원은 민중의 집회와 그들의 주장을 일종의 소요사태로 바라보면서 이들에 대한 탄압도 동시에 추진했다.

이미 1650년부터 생트외랄리 교회 가까이에 있는 느릅나무 아래에서 고등법원의 무능함을 지적하는 사람들의 모임이 있었다(《그림 16-4》).[6] 이러한 움직임에 대해 고등법원은 어느 누구도 허가 없이 도시에서 회합을 가질 수 없다고 엄포를 놓았다. 다행히 1651년 5월 새로운 총독으로 콩데가 지명됨으로써 불안은 사라지는 듯했다. 콩데의 총독 임명은 보르도 프롱드 세력의 승리를 의미하는 것처럼 보였다.

그러나 고등법원에 대한 민중의 불만은 가라앉지 않았다. 콩데가 임명된 지 한 달 후에 고등법원을 비난하는 선동적인 플래카드가 등장했고 고등법원은 이에 대한 조사를 진행했다. 이후에도 유사한 선동 플래카드는 계속해서 내걸렸다. 고등법원은 플래카드를 거는 자들을 평화를 방해하는 자로 여겨 처벌하겠다고 공표했다. 하지만 이러한 고등법원의 억압적 태도는 보르도를 더욱 혼란상태로 빠뜨렸다. 결국 보르도 민중을 대표하는 느릅나무파의 비판은 고등법원의 무능력뿐만 아니라 사법체제의 불합리성과 고등법원의 폐지로까지 확대되기 시작했다.

느릅나무파의 정치관

느릅나무파는 우선 청교도혁명의 수평파Levelers가 1647년과 1649년에 영국인들에게 제시했던 〈인민협정Agreement of the people〉에 크게 영향을 받았다.[7] 이들은 걸인과 하인을 제외한 21세 이상 모든 남성의 선거를 통해 구성된 의회가 프랑스의 최고권력을 위임받아야 한다고 생각했다. 또한 여기에는 양심의 자유, 외국과의 자유무역, 배심원제도 등의 안도 포함되었다. 이들이 영국 모델을 따르려고 했던 것은 명확해 보인다. 특히 느릅나무파가 공화주의를 높게 평가한 데서 이를 확인할 수 있다.

공화주의는 17세기 프랑스에서 프로테스탄티즘과 밀접한 관련이 있었으며, '공화적'이라는 용어는 종종 국왕에 반대하는 사람들을 지칭하는 의미로 사용되고 있었다. 예수회 신부였던 공테리Gontéry는 "이 수단(이단)을 통해 아들은 아버지에게, 아내는 남편에게, 신민은 군주에게, 하인은 주인에게, 대중은 목회자에게 반란을 일으키고 있다"고 언급했다. 당시 공화주의는 적법한 정부의 기초로 여겨졌던 전통적 위계 구조에 대한 거부를 의미했다. 이 점에 있어 고등법원과 느릅나무파는 화해가 불가능했다.

[그림 16-3]
16세기 보르도의 고등법원이 있던 옹브리에르 궁전의 모습이다.
1850년 경 기욤 오귀스트 보르드 소묘, 아돌프 루아르그 판화.

[그림 16-4]

1640년 경에 네덜란드 화가인 헤르만 반 데어 헴이 보르도의 남쪽에서 바라본 서쪽 성벽의 외곽을 그린 것이다. 왼쪽 성안에는 생탕드레 대성당이, 그림 중간 뒤쪽으로는 샤토 뒤 아와 생트외랄리 첨탑이 보인다. 그 첨탑 뒤에 바로 느릅나무파가 모였던 연단이 있었다. 오스트리아 국립도서관, 빈.

두 번째로 언급해야 할 것은 그들이 지녔던 '사회적'인 것에 대한 사고이다. 1652년 7월 〈보르도의 느릅나무파 연맹Articles de l'union de l'Ormée en la ville de Bordeaux〉은 이러한 생각을 잘 보여준다. 그들이 여전히 국왕과 총독인 콩데에 대해 충성심이 높았던 것은 틀림없다. 하지만 느릅나무파는 궁극적으로 고등법원과 시 위원들의 권력을 축소시키고 도시 운영에 적극적으로 개입하고자 노력했다. 또한 형제회 혹은 동업조합의 규약 방식으로 오늘날 '사회적'이라고 부르는 조치, 즉 병든 회원에 대한 원조, 과부와 고아에 대한 부조, 무이자 대출, 실업자들을 위한 일자리 제공과 같은 사업들을 추진하고자 했다.

느릅나무파는 주로 장인과 소부르주아들로 구성되어 있었다.[8] 그들은 선거권과 같은 정치적 문제보다 공공선le bien public, 즉 공동체 생활의 기반인 기독교의 자선과 사회 정의에 큰 관심을 보였다. 〈보르도의 느릅나무파 연맹〉에 적혀있는 "형제와 같이 서로 사랑하고 보호하며, 예수 그리스도 안에서 평화롭게 살아야 한다"는 말은 이를 잘 나타낸다.[9] 이러한 생각은 국왕이나 고등법원이 공공복지를 위해 더 노력해야 한다는 요구로 나타났다. 그들은 "국가가 잘못 운영되고 있으므로 사태가 더 심각해지기 전에 뭔가를 해야 한다"고 생각했으며, 이는 자연스럽게 '사회의 도덕적 갱생'을 위한 정치적 행동으로 이어졌다.

세 번째로 우리의 주의를 끄는 것은 고등법원에 대한 느릅나무파의 시각을 반영하는 1652년 7월의 〈보르도인 선언Le manifeste des Bordelais〉이다. 몇몇 급진주의자가 작성한 것으로 보이는 이 선언은 법원에 대한 그들의 깊은 반감을 잘 보여준다. 특히 자유를 침해하고 공공선을 무시하던 당시의 정치적·사법적 위계 구조에 대한 비판은 눈여겨볼 만하다.

선언문에는 공정한 재판에 대한 요구와 왜 그들이 새로운 법원을 만들어야 하는지에 대한 이유가 적혀있다. 선언문에 따르면 그들이 창설할 법정에서는 기존의 변호사나 검사, 즉 소송과정을 부패하게 만든다고 여겨지는 인사들은 배제되고, 소송이 제기된 지 24시간 내에 느릅나무파가 선택한 재판관들이 판결을 내리게 되어있다. 이러한 조치는 보통의 시민들이 재판에 용이하게 접근할 수 있게 만들기 위함이었다. 또한 이 선언문은 부정부패의 주범으로 수수료를 낼 수 없는 사람들을 배제해 온 고등법원을 지목했다. 그들은 고대 아테네인들이 법원이었던 아레오파구스에게 주었던 권한을 회수한 이유도 여기에 있었다고 보았다. 즉 아레오파구스가 평등한 재판보다는 자신들의 사익에 더욱 관심을 기울이는 행동을 했기 때문이라는 것이다.

이 문서에서 느릅나무파는 "보르도 시민들은 공공선에 대해 다른 누구보다도 더 열정적이다. 그들은 사슬을 끊기 위해, 수백 년 동안 잃어버렸던 자유를 프랑스에 되돌려주기 위해 지속적으로 노력해 왔다"고 하면서 그들의 모든 행동이 공공을 위한 것이라고 강조했다. 이처럼 잃어버린 자유와 공공선에 대한 관념은 당시의 사법 구조에 대한 느릅나무파 비판의 이론적 토대가 되었다.

느릅나무파와 고등법원

갈등

1652년에 느릅나무파의 피에르 드 라르티그Pierre de Lartigue가 작성한 문서 〈느릅나무파를 위한 변호Apologie pour l'Ormée〉는 이 집단이 반란을 일으킨 이유를 다음과 같이 설명하고 있다.

강제 징수, 강제 기부금 등으로 고통받는 사람들이 빈번하게 집회를 열고 있다. 느릅나무파라는 이 정직한 사람들은 이미 재산을 도둑맞았다. 하지만 그들은 자신들의 자유까지 도둑질당하지는 않을 것이다.

'고등법원의 프롱드' 시기에 보르도 시민들은 마자랭과 에페르농을 제거해야 한다는 단일한 목적하에 고등법원을 지지했다. 그러나 원래 보르도 시민들은 고등법원에 대해 깊이 신뢰하지 않았다. 즉 그들은 고등법원이 외부의 적으로부터 자신들을 보호해 줄 것을 기대했지만 만약 고등법원이 성과를 내지 못했을 때는 강하게 불만을 드러내곤 했다. 실제로 보르도 시민들은 시간이 흐른 뒤에도 가시적인 성과가 나타나지 않자 법원에 대한 반대 입장을 취하기 시작했다.

또한 고등법원 법관들의 배신도 보르도 시민들을 크게 실망시켰다. 당시 〈기옌으로부터의 통신Le Courier de la Guyenne〉에 따르면 적지 않은 고등법원 인사들이 도시를 떠났고 국왕이 지배하던 아젱Agen으로 넘어가 국왕 편이 되었다고 한다. 이에 느릅나무파는 국왕의 개입과 간섭으로부터 시민을 보호해야 할 고등법원이 그들의 신뢰를 역으로 이용하고 있다고 비판했다.

라르티그는 느릅나무파의 집회에 대한 고등법원의 금지 명령이 정당하려면 느릅나무파가 무장을 했거나 비밀리에 회합을 열었어야 했다고 생각했다. 하지만 그들은 모두에게 영향을 미치는 사안, 예를 들면 고등법원의 잘못된 공적 자금 운영과 같은 문제를 토론하기 위해 공개적인 장소에서 만나고 있었다.[10] 따라서 그들을 억압하려는 법원의 시도는 진실을 감추기 위한 행동에 불과했다. 라르티그는 다음과 같이 말했다.

폭군들과 사악한 법관들은 공공집회를 그들의 악행에 대한 비난으로 생각하고 있다.……이들은 대중을 항상 무지한 상태로 두기 위해 노력한다. 만약 사람들이 그들의 부정부패를 밝히기 위해 모인다면 그들은 두려움을 느낄 것이다. 느릅나무파의 노력으로 진실이 드러나고 있다. 느릅나무파는 고등법원의 해체를 위해 단결하고 있다. 느릅나무파의 회합에 대한 고등법원의 공격은……대중의 자유를 질식시키는 행위이다. 반대로 느릅나무파의 회합은 공동체, 대중의 이익, 법 특히 가장 강력하고 가장 오래된 자연법, 그리고 모든 사람들이 부여하는 권위에 기반을 둔 활동이다.

고등법원에 권위를 부여해 주었던 사회의 위계질서는 공동체의 이익과 상충하는 것이었다. 공공의 이익을 대변하는 느릅나무파와 사익을 추구하기 위해 부정부패를 일삼는 고등법원이라는 담론이 느릅나무파의 집회를 통해 도시 전체에 퍼지기 시작했다.

더 나아가 〈느릅나무파를 위한 변호〉는 고등법원에 지불해야 하는 비용에 대해서도 문제를 제기했다. 이 문서는 고등법원 인사들이 보르도에서 가장 부유한 사람들이며, 법원에 대한 접근은 소송 비용을 낼 수 있는 사람들만 가능했다고 말하고 있다. 느릅나무파는 고등법원이 정의를 추구하기보다 부의 추구에 몰두하고 있으며, 이것은 단순히 몇몇 부패한 법관의 문제가 아니라 사법제도 전체의 문제라고 생각했다. "선량한 시민, 진정한 프랑스인"으로 구성된 느릅나무파는 공공의 이익을 위해 활동하고 있지만, 고등법원은 자신들의 탐욕과 야망을 위해 대중으로부터 돈을 쥐어짜내는 기구라는 것이었다. 돈과 정의가 분리되어야 한다는 것, 그것이 느릅나무파의 인식이었다.

대립과 충돌

1652년 봄에 느릅나무파와 고등법원은 직접 충돌하기 시작했다. 4월에 고등법원은 느릅나무파가 시청 근처에서 모이는 것을 금지하겠다고 엄포를 놓았고 이에 맞서 느릅나무파는 9명의 고등법원 법관에게 보르도를 즉시 떠나라고 요구했다. 5월 13일 고등법원은 불법 회합을 금지한다는 최종 명령을 내렸다. 이때에도 느릅나무파는 부르주아들이 향후 법원을 도와줘서는 안 되며 만일 그럴 경우 배신자로 간주해 도시에서 추방할 것이라고 맞대응했다.

1652년 6월에 고등법원과 느릅나무파의 상황은 물리적 폭력으로 치달았다. 6월 3일 느릅나무파는 법관들의 집 주위로 몰려들었다. 그들은 법관들의 목록을 작성한 후 추방하겠다고 위협했다. 6월 7일 느릅나무파는 시청에 모여 고등법원이 자신들을 위해 일해야 한다고 주장했다. 이것은 확실히 고등법원에 대한 도전이었다. 6월 9일 밤, 상류층 거주 지역이었던 샤포루즈에서 양 세력이 충돌했다. 그리고 6월 24일 아침 느릅나무파는 다시 집회를 가졌고 시 위원이었던 기로Guiraut는 이에 맞서 500명을 무장시켰다. 느릅나무파는 바리케이드를 치면서 저항했고 결국 무장군은 후퇴하고 말았다. 6월 25일 약 4천 명의 느릅나무파가 시청을 장악했고, 무기고를 습격한 후 거리 행진을 전개했다. 법관들의 집이 불탔으며, 14명의 법관이 보르도를 떠나야만 했다.

1652년 6월 25일의 봉기를 통해 느릅나무파는 보르도에서 권력을 장악했다. 이후 느릅나무파의 주도하에 500인 의회와 30인 참사회가 구성되었다. 콩데를 도왔던 에스파냐가 자신들의 동맹이라는 것을 나타내기 위해 그들은 모든 종탑 위에 붉은 깃발을 게양했다.[11] 9월에 법률가였던 피에르 비야르Pierre Villars와 크리스토프 뒤르테스트Christophe Dureteste와 같은 느릅나무파 극단주의자들은 자신들의 대의명분에 반대하는 자들을 위협하기 위해 공공장소 네 곳에 교수대를 세웠다.

하지만 콩데와 그의 지지자들은 이런 느릅나무파의 행동에 두려움을 느끼기 시작했다. 그들이 요구한 관직 매매 폐지와 시정 참여는 분명 사회의 위계질서에 대한 도전이었기에 콩데가 이를 받아들일 수는 없는 노릇이었다. 그는 느릅나무파의 활동을 자제시키기 위해 비야르에게 다음과 같은 글을 보냈다. "그들은 고등법원에 존경심을 지녀야 하며, 고등법원의 뜻에 부합하게 행동해야 한다. 위엄 있는 기구의 권위에 맞서는 행동은 삼가야 한다.……그리고 무엇보다도 내 형제 콩티의 명령도 없이 회합을 가질 정도로 대담하게 굴어서는 안 된다." 다른 한편으로 콩데는 필요한 경우 느릅나무파를 회유할 수밖에 없다고 생각했다. 그는 부르고뉴의 법복귀족 출신이자 전략가였던 피에르 르네Pierre Lenet에게 1652년 7월 3일 다음과 같이 지시했다.

만약 협상, 수완 혹은 어떤 다른 수단으로도 느릅나무파를 만족시킬 수 없다면 그들의 편에 서야 한다. 그들이 보르도에서 추방당하게 해서는 안 된다. 하지만 이것은 최후의 수단이다.

1653년 6월과 7월에 보르도는 유사한 환경에 처했던 다른 도시들과 같은 운명을 맞이했다. 한편으로는 국왕과의 공모자를 체포하기 위해 필사적으로 노력했지만, 다른 한편으로는 국왕군에 항복해야 한다는 의견도 힘을 얻고 있었다. 7월 10일에 한 상인이 "지금이 바로 평화를 위한 최적의 시기"라고 말했다는 이유로 체포되자 루셀 지역과 뇌브 거리에서 민중이 들고일어나 그의 석방을 요구했다. 더 나아가 7월 19일에는 200~300명의 청년이 느릅나무파를 추방하고 군대를 철수시킨 후 국왕군과 평화협상을 시작하라고 콩티에게 요구하기도 했다.

느릅나무파 내부적으로도 비야르와 뒤르테스트의 극단주의에 반대하는 온건파가 세를 얻어가면서 분열 양상이 나타나고 있었다. 1653년 봄에 콩데의 노선을 따르던 비야르와 뒤르테스트는 에스파냐와 유대를 강화해 위급한 시기에 도움을 요청하려고 했다. 그러나 온건파들은 국왕의 적들과 연대하는 것은 위험한 것이라고 생각했다. 신교도들은 에스파냐가 아니라 잉글랜드에 지원을 요청해야 한다고 주장했다. 그러나 불행히도 1653년 4월에 크롬웰에게 보낸 특사는 아무런 성과도 없이 돌아오고 말았다.

이러한 상황에서 느릅나무파는 국왕군의 공격에 효율적으로 저항하지 못했다. 해군 총감이었던 방돔Vendôme 공작의 명령에 따라 보르도를 진압하기 위한 함대가 도착했다. 함대는 가론강과 도르도뉴강이 합류하는 곳까지 진격했고 수로를 통한 물자 공급을 막았다. 에스트라드Estrades 백작은 1653년 7월 콩데가 에스파냐에 양도했던 부르그쉬르지롱드와 리부르느를 점령했다. 보르도는 포위되었고 싸움을 계속한다는 것은 불가능했다. 결국 1653년 7월 29일 평화조약이 체결되었다. 느릅나무파 의회는 폐쇄되었고, 300여 명의 느릅나무파 성원들은 보르도에서 추방당했다. 지도자였던 뒤르테스트 역시 1년 후에 처형당했다.

봉기의 성격과 실패 원인

느릅나무파는 프롱드 난 시기 가장 급진적인 주장과 행동을 전개한 세력일 것이다. 이런 이유로 역사학자들은 이들에 대해 많은 관심을 기울였다. 하지만 느릅나무파 봉기의 특징과 그 실패 원인에 대해 합의를 보기는 쉽지 않다. 여기서는 몇몇 역사가의 주장을 간략히 살펴보는 데 만족하도록 하자.

우선 느릅나무파의 봉기에 대해서는 '정치적' 투쟁인가 '사회적' 투쟁인가라는 주장으로 크게 갈린다. 정치적 투쟁의 관점에서 보았던 학자로는 에른스트 코스만Ernst Kossmann과 오레스트 라눔Orest Ranum을 들 수 있다.

코스만은 당시 고등법원의 태도를 다음과 같이 분석했다.

> 절대주의 옹호자, 보수주의자로 남을 것인가 아니면 정치적 급진주의를 수
> 용할 것인가의 선택 속에서 고등법원은 이런 싸움이 아무 이득도 없으며 끝
> 이 보이지 않는 일이라고 생각했다. 고등법원은 대중의 혁명정신을 점화하
> 는 이러한 갈등이 지속되느니 차라리 국왕과 평화를 맺고 싶어 했다. 민중
> 은 배신감을 느꼈고 고등법원을 공격 대상에 포함시켰다.

이처럼 코스만은 느릅나무파의 지나친 급진성이 오히려 국왕과 고등법
원을 화해하게 만들었다고 보았다. 이 관점에 따르면 프롱드 난은 권력을
둘러싸고 전개된 정치적 갈등에 불과한 것이 된다. 라눔 역시 같은 입장을
취했다. 더 나아가 그들은 프롱드 난이 발생한 도시에서는 정치적 갈등이
일상적인 것이었다고 주장했는데 이것은 프롱드 난의 초기 단계에서부터
나타난 경제적·사회적 함의와 의제를 경시하는 태도라고 할 수 있다.

이에 반해 살 알렉산더 웨스트리히Sal Alexander Westrich는 느릅나무파의
봉기를 사회적 함의를 가진 정치적 투쟁이 아니라 정치적 함의를 가진 사
회적 투쟁으로 보아야 한다고 주장했다. 그는 소상점주, 장인, 하급 관리
들이 귀족의 착취와 국왕의 과도한 세금으로부터 스스로를 보호하기 위해
반란을 일으킬 수밖에 없었던 이유를 강조했다. 실제로 느릅나무파는 보
르도의 사회적 계층화 그리고 하층계급의 정치적 성숙과 관리 능력을 보
여주었다. 그는 느릅나무파가 사회적 갈등관계 속에서 등장했으며, 보르
도 사회를 하층계급에 유리하게 만들려는 의도에서 봉기를 전개했다고 지
적했다. 이러한 분석은 느릅나무파의 봉기를 순수하게 정치적인 사건 혹
은 군주권의 확장에 대한 지방의 대응에 불과하다는 해석에서 벗어나 그
들의 활동을 사회적 관점에서 볼 수 있게 해주었다. 물론 코스만, 라눔과

웨스트리히의 해석상 차이점은 동전의 양면일 수도 있다. 실제로 이들 모두는 '정치적', '사회적'과 같은 이분법적 구도로 느릅나무파 봉기를 해석하지는 않았다. 다만 어느 측면에 더 강조점을 두어야 하는지에 대해 다른 의견을 가지고 있었을 뿐이었다.

두 번째 문제는, 봉기의 실패 이유이다. 이에 대해 웨스트리히는 "느릅나무파의 목표는 보르도를 중앙 군주의 통제에서 벗어나게 하는 것이었으며 더 엄밀히는 지방 과두제, 특히 고등법원 권력에 대한 저항에 있었다"고 주장했다. 그러나 둘 모두와의 싸움에서 느릅나무파는 패배할 수밖에 없었다. 웨스트리히는 그 이유를 다음과 같이 말한다.

국왕과 싸우기 위해서 느릅나무파는 고등법원과 동맹을 맺어야만 했고, 고등법원과 싸우기 위해서는 국왕과 손을 잡아야만 했다. 그러나 당시의 상황 속에서 그들은 어느 쪽도 선택하지 못했다. 느릅나무파가 국왕과의 타협을 추구하려면 자신의 유일한 동맹인 콩데 공을 희생시켜야만 했다. 또한 고등법원과 협상하기 위해서는 그들의 사회적 개혁을 포기해야만 했다. 그래서 느릅나무파는 고등법원과 싸우면서 국왕과도 싸워야 했다. 그들은 이들 가운데 어느 하나도 패배시키지 못했다.

물론 여기에는 앞서 본 것처럼 콩데의 소극적인 지지와 느릅나무파의 급진성에 대한 도시민들의 거부감도 실패 원인으로 추가되어야 할 것이다.

한편 17세기 프랑스의 도시 반란을 총체적으로 연구했던 윌리엄 벡 William Beik은 느릅나무파 봉기의 전개과정에 주목했다. 그는 "봉기는 즉흥적이었지만 시간이 흐르면서 지방적 경험과 한계를 벗어나 성장했고 마침내 사태가 어떻게 전개되어 나갈지에 대해 그들은 충분히 예측하고 있었다"고 말했다. 이것은 느릅나무파가 단순히 국왕의 지배와 고등법원의 권위에 대한 도전을 넘어 좀 더 자신들의 운명을 스스로 개척하는 방향으로 나아갔다는 것을 의미한다. 다만 벡이 보기에 느릅나무파는 좀 더 많은 사람이 받아들일 만한 정치·경제적 프로그램을 만들어서 사회적 계층의 차이에서 오는 갈등을 해결했어야 했다. 물론 그런 시도가 없었던 것은 아니었지만 실제로 구체제의 위계적이고 불평등한 구조하에서 이는 쉽지 않은 일이었다.

또한 느릅나무파는 보르도 고등법원과 그들의 동료 시민들 사이의 복잡한 관계를 제대로 파악하지 못했다. 느릅나무파가 도시 운영에 대한 비판으로 그들의 운동 방향을 돌렸을 때 고등법원은 불가피하게 공격 대상이 될 수밖에 없었다. 느릅나무파의 행동과 말은 사법체제와 법관들에 대한 당시의 민중적 시각을 잘 보여주고 있다. 고등법원이 매우 이중적인 태도를 보였다는 점, 그리고 고등법원과 느릅나무파의 관계가 생각만큼 유대가 깊지 않았다는 점도 실패 원인의 하나로 지적할 수 있다. 더 나아가 고등법원은 공공서비스, 공공선 혹은 지방적 의무감에 대한 인식이 부족했다. 고등법원은 오직 느릅나무파를 통해 나타난 민중정치의 급진성에만 촉각을 곤두세우고 있었다. 그 결과 프롱드 난 이전 국왕의 권력에 대해 비판적이었던 고등법원은 봉기 이후 민중의 힘이 커지자 다시 국왕과 손을 잡으려고 시도했다. 보르도의 이러한 내부 분열은 국왕군의 진압을 용이하게 만들었다.

더 필요한 시간

프롱드 난의 초기 단계인 1648~1649년에 고등법원은 국왕의 권력에 대한 반란의 중심에 서있었다. 고등법원은 과세 문제를 넘어 지사나 총독과 같은 정치권력의 힘을 제한하려고 노력했다. 그러나 1650년 말에 마자랭이 이끄는 국왕군이 연승을 거두고, 프롱드 세력들이 분열함으로써 반란은 실패로 돌아가는 듯했다. 이때 봉기의 중심지로 떠오른 곳이 바로 보르도 였다.

보르도는 1651년 9월 22일 콩데 공과 그의 추종자들에게 도시의 문을 열어주었다. 콩데 공은 이곳에 자리를 잡고 에스파냐와 동맹을 맺었으며, 일부 지방의 봉기를 부추겼다. 하지만 보르도의 내부 사정은 복잡했다. 특히 느릅나무파로 대변되는 민중세력과 고등법원으로 대변되는 보수세력의 갈등은 매우 심각한 수준이었다. 콩데 역시 이 두 세력에 대해 모호한 태도를 취할 수밖에 없는 상황이었다. 고등법원은 느릅나무파의 집회를 공개적으로 반대하고 나섰으며, 느릅나무파도 고등법원 법관들을 적으로 지목해서 보르도를 떠나도록 만들었다. 1654년 12월 국왕이 보르도에 평화를 재확립하고 나서야 고등법원 법관들은 다시 돌아올 수 있었다.

여기에서 주목해야 할 지점은 과거에는 보르도 공동체에서 나름 민중의 지지를 받던 고등법원이 왜 반란의 순간에 공격과 분노의 대상이 되었는 가이다. 가장 큰 이유는 당시 민중들의 주장을 고등법원이 강력하게 반대하고 나섰기 때문이었다. 프롱드 난 시기에 나타난 민중들의 행동은 분명 국왕, 귀족, 법관들과는 달랐다. 생존 문제와 긴밀히 연결되어 있던 민중들의 요구는 더 절박했으며, 그들의 행동과 이념은 더 급진적이었다. 느릅나무파의 공화주의, 평등주의는 이를 잘 보여준다.

하지만 17세기 중엽 프랑스 지배층은 이런 그들의 주장을 받아들일 만한 준비가 되어 있지 않았다. 고등법원 법관들이 프롱드 난에 참가한 것은 자신들의 권력과 권위를 과거의 위계질서 안에서 찾으려고 했던 것이지 결코 그 이상은 아니었다. 프롱드 난은 어떤 공통된 사상을 바탕으로 해서 전개된 운동이 아니었다. 어찌 보면 그것은 단순히 정치권력을 장악하기 위한 여러 이익집단들의 투쟁이었는지도 모른다.

그런 양상은 프롱드 난에 참가한 모든 세력에게서 나타났다. 귀족과 법관들은 국왕의 세력을 굴복시키기가 쉽지 않다고 판단했을 때 자발적으로 복종의 길을 선택했다. 민중 역시 공화주의에 대한 심도 있는 이해가 부족했으며, 싸움이 장기화할수록 초심을 잃고 평화를 갈망하기 시작했다. 귀족과 법관들이 국왕과 타협하면서 등을 돌리자 민중들은 한편으로는 극단적인 폭력성을 보여주었지만 다른 한편으로는 두려움을 느낀 채 타협의 길을 모색해 나갔다.

비록 민중이 보르도시 운영에서 기대 이상의 놀라운 능력을 보여주었지만, 그것이 그들의 높은 정치의식을 의미하는 것은 아니었다. 공화주의, 평등주의와 같은 사상과 관념을 현실화하기에는 아직 시간이 더 필요했는지도 모른다. 민중들이 제기했던 이러한 급진적 요구는 이후 프랑스의 역사에서 '프랑스혁명'이라는 이름으로 다시 분출하게 된다.

17
1715년 9월:
'위대한 세기'의 종말, 루이 14세의 죽음

이영림

루이 14세의 부활

1715년 9월 1일 아침 8시 15분, 루이 14세가 사망했다. 재위 72년, 친정 54년 동안 이어진 그의 장기 치세가 끝나며 '위대한 세기'라 불리던 17세기도 막을 내렸다.

루이 14세는 1638년 9월 5일 생제르맹성에서 태어나 1643년 5월 14일 만 4세의 나이로 왕위에 올랐다. 1660년 22세가 되던 해에 피레네조약에 서명한 뒤 동갑내기인 에스파냐 왕 펠리페 4세의 딸 마리 테레즈와 정략결혼을 했다. 1661년 수석 대신 마자랭의 사망 후 친정을 시작했을 때 그의 나이는 23세였다. 1666년 모후를 잃고 1683년 왕비가 사망하면서 그는 홀로 되었다. 63세가 된 1701년에 동생인 오를레앙 공작이 먼저 세상을 떠났다. 1711년 하나밖에 없는 아들이 죽은 뒤 그에게 연이어 비극이 몰아닥쳤다. 1712년부터 손자들과 증손자들이 차례차례 사망했던 것이다. 에스파냐 왕이 된 손자 펠리페 5세와 자신의 후계자가 될 증손자를 제외하고 그는 아들과 손자들 모두보다 오래 살았다.

유럽에서 그토록 오래 통치한 왕은 없었으며 프랑스에서 그렇게 나이 많은 왕도 없었다. 살아생전에 그만큼 모두로부터 주목을 받은 군주도 드물다. 루이 14세의 존재감은 국외에서 더욱 뚜렷하게 부각되었다. 37년간 전쟁을 치른 그는 종종 직접 말을 타고 전장을 누비며 전 유럽인들에게 스스로를 전사-왕으로 각인시켰다. 다른 한편 그는 베르사유에 새로운 우주를 건설하고 고도의 궁정문화를 재창조함으로써 역대 군주 중 유례가 없을 정도의 권위를 누리며 절대군주의 모델이 되었다.

300년이 지난 오늘날에도 루이 14세는 베르사유와 함께 프랑스인들뿐 아니라 전 세계인들에게 기억되고 있다. 특히 2015년, 루이 14세는 마치 부활한 듯하다. 그의 죽음 300주년을 맞이하여 프랑스의 각종 신문과 잡지들이 경쟁적으로 루이 14세를 다루고 캐나다의 프랑스어 방송은 〈베르사유〉라는 제목의 드라마를 방영했다. 역사가들도 또다시 루이 14세에게 관심을 집중하면서 루이 14세와 그의 치세를 재조명하는 연구 성과를 쏟아냈다.

물론 1980년대 이후 정치사 부활과 문화사의 맥락에서 루이 14세의 궁정문화가 연구되면서 절대군주정의 실체와 왕의 인간적 측면, 그리고 왕실 가족의 일상은 구체적으로 밝혀졌다. 그러나 2015년 루이 14세를 기념하는 방향과 방식은 이전과 사뭇 달랐다. 문자 그대로 왕의 죽음 자체에 주목했다.

베르사유성 박물관이 2015년 10월 27일부터 2016년 2월 21일까지 '왕이 서거하셨도다Le roi est mort'라는 제목의 전시회를 개최하며 그러한 경향을 주도했다. 이 전시회는 다양한 흔적들을 모으고 되살려 루이 14세의 임종에서 그가 무덤에 묻히는 순간까지를 재현하는 어려운 작업에 성공했다. 영화감독 알베르 사라Albert Sarra는 상상력과 첨단기술 장치 덕분에 같은 주제를 훨씬 과감하게 다룰 수 있었다. 2015년 제작되어 2016년 5월 칸 영화제에서 공식 초청작으로 시사회를 연 그의 영화 〈루이 14세의 죽음La mort de Louis XIV〉에서 카메라는 시종일관 고독하게 그러나 의연하게 죽음을 맞이하는 늙은 왕의 모습을 추적한다.

역사가들도 루이 14세의 임종 순간을 재구성하며 그 시점에서 거꾸로 그의 치세를 재조명했다. 나아가 루이 14세 사후 프랑스의 운명, 특히 그가 18세기 프랑스 정치에 미친 영향을 분석했다. 루이 14세는 프랑스 역사에서 어떤 의미를 지니는가? 그와 함께 사라진 것은 무엇이며 또 그가 남긴 것은 무엇일까? 루이 14세의 위대한 세기와 18세기의 연속성과 단절, 그리고 프랑스 역사 전체에서 그가 차지한 위치를 파악하기 위해서는 그의 치세 전체를 포괄적으로 이해할 필요가 있다. 그러기 전에 죽음을 앞둔 시점에서 루이 14세가 행한 마지막 선택 또한 되짚어 볼 만한 문제이다. 한 인간에게 임종은 지극히 사적인 순간이지만, 왕의 임종은 정치 영역에 깊숙이 연루될 수밖에 없었기 때문이다.

너무나도 인간적인 마지막

영화 〈루이 14세의 죽음〉은 2016년 10월 부산국제영화제에서 상영된 바 있다. 감독 알베르 사라는 루이 14세 시대의 궁정 귀족이었던 당조와 생시몽의 기록에 의존했다. 루이 14세의 친구이자 동갑인 당조는 1684년 4월 1일부터 시작해서 1720년 사망 직전까지 기록한 《루이 14세의 궁정 일기》를 남겼다.

카드놀이에 능한 데다 테니스 실력 또한 수준급이었던 당조는 루이 14세의 놀이동무였다. 게다가 글을 잘 써서 루이 14세의 연애편지를 대신 써 줄 정도로 왕과 친밀한 사이였다. 이렇듯 누구보다 가까이에서 루이 14세의 곁을 지킬 수 있었던 당조는 루이 14세의 행적을 하루하루 있는 그대로 기록했다. 그의 일기는 건조하고 간결했지만 그는 종종 루이 14세를 영웅으로 간주하거나 그의 관대함과 세련된 매너를 칭송하는 표현을 서슴지 않았다. 특히 죽음에 임박해서도 강인함과 의연함을 유지한 루이 14세의 모습을 장황하게 묘사하며 찬사를 아끼지 않았다.

같은 시기 궁정 생활의 또 다른 목격자인 생시몽의《회고록》은 여러 면에서 당조의《궁정 일기》와 대조적이다. 우선 당조의 일기는 생시몽이 당시의 신문《가제트*Gazette*》를 읽는 것 이상의 의미가 없다고 혹평할 정도로 무미건조한 게 사실이다. 반면《회고록》에서 생시몽은 루이 14세의 일거수일투족을 마치 살아있는 사람처럼 생생하게 묘사하는 동시에 그의 심리를 예리하게 분석했다. 글쓰기 차원보다 더욱 중요한 것은 루이 14세를 바라보는 두 사람의 시선의 차이다. 당조의《궁정 일기》가 루이 14세를 향한 '용비어천가'라면, 생시몽의《회고록》은 루이 14세를 경멸하고 비난하는 가시 돋친 독설로 가득 차 있다. 이는 두 사람의 문체나 성격의 차이가 아니라 루이 14세와의 관계에서 설명될 문제이다.

루이 14세의 절친한 친구였던 당조와 달리,

[그림 17-1]
국무참사들과 청원심사관들 앞에서 국새를 쥐고 있는 루이 14세, 1672, 익명.

[그림 17-2]
〈루이 14세의 초상화〉, 야생트 리고, 1701, 루브르박물관.
1700년 에스파냐의 왕이 되어 떠난 손자에게 보내기 위해
주문한 이 초상화에서 루이 14세는 프랑스 왕국의 상징물
에 둘러싸여 군주로서의 권위와 품위를 한껏 뽐내고 있다.

생시몽은 두 사람보다 37세나 밑인 1675년생이다. 고위 귀족인 아버지 덕분에 그는 일찍부터 궁정에 진출할 수 있었으나 왕의 총애를 얻는 데 번번이 실패했다. 그로 인해 그는 출셋길에 오르지 못했을 뿐 아니라 모든 정치적 야망이 좌절되었다. 1723년 이후 자신의 성에 칩거하면서 《회고록》 집필에 몰두한 그는 그 속에 루이 14세에 대한 모든 불만과 원망을 쏟아내었다. 구체적인 사건과 시점에 관해서는 당조의 《궁정 일기》를 참조했음에도 불구하고, 생시몽의 《회고록》이 당조의 그것과는 달리 루이 14세에 대한 평가에 극도로 부정적인 것은 그 때문이다. 하지만 그런 생시몽조차 죽음에 직면해서 진솔하게 자신의 잘못을 뉘우치는 루이 14세에게 연민과 존경을 표했다.

루이 14세의 건강이 극도로 악화된 것은 1714년부터였다. 물론 그는 이미 오래전부터 온갖 질병을 앓았다. 무엇보다 그를 괴롭힌 것은 1682년에 발병한 통풍이었다. 통풍으로 몸을 뒤뚱거리며 걷게 된 그는 점차 휠체어에 의존하는 시간이 길어졌다. 63세가 되던 1701년 "3월 9일, 왕의 발, 특히 왼쪽 엄지발가락에 통풍이 왔다. 9일에서 10일 밤은 불안하게 지나갔다. 왕은 통증을 못 이겨 잠에서 깼고 발과 다리가 붉은색으로 변해 퉁퉁 부어올랐다. 왕은 3일간 들것에 실려 미사를 보러갔다." 1711년 세자의 갑작스런 사망은 그에게 마지막 일격을 가했다. 그때부터 왕은 거의 몸을 가누지 못했다.

시종들과 궁정인들은 모두 이 사실을 눈치챘지만 아무도 발설하지 못했다. 루이 14세는 자신의 건강상태가 극도로 나빠졌음을 알았으나 관례대로 자신의 일정을 소화해 냈다. 1715년 6월 8일 성신강림 축일 전날에도 거의 기력이 없는 상태였던 루이 14세는 연주창 환자들의 발을 씻겨주는 행사를 끝마쳤다. 이날 왕이 만난 사람은 모두 1,700명이었다. 온갖 부류의 사람들이 몰려들고 유럽 각처, 특히 에스파냐에서 온 사람들도 꽤 있었다.

그러나 8월 9일 잠시 별궁 마를리에 다녀온 후 루이 14세는 두 번 다시 걷지 못했다. 13일 페르시아 대사를 접견하는 공식 행사도 왕의 침실에서 치러졌다. 8월 22일 목요일, 루이 14세의 건강은 훨씬 악화되었다. "왕은 실내복 차림으로 저녁 식사를 할 때만 간신히 침대에서 일어났으며, 의사들이 같은 침실과 옆방에서 잠을 잤다. 결국에는 더 이상 고체로 된 음식을 삼키지도 못했다."

8월 26일 월요일, 전혀 호전되지 않은 상태에서 루이 14세는 친견권을 지닌 사람들이 지켜보는 가운데 침대에서 점심 식사를 했다. 식탁이 치워지자 왕은 그들을 가까이 다가오게 했다. 그리고는 궁정인들에게 작별을 고하며 당부했다.

신사 여러분, 짐이 여러분에게 범한 잘못을 용서해 주기 바랍니다. 여러분이 내게 베풀어 준 친절과 사랑과 충성심에 짐은 깊이 감사를 드립니다. 여러분을 위해 짐이 하고 싶었던 것을 하지 못해 유감스럽습니다. 불행한 시간 때문에 그렇게 되었습니다. 짐에게 보여주었던 열정과 충성심을 짐의 손자에게도 똑같이 베풀어 주기를 부탁합니다.

루이 14세가 위대한 군주로서의 풍모를 보였다고 생시몽이 감탄한 것은 바로 이 대목에서다. 그는 조금도 자만심을 보이지 않았을 뿐 아니라 죽음에 임박해서도 공포심이나 육체적 고통을 전혀 드러내지 않았다.

잠시 후 루이 14세는 가정교사인 방타두르 공작 부인에게 세자를 데려오라고 했다. 그는 어린 세자를 침대 끝에 앉힌 뒤 마지막 유언을 남겼다.

아가, 너는 위대한 왕이 될 것이다. 건축물에 탐닉했던 짐의 취향을 닮지 말거라. 전쟁을 좋아하는 점도 닮지 말라. 그와는 정반대로 이웃 나라와 화친

하도록 노력하라. 신의 은혜에 보답하라. 신에 대한 의무를 잊지 말라. 백성으로 하여금 신을 경배하게 하라. 항상 좋은 충고를 따르라. 백성의 짐을 덜어주려고 노력하라. 애통하게도 짐은 그렇지 못했느니라. 방타두르 부인의 은혜를 잊지 말라.

자기 과시에 사로잡힌 나머지 전쟁과 건축에 탐닉했던 자신의 과오를 고백하며 백성을 걱정하는 루이 14세는 오만한 독재자이기는커녕 영락없는 자애로운 군주의 모습이다.

8월 31일 토요일, 밤새도록 의식을 찾지 못한 왕의 고통은 9월 1일 아침 8시 15분에 끝이 났다. 그때부터 11월 28일까지 루이 14세의 장례 절차가 이어졌다. 그의 장례식은 앙시앵 레짐 역사상 가장 호사스럽게 치러졌다. 9월 4일, 왕의 장기가 파리 노트르담으로 옮겨졌다. 6일, 관례대로 왕의 심장이 도려내져 예수회 수도원에 안치되었다. 9일, 왕의 시신을 실은 운구 행렬이 베르사유를 떠나 천천히 불로뉴 숲을 지난 다음 역대 왕들의 시신이 보존되어 있는 생드니 성당을 향했다.

1715년 10월 23일 생드니 성당에서 레퀴엠이 장엄하게 울려 퍼지는 가운데 장례식이 거행되고 이어 11월 28일 노트르담에서 다시 한번 거행되었다. 이날 클레르몽의 주교 장바티스트 마시용은 격정에 가득 찬 목소리로 추도사를 낭독했다.

"오직 신만이 위대하십니다Dieu seul est grand." 추도사 서두에서 그가 외친 이 문구는 간결하지만 매우 의미심장하다. 그때까지 루이 대왕Louis le grand이라고 불리며 루이 14세가 독점해 온 대왕le grand의 호칭이 신에게 돌려졌으니 말이다. 이렇게 해서 루이 14세는 평범한 인간으로 돌아가 신의 품에 안겼다.

불씨를 품은 유언장

작별을 고하던 순간 루이 14세가 가장 안타까워한 것은 무엇일까? 치세 내내 루이 14세의 관심은 자신의 건강과 왕국의 팽창, 그리고 왕위계승에 집중되었다. 태생적으로 건강한 체질에 대식가였던 루이 14세는 늘 그러한 사실을 뽐냈다. 하루도 사냥이나 산책을 거르지 않을 정도로 활동적이었던 것도, 왕국의 팽창을 위해 전쟁을 계속하고 전장을 누빌 수 있었던 것도 그러한 강건한 신체조건 덕분이었다. 그러나 죽음을 앞둔 순간, 그에게 남은 유일한 과제는 왕위계승 문제였다.

루이 14세는 1661년 친정을 시작한 직후부터 후계 문제에 각별히 신경을 썼다. 바로 그해에《세자 교육을 위한 회고록》집필에 착수한 것도 그 때문이었다. 하지만 그의 후손들은 차례차례 그를 추월해서 세상을 떠났다. 특히 1712년 세자로 책봉한 손자 베리 공작이 1714년 5월 4일 28세의 한창나이에 갑작스럽게 사망했을 때 그의 슬픔과 절망은 극에 달했다. 그 때부터 루이 14세에게 남은 혈육은 4세의 증손자뿐이었다.

루이 14세는 관례에 따라 조카인 오를레앙 공작에게 섭정 직을 맡겨야 했다. 오를레앙 공작은 1714년 당시 40세의 장년이었다. 루이 14세의 서출 딸과 결혼했으나 평생 왕의 냉대와 감시 속에서 방종한 삶에 빠져 살던 그는 루이 14세를 두려워하는 동시에 증오했다. 그럼에도 불구하고 그는 엄연히 프랑스 왕위계승 서열 2위의 지위를 지닌 막강한 존재였다. 1714년 7월 14일 서출인 멘 공작과 툴루즈 백작에게 왕위계승권을 부여하는 칙령이 선포된 것은 그런 맥락에서였다.[1]

멘 공작과 툴루즈 백작에게 왕위계승권을 부여하는 칙령은 8월 2일 파리 고등법원에서 등기되었고 같은 날 루이 14세는 유언장을 작성했다. 이 유언장에는 자신의 사후 국정을 총괄할 섭정참사회의 구성에 관한 내용이

[그림 17-3]
왕세자, 부르고뉴 공작, 부르고
뉴 공작의 둘째아들(미래의 루
이 15세), 방타두르 공작 부인
과 함께 있는 루이 14세, 1710,
니콜라 드 라르질리에르.

담겨있었다. 섭정참사회의 구성원은 모두 16명
으로 오를레앙 공작 외에 부르봉 공작, 멘 공작,
툴루즈 백작, 대상서 부아쟁, 재무참사회의 수장
노아유 공작, 빌루아 원수, 빌라르 원수, 위셀 원
수, 아르쿠르 원수, 탈라르 원수, 재무총감 데마
레, 4명의 국무비서 등이다. 오를레앙 공작에게는 섭정 직이 아니라 단지
이 섭정참사회의 의장 직이 부여되었을 뿐이다. 또한 유언장은 섭정참사
회의 의사 결정 원칙이 다수결임을 명확히 못 박았다.

섭정참사회를 구성한 16명의 면면을 살펴보면 유언장의 의도는 금세 드
러난다. 그들은 대부분 오랫동안 루이 14세를 보좌해 온 고위 귀족들과 관
리들이었으며 언제부터인가 왕의 정부인 맹트농 부인의 측근이 되어 그녀

의 파벌을 형성한 인물들이다. 맹트농 부인은 자신에 앞서 루이 14세의 정부였던 몽테스팡 부인의 자식인 멘 공작과 툴루즈 백작의 가정교사였다. 그녀는 그들을 키웠을 뿐 아니라 루이 14세의 총애를 얻게 만드는 데 결정적인 역할을 했다. 나아가 왕위계승 문제에 대한 루이 14세의 집착을 누구보다 정확히 꿰뚫고 있던 그녀는 자신과 멘 공작의 미래를 위해 오를레앙 공작을 허수아비로 만드는 위험한 도박을 감행했다.

1715년 8월 맹트농 부인과 멘 공작은 자신들의 목적을 위해 다시 한번 루이 14세를 괴롭혔다. 생시몽에 의하면 루이 14세가 모든 왕궁과 군 요새지를 멘 공작에게 즉각적으로 그리고 무조건적으로 양도하는 유언 변경서에 서명한 것은 8월 24일이나 25일이다. 《회고록》 8월 25일 자에서 생시몽은 "전날 대상서와 단둘이 일하는 동안 그곳에는 펜과 잉크가 있었다. 맹트농 부인이 참석한 그날도 다시 펜과 잉크가 놓여있었다. 대상서가 왕의 유언 변경서를 받아쓴 것은 그 이틀 중 하루였다"고 기록했다.

이 유언 변경서를 통해 "멘 공작은 궁내부의 모든 인원과 공간을 지배할 수 있게 되었다. 파리의 근위대 2개 연대와 총사대 2개 중대, 궁정 안팎의 모든 보초부터 침실, 의복, 부속 성당, 수라간, 마사馬숨에서 시중드는 모든 인원까지 말이다." 멘 공작이 루이 15세의 후견인이 되고 사실상 섭정의 지위를 차지하게 된 셈이다. 반면 오를레앙 공작은 희미한 권력의 그림자조차 움켜쥐지 못한 채 섭정이 되더라도 멘 공작이 마음만 먹으면 언제든 체포되어 감옥에 갇힐 신세가 되었다.

하지만 정신이 혼미한 상태에서도 루이 14세는 앞으로 벌어질 모든 상황을 짐작했음에 틀림없다. 1643년 섭정이 될 모후 안 도트리슈의 권한을 제한하기 위해 섭정참사회를 두려던 루이 13세의 유언은 불과 5일 만에 그녀에 의해 파기되지 않았던가. 8월 26일, 그는 파리 고등법원장 멤 Mesmes과 검찰총장 다게소d'Daguesseau에게 유언 변경서를 내밀며 말했다.

부왕의 유언장의 예를 통해 짐은 이 유언장이 어떻게 되리라는 것을 짐작할 만하오. 그럼에도 불구하고 그들은 내게 이 유언장을 강요하며 나를 못살게 굴고 도무지 나를 쉬게 내버려두지 않는다오. 결국 나는 이 유언장으로 휴식을 산 셈이지. 자 여기 있소. 이 유언장을 가져가시오. 유언장은 운명에 맡길 수밖에. 적어도 나는 더 이상 유언장에 관해 왈가왈부하는 것을 듣고 싶지 않소.

루이 14세는 자신의 유언장과 멘 공작의 운명을 정확히 예감했지만 맹트농 부인과 멘 공작의 강요에 못 이겨 유언장을 작성하지 않을 수 없었던 것이다. 권력을 탐하는 가족의 간청에 이끌려 결과가 뻔한 유언장에 서명한 나약한 가장의 모습이 루이 14세의 마지막 실체이다.

강력한 통치자, 그러나 엇갈린 평가

서로 엇갈리는 시선으로 루이 14세를 관찰한 당조와 생시몽 두 사람의 증언에 의하면, 루이 14세는 절대군주로서의 권력에 대한 의지와 전사로서의 전투적 호전성, 신사로서의 교양과 우아함을 겸비했지만 그와 동시에 과시욕, 겉치레에 대한 집착, 비열함, 치사함, 소심함 등이 뒤엉킨 복잡한 성격의 소유자였다.

그렇다면 그의 치세는 어떠했을까? 대부분의 역사가는 루이 14세가 예외적인 정치 능력을 지닌 인물이었으며 그의 치세가 프랑스의 국가 건설 과정에서 결정적인 시기였음에 동의한다. 실제로 1715년 프랑스 왕국의 상황은 루이 14세가 친정을 시작한 1661년과 엄연히 달랐다. 무엇보다도 1661년 이전 한 세기 동안 프랑스를 혼란에 빠뜨렸던 반란과 무질서는

1715년의 프랑스인들에게 희미한 과거로 기억될 뿐이었다. 지방은 이미 오래전부터 왕에게 충성을 맹세하고 전국에는 왕의 대리인인 지사가 파견되었다. 또한 행정 귀족과 재정가 집단이 새로운 엘리트층으로 부상한 반면 정치적 영향력을 상실한 귀족은 궁정문화에 길들여지고 독립적인 권위를 상실했다. 이 모두가 루이 14세의 장기 치세의 결과임에 틀림없다.

그렇다고 해서 루이 14세의 치세가 곧 태평성대였던 것은 아니다. 유럽사에서 17세기는 경기침체의 시기로 간주된다. 특히 17세기 후반에 해당되는 루이 14세의 치세는 경기침체와 무거운 세금, 인구 감소 등으로 점철된 고난의 시대였다. 이렇듯 루이 14세의 통치력과 그의 치세에 대한 평가가 극도로 편차를 보이는 이유는 무엇일까?

루이 14세 치세에 대한 상반된 모든 평가는 루이 14세 시대의 증인이자 역사가인 볼테르와 생시몽 두 사람의 기록에서 출발한다. 루이 14세의 냉혹한 비판자였던 생시몽은 《회고록》에서 루이 14세의 시대를 파국으로 단정지었다. 그에 의하면 그 모든 책임은 루이 14세와 그의 권력에 기생한 측근들에게 있다. 그의 끝없는 전쟁과 지나친 건축 공사는 재정 파탄을 초래하고 백성들을 무거운 세금에 시달리게 했을 뿐 아니라 서열 파괴로 사회적 위계를 무너뜨렸다는 것이다.

생시몽의 《회고록》은 출판되기 이전부터 18세기 살롱가의 화젯거리였다. 루이 14세에 대한 지독한 독설과 뒷소문으로만 떠돌던 무수한 궁중 비화들에 대한 호기심이 살롱에 출입하던 귀족들과 문인들을 자극했던 것이다. 파리의 살롱가에서는 1730년대부터 생시몽이 주변 지인들에게 보냈던 《회고록》의 일부가 필사본으로 떠돌아다니는가 하면 일부는 발 빠른 인쇄업자에 의해 출판되기도 했다.

볼테르도 뒤늦게 생시몽의 《회고록》을 읽고 반박하는 글을 쓰려고 시도했다. 1732년부터 국왕 역사편찬관으로 일하던 그는 1739년 《루이 14세의 세기에 관한 시론》을 발표한 뒤, 프랑스를 떠나 있던 1751년에 《루이 14세의 세기》를 마무리지었다. 이 책에서 볼테르는 우아한 산문체로 루이 14세의 치세가 위대한 예술의 시대이며 인간정신의 진보를 이룩한 시대임을 역설했다.

이후 볼테르와 생시몽 공작의 기록을 토대로 루이 14세의 치세를 긍정적으로 혹은 부정적으로 평가하는 상반된 해석이 공존해 왔다. 특히 프랑스혁명의 소용돌이를 경험한 19세기의 새로운 국가 건설과정에서 루이 14세와 그의 치세에 대한 평가는 앙시앵 레짐을 프랑스 역사 속에 어떻게 자리매김하는가 하는 문제의 시금석 역할을 했다. 자유주의 역사가 미슐레는 루이 14세를 전쟁과 무거운 세금으로 백성을 짓누른 포악한 전제군주로 묘사하며 그의 치세가 혁명으로의 내리막길로 치닫는 불행한 앙시앵 레짐 역사의 출발점임을 역설했다. 반면 제3공화국의 역사가 라비스에 의하면 루이 14세는 행정 군주정의 조종사로 그의 시대를 거치며 프랑스는 강력한 중앙집권적 관료제 국가로서의 기틀을 마련할 수 있었다. 여기서 분명한 사실은 긍정이나 부정 그 어느 편이든 루이 14세가 강력한 통치권을 행사한 지배자의 전형으로 간주되었다는 점이다.

루이 14세라는 강력한 통치자에 의해 희생된 2천만 프랑스인들의 실상이 드러나기 시작한 것은 1930년대 이후 역사학계를 지배한 구조사와 사회경제사 연구를 통해서이다. 1672년 네덜란드 전쟁 이후 계속된 전쟁으로 백성들은 파괴와 약탈, 그리고 무거운 세금에 시달려야 했다. 이상기후 현상은 상황을 더욱 악화시켰다. 특히 1693~1694년과 1709~1710년에는 식량 부족에 전염병이 덮치면서 200만 명 이상이 사망했고 거리에는 먹을 것을 구하는 걸인과 유랑민들이 넘쳤다.

계량화 작업에 의존한 재정사 연구로, 적자에 허덕이던 루이 14세 정부의 이면이 낱낱이 파헤쳐지기도 했다. 치세 초기 콜베르는 엄격한 회계 관리와 경제 활성화, 그리고 재정의 효율화를 통해 가까스로 재정 균형을 이룩하는 데 성공했다. 그러나 1672년 네덜란드 전쟁의 발발과 함께 재정의 균형상태가 무너지기 시작한 뒤 프랑스는 두 번 다시 그러한 상태를 회복하지 못했다. 이후 아우구스부르크동맹 전쟁(1688~1697)에 이어 에스파냐 왕위계승전쟁(1701~1713)으로 계속된 전쟁은 한 해 국가 지출의 75~80퍼센트를 집어삼키는 '돈 먹는 하마'나 다름없었다. 그 과정에서 하청에 의한 세금 징수 방식과 재정가들의 담합 등 비정상적인 재정 운영 방식과 편법은 더욱 악랄해졌다. 16세기 초 이래 절대군주정의 형성과정에서 오랜 관행으로 유지되어 온 이러한 재정의 구조적 모순이 밝혀지면서 행정 군주정을 이룩했다는 루이 14세 치세의 명성은 빛을 잃을 수밖에 없었다.

1970년대에 새로운 분야로 각광받기 시작한 표상의 역사는 언뜻 보기에는 추락한 루이 14세 치세의 이미지를 회복시키는 데 기여한 듯하다. 화려하고 웅장한 베르사유의 건축물과 장식품, 그리고 루이 14세의 강인하고 위압적인 초상화들은 루이 14세 치세의 어두운 측면을 압도하기에 충분했다. 이후 다양한 이미지와 그것의 전파 및 수용에 관한 연구는 하나의 분파를 이룰 정도로 활성화되면서 정치문화사로 확대되었다. 바로크 예술의 강한 표현주의와 엄격한 형식 및 통일성을 이상으로 한 고전주의 미학을 절묘하게 결합시킨 루이 14세의 예술정책이 정치적 시각에서 분석되면서 베르사유의 건축물과 예술품들은 스스로 절대군주임을 선언하고 각인시키기 위한 루이 14세의 고도의 정치전략으로 해석되었다. 그와 함께 새로운 정치사 연구의 장이 열렸다.

기존의 정치사 연구는 전국에 획일적으로 전달된 국왕 포고령과 지방에 파견된 지사의 존재를 통해 루이 14세 치세를 설명해 왔다. 그 모두가 중앙집권화를 이루려던 루이 14세의 정치 의지의 일환으로 시도된 것임은 분명하다. 그러나 루이 14세 정부의 구체적 작동 방식과 권력의 역학관계를 분석한 새로운 정치사 연구에 의하면 실제는 그와 거리가 멀다.

루이 14세의 군주정을 움직인 것은 각 지방에 파견된 왕의 관리가 아니라 위계와 특권에 의존한 귀족들의 후견 조직이었다. 그러한 사적인 관계망에 기반한 사회체제는 정치권력의 요체인 궁정까지 직결되었다. 다시말해 중앙집권적 관료제를 통해 근대적인 국가체제를 갖춘 것으로 평가되어 온 루이 14세의 군주정은 사실상 전통적인 위계를 지탱해 주는 방식으로 지방세력과 타협하고 조정하며 재원을 분배했던 것이다. 이렇게 해서루이 14세 치세의 민낯이 드러나고 루이 14세는 무제한적이고 완벽한 권한을 행사하던 절대군주가 아니었음이 증명되었다.

하지만 오늘날에는 루이 14세도 절대군주정도 철 지난 연구 주제에 불과하다. 루이 14세의 죽음 300주년을 맞이하여 역사가들이 유달리 루이 14세의 죽음에 주목한 것도 그와 무관하지 않다. 2015년 루이 14세는 더이상 새로운 모습으로 부각되지 않았다. 역사가들은 마치 1715년으로 돌아간 듯 그의 임종 순간에 초점을 맞추며 그의 치세를 대조적으로 평가하는 데 그칠 뿐이다.

루이 14세 연구의 완결판이라 할 프티피스의 《루이 14세의 세기》가 대표적인 예이다. 서로 다른 시각의 역사가 21명이 참여한 이 책에서는 루이 14세의 친정과 정부 운영, 궁정과 왕의 측근들, 종교, 유럽과의 관계 등 루이 14세 시대에 관한 모든 것이 망라되었다. 이 책을 토대로 루이 14세의 치세를 총결산해 보자.

우선 루이 14세는 국외에서 탁월한 성과를 이루었다. 계속된 전쟁으로 국가 재정과 국내 경제가 침체된 것은 사실이지만 그의 치세 동안 프랑스는 릴, 스트라스부르, 브장송을 합병함으로써 반세기 전에 비해 프랑스의 국경은 견고해지고 오늘날과 유사한 육각형 모양의 국경선이 완성되었다. 1700년 루이 14세의 손자가 펠리페 5세로 즉위함으로써 16세기 이후 프랑스를 양쪽에서 위협해 온 합스부르크의 포위망도 완전 분쇄되었다. 또한 문화적 측면에서 베르사유의 궁전 건축과 궁정문화의 명성이 전 유럽에 확산되면서 프랑스 예술과 언어의 위상은 오랫동안 유럽을 지배해 온 이탈리아 문화를 압도하며 근대 유럽 문화의 모델로 우뚝 섰다.

국내 정치에서도 루이 14세는 자신에게 주어진 모든 정치적 가능성을 최대한 활용하는 기민함과 인내심을 발휘했다. 그는 대신체제와 지사의 파견, 그리고 다양한 정치문화 정책을 통해 자신과 군주정에 위대함과 권위를 부여할 수 있는 온갖 수단을 강구하고 그 영역을 확대시켰다. 그러나 60만 상비군을 갖춘 거대한 국가체제를 이룩했다는 루이 14세의 성공신화는 지나치게 부풀려진 것임이 분명하다. 특히 중앙집권화와 행정혁명의 차원에서의 성과는 신중하게 평가될 필요가 있다.

그가 추구한 행정 군주정의 정착은 18세기에야 비로소 실현되거나 그 효과가 나타났다. 대신체제와 국무비서체제에서도 허와 실의 차이가 크다. 대신들은 17세기 말에 이르러서도 기껏해야 수십 명의 사무관을 고용인으로 두었을 뿐이다. 지방에 파견된 지사들의 부관들도 지방세력에 의해 임명되고 급료를 받았다. 자연히 국가 행정 전반에서 지방 명사층의 보수주의적 입장이 강하게 반영되었으며 정치적 특권을 누리던 귀족들의 시대착오적인 요구 역시 다양한 방식으로 유지되었다.

이렇듯 루이 14세의 죽음 300주년을 기념하며 역사가들이 상기시킨 루이 14세의 치세에 대한 평가와 그의 이미지는 반세기 전과 사뭇 다르다. 오랫동안 태양왕의 이미지와 함께 절대군주의 모델로 박제되었던 그가 2015년에는 죽음 앞에서 자신의 통치를 반성하며 용서를 구하는 무기력한, 그러나 인간적인 군주로 자리매김되었으니 말이다.

새로운 시대를 향하여

그렇다면 루이 14세가 남긴 것은 무엇이며 그의 죽음과 함께 새로 시작된 것은 무엇일까? 이제 1715년 루이 14세의 죽음 이후 펼쳐진 프랑스의 상황을 살펴보자.

왕이 사망한 다음 날인 9월 2일 파리 고등법원에서 왕의 유언장이 낭독되었다. 유언장에 의해 어린 왕을 대신해서 국정을 책임질 섭정참사회가 공포되었다. 그로부터 열흘 후인 9월 12일 사태는 완전히 역전되었다. 이날 오를레앙 공작은 간신히 병석에서 일어난 루이 15세를 앞세워 파리 고등법원으로 갔다. 친림법정이 개최된 이 자리에서 선왕의 유언장이 파기되고 오를레앙 공작은 섭정으로 선포되었다. 1718년 8월 22일에는 멘 공작의 왕위계승권도 박탈되었다. 루이 14세의 유언은 송두리째 뒤집혔다.

이렇게 해서 위대한 세기는 막을 내리고 새로운 시대의 막이 올랐다. 루이 14세의 엄격한 규율과 억압, 통제하에서 숨죽이고 있던 모든 프랑스인은 해방과 자유를 갈구했다. 곧 사회 분위기 전체가 바뀌었다. 그러나 현실은 냉혹했다. 프랑스 왕국 전체는 루이 14세가 남긴 28억 리브르라는 천문학적 숫자의 부채에 짓눌렸다. 오랜 전쟁으로 누적된 재정 적자가 눈덩이처럼 불어났기 때문이다. 그럼에도 불구하고 1740년 오스트리아 왕위계승전쟁에 휘말리기 이전까지 프랑스는 경제적 재앙을 극복하며 눈부신 성장을 이루었다. 유럽에서 가장 많은 2,200만~2,300만의 인구와 풍요로운 토양, 다양한 자산, 탁월한 인적 자원이 놀라운 잠재력을 발휘했다. 전사-왕 루이 14세가 없다는 사실만으로도 경제 번영이 보장되었던 것이다.

18세기 프랑스에서 화려하게 꽃핀 새로운 문화는 이러한 경제 번영을 밑바탕으로 한 것이다. 특히 출판 시장의 성장과 함께 문학과 철학은 미증유의 세계를 개척했다. 루이 14세 치세에 금지되었던 문학의 자유가 보장되면서 자유로운 글쓰기가 가능해졌기 때문이다. 프랑스 문학사에서 루이 14세의 죽음이 중요한 분기점으로 간주되는 것은 이런 의미에서다.

루이 14세의 죽음 후 그의 명복을 비는 공적인 기도문과 추도사가 출판되자 그에 응답하듯 곧바로 수십 편의 비방문과 벽보, 풍자시가 쏟아졌다. 익명의 작가들은 루이 14세를 조롱하고 비난하기 위해 온갖 장르를 동원했다. 그중에서도 묘비명이라는 제목의 짧은 4행시가 크게 인기를 누렸다.

여기 테레즈의 남편, 몽테스팡 부인의 귀염둥이, 맹트농 부인의 노예, 라셰즈 신부의 시종이 잠들다〈묘비명〉.

여기서 루이 14세는 왕비와 정부, 그리고 고해신부에 의해 놀아난 어릿광대에 불과하다. 또 다른 〈묘비명〉이라는 제목의 풍자시는 루이 14세를 돈(다르장)에 집착한 인물로 묘사했다.

정의의 왕 루이의 아들이요, 앙리 대왕의 손자, 그가 루이 다르장이 아니었다면 그는 정의롭고 위대했을 텐데······.

왕실 고해신부이자 예수회 설교사였던 샤를 드라뤼 신부는 《루이 14세의 사후 출판된 그에 관한 풍자문학에 대한 이의 제기*La réclamation contre les satires publiées sur Louis XIV après sa mort*》에서 그러한 풍자시 작가들을 배은망덕하다고 비난했다. 풍자문학의 유행과 함께 국왕과 군주정의 권위와 위대함을 찬양하며 보편성, 도덕적 규율, 미학적 원칙의 준수를 강조하던 기존의 프랑스 문학의 장르와 형식은 순식간에 사라졌다. 루이 14세 치세와 동일시되던 고전주의 문학의 시대가 종말을 고했다.

하지만 루이 14세를 주제로 한 풍자문학의 유행은 일시적인 현상에 그쳤다. 다른 중요한 관심사가 부각되자 눈치 빠른 작가들은 재빨리 루이 14세를 포기했다. 1715년 말부터 풍자문학뿐 아니라 파리 출판업계를 강타한 주제는 얀센주의²를 이단으로 단죄한 교황의 대칙서였다. 1716년 이후 상황은 더욱 분명해졌다.

교황 클레멘티누스 11세가 대칙서를 공표한 것은 1713년이다. 그것은 루이 14세의 강력한 요청에 의한 것이었다. 절대적 신앙심을 앞세우며 교회제도를 비판하고 정치권력에 대한 무조건적인 복종을 거부한 프랑스의 얀센주의자들은 교황에게도 루이 14세에게도 골칫덩어리였다. 1661년 루이 14세의 친정이 시작되면서 대대적인 박해가 시작되자 얀센주의자들은 지하세계로 숨어들어 완강한 저항을 계속했다. 말년에 종교에 심취한 루이 14세는 1711년 다시 한번 얀센주의에 대한 가혹한 박해를 자행하고 1713년에는 마침내 교황에게 대칙서를 독려했다.

루이 14세의 죽음은 얀센주의 문제를 폭발시켰다. 대칙서 반대 움직임이 신학자와 사제, 그리고 법률 종사자 등 종교적·정치적 반대 세력을 결집하며 빠른 속도로 확산되었다. 시류에 민감한 풍자시 작가들이 여기에 편승했음은 당연하다. 루이 14세 대신 대칙서를 조롱하고 야유하는 풍자시는 벽보로 붙여지거나 노래로 불리며 파리의 골목을 누볐다. 이렇게 해서 얀센주의 문제는 사회 전체에 파급되었다. 로마교황청에 대한 증오심이 프랑스 왕에 대한 적대감과 뒤엉키고 종교적 권위와 정치체제에 대한 저항으로 확대되면서 왕의 탈신성화 추세가 나타나기 시작했다. 1721년 교황과 왕을 동시에 마술사로 풍자하며 조롱한 몽테스키외의《페르시아인의 편지》가 엄청난 인기를 누린 것은 이러한 분위기에서였다.

루이 14세가 자초한 대칙서 문제는 18세기 내내 엄청난 소용돌이를 일으키며 사회적 분열을 초래했다. 그가 그토록 두려워하던 정치적·종교적 저항이 시작되고 사회적 불만세력이 합세하면서 체제 전복의 움직임으로 확대되었다. 과거지향적인 프롱드 난이 이루지 못한 것을 실현한 대칙서 사건은 1789년 혁명으로 가는 첫 번째 결정적인 계기로 작용하며 근대성의 통로 역할을 했다.

  1715년 프랑스의 역사는 새로운 방향을 향해 나아가기 시작했음이 분명하다. 물론 외형상 18세기는 루이 14세 시대의 연장선상에 위치한다. 루이 15세와 루이 16세 치세에도 루이 14세 시대의 정치체제와 사회적 관행은 그대로 유지되었다. 그러나 기존의 절대군주의 존재 방식과 권위의 개념은 루이 14세와 함께 역사의 무대에서 사라졌다. 그보다 더 중요한 사실은 프랑스인들의 마음과 생각이 이미 절대군주정에서 멀어졌고 문인들은 다양한 장르의 작품을 통해 새롭고 자유로운 사회를 향한 기대와 염원을 담아내기 시작했다는 데 있다.

18

1763년 2월:
7년전쟁의 패배와 '파리조약'

권윤경

"당신은 영국을 아시나요? 거기도 프랑스처럼 미친 세상입니까?"

"미치긴 했는데 종류가 다르지요." 마르틴이 말했다.

"아시다시피 이들 두 나라는 몇 에이커 안 되는 캐나다 국경의 눈 덮인 땅 때문에 전쟁을 벌이고 있습니다. 그 잘난 전쟁을 위해 캐나다 땅 전체보다 훨씬 더 비싼 값을 치르고 있지요."

—볼테르, 《캉디드 혹은 낙관주의》[1]

역사의 무게, 기억의 부재

오늘날 7년전쟁(1756~1763)은 종종 "최초의 세계대전"이라 불리곤 한다. 이 전쟁은 영국과 프랑스 간에 벌어진 소위 "제2차 백년전쟁"의 주요한 전환점으로, 영국이 프랑스와의 경쟁에서 승리하며 해상과 식민지에서 주도권을 확립한 결정적 계기였다. 이 때문에 유럽의 세력 균형을 재편성한 '외교혁명'이 일어났으며, 전 세계에서 벌어진 전쟁을 감당하느라 막대한 전비를 지출한 유럽의 군주국가들은 전후 심대한 위기를 겪었다. 대표적으로 미국의 독립혁명은 7년전쟁의 후폭풍이 초래한 결과였다. 결산하자면 7년

전쟁은 구체제 유럽에서 벌어진 마지막 대전쟁이자 구체제의 위기를 촉발하여 혁명의 시대로 가는 문을 연 사건으로 평가받는다.

만일 이 책의 기획 주제가 "프랑스를 만든 나날"이 아니라 영국, 미국, 캐나다를 만든 나날이었다면 1763년은 훨씬 더 인상 깊었을 것이다. 당연하지만 7년전쟁에 관한 역사 연구와 기억은 압도적으로 영미권에 치우쳐 있다. 승리를 자축하는 영국은 물론이고, 미국인들에게도 7년전쟁은 영국계 정착민들이 프랑스의 도전을 물리치고 북미에 대한 지배권을 확보한 순간으로 기억된다. 이와 관련된 극적인 승리와 패배의 이야기는 영미권의 문화적 기억에서 중요한 자리를 차지한다.

반면 프랑스에서는 역사 연구와 기억 양쪽에서 7년전쟁의 존재감이 미약하다. 7년전쟁은 분명 프랑스를 만들었으나, 그 결과는 프랑스인들이 원치 않는 것이었다. 게다가 계몽의 시대와 혁명으로 양분되는 영광스러운 18세기 연대기 속에 패배한 전쟁이 설 자리는 없었다. 그 결과 7년전쟁에 대한 프랑스인들의 인상을 지배하는 것은 볼테르의 자조적인 표현들이다. 서두에 인용한 《캉디드》에서 보듯이 7년전쟁은 "눈 덮인 땅 몇 에이커" 때문에 벌인 군사적 모험으로 기억된다.

그동안 전반적으로 침체에 빠졌던 7년전쟁 연구는 20세기 말부터 대서양 양쪽에서 새로운 전기를 맞고 있다. 당대부터 20세기 초까지 7년전쟁에 관한 역사서술은 주로 유럽 대륙에서 벌어진 전쟁에 초점을 맞췄으며, 주된 관심사 역시 군사사와 외교사였다. 이를 통해 영국의 전시 지도자였던 피트William Pitt와 프로이센 왕 프리드리히 2세의 능력에 대한 신화가 공고해졌고, 반대로 베르사유는 절대왕정을 상징하는 무능과 구태의 화신으로 낙인찍혔다. 이후 나타난 보다 실증적 연구들은 이러한 신화와 이분법을 깨뜨리고자 노력했다. 20세기 말부터는 북미 역사가들이 신대륙에서의 다툼에 초점을 맞춰 새로운 연구서를 펴냈다. 이들은 "영국은 독일에서 아메리카를 얻었다"는 피트의 말과 달리 북미 전투가 오히려 7년전쟁의 시작과 성패에 결정적이었다고 말한다.

더 나아가 오늘날에는 해외 제국 간의 갈등을 중심으로 '글로벌'한 관점에서 7년전쟁을 다루는 저작들이 속속 등장하고 있다. 기존의 민족사적 틀을 18세기에 덧씌우지 않으면 광범위한 지역적 분쟁으로부터 훨씬 다양한 이야기를 발견할 수 있다. 이러한 접근법을 종합한 댄리Mark Danley와 스필먼Patrick Speelman의 저작은 관습적인 연대기와 익숙한 유럽의 전장을 벗어나 인도, 북미, 아프리카, 서인도제도, 아시아 등 전 세계에서 벌어진 전투를 포괄한다.[2] 특히 새롭게 발전한 연구 주제는 북미 선주민들의 군사적·외교적·정치적 역할이다. 예전 연구가 선주민을 하나의 동질적인 '인디언' 집단으로 뭉뚱그려 영국과 프랑스 양대 세력의 부속품으로 치부했다면, 새로운 연구는 선주민 집단 사이의 다양성과 갈등을 규명하는 가운데 이들을 유럽인들과 대등한 역사적 행위자로 자리매김하고자 한다.

그러나 20세기 말부터 등장한 새로운 연구의 또 다른 축은 바로 7년전쟁을 '민족nation' 형성의 역사 속에 위치시키는 것이다. 이로써 군사사와 외교사 일변도로 흐르던 7년전쟁 연구에 문화라는 새로운 영역이 부상했다. 이미 지난세기부터 역사가들은 7년전쟁 중 영국과 프랑스 사이를 오가며 강화된 애국주의가 양국의 민족의식 형성에 끼친 영향에 주목했다. 이에 더해 7년전쟁에 관한 최근 연구들은 교전국들의 사회경제 관계, 정치, 종교 생활, 민족 감정, 예술까지 망라한다. 이제 중요한 것은 전투의 승패뿐만 아니라 이에 대한 사람들의 반응과 이를 표상하는 방식이다. 7년전쟁 때 벌어진 '펜과 잉크의 전쟁'을 연구한 프랑스 역사가 지엠보프스키Edmond Dziembowski의 연구는 전쟁과 결부된 새로운 정치문화가 부상하는 모습을 잘 보여준다.[3]

이 글에서는 7년전쟁이 발발하고, 전개되고, 끝나기까지의 과정을 차례로 개관하겠다. 특히 최근의 글로벌한 접근법에 맞춰 영국과 프랑스 간의 식민지 분쟁에 집중하고, 여기에 말려든 여러 집단 사이의 서로 다른 전쟁 경험과 기억을 조명할 것이다. 이와 더불어 짧게나마 이에 대한 문화사와 문화적 기억 역시 살펴보고자 한다.

발발: 제국의 확장과 갈등의 고조(1748~1756)

유럽의 주도권을 잡기 위한 프랑스의 전쟁은 루이 14세의 '위대한 세기'를 거쳐 루이 15세의 치세에 들어와서도 계속되었다. 7년전쟁 이전 벌어진 유럽 최대의 전쟁이었던 오스트리아 왕위계승전쟁에서 보듯이 18세기 전쟁은 전통적인 유럽 내 패권 다툼과 새로운 식민제국 간 전쟁의 성격을 동시에 지니고 있었다. 여기서 자원도 인구도 프랑스보다 훨씬 열세인 영국이 보여준 전시 지구력과 재정 동원 능력은 해군, 해외무역, 식민지가 전쟁의 승패에 매우 중요함을 입증했다. 군주국가들의 궁극적 목적은 여전히 유럽에서의 주도권을 확립하는 것이었지만, 그 수단으로 식민지, 제해권, 상업자본주의의 중요성을 절감하게 된 것이다. 7년전쟁 후반기부터 전쟁을 이끈 슈아젤 공작Duc de Choiseul은 루이 15세에게 "폐하, 아시다시피 반세기 전부터 상업이 모든 것을 결정합니다"라고 단언했다.[4]

18세기 중반 영국과 프랑스는 유럽뿐만 아니라 북미, 아프리카, 인도, 서인도제도 등 세계 곳곳에서 갈등을 빚고 있었다. 7년전쟁이 예전과 다른 점은 유럽에서 벌어진 전쟁이 바깥으로 확전된 것이 아니라 식민지 전쟁이 유럽 전쟁으로 번졌다는 것이다. 가장 문제가 된 곳은 17세기 이후 프랑스와 영국이 경쟁하던 북미였다. 당시 영국의 정착민 식민지는 해안으로부터 서쪽으로 계속 팽창 중이었다. 18세기 전까지만 해도 영국은 북미의 정착 식민지보다 서인도제도를 중심으로 한 대서양 무역망을 더 중시했다. 그러나 18세기 들어 북미 정착민 인구가 100만 명을 훌쩍 넘어 영국의 상품 수출이 급증하면서 북미가 새로운 상업망의 중심지로 떠올랐다. 이제 북미 식민지가 북쪽과 서쪽으로 더 팽창해야 한다는 요구가 거세졌다.

하지만 영국 식민지의 너머에는 누벨프랑스 Nouvelle France가 펼쳐져 있었다. 프랑스는 세인트로렌스강 유역에 어업과 모피 무역을 위한 요새와 상업거점을 건설하면서 북미에 진출하기

[그림 18–1]
7년전쟁 직전 북미의 영국과 프랑스 식민지(1750).

시작했다. 리슐리외와 콜베르는 이후 특허회사들을 폐지하고 이 지역을 정식으로 왕령으로 편입하여 정착 식민지인 캐나다Canada, 아카디아 Acadie, 루이지애나Louisiana로 재편했다. 프랑스계 이주민의 수는 17세기 후반부터 점차 늘어나 18세기 중반이면 6만~7만 명을 헤아렸다. 주요 정착 식민지 중 하나였던 뉴잉글랜드 북쪽의 아카디아는 1713년 위트레흐트 조약으로 영국에 넘어가 노바스코샤Nova Scotia가 되었다.

〈그림 18-1〉의 지도를 보면 프랑스가 세인트로렌스강 유역을 넘어 오대호와 애팔래치아산맥을 아우르고 남쪽으로는 뉴올리언스까지 뻗은 광대한 땅을 보유한 것처럼 보이지만 사실은 그렇지 않다. 누벨프랑스는 행정 중심지인 퀘벡을 비롯한 요새화된 도시를 중심으로 띄엄띄엄 흩어진 무역 거점과 정착민 마을을 잇는 연결망으로 이루어졌고, 그 판도는 선주민의 영역과 겹쳤다. 이를 유지하는 힘은 선주민과의 동맹이었다. 프랑스는 17세기 초반부터 선주민 국가들nations의 관계에 끼어들어 이들의 경쟁을 중재하면서 복잡한 동맹 네트워크를 형성했다. 프랑스령의 경계선을 지키고 영국 식민지와 경쟁하기 위해서는 선주민들의 도움이 꼭 필요했다. 누벨프랑스의 아군은 캐나다의 선주민 7개 국가연합체Seven Nations였다. 이들은 각자 독자적인 목표를 가지고 자신의 땅을 지키기 위해 합종연횡하며 투쟁했다.

문제는 영국령, 프랑스령, 그리고 이들과 연합한 선주민 국가들의 경계가 불확실한 것이었다. 본국 정부는 유리한 거점을 찾아 제각기 팽창하려는 현지의 정착민들을 제어할 수 없었고, 이 때문에 국지적 분쟁이 잦았다. 게다가 북미 북동부의 험준한 지형 때문에 영국령 식민지나 누벨프랑스에 접근하려면 강의 수로를 장악해야 해서 양국은 세인트로렌스강과 허드슨강 유역에 있는 전략적 거점들을 두고 다퉜다. 그중 제일 유명한 곳이 브르통만Cape Breton에 있는 프랑스의 요새 도시인 루이부르Louisbourg였다. 루이부르를 요새화하기 위해 돈을 얼마나 들였던지 루이 15세는 요새의 보도를 황금으로 깔았느냐고 경악할 정도였다.

프랑스 역사가 오드레르Philippe Haudrère의 표현에 따르면 1748년에서 1756년 사이는 "프랑스 식민제국의 절정기이자 무장 평화의 시대"였다.[5] 아카디아를 잃었지만 누벨프랑스는 계속 팽창 중이었고, 인도에서는 프랑스 동인도회사의 뒤플렉스Joseph François Dupleix가 1742년 이후 영국 동인도회사와 싸우면서 인도 제후국들과 연합하며 인도 아대륙 내 프랑스의 판도를 최대로 확장했다. 그러나 프랑스의 대외무역과 식민제국의 핵심은 프랑스령 서인도제도, 즉 앙티유Antilles였다. 설탕을 비롯한 열대작물을 생산하는 앙티유의 섬들은 노예를 매매하는 아프리카 서부 해안의 거점들과 연결되어 프랑스 대서양 무역의 중심지로 자리 잡았다.

이 "무장 평화"가 깨지면서 7년전쟁의 발단이 된 곳은 북미의 오하이오강 유역이었다. 영국 정착민들은 여기서 새로운 상업로를 확보하고 서쪽으로 팽창하기 위해 1749년 오하이오 회사를 세웠다. 프랑스 역시 누벨프랑스를 연결하는 중요한 길목인 이 지역을 사수해야만 했다. 양쪽이 여기에 서로 요새를 세우려고 경쟁하던 중 1754년 5월 28일 전쟁의 포문을 연 사건이 벌어졌다. 프랑스의 장교 쥐몽빌Joseph Coulon de Villiers de Jumonville이 이끄는 분견대가 영국 요새 근처에서 야영하다가 영국군과 선주민 정찰병들의 급습을 받아 사망한 것이다. 이때 영국군을 이끈 민병대 장교가 바로 미국의 초대 대통령이 될 조지 워싱턴이었다. 프랑스는 즉각 보복전을 펼쳐 영국군 요새를 함락했고, 워싱턴은 영국이 쥐몽빌을 '살해' 했다는 내용을 포함한 항복 문서를 프랑스에 건넸다.

이때부터 사태는 점차 전쟁을 향해 치달았다. '쥐몽빌 사건'의 소식을 들은 양국이 보복전을 벌이면서 1755년 내내 오하이오강 유역의 요새들을 둘러싼 공방전이 계속되었다. 동시에 영국은 뉴잉글랜드에 살고 있던 프랑스계 아카디아 유민 수천 명에게도 추방령을 내렸다. 아카디아 디아스 포라 집단이 '대추방Grand Dérangement'으로 기억하는 이 사건은 이후 미국의 시인 롱펠로의 유명한 서사시 〈에반젤린〉의 배경이 되었다. 바다에서는 북미에 보낸 원군을 실은 프랑스 함대가 영국 해군에 나포되면서 갈등이 고조되었다. 하지만 양국 모두 전면전, 특히 바다와 육지 양쪽에서 전쟁을 벌이는 것만은 피하고자 했기 때문에 본격적 개전은 늦춰졌다.

이로부터 이른바 '외교혁명'으로 불리는 동맹의 대역전이 벌어졌다. 프랑스가 영국 왕 조지 2세의 고향인 하노버 선제후령을 침공할 것을 두려워한 영국은 대륙의 원군을 찾아 1756년 1월 프로이센과 웨스트민스터 협약을 맺었다. 반대편에서는 오스트리아 왕위계승전쟁 동안 영국과 사이가 틀어진 오스트리아의 황제 마리아 테레지아가 프로이센에 빼앗긴 실레지아를 되찾기 위해 프랑스와 손을 잡았다. 같은 해 5월 조인된 제1차 베르사유조약은 오랫동안 이어진 프랑스와 오스트리아 간의 적대관계를 삽시간에 동맹으로 전환함으로써 충격을 안겼다. 1년 후 양국은 제2차 베르사유조약을 체결해 동맹을 강화했다. 프로이센의 팽창을 경계하던 러시아의 황제 옐리자베타가 프랑스-오스트리아 동맹에 가담하면서 유럽은 이제 양대 동맹으로 쪼개졌다.

'쥐몽빌 사건'이 전해진 후 프랑스 공론장은 이미 끓어오르고 있었다. 이 전쟁은 대립하는 왕가나 종파끼리의 싸움이 아니라 두 민족 간의 전쟁으로 비쳤다는 점에서 새로웠다. 프랑스의 선동문학은 영국인들을 문명과 법의 정신을 침해하는 "야만인"으로 묘사했다. 영국인들에게 "무도하게" 살해당한 쥐몽빌의 모습은 이후 선동문학의 단골 소재가 되었다. 베르사유는 북미에서 전쟁이 벌어진 직후 정부를 대변할 어용작가들을 고용했는데, 그중 대표적인 예가 지엠보프스키가 연구한 모로Jacob-Nicolas Moreau였다. 그가 편집한 잡지 《네덜란드인의 관찰록》은 전쟁 내내 큰 인기를 얻으며 애국적 선동을 이어나갔다. 모로의 잡지는 북미 전쟁의 상황을 프랑스에 알리는 한편 왕과 반목하는 고등법원을 전시 단합을 구실삼아 비난했기 때문에 왕정으로서는 일거양득이었다.[6]

경과: 승리에서 패배로(1756~1760)

7년전쟁은 전 세계에서 동시다발적으로 벌어졌고, 지역마다 전투가 흘러가는 양상도 제각각이었기 때문에 하나의 단선적인 서사로 서술하기 힘들다. 하지만 최근 연구는 대부분 영국과 프랑스의 전 지구적 충돌에 초점을 맞춰 7년전쟁을 세 단계로 나눈다. 1단계는 1756년 말부터 1758년 중반까지 프랑스가 승리를 거두는 때, 2단계는 1758년 말부터 1760년까지 영국이 전세를 뒤집고 승승장구하는 때, 3단계는 그 이후 파리조약을 체결하는 1763년까지 영국이 승리를 확정하고 양국이 강화를 모색하는 때이다. 아래에서도 이 세 단계에 따라 전쟁과정을 개관하겠다.

　북미에서의 전쟁은 전투 자체보다 바다 건너 전투에 필요한 자원을 수송하고 전장까지 군대를 이동시키는 것이 더 문제였다. 볼테르의 말처럼 유럽 전투에서는 강대국이라면 언제나 타개책이 있었지만, "아메리카와 인도에서는 사정이 달랐다. 그곳에서 1,200명을 잃으면 회복이 불가능했다."[7] 전쟁 초반 북미에서 프랑스가 승리한 것은 미리 원군을 보내놓은 덕이 컸다. 프랑스군 사령관 몽칼름Louis-Joseph de Montcalm 장군은 3천 명의 정규군과 루이부르에 진주하며 1756년부터 이듬해까지 승리를 거두었다. 이때 영국의 윌리엄 헨리 요새를 함락하는 과정에서 항복한 영국인들 다수가 프랑스와 동맹을 맺은 선주민들에게 학살당했다. 이 사건이 나중에 미국의 유명한 역사소설《모히칸족의 최후》에 자세히 묘사되면서 몽칼름은 영미 독자들에게 길이 악명을 떨치게 되었다.

첫 유럽 전투도 프랑스의 승리로 돌아갔다. 에스파냐의 발레아레스제도에 있는 메노르카Menorca섬은 지중해를 지배하기 위한 영국의 전략적 요충지였다. 1756년 봄 리슐리외 공작Duc de Richelieu의 함대가 메노르카섬을 점령했다. 7월에 뉴스가 전해지자 온 파리가 축제 분위기에 휩싸인 가운데 왕과 리슐리외 공작을 찬양하는 저작물들이 쏟아져 나왔다. 공연계도 재빨리 메노르카 함락을 소재로 다룬 연극들을 올렸다. 그중 한 연극에서 나온 아래의 노래는 파리 곳곳에 울려 퍼졌다.

승리, 승리, 승리
프랑스인들에게 이 무슨 영광인가.
무엇도 우리의 노력에 저항할 수 없다네!
아! 잉글랜드의 개들이여, 너희는 죽었다![8]

바다 건너편에서는 영국이 패배의 충격을 수습하느라 애쓰고 있었다. 전쟁 초반 뉴캐슬 공작Duke of Newcastle이 이끄는 영국 내각은 의회와의 분쟁과 정파 간 분열 때문에 신속한 의사 결정을 내리기 어려웠다. 영국 정부는 들끓는 여론을 가라앉히기 위해 메노르카 전투에 구원 함대를 이끌고 갔던 빙John Byng 제독을 처형했다. 볼테르의 캉디드가 영불해협을 건너자마자 마주친 광경이 바로 빙 제독의 처형 장면이다. 제독을 알고 지냈던 볼테르는 그를 구명하기 위해 백방으로 애썼지만 아무 소용이 없었다. 이 사건은 볼테르가 이후 이러한 '사법살인'에 반대하는 투쟁에 나서는 출발점으로 여겨지기도 한다. 《캉디드》에서 7년전쟁은 리스본 대지진과 함께 세계의 비참함을 표상하는 중요한 시대적 배경으로 등장한다.

이와 함께 1756년 여름, 유럽 대륙에서도 마침내 전쟁이 시작되었다. 프랑스-오스트리아 동맹과 러시아의 전쟁 준비로 고립된 프리드리히 2세가 선제공격이라는 강수를 둔 것이다. 8월에 작센을 침공한 프로이센군은 10월 보헤미아의 로보지츠Lobositz 전투에서 승리를 거두며 작센을 점령했다. 영국에서는 윌리엄 피트가 새로운 전시 지도자의 자리에 올라섰다. "나는 내가 이 나라를 구할 수 있음을 확신한다. 나 아니면 누구도 불가능하다는 사실도"라는 말로 유명한 그의 오만함은 이제 결단력과 자신감으로 비쳤다. 프랑스는 1757년 국왕 시해 시도와 고등법원과의 분쟁으로 내정이 어수선한 가운데 오스트리아와의 동맹조약이 발효되어 독일 전투에 말려들었다.

1757년 봄에 전투가 재개되면서 전황은 계속 엎치락뒤치락했다. 프랑스가 하노버 공국에 침입하여 영국을 압박하는 사이 프로이센군은 프라하 전투에서 승리했다. 그러나 반격에 나선 오스트리아군은 콜린Kolin 전투에서 프로이센군에 대승을 거두었다. 신속한 승리로 유럽 전쟁을 빨리 매듭 짓겠다는 프로이센과 프랑스의 전쟁계획은 물거품이 되었다.

새로운 전시 내각의 지휘 아래 영국의 제해권과 재정 동원 능력이 전장에서 힘을 발휘하면서 1757년 말부터 전세는 영국 쪽으로 기울었다. 프리드리히 2세는 11월 로스바흐Rossbach 전투와 12월 로이텐Leuthen 전투에서 대승을 거둬 숨 돌릴 여유를 얻었다. 피트는 함대와 정규군을 증강하고 유럽의 원군에 보조금을 지급하기 위한 예산을 대폭 늘렸고, 1758년 한 해에만 천만 파운드가 넘는 전쟁 예산을 신속하게 조달했다. 같은 때 프랑스는 증세를 두고 고등법원과 대립했으며, 영국보다 훨씬 높은 이율로 국제 금융시장에서 돈을 빌려야 했다.

1757년 겨울은 공론장에서 벌어진 여론전에서도 중요한 분기점이었다. 초반 승전의 분위기가 가라앉고 패전의 뉴스가 전해지면서 여론의 향방도 바뀌었다. 로스바흐 전투 패배 이후 오스트리아와의 동맹에 대한 여론은

나빠졌고, 프로이센 왕의 빛나는 전공과 대비해 나태하고 무능해 보이는
왕의 인기도 날로 떨어졌다. 당시에 나온 〈퐁파두르를 기쁘게 해야지〉라는
노래는 무능한 왕과 그를 조종하는 퐁파두르 후작 부인을 조롱한다.

> 헝가리의 여왕(*마리아 테레지아)을 위해 쏟아내자
> 우리 피 전부를.
> 실레지아를 위해 그녀에게 바치자
> 우리 돈 전부를.
> 그녀는 퐁파두르를 기쁘게 하는 법을 알고 있었지.
> ……
> 우리 왕국은 위험에 처하고
> 모든 것이 망해가네.
> 우리 왕은 데모크리토스(*그리스 철학자)와 같아서
> 신경도 안 쓰고 말하지:
> 이 책임은 너무나 무겁구나,
> 사랑이여 만세![9]

이에 베르사유는 애국적 선동의 양과 강도를 더 올렸다. 또 다른 어용작
가인 쥬네Edme Jacques Genet는 영국에서 나온 반反프랑스 저작물들을 번역
하고 편집하여 애국심을 고취했다.

프랑스의 전 지구적 패배와 영국의 "기적의 해annus mirabilis(1759년을 말
함)"는 이제 막 시작된 참이었다. 1758년 여름부터 병력을 대폭 증강한 영
국 함대가 루이부르를 포함한 주요 요새들을 함락하고 누벨프랑스로 통하
는 해상로와 수로를 봉쇄했다. 몽칼름은 아무런 지원도 없이 수천 명의 정
규군과 민병대 만여 명으로 영국군에 맞서야 했다. 누벨프랑스를 향한 포

[그림 18-2]
〈몽칼름의 죽음Mort de Montcalm〉(1789).
장밥티스트 모레Jean-Baptiste Morret 작.
아브라함 평원 전투에서 전사한 몽칼름을
애국주의적 순교자로 그렸다.

위망을 점차 좁힌 영국군은 1759년 9월 퀘벡을 총공격하기 시작했다. 퀘벡 요새 앞에서 벌어진 아브라함 평원 전투는 영국의 승리로 끝났으나, 영국의 지휘관 울프James Wolfe는 몽칼름과 함께 전사하면서 앞으로 만들어질 신화의 주인공이 되었다. 퀘벡이 함락된 후 조금 더 버티던 몬트리올은 1760년 9월 항복했다. 이로써 캐나다를 두고 벌어진 '6년전쟁(1754~1760)'은 영국의 완승으로 끝났다.

북미의 전황이 안정되자 증강된 영국 함대 중 일부는 1758년 말부터 서인도제도로 방향을 틀었다. 1759년 5월 과들루프가 항복했고, 1762년에는 오랫동안의 포위 끝에 마르티니크가 항복했다. 강화 협상 소식이 들려왔을 때 영국은 생도맹그 침공을 준비 중이었다. 영국 점령은 두 섬의 경제에는 호재였다. 값싼 영국산 상품을 원하는 앙티유와 자메이카산보다 더 저렴한 설탕과 열대상품을 원하는 영국 상인들 사이에 이해관계가 맞아떨어졌다. 과들루프는 점령기 동안 영국 상인들로부터 노예 2만 명을 수입했고, 영국으로부터 관세 혜택까지 받았다. 이 기억은 나중에 이곳 백인들의 분리주의에 중요하게 작용했다.

이와 동시에 영국 함대는 1758년부터 서아프리카의 프랑스 거점들도 장악했다. 피트는 프랑스의 무역로를 탐낸 한 퀘이커 교도의 조언에 따라 소규모 함대를 아프리카에 파견했다. 영국 함대는 서아프리카 해안을 따라 이동하며 프랑스 검gum 무역의 중심지인 세네갈의 생루이Saint-Louis 요새와 노예무역 거점인 고레Gorée섬을 차례로 함락했다.

그사이 멀리 인도에서도 양국이 모르는 사이 승패가 갈렸다. 인도와 유럽 사이에 뉴스가 전달되는 데만 여러 달이 걸리는 형편이었으므로 의사 결정은 주로 현지에서 이루어졌다. 인도에서의 분쟁은 인도 제후국 간의 내부 갈등과 맞물려 진작부터 진행 중이었다. 인도 내 프랑스 제국을 향한 야망을 불태우던 뒤플렉스는 직권 남용과 부패 혐의로 1754년 소환되었고, 그의 후임이 영국 동인도회사의 군대와 대치 중이었다. 그러다가 1756년 벵골 태수가 콜카타에 있는 영국 상관을 공격한 후 영국 포로들을 좁은 감옥에 가둬 수십 명을 사망하게 만든 일명 '콜카타 블랙홀 사건Black Hole of Calcutta'이 벌어졌다. 곧 반격에 나선 영국은 콜카타를 탈환한 후 1757년 6월 클라이브Robert Clive의 지휘 아래 플라시 전투에서 벵골군에 결정적 승리를 거두었다. 그사이 아일랜드계 군인 랄리 백작Comte de Lally이 이끄는 원군이 프랑스로부터 도착했으나 전세를 뒤집을 수는 없었다. 인도 내 프랑스의 전진기지였던 퐁디셰리의 함락과 함께 1760년 말이면 프랑스는 인도 내의 모든 거점을 상실했다.

영국은 바다 위에서 거의 완벽한 승리를 거두었다. 1758년 12월부터 외무대신으로 임명받아 전시 프랑스의 새 지도자가 된 슈아젤은 영국을 침공하여 전황을 뒤집는다는 계획을 입안했다. 피트가 북미 함대를 대폭 증강하여 본섬 방어 능력이 떨어진 것을 노린 수였다. 그러나 프랑스는 1759년 8월 포르투갈 앞바다에서 벌어진 라고스Lagos 해전, 그리고 결정적으로는 11월 브르타뉴 해안의 키브롱Quiberon만에서 벌어진 해전에서 패배하는 바람에 해군의 주력을 상실하고 말았다. 영국군은 1761년에는 키브롱만 옆의 벨일Belle-Île섬을 점령하며 프랑스 본토를 위협했다. 그러자 슈아젤은 1761년부터 2년간 "왕을 위한 함선"이라는 표어를 내걸고 함선 건조를 위한 "애국적 기부" 캠페인을 전개했다. 7년전쟁의 치욕을 갚기 위한 영국과의 해군 경쟁은 이후 프랑스의 재정을 바닥내는 데 한몫하게 될 것이다.

종전: 강화 협상에서 파리조약까지(1761~1763)

슈아젤의 말에 따르면 1760년 말 프랑스는 "돈도 없고, 재원도 없고, 해군도 없고, 병사도 없고, 장군도 없고, 대신도 없는" 상황이었다.[10] 패배의 뉴스와 전시 채무 상환 요구가 동시에 날아들면서 정부는 재정 위기 속으로 곤두박질쳤다. 세금을 신설하려는 시도는 특권층의 아성 앞에 무너졌고, 프랑스 재정을 보전해 주던 식민지 무역은 전쟁과 영국의 해상 봉쇄로 중단되었다. 이제 프랑스에 남은 길은 손해를 최소화하며 종전을 모색하는 것이었다. 영국에서는 젊은 조지 3세가 즉위하면서 정세가 바뀌었다. 영국의 전쟁 부채는 사상 최대 수준을 기록했고, 새 왕과 그의 후견인 뷰트 백작Earl of Bute은 엄청난 전비를 못마땅해하는 강화파였다.

그러나 1761년 여름 베르사유와 런던 간에 오가던 협상은 결국 피트와 슈아젤 사이에 강경한 최후통첩이 오가며 결렬되었다. 그러자 슈아젤은 1761년 8월 프랑스와 에스파냐 양쪽 부르봉 왕가 간에 '가족 협정Pacte de Famille'을 맺으며 에스파냐를 7년전쟁에 끌어들였다. 그 결과 7년전쟁은 막판에 에스파냐령 식민지로 확전되었다. 영국 함대는 1762년 8월 쿠바의 아바나를, 10월에는 필리핀의 마닐라를 점령했다.

1762년 가을부터 양국은 협상을 재개했다. 피트가 물러나고 새로 들어선 영국 내각은 강화와 세력 균형 복구에 우호적이었다. 문제는 점령지 중 어디를 유지할 것인지였다. 영국령 서인도제도와 북미의 13개 식민지는 앙티유를 넘겨주고 캐나다를 받을 것을 요구했지만, 영국의 대상인과 선박업자들은 앙티유까지 보전하기를 원했다. 프랑스에서 벌어진 비슷한 논쟁에서는 앙티유를 돌려받고 캐나다를 포기하자는 의견이 지배적이었다. 그 대표 주자였던 볼테르는 1762년 슈아젤에게 보낸 편지에서 "프랑스는 퀘벡 없이도 행복할 수 있다"는 유명한 말을 남겼다. 나중에 그는 "캐나다는 많은 비용이 들어가는 데 반해 수익은 거의 없었다. 캐나다 식민지에 탕진한 금액의 10분의 1만 프랑스 국내의 미개간지를 개발하는 데 사용했다면 상당한 수익을 냈을 것이다. 프랑스는 캐나다를 유지하고 싶어 했지만, 100년에 걸친 노력은 물거품이 되고 엄청난 돈만 허비했다"[11]라고 평했다.

양국은 1762년 10월 퐁텐블로에서 벌어진 예비협상을 거쳐 1763년 2월 10일에 파리조약을 맺고 마침내 7년전쟁을 끝냈다. 이를 통해 유럽뿐만 아니라 식민지까지 포함한 전 지구적 세력관계가 재편되었다. 협상을 위해 복잡한 영토 교환이 이루어졌다. 먼저 프랑스는 캐나다를 포기하고, 루이지애나를 에스파냐로 넘겼다. 후자는 아바나를 돌려받기 위해 플로리다를 영국에 넘긴 에스파냐를 달래기 위해서였다. 이제 뉴올리언스만 빼고 미시시피강 우안의 땅 전체가 영국에 돌아갔고, 이로써 누벨프랑스는 종말을 맞았다.

　프랑스에 남은 것은 어업을 위한 작은 섬들과 북미 해안에서의 조업권뿐이었다. 대신 프랑스는 과들루프와 마르티니크를 돌려받아 앙티유를 수복했다. 아프리카에서는 세네갈강 유역 전체가 영국의 세력권이 되었으나, 프랑스는 노예무역 거점인 고레섬을 돌려받아 어느 정도 손해를 보전했다. 인도에 대한 프랑스의 야망은 완전히 좌절되었다. 퐁디셰리를 비롯한 5개의 상관만 돌려받은 프랑스는 이제 영국 동인도회사와 경쟁할 힘이 없었다. 유럽에서는 벨일섬과 메노르카섬을 맞교환하고, 됭케르크 항구의 요새를 해체하는 것으로 마무리되었다.

　이로써 루이 14세 시대에 큰 대가를 치르고 얻어낸 프랑스의 전 유럽적 주도권은 무너졌고, 유럽 바깥에도 통칭 "제국의 부스러기"만 남았다. 하지만 프랑스가 캐나다 대신 선택한 "부스러기," 즉 프랑스령 앙티유는 18세기 후반에 노예제 대농장체제를 통한 설탕경제와 이에 힘입은 프랑스 식민지 무역의 절정기를 견인하게 될 것이다. 파리조약은 근대 초 프랑스 제국의 야망을 좌절시키는 동시에 식민주의 방식에 관한 실험에도 1차로 종지부를 찍었다. 자영농 정착민 중심의 이주 식민지냐 노예노동 중심의 착취 식민지냐 사이의 논란은 이것으로 당분간 끝났다. 18세기 후반은 앙티유 노예제 경제의 절정기가 될 것이다. 아이티혁명의 배경이 될 생도맹그 경제의 황금기는 이제 시작이었다.

　파리조약이 체결되는 동안 독일 전쟁도 막바지에 다다랐다. 수세에 몰려 있던 프로이센군은 러시아에서 친프로이센파인 표트르 3세가 즉위하여 러시아군이 퇴각하면서 기사회생했다. 전쟁에 지친 교전국 간에 협상이 진행된 끝에 파리조약과 거의 동시에 강화가 맺어졌다. 1763년 2월 15일 프로이센과 오스트리아는 영토를 전쟁 전 상태로 되돌리는 것을 골자로 한 후베르투스부르크Hubertusburg조약을 체결했다.

그렇다면 파리조약에 대한 프랑스의 반응은 어떠했을까? 나중에 루이 15세 시대의 역사를 쓴 뒤클로Charles Pinot Duclos는 파리조약을 두고 "수치스러운 전쟁을 끝낸 치욕스러운 화약"이라고 비난했다.[12] 그러나 프랑스 여론은 수치스러운 전쟁을 그나마 끝낼 수 있게 된 것을 기뻐하는 분위기였다. 영국 여론이 승리의 대가를 더 챙기지 못한 불만 때문에 오히려 나빠진 것과 대조적이었다. 왕정은 파리조약 출판에 맞춰 루이 15세 광장에 왕의 기마 동상을 세워 군사적 패배를 외교적 승리로 포장했다. 파리조약에 대한 프랑스인들의 전반적 인상을 결정지은 이는 역시 볼테르였다. 그에 따르면 프랑스는 캐나다의 눈 덮인 불모의 땅과 거기에 사는 배은망덕한 주민을 둘러싼 전쟁으로 수많은 생명과 막대한 전비를 허비했고, 파리조약은 프랑스가 간절히 원했던 탈출구였다. "프랑스는 평화조약이 너무나 절실했기에 이를 체결한 사람들을 조국의 은인으로 간주했다."[13]

더 많은 궁금증을 자아내는 것은 볼테르처럼 잘 알려진 계몽사상가 바깥에 있는 더 넓은 공론장의 반응이다. 오늘날 7년전쟁 연구가 소위 '문화적 전환'을 경험함에 따라 이에 대해 새로운 사실들이 밝혀지고 있다. 7년전쟁은 여러 의미에서 18세기의 결정적 전환기였지만, 그중 주목해야 할 것은 민족 개념의 변화였다. 매우 모호하고 다양한 의미로 존재하던 민족 개념은 7년전쟁을 거치며 정치적 정당성의 원천으로 자리 잡게 되었다. 특히 이 시기 애국주의가 일치된 전시 노력을 강조하기 위해 '시민'을 소환함으로써 왕이 아니라 시민이 주체가 되는 새로운 애국주의가 부상했다. 이름 없는 평민 장교에 불과한 쥐몽빌은 7년전쟁 이후 왕후장상과 함께 군사적 영웅 열전에 올랐으니, 이는 근대 이후 본격적으로 나타나는 애국적 순교자의 첫 유형이었다.

대서양 건너편의 13개 식민지 주민, 프랑스계 정착민, 아메리카 선주민에게 파리조약은 서로 아주 다른 것을 의미했다. 이제 영국 식민지는 오랜 경쟁자인 프랑스를 물리치고 서쪽으로 거침없이 팽창할 수 있었다. 그러나 이것이 과연 영제국의 승리를 의미할지는 두고 봐야 할 터였다. 이제 북미에서 광대한 제국이 건설될 것은 분명해 보였고, 이 제국이 언제까지 영국의 통제 아래 있을지가 문제였다. 프랑스가 큰 저항 없이 캐나다의 상실을 받아들인 것과 대조적으로 누벨프랑스의 프랑스계 정착민들에게 파리조약은 '정복'을 의미했다. 가톨릭계 프랑스 정착민들은 본국으로부터 '버림받고' 신교도 왕의 신민이 되어 절대다수의 영국계 정착민들에 포위된 것을 집단 트라우마로 경험했다.

반면 캐나다 선주민에게 파리조약은 '배반'을 의미했다. 퀘벡의 역사가 볼리우Alain Beaulieu의 표현을 빌리자면 "어떻게 프랑스는 자기 것도 아닌 땅을 영국에 넘겨줄 수 있었는가?"[14] 영국과 선주민은 프랑스의 패배를 다르게 해석했다. 영국은 승리를 통해 방대한 누벨프랑스 영역 전부를 이양받은 것으로 이해했다. 하지만 선주민들은 스스로는 결코 프랑스 왕의 신민이라고 생각지 않았으며, 프랑스의 상업거점과 요새는 자신들이 동맹을 통해 이들을 자기 땅으로 초청해 주었기 때문에 가능한 것으로 여겼다. 영국이 정복자의 권리를 행사하여 새로 복속한 지역을 요새화하고 군대를 주둔시키려 하자 이들은 거세게 반발했다. 그 결과 파리조약의 소식이 알려짐과 동시에 폰티액전쟁Pontiac's War(1763~1766)이 발발했다. 이로써 파리조약은 유럽인들의 상륙 이후 진행된 선주민들의 토지와 자원에 대한 강탈과정의 중요한 변곡점이 되었다. 다투던 두 제국 중 하나가 패배하면서 그 사이에서 균형추 구실을 하던 선주민들은 이제 매우 불리해졌다. 파리조약은 자기 땅에 대한 선주민들의 주권을 부인하는 결과를 가져왔다.

에필로그: 엇갈리는 기억

7년전쟁의 패배는 프랑스에 한동안 후폭풍을 몰고 왔다. 패전의 책임 소재를 찾기에 광분한 여론을 달래기 위해 인도에서 패전한 랄리 백작을 1766년 참수형에 처했고, 캐나다 주재 관료와 군인들 역시 처벌했다. 패전의 충격을 소화하는 과정에서 백년전쟁 시기를 다룬 연극 〈칼레 포위전〉이 "최초의 민족적 비극"이라는 작가의 자평 아래 1765년 개막하여 파리를 거쳐 프랑스 전국을 휩쓸고 바다 건너 생도맹그에서까지 성황리에 공연되었다. 국왕까지 무료 관람을 후원하는 가운데 파리에서의 열광은 상상을 초월했으니 비애국자 취급을 받지 않으려면 격찬을 퍼부을 수밖에 없었다. 그러나 패전과 상실에 대한 통탄은 곧 잦아들었다. 파

[그림 18-3]
랄리 백작의 처형(1766년 경).
랄리 백작은 왕의 이익을 배반했다는 고등법원의 판결에 따라
1766년 5월 8일 파리의 그레브 광장에서 참수형을 당했다.
* 소장처: 카르나발레 파리 역사박물관Musée Histoire de Paris
  Carnavalet.

리는 곧 예수회 추방이나 왕과 파리 고등법원 사이의 공방 등 더 중요한 관심사를 찾아냈다. 왕정에 대한 비판 여론이 고조되는 가운데 7년전쟁은 루이 15세의 수많은 실정 중 하나일 뿐이었다.

프랑스 전쟁사와 제국사 속에서 볼 때 파리조약과 누벨프랑스의 상실은 프랑스인들이 비교적 잘 받아들인 패배였다. 북미나 독일과 달리 프랑스 본토는 7년전쟁을 직접 경험하지 않았다. 캐나다의 경제적 비중은 전략적 비중보다 미약했기에 아이티혁명 때처럼 식민지 경제와 대서양 무역에 치명적 타격을 입지도 않았고, 알제리전쟁 때처럼 대규모 군대를 식민지로 파병하거나 패전 이후 수십만의 유민들이 몰려오지도 않았다. 이후 미국 독립전쟁에 끼어들어 나름대로 영국에 복수했을 때도 프랑스는 누벨프랑스의 수복을 요구하지 않았다. 퀘벡인들은 미국 독립혁명 후 체결된 1783년 파리조약이 1763년의 배신을 완성했다고 비난했다. 그 후에도 누벨프랑스가 잃어버린 식민지에 대한 향수를 불러일으키는 일은 거의 없었다. 게다가 18세기 말의 대전쟁, 즉 혁명전쟁과 나폴레옹전쟁은 7년전쟁의 기억을 압도하고 삼켜버렸다. 그 결과 오늘날 프랑스의 국가적 기억에서 7년전쟁의 자취는 별로 찾아볼 수 없다.

반대로 영국에서의 7년전쟁은 곧 국가 신화의 영역으로 들어섰다. 프랑스에 대한 기적적인 승리는 영국의 자유와 체제의 우수성의 증거로 비쳤고, 자유의 영국과 절대왕정 프랑스의 이분법이 역사서술을 지배했다. 피트의 지도력과 승전한 장군들에 대한 신화가 탄생했고, 영제국의 승리를 자축하는 수많은 예술작품이 나왔다. 특히 7년전쟁에 대한 영국인들의 심상을 지배한 것은 아브라함 전투와 울프의 전사였다. 피트는 아브라함 전투 소식을 듣자마자 웨스트민스터 사원에 울프를 위한 기념비를 제작해 달라고 요청했다. 1773년에 완공한 기념비는 지금도 웨스트민스터 사원의 한쪽을 장식하고 있다. 1771년에는 왕립예술아카데미에서 웨스트Benjamin West의 대작

〈울프의 죽음〉을 공개했다. 애국주의 회화의 절정으로 평가받는 이 그림은 오늘날까지 영미권 대중에게 7년전쟁을 대표하는 이미지로 남아있다.

프랑스, 영국, 미국에서 7년전쟁은 이제 역사의 영역으로 넘어갔지만, 퀘벡을 중심으로 한 프랑스어권 캐나다의 상황은 딴판이다. 퀘벡인들에게 1763년의 '정복'은 캐나다 연방 내 영국계와 프랑스계 주민들 사이의 경쟁과 갈등의 역사 속에서 퀘벡인들의 정체성 찾기 투쟁의 핵심 요소이자 기억전쟁의 대상이 되었다. 많은 연구와 설문 조사를 보면 퀘벡인들에게 7년전쟁은 1759년 아브라함 평원 전투로 압축되어 기억되며, 공식적 채널보다 공동체와 가족의 집단기억을 중심으로, 그리고 프랑스어와 가톨릭교회를 매개체로 전해진다. 특히 1980년과 1995년 퀘벡의 분리독립을 위한 국민투표가 실패로 끝나면서 '정복'은 퀘벡 분리주의 진영에 더 중요한 기억으로 재구성되었다.

영국에 '정복'당했다는 패배의식과 나란히 이 기억에 아직도 강렬한 감정을 불어넣는 것은 본국으로부터 '버림받았다'라는 배신감이다. 볼테르의 "눈 덮인 땅 몇 에이커"를 위시하여 프랑스인들의 비하적 표현이 7년전쟁을 표상하는 가운데, 퀘벡인들은 본국이 별다른 노력 없이 앙티유를 위해 누벨프랑스를 포기했다고 생각한다. 많은 역사 연구가 이에 반박했지만, 집단기억에는 별 반향을 일으키지 못했다.

이 속에서 흥미로운 에피소드를 꼽자면, 1967년 캐나다에서 열린 만국박람회 참석차 몬트리올을 방문한 프랑스의 드골 대통령이 시청 난간에 서서 수많은 청중의 환호 앞에 "자유로운 퀘벡 만세Vive le Quebec libre!"를 외친 것이다. 캐나다 연방정부는 강력하게 항의했지만, 퀘벡 분리주의 진영은 열광했다. 그때 프랑스의 한 외무부 관리는 드골의 귀에 "장군님께서 루이 15세의 빚을 갚으셨습니다"라고 속삭였다고 한다.

그러나 파리조약의 여파가 진정으로 현재진행형인 집단은 캐나다의 선주민들이다. 1763년 폰티액전쟁이 시작될 무렵 영국 정부는 국왕 포고령을 내려 파리조약으로 얻은 땅에 영국계 정착민들이 마음대로 들어오지 못하게 했다. 서부 팽창이 13개 식민지의 분리주의를 부채질하고 프랑스계 주민이나 선주민과의 분쟁을 불러일으킬까 우려했기 때문이다. 이를 통해 국왕이 선주민의 토지 사용권—소유권이 아니라 국왕에게만 양도 가능한 사용권—을 보장했기 때문에 이후 이 포고령과 18세기의 조약들은 '선주민의 권리장전'으로 불리며 오늘날까지도 자신의 땅을 지키기 위한 선주민의 생존투쟁에 소환되고 있다. 자원 개발 요구와 선주민의 권리가 여전히 충돌하는 캐나다의 오늘날, 1763년은 '깨어진 약속' 혹은 완수되지 못한 약속으로 점철된 역사의 출발점을 의미한다.

마지막으로 파리조약 250주년을 맞이하여 2009년에서 2013년 사이 범람한 기념행사들은 새로운 역사와 기억의 가능성을 타진하는 계기가 되었다. 이 기념제에 가장 열정을 보인 쪽은 역시 퀘벡시 건립 400주년(2008), 아브라함 평원 전투 250주년(2009), 그리고 누벨프랑스 양여 250주년(2013)을 맞아 여러 기념행사와 학술대회를 개최한 퀘벡이었다. 동시에 초국가적 역사가 발전함에 따라 그동안 7년전쟁에 큰 관심이 없었던 영국과 프랑스 학계 역시 새로운 주제들을 발견했다. 2009년 런던에서 열린 두 콜로키엄은 '1759년을 재고하기Revisiting 1759'와 '1759년을 기억하기Remembering 1759'를 주제로 대서양 양안의 학자들을 불러모았다. 뒤이어 2013년에는 '프랑스-퀘벡 공동기억의 장소 위원회'가 퀘벡 학자들을 대규모로 초청하여 누벨프랑스와의 연결고리를 새롭게 발견했다. 이러한 초국가적 협업이 예전처럼 국가적 혹은 집단적 신화를 공고하게 하는 것이 아니라 7년전쟁에 대한 협소한(퀘벡에서는 과도한) 기억이 각자의 진영에서 나와 교류하고 확장되는 계기가 되기를, 그리하여 7년전쟁이 프랑스뿐만 아니라 서로 얽힌 세계를 만든 역사가 재조명되기를 기대한다.

주

1장 기원전 52년 9월: 알레지아, 카이사르가 만든 프랑스

※이 글은 《프랑스사 연구》37(2017. 8)에 실린 논문 〈기원전 52년 9월 27일, 알레지아〉
를 바탕으로 대폭 수정 가필한 원고이다.

[1] 1789년을 현대사의 출발점으로 삼는 프랑스 특유의 시대구분은 나폴레옹 3세의 교육부
   장관 빅토르 뒤뤼Victor Duruy에서 비롯된다. 1863년 장관 취임 직후 "대혁명과 함께 시작
   된 우리의 현대사회" 이해를 위해 중등학교 과정에 현대사 강의를 신설했다.
[2] 베르생제토릭스와 알레지아를 제외한, 《갈리아 전기》 속 등장인물과 부족명 및 지명은
   참고한 박광순의 번역본의 표기를 따른다.
[3] 앙리 마르탱이 1833년에 출판한 《프랑스사》는 제1권으로 그쳤다. 1834년에 다시 처음(골
   족)부터 시작하여 총 15권에 달하는 《프랑스사》를 1836년에 마무리지었고, 1855~1860
   년에 결정판(제4판)이라 할 수 있는 17권짜리 《프랑스사》가 출판되었다.
[4] 비브락테는 120년 후 프랑수아 미테랑 대통령의 관심을 끌었다. 1985년 비브락테를 방문
   한 그는 "우리 역사의 첫 장이 펼쳐진 곳"이라 의미를 부여하며 대대적인 발굴작업을 지
   원했다.
[5] 나폴레옹 3세가 이끄는 프랑스 군대는 1870년 9월 1일 스당에서 빌헬름 1세의 프로이센
   군대에 패배하여 황제는 포로가 되었다. 이 소식이 전해지자 9월 4일 파리 시민들은 거리
   로 나왔고, 프랑스 제2제국은 종말을 고한다.
[6] 또한 카이사르가 열거한, 골 전체의 부족들에서 달려온, 총 24만 명에 달한다는 지원군의

규모(제7권 75장)도 과장되었을 가능성이 크다. 이것은 알리즈에서 발굴된 동전의 종류 및 분량과도 조화롭게 연결되지 않는다.

7 라비스는 프랑스의 저명한 역사가들을 동원하여 《프랑스사Histoire de France: de l' époque de gallo-romaine à la Révolution》 및 《프랑스 현대사Histoire de la France contemporaine: de la Révolution à la paix de 1919》를 펴냈다. 이러한 '그랑(큰) 라비스'와 더불어 초등학교 학생용으로 《프티(작은) 라비스》를 저술하여 제3공화국 시기 역사교과서 시장을 지배했다.

8 라틴어로 골족Gallus과 수탉gallus이 동음이의인 까닭에 로마인들의 언어유희에서 두 단어는 연결되었다. 처음에는 프랑스의 적들이 조롱의 의미를 담아 프랑스인을 수탉으로 불렀으나 프랑스 내부에서 점차 긍정적으로 수용되었다. 프랑스의 상징동물이 된 수탉은 오늘날 프랑스 국가대표 선수들의 유니폼에도 자리 잡는다. 베르생제토릭스, 아스테릭스, 푸틱스에서 반복되는 '익스ix'는 골족의 계보를 천명하고 있다.

9 뮈제오파르크의 행정관에 의하면 지난 150년간 1,200개가 넘는 지역들이 알레지아임을 주장하고 나섰다고 한다. 알레지아의 가능성이 있는 지역에 대한 기사들은 한 해 여름 지면을 장식하며 관광객을 유혹했다가 가을이 되면 사라지곤 한다.

2장 496년 12월(?): '정통성'의 기원, 클로비스의 세례와 개종

※이 글은 《프랑스사 연구》 35(2016. 8)에 실린 논문 〈496년(?) 12월 25일, 클로비스의 세례와 개종〉을 바탕으로 대폭 수정 가필한 원고이다.

1 클로비스의 독일어명은 클로드비히Chlodwig이고 라틴어명은 클로도베쿠스Chlodovechus이며 당시 프랑크어로는 클로도비크Chlodowig로 추정된다. 현재 프랑스어 이름 '루이Louis, LOVIS'의 기원이 된다. 프랑크왕국이 프랑스와 독일의 공통 기원이 된다는 점에서 라틴어로 표기하는 것이 학술적으로 적절하지만, 국립국어원은 프랑스어와 영어에서 사용하는 '클로비스'를 공식적인 외래어 표기법으로 채택하고 있다. 그런데 국립국어원은 마찬가지 이유에서 이 클로비스가 속한 왕조의 이름을 독일어식 표현인 '메로빙거' 왕조로 표기하고 있다.

2 실제로 프랑크왕국에서 도유를 받은 최초의 군주는 카롤루스 왕조를 개창한 단신왕 피피누스 3세Pipinus III Brevis; Pépin III le Bref(재위 751~768)였다. 메로베우스의 마지막 왕인 킬

데리쿠스 3세Childericus III(재위 743~751)를 폐위시키고 왕위에 오른 그는 이를 정당화하기 위한 방식으로 초월적인 종교적 권위를 끌어들이는 도유식을 거행하였다. 사실 서유럽에서 도유식은 이미 7세기 전반기 정치적 격변기 속에서 서고트왕국에서 먼저 등장했었다. 하지만 피피누스 3세 도유식에서 주목해야 할 점은 교황 스테파누스 2세Stephanus II(재위 752~757)가 직접 이 도유식을 거행했다는 점이다. 이 도유식은 754년 7월 28일 생드니 성당에서 이루어졌는데 이는 바로 754년 4월의 이탈리아 원정 결정에 뒤따라 이루어졌다. 755년 봄에 이루어진 이탈리아 원정은 잘 알려진 바대로 로마를 중심으로 한 교황령 형성의 직접적인 토대가 되었다.

3 축성식Sacre은 대관식Couronnement과 도유식Onction 두 가지 과정으로 구분된다. 대관식이 지상에서 왕국의 통합과 통일성을 상징하는 내재적 성격을 지닌다면 도유식은 이를 신으로부터 인정받는다는 초월적 성격을 지닌다.

4 1837년에 제작된 프랑수아 루이 드쥔느François-Louis Dejuinne의 작품은 보다 명확하게 클로비스 세례의 역사적 과정을 보여준다. 화면의 중심은 성자 레미가 아닌 클로비스로, 그는 로마식 갑주와 게르만 도끼Francisca로 두 문명의 결합을 상징한다. 화면 좌측에는 게르만인들이, 우측에는 성자 레미를 필두로 한 갈리아 로마인들이 배치되어 있다. 이는 프랑스 민족의 형성 요소들과 세례를 통한 결합과정을 명백히 보여준다. 하늘에서 내려오는 빛이 없다는 점은 이 사건이 초월적이고 종교적인 성격의 것이 아니라 내재적이고 역사적인 성격의 것이라는 점을 보여준다. 이에 군중(하나가 된 프랑스 민족)의 모습 또한 뚜렷하게 표현되고 있으며 클로비스의 개종을 이끈 클로틸드는 멀리 어둠 속에 희미하게 표현되어 있다.

3장 732년 10월: 푸아티에 전투, 기독교와 이슬람의 문명충돌?

※이 글은 《프랑스사 연구》 36(2017. 2)에 실린 논문 〈732년 10월, 푸아티에 전투: '기독교'와 '이슬람'의 충돌(?)〉을 바탕으로 대폭 수정 가필한 원고이다.

1 *The Fourth Book of the Chronicle of Fredegar with its Continuation*, trans. J. M. Wallace-Hadrill(Thomas Nelson, 1960), 8세기 말 부르군드의 수도사가 기록한 것으로 알려진 《프레데가리우스 연대기》는 프랑크왕국이 남긴 연대기 중에서 푸아티에 전투 당시의 상황을

가장 가까이서 전달하고 있는 기록으로 평가된다. '사라센Sarrasins'은 중세 유럽에서 이슬람교를 신봉하는 족속들을 부르는 호칭으로 널리 쓰였다. 사라센은 '동쪽에서'를 뜻하는 아랍어 charqiyyīn를 전용한 라틴어 Sarracenus에서 유래한 것으로 보인다. Sarracenus는 중세 초기에 이슬람 세력의 유럽 진출에 따라 널리 퍼졌다. 한편 '이슬람Islam' 또는 '무슬림musulman(moslem)'이라는 표현은 유럽에서 16세기 이후에 뒤늦게 사용되었다.

[2] A.-R. Voisin, *La bataille de Ballan-Miré dite bataille de Poitiers*(Ste Ecrivains Associés, 2003). 아랍 측 연대기에 등장하는 '순교자 가도의 전투ma'rakat balât al-shuhadâ'라는 표현에서 balât가 가도pavé보다는 궁정palais 또는 저택édifice을 의미하며 아마도 투르의 성인 마르티누스의 대성당을 지칭하는 것으로 볼 수 있다는 점에서, 전투가 투르 근처에서 벌어졌을 것이라고 추정한다.

[3] "Chronicle of 754", Kenneth Baxter Wolf(tra. & ed.), *Conquerors and Chroniclers of Early Medieval Spain*(Liverpool University Press, 1990). 흔히 '모자라브 연대기Mauzarabic Chronicle'로 불리는 《754년 연대기》는 푸아티에 전투에 대해 가장 상세한 정보를 담고 있는 사료로 평가된다.

[4] Voltaire, *Essais sur les moeurs et l'esprit des nations*(Editions Garnery, 1827, 초판 1756), t. I, chap.VI, p. 368.

[5] 에드워드 기번, 송은주·김지현 옮김, 《로마제국 쇠망사》 5권(민음사, 2009), 378~379쪽.

[6] F. R. Chateaubriand, *Analyse raisonnée de l'histoire de France*(Table Ronde, 1998, 초판 1831), p. 14.

[7] F. Guizot, *Histoire de France racontée à mes petits-enfants, t. I*(Hachette, 1875), p. 178.

[8] 《화보로 본 프랑스 역사》는 20세기 초 초등용 역사교과서의 대명사였다. 교육학자 고티에와 데샹(필명)의 공저 *Cours élémentaire d'histoire de France*(Hachette, 1904)는 출판 후 20년 만에 100만 부 이상 팔렸으며, 화보 역사책인 *Petits tableaux d'histoire de France par l'image*(Hachette, 1907)는 10만 부 이상 팔렸다. 제2차 세계대전 이후 초급용 역사교과서의 대표작은 보니파시오와 마레샬의 공저 《프랑스 역사》였다. A. Bonifacio & P. Maréchal, *Histoire de France, cours élémentaire et moyen*(Hachette, 1956).

4장 800년 12월: '유럽의 아버지' 샤를마뉴의 즉위

※이 글은 《지식의 지평》 17(2014. 10)에 실린 논문 〈샤를마뉴, 유럽의 아버지〉를 바탕으로 대폭 수정 가필한 원고이다.

[1] 아인하르트, 이경구 옮김, 《샤를마뉴의 생애》, 지식을만드는지식, 2012. 이와 더불어 노트커Notker가 지은 《샤를마뉴의 행적》 같은 초기의 기록들은 황제의 이미지를 고착시킨 주요한 전거가 되었다.

[2] 'Karolus serenissimus Augustus a Deo coronatus magnus pacificus imperator Romanum gubernans imperium.'

[3] G. Walter éd., *Le Mémorial des Siècles: Charlemagne*(Paris, 1967), p. 401; W. Braunfels, "Charlemagne vu par ses contemporains", Coll., *Charlemagne: Oeuvres, royonnnement et survivances*(Aachen, 1965), pp. 31~33.

[4] Alexandro Barbero, *Charlemagne: Father of a Continent*, translated by A. Cameron(University of California Press: 2004), p. 115.

[5] *Ibid.*, pp. 100~101; 장 바티스트 뒤로젤, 이규현·이용재 옮김, 《유럽의 탄생》(지식의풍경, 2003), 51쪽. 아인하르트에 따르면, 칼리프가 하나밖에 없는 자신의 코끼리를 선물로 보낸 이유는 샤를마뉴의 요청에 응한 것이라고 한다. 샤를마뉴는 이국적인 짐승을 소유함으로써 자신이 세계의 지배자임을 과시하고자 했던 고대 로마 황제들을 모방했다고 볼 수 있다.

[6] 자크 르고프 글, 샤를레 카즈 그림, 주명철 옮김, 《유럽역사 이야기》(새물결, 2006), 46쪽.

[7] Einhard & Notker the Stammerer, *Two Lives of Charlemagne*(London, 1969).

[8] D. W. Lacroix éd., *La saga de Charlemagne, Branches IV, VII, VIII*(Paris, 2000); R. N. Walpole éd., *Le Turpin français, dit le Turpin I*(Toronto, 1985), Ch. 2.

[9] 경건왕 루이(813) 이후 합스부르크가의 페르디난트 1세(1531)에 이르기까지 32명의 황제들이 아헨에서 도유를 받았다. K. F. Werner, "Aix-la-Chapelle", J. Morizet et H. Möller dir., *Allemagne-France*(Paris, 1995), p. 71.

[10] J. Ehlers, Charlemagne, *l'Européen entre la France et l'Allemagne*(Stuttgart, 2001), pp. 20~21; R. Folz, *Le Souvenir et la légende de Charlemagne dans l'Empire germanique médiéval*(Paris, 1950), pp. 203~208, 256.

11 J. Viard éd., *Grandes Chroniques de France*(Paris 1920~1953)., t. 1, pp. 5~6: t. 3, pp. 155~158; C. Beaune, *Naissance de la nation France*(Paris, 1985), pp. 405~409.

12 R. Folz, "Aspects du culte liturgique de saint Charlemagne en France", W. Braunfels ed., *Karl der Grosse: Lebenswerk und Nachleben*, Band 4(Düsseldorf, 1965~1968), pp. 79~81.

13 R. Morrissey, *L'empereur à la barbe fleurie: Charlemagne dans la mythologie et l'histoire de France*(Paris, 1997), pp. 349~368.

14 공화파 의원들은 볼테르의 동상 건립은 반대하면서 어찌 그 인민의 압제자는 기리려 하느냐고 성토했다. 결국 이 논란은 황제의 동상과 함께 볼테르와 공화국(마리안느)의 동상을 건립한다는 타협책으로 마무리되었다. R. Morrissey, "Charlemagne", P. Nora dir., *Les Lieux de Mémoire III/3*(Paris, 1992), pp. 666~668.

15 이 전설은 노트커의 기록(Einhard & Notker the Stammerer, *op. cit.*, pp. 95~96)에서 비롯되었다. 크리스티앙 아말비, 《영웅은 어떻게 만들어지는가》(아카넷, 2004), 161~62, 192~193쪽.

16 'Sacré Charlemagne', www.paroles.net/texte/21480/print/1.

17 C. Amalvi, *Le goût du Moyen Age*(Paris, 1996), p. 82. 그러나 나치 정권이 샤를마뉴를 민족 정체성과 결부시킨 것은 아니었다. 당시 독일의 교과서들은 헤르만Herman과 나란히 비두킨트를 민족 영웅으로 추앙했고, 샤를마뉴에 대해서는 독일 민족의 정신에 외래(로마) 문화를 주입하려 했다고 비판했다.

5장 1099년 7월: '신이 원하신 일', 십자군의 예루살렘 정복

※이 글은 《프랑스사 연구》 42(2020. 2)에 실린 논문 〈1099년 7월 15일, 신이 원하신 일〉을 바탕으로 대폭 수정 가필한 원고이다.

1 Deus vult는 라틴어이다. 그런데 중세 통속 라틴어vulgar latin에서는 "Deus le vult", 중세 남부 프랑스어에서는 "Deus lo volt" 등으로 쓰였다. 십자군에 지원한 군중들, 심지어 기사들조차 라틴어로 그 구호를 외쳤을 리가 없다. 그러므로 실제로는 라틴어보다는 다양한 세속어로 외쳐졌을 것이다. 이 문구의 기원은 성경 디모데 전서 2장 3절과 4절에 있다. "이것은 우리 구주 하나님께서 보시기에 좋은 일이며, 기쁘게 받으실 만한 일입니다. 하나님께서는 모든 사람이 다 구원을 얻고 진리를 알게 되기를 원하십니다hoc enim

bonum est et acceptum coram salutari <u>nostro Deo, qui omnes homines vult salvos fieri et ad agnitionem veritatis venire.</u>"

2 보에몽 1세Bohemund I(1058년 경~1111년 3월 3일). 후에 안티오크 공작. 원래 이탈리아 남부 타란토의 공작이었으므로 보에몽 드 타랑트Bohemond de Tarente란 별칭으로 불리기도 했다. 조상은 노르망디에 정착한 노르만족으로서 아버지 기스카르는 노르망디에서 태어나 이탈리아 남부를 공략한 기사였다. 따라서 사료에서는 가끔 보에몽을 비롯한 노르망디 출신 사람들을 '노르만인'이라고 칭하고 있다. 보에몽은 안티오크 포위전에서 변절자 피루즈와 협상하여 탑을 확보함으로써 안티오크 점령에 결정적 기여를 했다. 그리하여 그는 예루살렘 공략에는 참가하지 않고 안티오크에 남아 그곳의 공작이 되었다.

3 산티아고 데 콤포스텔라 순례에 대해서는 다음 논문을 참조하라. 박용진, 〈순례와 여행: "산티아고 순례 안내서"를 통해 본 중세의 순례〉, 《동국사학》 53집(2012), 167~195쪽; 김재현, 〈중세 기독교 순례와 도시의 발전〉, 《서양중세사연구》 제21집(2008), 207~244쪽.

4 고드프루아는 왕이라는 칭호를 거부하고 '성묘의 수호자'로 남기를 원했다.

5 Michaud, J.-F., *Histoire des croisades*(Paris: G. Michaud, 1817~1822), 7vols. 이 책은 프랑스 국립도서관BNF의 디지털도서관[Galica]에서 전자책의 형태로 내려받을 수 있다.

6 영국의 경우 3차 십자군에 참가한 리차드 사자심왕의 행적을 기록한 것이 있다. 그런데 이것은 십자군의 역사를 기록했다기보다는 리차드의 업적을 기록한 것이다. 제목 역시 《리차드 왕의 업적과 순례 여정》으로 되어있다. William Stubbs ed., *Itinerarium Peregrinorum et Gesta Regis Ricardi*, Rolls Series(London: Longmans, 1864). 독일의 경우 프리드리히 황제가 3차 십자군에 참가한 기록이 있는데, 이것 역시 프리드리히 바르바로사 황제의 업적록으로서 《독일 역사 집성MGH》의 일부로 편찬되어 있다. *Historia de Expeditione Frederici Imperatoris*, MGH, SSRG(Scriptores Rerum Germanicarum), Nova series(Berlin, 1928).

7 위스콘신대학교 출판부에서 1969년부터 1989년에 걸쳐 6권으로 출간했다. 각 권은 독립적인 제목을 가지고 있다. 이 전집은 위스콘신대학교 출판부 사이트에 공개되어 있다. http://digital.library.wisc.edu/1711.dl/History.HistCrusades.

6장 1214년 7월: 두 왕국의 운명이 엇갈린 부빈 전투

※이 글은 《프랑스사 연구》 36(2017. 2)에 실린 논문 〈1214년 7월 27일, '부빈의 주일',
부빈의 신화와 두 왕국의 엇갈린 운명〉을 바탕으로 대폭 수정 가필한 원고이다.

[1] G. Duby, *Le dimanche de Bouvines: 27 Juillet 1214*(Gallimard, 1973).

[2] 부빈 전투의 전개과정에 관한 이하의 기술은 Oeuvres de Rigord et De Guillaume le Breton, *Historiens de Philippe-Auguste*, t. 1: *Chroniques de Rigord et de Guilaume le Breton*, par. 178~197; t. 2: *Philippide de Guilaume le Breton*, lib. X-XII, H.-F. Delaborde (éd.)(S. H. F., 1882~1885) 및 이를 근거로 한 저술로 G. Duby, *Le dimanche de Bouvines*; J. W. Baldwin, *The Government of Philippe Augustus: Foundations of French Royal Power in the Middle Age*(University of California Press, 1986). ch. 9 등을 참조하였다.

[3] G. Duby, *Le dimanche de Bouvines*, p. 205. 바타유bellum는 게르guerra의 축소판이 아니라 일상적 형태의 전쟁이 더 이상 지속될 수 없는 막다른 상황에서 신의 판결에 호소하는 예외적 사건이다. 간단히 말해서 게르가 일종의 사업business이라면, 바타유는 선택과 타협의 여지가 없는 신 앞에서의 운명적인 재판justice인 것이다.

[4] 뒤비는 필리프가 최소한 1,300명의 기사와 같은 수의 세르장, 4천~6천 명의 보병을 동원했으며, 양편 합하여 기병 4천 명에 대략 그 3배에 달하는 보병이 전장에 있었다는 버브루겐J. F. Verbruggen의 추정을 인용한다.

[5] 1250년 아라스의 한 성문에 새긴 시에는 이날 300명의 기사가 사로잡히거나 전사했다는 글귀가 있다. 이로 미루어 보면, 전투에서 전사한 기사 수는 170명 정도인데, 이는 특히 기사의 경우 전사자가 극히 드물었던 당시의 전투 관행으로 볼 때 싸움이 대단히 격렬했음을 방증한다.

[6] 십자군 원정 등 종횡무진 전장을 누빈 이 '사자심왕'의 활약은 잉글랜드에서의 그의 권력을 약화시켰고 특히 귀족세력에게 유리한 기회가 되었다. 그는 필리프 2세에게 오베르뉴를 팔아넘겼으며, "만일 돈 많은 구매자만 있다면 나는 런던까지도 팔아넘기겠다"고 말할 정도였다.

[7] 사실 존왕에 대한 악평에는 대개 성직자인 연대기 작가들에 의해 과장, 왜곡된 면이 많다. 한편, 16세기에 가서 그는 교황과 투쟁한 영국 교회주의Anglicanism의 선구자로 칭송되기도 했다.

8 필리프 오귀스트는 덴마크 공주인 왕비(잉게보르크Ingeborg)의 이름으로 크누트 대왕의
유산에 대한 권리를 주장할 수 있었다. 게다가 교황 이노켄티우스 3세가 존왕을 폐위하
자 자신의 맏아들 루이를 장래의 잉글랜드 왕으로 지명케 했다.

9 대부분의 대귀족은 잉글랜드 영지를 택했지만, 아르쿠르Harcourt가처럼 형제 사이에 영지
를 분할하는 경우도 있었다. 이 시기 노르망디에서 3분의 1가량 되는 토지의 주인이 바뀌
었다고 추정한다.

7장 1303년 9월: 교황권을 누른 왕권, '아냐니 폭거'

※이 글은《프랑스사 연구》38(2018. 8)에 실린 논문 〈1303년 9월 7일, 아냐니 폭거〉를 바
탕으로 대폭 수정 가필한 원고이다.

1 평신도가 교회에 납부하는 통상적인 십일조dîme와 달리 십자군 재정 확충을 목적으로 교
황이 성직자들에게 예외적으로 거둔 10분의 1세를 말한다. 라틴어로는 '데키마decima'로
십일조의 라틴어 표기와 같다. 최초의 성직자세는 '살라딘 십일조Dîme Saladine'라는 명칭
으로 1118년 제3차 십자군 당시에 처음으로 징수되었다.

2 이러한 생각을 명백하게 보여주는 것은 1306년 경 필리프 4세의 국왕 법률가인 피에르
뒤부아가 집필한《성지수복론De reuperatione Terre Sancte》이다. 13세기 말부터 14세기 초
까지 프랑스를 중심으로 한 십자군의 조직은 프랑스와 교황권을 중심으로 중요한 정치적
이슈로 작용하였다. 당시 페르시아 지역을 장악한 훌레구 울루스의 일칸 아르군은 1298
년에는 필리프 4세, 1290년에는 니콜라우스 4세에게 맘루크에 대항한 동맹을 제안하는
서신을 보냈다. 이후 1291년 마지막 십자군 거점지인 아카(아크르)시가 함락된 이후 14세
기 전반기에 잉글랜드와의 백년전쟁이 시작되기 전까지 십자군 원정군 조직은 프랑스 내
에서 언젠가는 기필코 이루어야 할 과업으로 여겨지게 된다.

3 교령에는 특별한 제목이 없이 최초의 두 단어로 교령을 지칭한다. 이 교령은 다음과 같은
문장으로 시작한다. "Clericis laicos infestos oppido tradit antiquitas(고대인들은 성직자들에게
큰 혐오감을 보인 속인들을(속인들에 대한 이야기를) 전해주었다)." 첫 두 단어만 따오면 교령을
"성직자에게 속인들을"이라고 번역할 수 있다.

4 보니파키우스 8세가 루이 9세를 시성한 것은 필리프 4세에게 날개를 달아준 격이었다.

이 이후부터 필리프 4세는 성자의 혈통인 카페 왕조, 신성한 프랑스 왕권의 이데올로기를 본격적으로 전개하기 시작하였다.

5 1297년 8월에 발생한 퓌른느 전투에서는 프랑스군이 승리하여 필리프 4세가 플랑드르를 장악했으나 그의 통치에 불만을 품은 헨트, 브루헤, 이프르, 릴과 같은 도시 코뮌은 1302년 5월 브루헤 새벽기도 사건을 계기로 친프랑스파 도시귀족으로 이루어진 백합동맹을 학살하였다. 곧이어 벌어진 7월의 쿠르트레 전투에서 프랑스군은 플랑드르 도시 민병대에게 패배하고 말았지만, 1304년 8월 몽스앙페벨 전투에서 필리프 4세가 직접 지휘한 프랑스군이 대승을 거두었고 1305년 아티스조약으로 전쟁이 종결되었다. 이로써 플랑드르 도시들의 자치권은 인정되었으나 막대한 배상금과 함께 릴과 두에, 오르시를 프랑스 왕국에 내주어야 했다.

6 13세기 초까지 랑그도크 지역은 북부 프랑스와는 동떨어진 채 다양한 세력들 간의 경쟁과 연합이 이루어지고 있던 또 다른 정치 영역이었다. 13세기 초 알비 십자군과 더불어 랑그도크 지역은 프랑스 왕권과 북부 프랑스 귀족들에게 압도당하기 시작했다. 결국 1271년에 랑그도크의 가장 큰 세력인 툴루즈 백작령은 프랑스 왕령지가 되었다.

7 본 교령은 다음의 문장으로 시작한다. "소중한 아들아, 아버지의 말을 잘 듣거라Ausculta, fili carissime, precepta patris……."

8 본 교령은 다음의 문장으로 시작한다. "(우리는) 하나의 성스러운 교회, 보편적이고 사도적인 교회를 절실한 신앙으로 믿고 이를 유지해야 할 것입니다Unam sanctam ecclesiam catholicam et ipsam apostolicam urgente fide credere cogimur et tenere."

9 아퀴나스와 이후에 등장하는 국왕 법률가들 사이에 에지디우스 로마누스[질 들 롬](Egidius Romanus[Gilles de Rome], 1247~1316)의 정치사상에 대해 이야기할 수 있을 것이다. 아퀴나스의 제자이자 필리프 4세가 세자였을 당시 개인교사였던 그는 필리프 3세 당시 《군주통치론De Regimine principum》을 저술하여 왕국의 통치에 있어 실정법을 넘어서는 국왕의 전제권을 정당화하였다. 하지만 이는 교회와의 정치적 단절을 의미한 것은 아니었다. 그는 아퀴나스의 이상에 따라 왕권에 대한 교황권의 궁극적인 통제권과 선정을 위한 교황의 지도를 열어두고 있었다. 실제로 필리프 4세가 보니파키우스 8세와 두 번째 충돌을 빚었을 때 교회 및 교황권의 우위를 정당화하는 《교회권력론De Ecclesiastica potestate》을 저술하였다. 한 가지 흥미로운 점은 이 당시 교황권을 지지한 그가 콜로나 가문 출신이었다는 사실이다.

10 본성이 은총에, 왕국이 교회에 역사적으로 앞선다는 생각은 당대의 역사, 생물학, 어원학

등으로 정당화되었다. 첫째, 이스라엘의 왕들을 다루는 〈구약〉이 사도들을 다루는 〈신약〉
보다 앞선다. 둘째, 사회유기체론에서 교황이 머리라면 국왕은 심장인데, 아리스토텔레
스의 발생학에 따르면 태아 발생 시 심장이 뇌보다 먼저 형성된다. 셋째, 세비야의 이시
도르의 《어원론》에 따르면 그리스어로 왕을 뜻하는 '바실레오스basileos'는 근본, 기반을
의미하는 'base'라는 단어에서 유래한다.

8장 1358년 7월: 중세 '파리 혁명'을 이끈 에티엔 마르셀의 죽음

※이 글은 《프랑스사 연구》 35(2016. 8)에 실린 논문 〈1358년 7월 31일, 에티엔 마르셀의
죽음: '중세의 당통'과 '파리의 혁명'에 대한 기억〉을 바탕으로 대폭 수정 가필한 원고이
다.

[1] 노르망디 공작이란 세자 샤를(나중에 샤를 5세)을 말한다.

[2] 상인조합장이란 강상江商 조합장prévôt des marchandsde l'eau을 지칭한다. 이 조합은 문자
그대로 센강을 이용하는 상인의 조합으로서, 12~13세기에 강의 운행에 대한 독점권의
문제로 다른 도시와 충돌하게 되자 이 도시와 대결의 필요에서 조직과 체계를 갖추었다.
처음 이 조합은 강을 이용한 운송에만 관여했으나 차차 판매까지 장악하게 되었고, 13세
기 초에는 치안유지를 담당하여 경찰권도 장악하였다. 13세기 중엽 성왕 루이Saint Louis
는 왕의 관료인 파리 시장Prévot de Paris을 창설하였고, 이때쯤 조합에서도 자신들의 우두
머리를 상인조합장이라고 지칭하였으며 1290~1305년 사이에 이 기능을 영구적인 것으
로 정착시켰다. 세금 문제로 두 시장이 충돌하자, 상인조합장이 파리 시내 여러 조합의
지지를 받아 세금분배권을 장악하여 파리의 실질적인 통치자가 되고, 이를 바탕으로 상
인조합장이 국왕의 재정 문제를 해결해 줌에 따라 정치적 성격을 지니게 되었다. 상인조
합장의 임무는 식량 공급, 치안유지, 그리고 도로 포장 등이었고, 국왕 보좌와 재정 지원
을 하는 등 국왕과 직접 관계를 갖기도 하였다.

[3] 나바르 왕Charles le Mauvais은 샤를 4세의 외손자로서, 카페 왕조에서 발루아 왕조로 왕위
계승권이 넘어가던 1328년에는 아직 태어나지 않았다. 그는 이러한 사실을 안타깝게 생
각하고 있었으나, 세력이 미약했다. 그는 1354년 초 프랑스의 총사령관 샤를 데스파뉴
Charles d'Espagne를 살해함으로써 국왕과 적대관계가 되었다. 1356년 국왕 장은 루앙에

있던 나바르 왕을 체포하여 피카르디의 성채에 가두었다.

[4] 사실 장 마이아르는 모직물 상인이었던 데다가 지구대장을 할 정도였으므로 마르셀의 열
성적 지지자였을 것으로 추정된다. 한편, 페팽 데제사르는 장 2세 치세 초기의 한 문서에
기사 신분으로 기재되어 있다.

[5] 1350년대 마르셀의 사건 당시 랑의 주교로서 나바르왕 과 가까운 사이였다. 그는 1356년
과 1357년 신분회에서 주도적인 역할을 하여 1357년 신분회의 대칙령 작성에 결정적 기
여를 했다.

[6] 쥔 하그로브, 〈파리의 기념상들〉, 피에르 노라 편, 김인중 외 옮김, 《기억의 장소》 제2권,
나남, 2010, 392쪽.

[7] 다니엘 밀로, 〈거리 이름〉, 피에르 노라 편, 김인중 외 옮김, 《기억의 장소》 제2권, 444쪽.

[8] '하나의 프랑스'라는 이념은 프랑스에 있어서 가장 중요한 이념이라고 할 수 있다. 그리하
여 프랑스공화국 헌법은 제1조에서 "프랑스공화국은 분리 불가능하고, 비종교적이며, 민
주적이며, 사회적이다"라고 함으로써 '분리 불가능한' 하나의 프랑스가 최고의 가치임을
천명하고 있다.

[9] 프랑스에 공동체로서의 속성을 부여한 요소들 중에서 "제일 앞자리를 요구할 자격이 있
는 칭호가 있다면 그것은 교회의 맏딸이라는 칭호일 것이다.……클로도베우스(클로비우
스)의 세례는 민족만큼이나 오래된 것이며 민족을 통합하는 기본 요소였다." 르네 레몽,
〈교회의 맏딸〉, 피에르 노라 편, 《기억의 장소》 제5권, 155~156쪽.

9장 1429년 5월: 프랑스의 열정 잔 다르크와 오를레앙 해방

※이 글은 《역사비평》 36(2004. 2)에 실린 논문 〈잔다르크, 프랑스의 열정과 기억의 전투〉
를 바탕으로 대폭 수정 가필한 원고이다.

[1] 오를레앙 축제는 종교동란기, 혁명기, 양차 세계대전 기간을 빼고 1430년 이래로 면면히
이어져 도시 정체성의 중요한 일부가 되었다. 하지만 19세기 프랑스 정치사의 파란 속에
서 이 행사의 조직과 의전 서열을 둘러싸고 시민사회와 교회, 도시, 사회단체들과 상급
관헌들 사이의 팽팽한 줄다리기가 되풀이되었다.

[2] J. Quicherat éd., *Procès de condamnation et de réhabilitation de Jeanne d'Arc*, 5 Vol(Paris,

1841~1849). 19세기에 유독 잔 다르크 연구와 논쟁이 활기를 띠게 된 것은 예외적으로 풍
부한 사료 덕분이기도 했다.

3 실제 15세기 문헌들에는 잔의 성姓이 Darc, Tarc, Dare, Day 등으로 표기되어 있으며,
Jeanne d'Arc라는 표기는 1576년에 처음 등장했다. 하지만 법정에서 그 자신은 '잔'이나
'자네트'라는 이름밖에 모른다고 답변했다.

4 "프랑스 왕국이 한 여인에 의해 파멸하고 한 처녀에 의해 구원되리라"는 예언이 이미 잔의
시대에 유포되어 있었고, 그녀 또한 이 예언을 알고 있었으며 실제 당시에 곳곳에서 출현
한 여자 예언가의 하나로 여겨졌다. 그녀가 처음에 세상의 관심을 끌 수 있었던 것도 이
같은 믿음 때문이었을 것이다.

5 1879년 〈라마르세예즈〉가 국가로 다시 채택된 데 이어 이듬해부터 혁명기념일이 국경일
이 되었다. 파브르는 미국이 '독립기념일'과 별도로 '워싱턴 기념일'을 제정한 것에 착안
했다.

6 잔의 시성은 1905년 정교분리 이후 단절된 승전국 프랑스와 외교관계를 복원하려는 바티
칸의 희망을 반영하고 있다. 실제로 이듬해 로마와 프랑스의 관계는 회복되었고, 1922년
3월 베네딕도 15세는 잔을 프랑스의 두 번째 수호성인으로 선포했다.

7 한편, 공산주의자들은 중산층을 인민전선으로 유인하기 위해 프랑스혁명의 신화를 이용
하는 동시에, 가톨릭 노동자들에게 손길을 뻗기 위해 잔의 신화를 이용할 필요가 있었다.
그리하여 이들은 왕당파나 파시스트가 아닌 민중적 모습의 잔을 부각하는 한편, 잔의 처
형에 대한 가톨릭교회의 책임에 관해서는 비난을 자제했다.

8 실제로 잔은 심문과정에서 "나는 칼보다 깃발이 훨씬 더 좋습니다. 적이 공격해 올 때 사
람을 죽이는 것을 피하기 위해서입니다. 한 번도 사람을 죽인 적이 없습니다"라고 진술한
바 있다.

10장 1477년 1월: '프랑스'를 만든 분기점, 낭시 전투

※이 글은 《프랑스사 연구》 36(2017. 2)에 실린 논문 〈1477년 1월 5일, 낭시 전투: 역사적
사건의 기록과 기념〉을 바탕으로 대폭 수정 가필한 원고이다.

1 유럽에서는 중세 시대 이래로 개인의 특징을 나타내는 형용사 수식어를 이름에 덧붙여서

불렀는데, 14~15세기 부르고뉴 공작들의 경우에는 우리말 번역어가 통일되어 있지 않다. 또한 샤를의 경우 당대에는 '용감한 샤를Charles le Hardi' 외에 여러 별명으로 불렸는데, '무모한 샤를Charles le Téméraire'이라는 유명한 별명이 정착된 것은 19세기부터였다. 여기에서는 중세 후기 부르고뉴에 대해 한국 독자에게 널리 소개한《주경철의 유럽인 이야기》제1권의 번역에 따라 부르고뉴 공작의 별명을 표기하겠다.

2 중세 후기에 부르고뉴 공작이 다스렸던 지역은 '부르고뉴령', '부르고뉴 공작령', '부르고뉴 영주령' 등 여러 용어로 불리고 있다. '부르고뉴 공국'이라는 표현은 19세기에 나타나서 오늘날까지도 사용되고 있는 용어이다. 하지만, 부르고뉴 공작의 영지들이 중세 후기에 독립적인 주권국가로 존재했던 것은 아니었기에, '부르고뉴령'이라는 표현을 선호하는 학자들도 있다.

3 Pierre Frédérix, *La mort de Charles le Téméraire*(Paris: Gallimard, 1966).

4 Hartmann Schedel, *Weltchronik 1493*: *Kolorierte Gesamtausgabe*(Köln: Taschen, 2018), fol. 255v. 하르트만 셰델은 라틴어로 글을 썼고, 게오르크 알트Georg Alt가 그의 책을 독일어로 번역했다. 뉘른베르크에서 인쇄본으로 출간되어《뉘른베르크 연대기*Nürnberger Chronik*》라고도 불리는 이 책은 아름다운 판화 도판이 다수 수록된 것으로 유명하다.

5 Robert Gaguin, *Compendium de origine et gestis Francorum*(Paris: Thielmann Kerver pour Durand Gerlier et Jean Petit, 13 janvier 1500[1501 n. st.]), Lib. X, fol. 154.

6 프레데릭스는 황제의 칙사들이 가져온 유해가 실제 샤를의 것인지에 대해 의심을 제기하면서, 현재 브루헤에 묻혀있는 유해가 공작과 함께 전사한 다른 이의 것일 가능성도 있다는 가설을 제기했다. 유해를 재발굴할 때 로렌 사람들이 처음에는 장소를 잘못 짚었으며 다시 유해를 파낸 지점이 샤를의 묘와 조금 떨어진 곳이었다는 것이다.

7 Elisabeth A. Fraser, *Delacroix, Art and Patrimony in Post-Revolutionary France*(Cambridge, U.K.; New York: Cambridge University Press, 2004).

8 Pierre Frédérix, *La mort de Charles le Téméraire*, p. 222.

9 René Tavenaux, "avant-propos", *Cinq-centième anniversaire de la bataille de Nancy*(1477). Actes du Colloque organisé par l'Institut de recherche régionale en sciences sociales, humaines et économiques de l'Université de Nancy II, Nancy, 22~24 septembre 1977(Nancy: Annales de l'Est, 1979), p. 5.

10 갈리마르출판사에서 출간된 프레데릭스의 저서 표지 위에 두른 빨간색 띠지에는 '유럽 중간지대의 종말La fin de l'Europe médiane'이라는 하얀색 글씨가 크게 박혀있다. 바로 낭시

전투에 대한 저자의 평가를 요약한 것이다.

11 퀴니가 운영하는 출판사는 1976년에 낭시 전투에 대한 소책자를 출간하였다. Pierre
Gérard, *La Bataille de Nancy: son importance européenne*(Nancy: Édition J. M. Cuny-Librairie
Lorraine, 1976).

12 '백색 십자가'는 가톨릭을 상징한다. 스위스의 국민투표는 2009년 11월 29일에 보수 우
익 정당인 인민당UDC(L'Union démocratique du centre)의 발의로 실시된 국민투표를 말한다.

13 http://la-lorraine-royaliste.over-blog.com/article-harangue-de-jean-marie-
cuny-68743652.html(최종검색일: 2017년 1월 5일). 2022년 7월 현재 이 사이트는 유료 가입
으로 전환되어 있다.

11장 1515년 9월: 마리냐노 전투, 프랑수아 1세와 기사 바야르의 무용담

※이 글은 《프랑스사 연구》 46(2022. 2)에 실린 논문 〈1515년 9월, 마리냐노 전투: 프랑수
아 1세와 기사 바야르〉를 바탕으로 대폭 수정 가필한 원고이다.

1 샹송가수 아니 코르디Annie Cordy(1928~2020)는 역사 명장면을 소재로 재미난 노래를 만
들었다. 아이들은 코르디의 〈노래하는 프랑스사〉(1979)를 따라 부르며 연대기를 암송하곤
한다. 〈1515〉는 즐겨 부르는 노래 중 하나이다.

Il est dur de se rappeler	외우기 정말 어려워
Les dates, les jours, les années	몇 년, 몇 월, 며칠인지
Où se sont passés, dans le temps,	언제 어디서 일어났는지
Les principaux évènements	중요한 사건들이
Mais……	하지만……
Quinze cent quinze	1515년
C'est épatant	그것은 굉장해
Quinze Cent Quinze	1515년
C'est Marignan	그것은 마리냥(마리냐노)

François Premier a bien choisi   프랑수아 1세는 결심했지

D'aller se battre en Italie   이탈리아에 가서 싸우자고

Et de gagner à Marignan   마리냥에서 이기자고

....

[2] 마리냐노 전투에 국왕 칙령군을 포함해서 기병대 2,500랑스lance가 동원되었는데, 이는 중무장 기병hommes d'armes 2,500명과 기마 궁수archers à cheval 5천 명이 동원되었음을 뜻 한다. 보병은 변방 가스코뉴 출신 농민병 8천 명, 공병 2,500명, 그리고 남부 독일 출신 용병 란츠크네히트Landsknecht, lansquenets 2만 3,000명으로 구성되었다. 4만~4만 5,000에 달하는 총 병력 중 절반 이상이 독일 용병대였으며, 프랑스어로 소통 가능한 병사들은 전 체의 4분의 1에 지나지 않았다. 란츠크네히트 용병을 포함해서 병사들에게 지급되는 봉 급은 매달 30만 리브르에 달했다. 이는 밀라노 공국의 한 해 수입에 맞먹는 엄청난 액수 이다. A. Sablon du Corail, *1515 Marignan*(Tallandier, 2015), p. 250.

[3] 프랑스군을 이끈 트리불치오 원수는 마리냐노 전투를 '거인족의 전투'라고 칭했다. "역 전의 용장 트리불치오는 이것이 인간족의 전투가 아니라 포악한 거인족의 전투였으며, 자신이 참전한 18차례 전투는 이 전투에 비하면 어린애 장난에 지나지 않는다고 말했다." F. Guicciardini, *Histoire d'Italie de l'année 1492 à l'année 1592*(August Desrez Imprimeur- Editeurs, 1838), pp. 527~528.

[4] A. Sablon du Corail, *1515 Marignan*. 피렌체 역사가 귀치아르디니에 따르면 당시 교전 쌍 방의 사상자 수 집계는 실수로든 고의로든 천차만별이었다. "스위스군 사상자가 1만 4천 명이니, 1만 명이니, 8천 명이니 말들이 많았다. 어떤 이는 3천 명으로 줄여서 퍼트렸 다.……프랑스군 사상자에 대해서 어떤 이는 6천 명이라고, 다른 이는 3천 명 이상이라고 말하고 다녔다." F. Guicciardini, *Histoire d'Italie de l'année 1492 à l'année 1592*, p. 528.

[5] S. Champier, *Les gestes, ensemble la vie du preulx chevalier Bayard, avec la généalogie, comparaisons aux anciens preux chevaliers, gentils, israelitiques et chrétiens*(Lyon: Rigaud, 1525).

[6] '국왕 프랑수아의 기사 서임' 장면의 진실 여부에 대해서는 사실 이견이 분분하다. 마리 냐노 전투 직후 출판된 왕실 공훈서나 회고록들에는 전투 장면과 프랑스군의 무훈담이 상세히 묘사되어 있지만 국왕의 기사 서임에 대한 내용은 찾아볼 수 없다. 전투 직후 프 랑수아는 모후 루이즈에게 전황을 보고하는 서한을 보냈는데, 여기에도 자신이 기사 서 임을 받았다는 언급은 들어있지 않다. 기사 서임 이야기는 10년 뒤 파비아의 참패 직후에

샹피에를 비롯한 인문주의자, 연대기 작가들이 쓴 일부 책자들에서만 볼 수 있다. 따라서 역사가들은 그것이 지어낸 이야기라는 데 대체로 동의하는 듯하다. 대표적으로 D. Le Fur, *Marignan, 1515*; . J. Lorette, *1515, l'année des ruptures*.

[7] Jean Bouchet, *Le Panégyric du chevalier sans reproche, ou mémoires de la Trémouille*(1527); Le Loyal Serviteur(Jacques de Mailles), La très Joyeuse, *Plaisante et Récréative Histoire du bon chevalier sans paour et sans reproche, gentil seigneur de Bayard*(1527); Robert de la Marck(Florange), *Mémoire du Jeune Adventureux, histoire des choses memorables advenus du règne de Louis XII et François Ier*(1528).

[8] E. Lavisse, *Histoire de France, cours élémentaire & cours moyen*(Armand Colin); Gauthier & Deschamps, *Cours élémentaire d'histoire de France*(Hachette); A. Bonifacio & P. Maréchal, *Histoire de France, cours élémentaire et moyen*(Hachete); A. Malet & J. Issac, *Histoire de France*(Hachette) etc.

12장 1539년 8월: '프랑스어'로 가는 길, 빌레르코트레 왕령

※이 글은 《프랑스사 연구》 47(2022. 8)에 실린 논문 〈1539년 8월, 빌레르코트레 왕령과 프랑스어〉를 바탕으로 대폭 수정 가필한 원고이다.

[1] 절대다수 조항은 사법 사안에 관한 것으로 이 조항들에 의해 구체제의 형사소송절차가 확립되었다고 본다. 제50~55조는 영세와 사망 기록을 의무화함으로써 호적대장 탄생에 기여하게 된다.

[2] 장 보댕, 임승휘 옮김, 《국가론》(책세상, 2005), 103쪽.

[3] 1992년 11월 5일 유럽평의회Conseil de l'Europe가 채택한 〈유럽 지역어·소수언어 헌장〉(이하 유럽지역어헌장)에 따르면, 지역어langues régionales 또는 소수언어langues minoritaires는 "한 국가의 나머지 주민에 비해 수적으로 열세인 집단을 구성하는 사람들이 그 국가의 영토에서 전통적으로 사용하는, 공용어와는 다른 언어들이다." 1999년 4월 공개된 세르키글리니Cerquiglini 보고서는 '프랑스의 언어들langues de France'이란 표현을 사용했다. 이 글에서는 프랑스 본토에서 사용되는 '프랑스의 언어들'에서 이주민의 언어들을 제외한 모든 언어를 지역어라고 부르기로 한다. dialecte 역시 지역어로 번역한다.

[4] 구체제에서 왕령 또는 칙령을 유권해석하는 역할을 하는 déclaration du roi(déclaration royale)는 (국왕)훈령이라고 번역한다.

[5] 고대 프랑스어françois, françoys는 처음에는 파리와 그 인근의 극히 제한된 지역에서 왕을 비롯한 상류층이 사용한 언어였다. 중세 초기에는 피카르디어, 상파뉴어, 노르망디어가 고대 프랑스어보다 훨씬 더 명성이 높았다. 프랑스 중세 문학의 대표작인《롤랑의 노래》 원본은 앵글로노르망어anglo-normand로 작성되었다고 본다. 고대 프랑스어는 파리를 중심으로 하는 왕권의 강화 덕에 다른 오일어들에 대해 우위를 점하게 된다.

[6] 통속 라틴어latin vulgaire에서 파생한 갈로로망어gallo-roman는 크게 북부의 오일어들langues d'oïl과 남부의 오크어들langues d'oc로 구분되었다. oc, oïl은 현대 프랑스어로는 oui이다. 오크어, 오일어라는 명칭은 13세기 말부터 사용된 것으로 본다. 단테는 1305년 경의《속어론De vulgari eloquentia》에서 서유럽의 언어들을 '네'라고 말하는 방식에 따라 북부의 언어들과 남부의 언어들로 양분했는데 이는 오늘날의 게르만어와 로망스어 구분과 비슷하다. 단테는 남부의 언어들을 오일어, 오크어, 시si어로 나누었다. 중세 프랑스에서 오크어 지역과 오일어 지역 구분은 성문법 지역과 관습법 지역 구분과 거의 일치한다.

[7] Claude Hagège, *Le Français histoire d' un combat*(Paris: Edition Michel Hagège, 1996), p. 52.

[8] lettres patentes은 특허장이라고 번역해 왔지만, patent:(개봉된être découvert, être exposé)이므로 봉인장lettres de cachet의 반대라는 것을 분명하게 하기 위해 '개봉장'이란 번역어를 제안한다.

[9] 홍용진, 〈정치와 언어—14세기 전반기 발루아 왕조의 언어전략〉,《프랑스사 연구》26호, 2012. 2, 87~88쪽.

[10] 구체제의 주province가 몇 개였는지에 대해서는 의견이 일치하지 않는다. 30~40개 정도라고 보는데 주마다 사투리나 지역어가 하나씩은 있어서 언어 지도와 주 지도가 비슷하다.

[11] 프랑스에서 단어 nation과 national이 널리 쓰이기 시작한 것은 디드로와 달랑베르의《백과전서》11권과 12권이 발간(1765)된 이후이다. langue nationale 역시 그 무렵부터 자주 쓰이기 시작했다.

[12] 1285년 경 patt(물건 두 개가 부딪히면서 나는 소리를 표현하는 의성어)에서 파생한 이 단어는 처음부터 부정적 의미('상스러운 몸짓이나 행동')로 쓰이다가 '특수한 언어(아이들의 재잘거림, 새들의 지저귐, 촌스럽거나 조잡한 말)'를 지칭하게 되었다. 사전에는 "문화와 문명 수준이 (통용어를 사용하는 지역에 비해) 열등하다고 평가되고 대개 시골에 거주하는 소수 주민이 사용하는 지역의 말"이라고 나와있다. 이런 부정적 의미 때문에 1550년 롱사르

Ronsard가 단어 dialecte(한 지방에 고유한 언어)를 만들어 낸 것이다. 롱사르는 프랑스어에 부족한 어휘를 피카르디어를 비롯한 여러 방언에서 구할 수 있다고 주장했다. dialecte는 긍정적인 의미였으나 곧 주로 부정적인 의미로 사용된다. 1690년에 출판된 퓌르티에르 Antoine Furetière의 《프랑스어 사전》은 dialecte를 "왕국의 일반적인 또는 주된 언어에서 변질된, 한 지방에 고유한 언어"라고 정의했다. dialecte가 patois의 동의어가 된 것이다

13 1794년 1월 27일(공화력 2년 우월 8일) 바레르의 〈외국어들과 프랑스어 교육에 관한 보고서 및 법안Rapport du Comité de salut public sur les idiomes〉. *Barère: Rapport du comité de salut public*(ulaval.ca).

14 '테르미도르 9일' 이후 실월 16일 국민공회는 "입법위와 공교위가 새로운 보고서를 제출할 때까지 열월 2일 법 시행을 유보한다"는 법을 제정했으나 이 보고서는 제출되지 않았다. 열월 2일 법의 유보과정을 규명하는 작업 역시 앞으로의 과제이다.

15 "공화국의 언어는 프랑스어이다"라는 헌법 조항은 유럽 통합과정(1992년 2월 마스트리히트 조약 비준)에서 영어의 패권을 저지하기 위해 도입되었지만, 실제로는 지역어 억압을 위한 법적 근거로 사용되고 있다는 비난을 받는다. 송기형, 《현대 프랑스의 언어정책》(한국문화사, 2015), 269~278, 431~437쪽.

13장 1572년 8월: 생 바르텔르미 대학살의 재구성

※이 책에 실린 글은 《프랑스사 연구》 37(2017. 8)에 실린 논문 〈1572년 8월 24일, 생 바르텔르미 대학살〉을 바탕으로 대폭 수정 가필한 원고이다.

1 Arlette Jouanna, *La Saint-Barthélemy. Les mystères d'un crime d'État*(Paris: Gallimard, 2007), pp. 178~182.

2 Simon Goulart et Jean Crespin, *Histoire des martyrs persecutez et mis à mort pour la vérité de l' Evangile depuis les temps des apostres jusques à present*(Héritiers d'Eustache Vignon, 1608). p. 704.

3 생 바르텔르미 학살의 사망자 수를 추정하는 일은 쉽지 않다. 가톨릭과 위그노 진영의 입장에 따라, 사망자 수는 최소 1천 명에서 많게는 10만 명을 오르내리기 때문이다. 그러나 파리에서 학살 기간 동안 근교 공동묘지에 매장한 시신의 수가 1,825명이라는 기록이 남아있는 것으로 보아, 파리에서 최소 3천 명 정도가 사망했음은 확실해 보인다. Nathanael

Weiss, "La Seine et le nombre des victimes parisiennes de la Saint Barthélemy", *Bulletin de la Société de l' histoire du protestantisme français 96*(1897)., pp. 474~481. 지방 도시 중에는 리옹(500~3천 명), 오를레앙(500~1,500명), 루앙(300~600명)의 피해가 컸다. Denis Crouzet, *Les guerriers de Dieu: La violence au temps des troubles de Religion*(vers *1525~1610*)(Seyssel: Champ Vallon, 1990), pp. 106~111.

4 최근 카트린 드 메디시스에 대한 재해석이 활발하게 진행 중이다. 다음을 참고하라. Jean François Solnon, *Catherine de Médicis*(Paris: Perrin, 2003); Thierry Wanegffelen, *Catherine de Médicis. Le pouvoir au féminin*(Paris: Payot, 2005); Robert Knecht, *Catherine de Médicis* (Bruxelles: Le Cri Éditions, 2003).

5 Jean-Louis Bourgeon, *L' Assassinat de Coligny*(Gèneve: Droz, 1992), *Charles IX devant la Saint Barthélemy*(Gèneve: Droz, 1995).

6 Denis Crouzet, *La nuit de la Saint Barthélemy Un rêve perdu de la Renaissance*(Paris: Fayard, 1994); Denis Crouzet, *La Haut Coeur de Catherine de Médecis. Une raison publique aux temps de la Saint Barthélemy*(Paris: Albin Michel, 2005).

7 Jean Marie Constant, *Les Guise*(Paris: Hachette, 1984), pp. 68~69.

8 생 바르텔르미 대학살의 민중 폭력과 그 해석에 대해서는 박효근, 〈생 바르텔르미 대학살과 폭력의 재구성〉, 《서양사론》 123호(2014), 173~187쪽.

9 Janine Garrisson, *Tocsin pour un massacre. La saison des Saint-Barthdlemy*(Paris: Le Centurion, 1968), pp. 97~98.

10 Natalie Zemon Davis, "The Rites of Violence: Religious Riot in Sixteenth-Century France", *Past & Present 59*(1973), pp. 55~60.

11 Robert Descimon, "Solidarité communautaire et sociabilité armée: les compagnies de la milice bourgeoise à Paris (xvie~xviie siècles)", Françoise Thélamon (éd.), *Sociabilité, pouvoirs et société*(Rouen: Publications de l'Université de Rouen, 1987), pp. 599~610.

12 Babara B. Diefendorf, *Beneath the Cross: Catholics and Huguenots in Sixteenth-Century*(Oxford: Oxford Univ. Press, 1991), p. 162.

13 Natalie Zemon Davis, "The Rites of Violence", pp. 65~68.

14 Arlette Jouanna, *La Saint-Barthélemy. Les mystères d' un crime d' État*, pp. 160~161.

15 볼테르, 송기형·임미경 옮김, 《관용론》(한길사, 2016), 101~102쪽.

14장 1627〜1628년: 끝나지 않은 종교내전, 라로셸 포위전

※이 글은 《프랑스사 연구》 40(2019. 2)에 실린 논문 〈라로셸 포위전(1627년 8월~1628년 10월)〉을 바탕으로 대폭 수정 가필한 원고이다.

[1] 라로셸이란 지명은 작은 바위라는 단어에서 유래했다. 9세기 경 세워진 쿠뉴Cougnes라는 작은 마을에서 시작된 거주지는 서서히 바다로 확대되어 늪지대 한가운데 암석지대를 중심으로 건설된 루펠라Rupella라는 도시로 발전한다. 루펠라는 작은 바위라는 뜻으로 라로셸이란 지명은 여기에서 유래한다.

[2] Robert Favreau, Naissance des communes en Poitou, Aunis, Saintonge et Angoumois, Robert Favreau, Régis Rech et Yves-Jean Riou (directeurs), Bonnes villes du Poitou et des pays charentais(XIIe-XVIIIe siècles), Actes du colloque tenu à Saint-Jean-d'Angély, les 24-25 septembre 1999, in Mémoires de la Société des antiquaires de l'Ouest et des Musées de Poitiers, 5e série, t. VIII(Société des antiquaires de l'Ouest, Poitiers, 2002), p. 154. 이 특허권은 루이 7세와 엘레아노르 다키텐에 의해 재확인되었다.

[3] 1541년 4월 12일 라로셸과 오니스 지방으로 소금세를 확대한다는 칙령이 반포되자 줄곧 소금세 면제권을 누리고 있었던 라로셸 주민들은 다시 봉기를 일으켰다. 이 사태는 1542년 12월 30일 프랑수아 1세가 직접 라로셸을 찾아 특권을 유지해 줄 것을 약속하면서 정리되었다.

[4] Pierre Miquel, Les Guerres de Religion(Paris, Club France Loisirs, 1980), p. 245.

[5] Pierre Miquel, Ibid., p. 258

[6] J. B. E. Jourdan, Éphémérides historiques de la Rochelle(La Rochelle, A. Siret, 1861), p. 552.

[7] 제1차 전국회의는 1559년 파리에서 개최되었다.

[8] 낭트칙령의 내용에 관해서는 임승휘, 〈프랑스 종교전쟁과 관용개념의 탄생; 푸아시 회담(1562)에서 낭트칙령(1598)까지〉, 《이화사학연구》 37집(2008), 307~309쪽 참조.

[9] 피신처의 권리는 1606년, 1609년 그리고 1615년에 갱신되었다가 알레스 사면령에 의해 사라졌다.

[10] Janine Garrison, L'Edit de Nantes et sa révocation(Paris, Seuil, 1985), pp. 23~24.

[11] Jean Delumeau, Naissance et affirmation de la réforme(Paris, PUF, 1988), p. 186.

[12] Ibid., p. 187.

[13] Armand du Plessis, cardinal duc de Richelieu, *Testament politique*(Amsterdam, H. Desbordes, 1688), p. 6.

[14] *Ibid.*, p. 9.

[15] 1621~1622년 공성전 당시 라로셸 외곽에 건설된 별모양의 요새.

[16] Déclaration du Roi de France Louis XIII portant interdiction du Commerce avec l'Angleterre, donnée a Paris, le 8 mai, 1627, in *Recueil des traitez de paix, de trêve*⋯⋯ed. Jacques Bernard(H. et la veuve de T. Boom, 1700), pp. 840~841.

[17] Liliane Crété, 'Le grand siège de La Rochelle', *BSHPF*, vol. 146(juillet, 2000), p. 613.

[18] Pierre Grillon, *Les Papiers de Richelieu*(Pedone, Paris, 1979), t. III, n. 231, p. 248.

[19] Roland Mousnier, op. cit., p. 354.

[20] 1630년 11월 10일 루이 13세는 에스파냐와의 평화를 주장하는 모후 마리 드 메디시스와 합스부르크 왕가에 대한 강경한 노선을 주장한 국무대신 리슐리외 추기경 중 하나를 선택해야 하는 기로에 섰다. 당대인들은 예외없이 리슐리외의 실각을 예상했지만, 국왕은 예상과 달리 리슐리외의 손을 들어줌으로써 이날은 '속은 자의 날'로 불리게 되었다.

15장 1630년 11월: 절대왕정 확립의 분기점, '속은 자의 날'

※이 글은《프랑스사 연구》25(2011. 8)에 실린 논문〈'속은 자의 날'을 어떻게 볼 것인가: 프랑스 절대왕정의 문제적 '근대성'〉을 바탕으로 대폭 수정 가필한 원고이다.

[1] 이 표현은 프랑스 갈리마르출판사의 사건사 총서 시리즈의 이름 '프랑스를 만든 서른 가지 나날Trente journées qui ont fait la France'에서 따온 것이다.

[2] 17세기 초 프랑스의 가톨릭 종교개혁을 주도한 주축세력으로 경건한 신앙을 표방하였다 하여 경건파라는 이름으로 불린다.

[3] *Mémoires du cardinal de Richelieu*, éd. *S.H.F.*(Paris: SHF, 1907~1931), t. V, pp. 320~325.

[4] Lettres, instructions diplomatiques et papiers d'Etat du cardinal de Richelieu, recueillis et publiés par G. d'Avenel(Paris, 1853~1877), t. III. p. 912 et Pierre Grillon, *Les Papiers de Richelieu*(Paris: Pedone, 1979) t. 5, p. 585.

[5] 미셸 드 마리야크의 개혁에 반대하던 이들은 그의 개혁안을 조롱하기 위해 미셸을 비틀

어 미쇼라는 이름을 붙였다.

6 "Harangue de Michel de Marillac, garde des sceaux, à Dijon, le 27 avril 1630", in *Mercure françois*, t. XVI, p. 148.

7 "Harangue de Michel de Marillac au Parlement de Normandie, juin 1597". 마리야크의 이 연설은 Amable Floquet, *Histoire du Parlement de Normandie*(Rouen, 1841), t. IV, pp. 118~121에서 인용되었음.

8 관직을 매입한 자들이 관직 세습을 보장받기 위해 납부하던 세금.

9 J. Wollenberg, *Les Trois Richelieu*, pp. 146~147. '국가의 이해관계'와 '세력 균형'의 개념 은 앙리 드 로앙에 의해 유명해졌지만, 그 개념들은 이미 1623년에 등장한 *Le discours des Princes et Etats de la chrétienté* 과 같은 소책자들에 의해 알려져 있었다(Etienne Thuau, *Raison d'Etat et pensée politique*, pp. 180~181).

10 "Lettre de Michel de Marillac à Mathieu Molé, 22 juillet 1626", in *Mémoires de Mathieu Molé*(Paris: S. H. F., 1855), t. I, p. 324.

11 "Lettre de Michal de Marillac au cardinal de Richelieu, 15 février 1629", in p. Grillon, *Les Papiers de Richelieu*, t. IV, pièce 72.

12 Heide Gerstenberger, *Impersonal Power*, pp. 510~522.

16장 1652년 6월: 민중봉기의 한계, '프롱드 난'과 보르도 느릅나무파

※이 책에 실린 글은《프랑스사 연구》39(2018. 8)에 실린 논문〈프롱드 난을 둘러싼 갈등 과 통합: 보르도 느릅나무파의 활동을 중심으로〉를 바탕으로 대폭 수정 가필한 원고이다.

1 프롱드Fronde는 아이들의 장난감 '새총'을 의미한다. 초기 반란자들이 국왕 지지자들의 창문에 돌을 쏘기 위해 새총을 사용한 데서 유래한다.

2 프랑스 구체제 시기의 상고법정이자 종심법정이었던 고등법원은 행정, 입법, 사법, 치안 등의 영역에 있어 핵심적인 정치 기구의 하나였다. 고등법원은 대법정Grand Chambre, 심 리법정Chambre des Enquêtes, 재심법정Chambre des Requêtes과 같은 항구법정과 일시적으로 개정되던 형사법정, 휴가법정, 생선관리법정 등을 통해 사법적 기능을 담당했다. 행정적 측면에서 고등법원은 포고布告를 통해 관할구역 내의 치안과 위생을 주로 책임졌으며, 입

법적 측면에서는 국왕 법령에 대한 등기enregistrement의 권한을 가지고 있어 8차례까지 간주remontrance할 수 있었다. 국왕 법령의 효력 발생을 위해서는 이 등기과정을 거쳐야 했으므로 국왕은 고등법원의 간주권을 제한하기 위해 노력했다.

3 프롱드 난 당시 뒤비송-오브네이F. -N. B. Dubisson-Aubenay는 난에 참가하였던 민중le peuple을 부유하지 못한 수공업자들les artisans peu aisés로 규정하면서, 그들이 주로 짐꾼, 뱃사공, 혹은 소행상인들이었다고 기록했다.

4 물론 이와 관련하여 보르도가 서인도제도를 상대로 한 삼각무역의 최대 수혜 지역이었으며, 이를 통해 부와 자유를 상당 부분 누렸다는 점은 주목해야 한다. 보르도 시민들이 프롱드 난 시기에 국왕에 대해 강력하게 저항할 수 있었던 이유에는 분명 과거의 특권을 빼앗기지 않으려는 시민들의 유대감도 한몫했을 것이다.

5 1650년 마자랭은 에페르농 공작에게 고등법원의 움직임을 저지하라는 밀명을 내렸다.

6 한 가톨릭 성직자는 그곳에서 공개적으로 보르도공화국의 독립을 주장하기도 했다.

7 수평파는 평등파라고도 불린 종교 분파로 1647년과 1649년에 존 릴번John Lilburne의 주도하에 의회주의와 인권 보장을 담은 《인민협정》을 발표했다. 소상인, 장인, 도제 등 도시의 소부르주아층으로 구성된 이들은 사회경제적 평등을 지향한 디거파Diggers와 달리 성인 남자의 보통선거권과 같은 평등을 추구했다.

8 시기에 따라 차이가 있지만 로제 샤르티에Roger Chartier는 느릅나무파 성원들 가운데 상인과 장인의 비율이 약 55.5퍼센트에 달한다고 보았다.

9 크리스티앙 주오Christian Jouhaud는 느릅나무파가 고등법원에 대한 투쟁보다 빈민들의 복지에 대해 더 큰 관심을 가지고 있었다고 주장했다.

10 느릅나무파는 사회적 출신의 구별 없이 사상을 공유하는 모든 사람을 받아들였다. 1652년 가을에 보르도의 몇몇 부르주아들이 이에 호응하여 느릅나무파에 가담했다. 하지만 이들은 상황에 따라 언제든지 귀족이나 고등법원의 편으로 전향할 가능성이 있던 사람들이었다. 느릅나무파는 자신들의 대의명분에 지나치게 큰 믿음을 지니고 있었기에 이에 대해 크게 신경 쓰지 않았다.

11 에스파냐 군대는 붉은색 스카프와 생탕드레Saint-André의 십자가 모양이 새겨진 붉은 깃발을 사용했다.

17장 1715년 9월: '위대한 세기'의 종말, 루이 14세의 죽음

※이 글은 《프랑스사 연구》 37(2017. 8)에 실린 논문 〈1715년 9월 1일, 루이 14세의 죽음, '위대한 세기'의 종말과 새 시대의 개막〉을 바탕으로 대폭 수정 가필한 원고이다.

[1] 루이 14세의 사생아들은 이미 어려서부터 각별한 대우를 받았다. 1670년생인 멘 공작은 1673년 적자로 인정받고 1682년 랑그도크 총독의 지위를 부여받았으며 1694년에는 중신 직에 올랐다. 1678년생인 툴루즈 백작은 1681년 적자로 인정받은 다음 1683년에 해군 제독이 되고 1689년에 기옌 총독이 되었다.

[2] 네덜란드 신학자 얀센(1585~1638)의 이름에서 유래한 가톨릭 분파로 종교적 절대성과 엄격주의를 추구했다. 얀센주의 이론은 교세 확장을 위해 느슨한 교리와 계율을 허용한 예수회와 대립했을 뿐 아니라 절대군주정과의 충돌을 피할 수 없었다.

18장 1763년 2월: 7년전쟁의 패배와 '파리조약'

※이 책에 실린 글은 《프랑스사 연구》 42(2020. 2)에 실린 논문 〈1763년 2월 10일, 파리조약 체결과 7년전쟁의 끝〉을 바탕으로 대폭 수정 가필한 원고이다.

[1] 볼테르, 이병애 옮김, 《미크로메가스, 캉디드 혹은 낙관주의》(문학동네, 2018), 163쪽. 번역을 약간 수정했음.

[2] Mark Danley & Patrick Speelman(dir.), *The Seven Years' War: Global Views*(Boston: Brill, 2012).

[3] Edmond Dziembowski, *Un nouveau patriotisme français, 1750~1770*(Oxford: Voltaire Foundation, 1998); *La Guerre de Sept Ans, 1756~1763*(Paris: Perrin, 2015).

[4] Paul Butel, *L'économie française au XVIIIe siècle*(Paris: SEDES, 1993), p. 115.

[5] Philippe Haudrère, *L'Empire des rois, 1500~1789*(Paris: Denoël, 1997), p. 299.

[6] Jacob-Nicolas Moreau, *L'Observateur hollandais*(1755~1759); Dziembowski, *La Guerre de Sept Ans*, pp. 442~480.

[7] 볼테르, 송기형 옮김, 《루이 15세 시대 개요》(한국문화사, 2017), 270쪽.

[8] Charles Simon Favart, *Le Mariage par escala*(Paris: Delormel et fils-Prault, 1756), p. 36. Dziembowski, *La Guerre de Sept Ans*, p. 177에서 재인용.

[9] "Il faut plaire à Pompadour(1758)," Jean-Frédéric Maurepas & Pierre Clairambault, *Recueil Clairambault-Maurepas: chansonnier historique du XVIIIe siècle*, VII(Paris: Quantin, 1879~1884), pp. 291~292. Dziembowski, *La Guerre de Sept Ans*, p. 464에서 재인용.

[10] Elisabeth Belmas, ed., *Le XVIIIe siècle, 1715~1815*(Paris: Bréal, 1994), p. 207.

[11] 볼테르, 《루이 15세 시대 개요》, 292쪽.

[12] Charles Pinot Duclos, *Mémoires secrets sur les règnes de Louis XIV et de Louis XV*(Paris: Buisson, 1805), II, p. 284.

[13] 볼테르, 《루이 15세 시대 개요》, 298쪽.

[14] Alain Beaulieu, "Les droits des Autochtones à la terre entre les deux traités de Paris (1763~1783)," Philippe Joutard, Laurent Veyssière & Didier Poton(dir.), *Vers un nouveau monde atlantique: Les traités de Paris, 1763~1783*(Rennes: PU Rennes, 2016), p. 113.

찾아보기

프랑스를 만든 나날, 역사와 기억

1 로마령 갈리아에서 절대왕정 프랑스까지

2023년 12월 28일 초판 1쇄 인쇄
2023년 12월 30일 초판 1쇄 발행

글쓴이	이용재 외
기 획	한국프랑스사학회
펴낸이	박혜숙
디자인	이보용 김진
펴낸곳	도서출판 푸른역사

　우) 03044 서울시 종로구 자하문로8길 13

　전화: 02)720−8921(편집부) 02)720−8920(영업부)

　팩스: 02)720−9887

　전자우편: 2013history@naver.com

　등록: 1997년 2월 14일 제13−483호

ⓒ 이용재 외, 2023

ISBN 979−11−5612−268−5 04900
ISBN 979−11−5612−267−8 04900(세트)

• 잘못 만들어진 책은 교환해드립니다.